AF705064

SIEGBERT TARRASCH

DAS SCHACHSPIEL

Systematisches Lehrbuch
für Anfänger und Geübte

PETERSBERG

PETERSBERG
ist ein Imprint der

HEEL Verlag GmbH
Gut Pottscheidt
53639 Königswinter
Tel.: 02223 9230-0
Fax: 02223 9230-13
E-Mail: info@petersberg-verlag.de
www.petersberg-verlag.de

© 2022 HEEL Verlag GmbH
Petersberg Verlag ist ein Imprint der HEEL Verlag GmbH
Unveränderter Reprint der Originalausgabe 1931.

Umschlaggestaltung: Axel Mertens, HEEL Verlag GmbH
Umschlagmotiv: © Adobe Stock, wooden chess game pieces, Bruce Shippee

Alle Rechte, auch die des Nachdrucks, der Wiedergabe in jeder Form und der Übersetzung in andere Sprachen, behält sich der Herausgeber vor. Es ist ohne schriftliche Genehmigung des Verlags nicht erlaubt, das Buch und Teile daraus auf fotomechanischem Weg zu vervielfältigen oder unter Verwendung elektronischer bzw. mechanischer Systeme zu speichern, systematisch auszuwerten oder zu verbreiten. Ebenso untersagt ist die Erfassung und Nutzung auf Netzwerken, inklusive Internet, oder die Verbreitung des Werkes auf Portalen wie Google Books.

– Alle Rechte vorbehalten –

Printed in Czech Republic

ISBN 978-3-7553-0002-1

VORWORT

Daß das Schachspiel, diese wundersame Gabe aus dem Morgenlande, nicht nur das edelste und schönste aller Spiele ist, sondern auch, an der Grenze von Spiel, Kunst und Wissenschaft stehend, zu den größten geistigen Genüssen gehört, diese Behauptung wird jeder Schachspieler gern bestätigen. Es hat nur den einen Fehler, daß es sehr schwer zu erlernen ist. Diesem Übelstande glaube ich mit diesem Lehrbuch abgeholfen zu haben.

Es hätte wenig Zweck gehabt, den vielen vorhandenen Lehrbüchern ein neues hinzuzufügen, wenn dieses nach demselben Schema gearbeitet wäre wie die andern. Aber es ist in der Methode, die Anfangsgründe und das Mittelspiel zu lehren, etwas vollständig Neues. Ich behaupte, daß jemand, der vom Schachspiel noch gar nichts weiß, aus keinem einzigen der bisherigen Lehrbücher es lernen kann, einfach deshalb, weil die in ihnen angewandte Methode, die Anfangsgründe zu lehren, nach meiner Ansicht ebenso verfehlt ist, wie wenn man einem Kinde, um ihm das Sprechen beizubringen, einen Vortrag über die Grammatik der deutschen Sprache halten wollte. Ich wende in diesem Buche für die Anfangsgründe eine völlig neue Methode an, nämlich dieselbe, mit der die Mutter dem Kinde das Sprechen beibringt. Ich fange mit dem Anfänger gleich zu spielen an, indem ich ihm einfache Stellungen vorführe und an ihnen die Grundregeln des Schachspiels erläutere. Also Anschauungsunterricht. Dabei erlernt der Schüler das Schachspiel ganz leicht, wie ich mich überzeugt habe, es wird ihm „spielend“ beigebracht, wobei ich immer vom Leichteren zum Schwereren fortschreite und den Schüler schachlich *sehen* lehre.

Auch in den folgenden Abschnitten ist meine Einteilung und Bearbeitung des Stoffes eine ganz neue. Die andern Lehrbücher behandeln nach den Anfangsgründen die einzelnen Eröffnungen, die sie durch Partien erläutern, und danach die Endspiele. Ich mache es umgekehrt: ich fange mit den Endspielen an, weil es für den Ungeübten viel leichter und übersichtlicher ist, sich mit wenigen Elementen abzugeben als mit allen 32 Schachsteinen. Auch in diesem Teil habe ich manches Neue gebracht und z. B. das so schwierige Endspiel von Läufer und Springer gegen den König so faßlich dargestellt, daß es jetzt jedermann ganz leicht beherrschen kann. Dagegen habe ich alle Endspiele fortgelassen, die in der praktischen Partie nicht vorkommen.

Nach den Endspielen bringe ich einen Teil, der in den andern Lehrbüchern völlig übergangen ist, weil man ihn nicht lehren könne, der aber gerade der wichtigste Teil der ganzen Schachpartie ist, nämlich das Mittelspiel. Hier führe ich die unendliche Mannigfaltigkeit der Schachkombinationen auf gewisse, immer wiederkehrende *Typen* zurück und suche auf diese Weise die Schüler an zahlreichen Beispielen das Kombinieren zu lehren. Dieser Abschnitt, der umfangreichste und wichtigste des Buches, ist „Die typischen Kombinationen und Angriffe des Mittelspiels“ betitelt und ist, ebenso wie die folgenden, auch für geübte Spieler sehr lehrreich.

Endlich kommt der schwierigste Teil der Schachpartie: die Eröffnung. Hier bringe ich zunächst einen allgemeinen Teil, die „Allgemeine Eröffnungslehre“, wobei ich eine ganz neue und eigenartige, wirkliche Theorie des Schachspiels aufstelle, die es bisher nicht gegeben hat. (Was man bisher im Schach unter

Theorie verstanden hat, war etwas ganz anderes, nämlich — Praxis!) Danach kommt die spezielle Eröffnungslehre, die fast alle Eröffnungen in den wesentlichen Zügen behandelt, natürlich ohne dabei etwa die Vollständigkeit eines Nachschlagewerkes anzustreben. Den Schluß bilden einige ausführlich glossierte Partien. Man stoße sich nicht daran, daß es nur sieben sind. Es müßten eigentlich hundert sein. Aber dann würde das Buch den doppelten bis dreifachen Umfang haben. Außerdem sind in dem Abschnitt über das Mittelspiel mehr als hundert Partien in ihrem wichtigsten Teil enthalten. Natürlich ist für die Fortbildung das Studium von Meisterpartien sehr wichtig. Aber nur von solchen, die mit ausführlichen und treffenden Erläuterungen versehen sind. Aus falsch glossierten Partien kann man sehr leicht Falsches lernen. Zur Weiterbildung empfehle ich meine „300 Schachpartien", aus denen ganze Generationen von Schachspielern das höhere Schachspiel erlernt haben, und ganz besonders „Die moderne Schachpartie" (vierte Auflage bei Hans Hedewigs Nachf., Leipzig).

Für die richtige Benützung des Buches muß ich dem Anfänger noch einige wichtige Ratschläge geben. Er möge ja nur den begreiflichen Wunsch, möglichst bald eine Partie zu spielen, unterdrücken. Das Partiespielen im Anfängerstadium ist der sichere Weg zur Stümperschaft. Erst dann, wenn er die Anfangsgründe immer und immer wieder durchgearbeitet und alle darin erörterten Kombinationen sich zu eigen gemacht hat, erst, wenn er die Endspiele durchstudiert und damit seinen Blick geschärft hat, erst, wenn er das ganze riesige Material des Mittelspiels sich assimiliert hat, — dann ist er längst kein schwacher Spieler mehr, auch wenn er gar nicht gespielt hat. Dann braucht er nur noch die Prinzipien, die in der „Allgemeinen Eröffnungslehre" niedergelegt sind, in sich aufzunehmen und er ist endlich so weit, daß er Partien spielen kann. Er wird bereits der Mehrzahl der Klubspieler erheblich überlegen sein. Nach jeder Partie tut er gut, ihre Eröffnung in der „Speziellen Eröffnungslehre“ nachzusehen. Hat er Ehrgeiz und will er es zur Meisterschaft bringen — *Übung* macht den Meister. Jeder leidlich begabte Spieler, er braucht keineswegs hervorragend veranlagt zu sein, kann es zum Meister bringen. Aber das ist ja auch gar nicht nötig! Der richtige Standpunkt ist es, zu seinem *Vergnügen* zu spielen, und man glaube ja nicht, daß der Genuß proportional dem Können sei. Die größten Stümper haben häufig den größten Genuß vom Schachspiel, sie geraten schon aus dem Häuschen vor Entzücken, wenn ein Springer gleichzeitig König und Dame angreift. Der eigentliche, feinste Reiz des Schachspiels liegt darin, daß man dabei geistig produktiv tätig ist. Und das geistige Produzieren gehört zu den größten Genüssen des menschlichen Lebens, wenn es nicht der größte ist. Nun kann nicht jeder ein Drama schreiben oder eine Brücke bauen, ja es kann nicht einmal jeder einen guten Witz machen. Aber im Schachspiel, da kann, da muß jeder geistig produzieren und dieses erlesenen Genusses teilhaftig werden. Ich habe ein leises Gefühl des Bedauerns für jeden, der das Schachspiel nicht kennt, ungefähr so, wie ich jeden bedauere, der die Liebe nicht kennengelernt hat. Das Schach hat wie die Liebe, wie die Musik die Fähigkeit, den Menschen glücklich zu machen.

Den Weg hierzu wollte ich in diesem Buche weisen.

München, Januar 1931.

Dr. Tarrasch.

DIE ANFANGSGRÜNDE

Vor allem muß der Anfänger die Bezeichnung der einzelnen Felder des Schachbretts erlernen und darin einige Übung erlangen. Die 64 Felder bilden senkrechte *Linien* und waagerechte *Reihen*. Die Linien werden von links nach rechts mit den Buchstaben a—h bezeichnet, die Reihen mit den Ziffern 1—8. Danach ist die Bezeichnung jedes Feldes klar ersichtlich (siehe Nr. 1).

Nr. 1

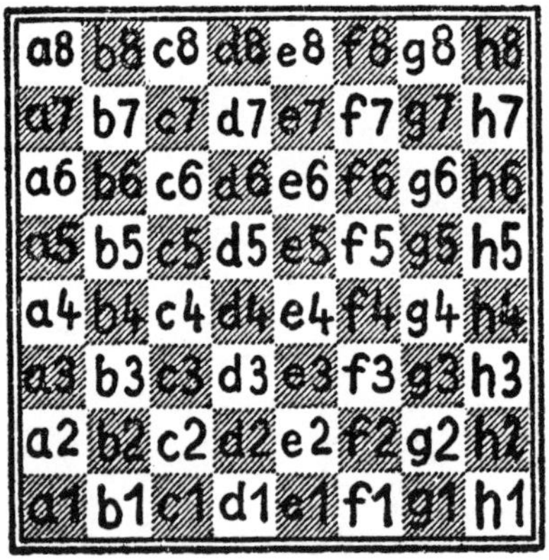

Nehmen Sie bitte die beiden Könige, das sind die größten Figuren, weil sie die wichtigsten sind, und stellen Sie den weißen auf f6, den schwarzen auf g8. Dann nehmen Sie einen weißen Turm, das sind die ganz dicken Figuren, die auch aussehen wie Türme einer alten Burg, und stellen Sie den Turm auf b1.

Nr. 2

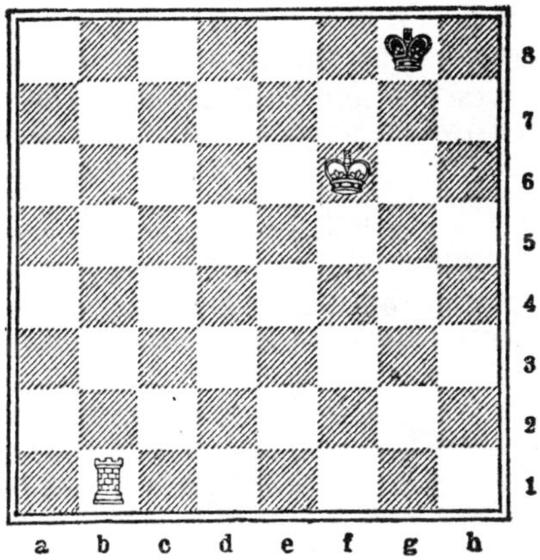

Der Turm zieht von b1—b8, also in der gebräuchlichen Notation 1. T (abgekürzt für Turm) b1—b8. Der Turm zieht, wie Sie sehen, gerade aus, und zwar nach allen Richtungen, er könnte also von b1 auch nach a1 oder nach d1, g1, h1 usw. ziehen. Also 1. Tb1—b8. Auf b8 angekommen, greift er den schwarzen König an, er zielt auf ihn, denn er steht nun in seiner Zugstraße. Einen solchen Angriff auf den König bezeichnet man mit dem Worte „Schach" (= König) und man sagt dazu auch „Schach!" Weil nämlich ein

Angriff auf den König, ein Schachgebot, immer und unter allen Umständen respektiert werden muß. Der angegriffene König muß sich auf irgendeine Weise dem Angriff entziehen. Aber wohin kann der König ziehen? Da der König immer nur einen Schritt nach allen Richtungen gehen darf, so kommen nur die Felder f8, h8, f7, g7 und h7 in Frage. Nach f8 darf er nicht, denn da wäre er ja noch gerade so dem Angriff des Turmes ausgesetzt wie auf g8. Und auf h8 stände er ebenfalls noch im Schach. Nach f7? Ein König darf niemals dem andern zu nahe treten. Auf f7 wäre er ja im Schlagbereich des feindlichen Königs! Der König darf niemals auf ein Feld ziehen, auf das ein feindlicher Stein hinzielt, er würde sich ja damit in Schach begeben! Also darf er nicht nach f7 ziehen, und aus ganz demselben Grunde auch nicht nach g7. Aber das Feld h7? Das ist von keinem feindlichen Stein angegriffen, nach h7 darf und muß er ziehen. Also der ganze Zug lautet: 1. Tb1—b8† (dieses Zeichen bedeutet: Schach!) K (abgekürzt für König) g8—h7. In abgekürzter Notation schreibt man auch 1. Tb8† Kh7, indem man die Ausgangsfelder der Steine wegläßt.

Nun stellen Sie bitte die folgende Stellung auf:

Nr. 3

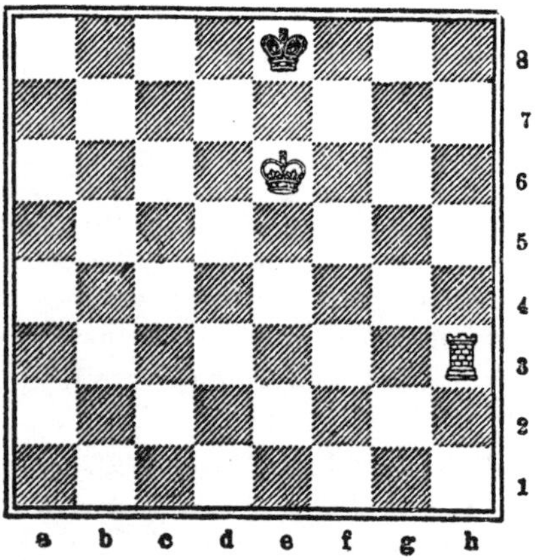

Den weißen König auf e6, den weißen Turm auf h3, den schwarzen König auf e8. Die Könige stehen einander in kürzester Entfernung — näher dürfen sie ja nicht aneinander heran — gerade gegenüber, in *Opposition*, wie man sagt. Weiß zieht 1. Th3—h8. Der Turm greift wieder den schwarzen König, der sich ja in seiner neuen Schußlinie befindet, an, der Turm bietet Schach, also: 1. Th3—h8†. Wie kann sich der schwarze König dem Schach entziehen? Nach f8 und d8 darf er nicht, denn da stände er gerade so in Schach wie auf e8. Nach e7, f7 und d7 darf er ebenfalls nicht, da er dem feindlichen König nicht zu nahe treten darf. Also kann er gar nicht mehr ziehen, er kann sich dem Schachangriff nicht entziehen. Dann ist er mattgesetzt, und das Spiel ist aus, denn das Mattsetzen eines Königs ist das Ziel des Spiels. Weiß hat gewonnen. Der Zug wird demnach bezeichnet: 1. Th3—h8‡. Dieses Doppelkreuz bedeutet schachmatt (matt ist eigentlich ein persisches Wort und bedeutet soviel wie „tot").

Stände in dem letzten Spiel noch ein schwarzer Läufer (die Läufer sind diese schlanken, mittelgroßen Figuren) auf b4,

Nr. 4

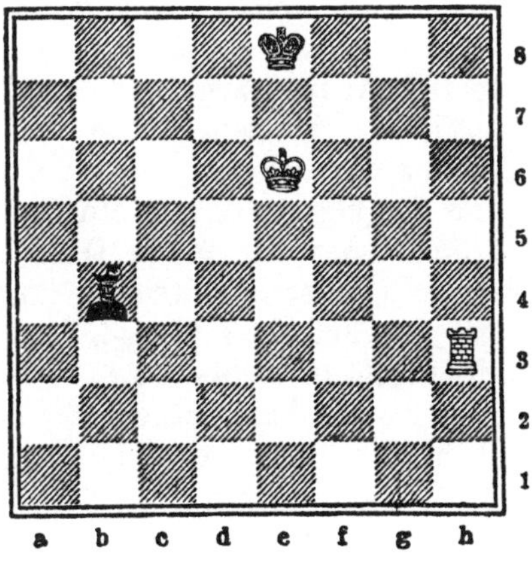

dann könnte das Matt noch verhindert werden, Schwarz könnte das Schach decken, sich dem Schachangriff entziehen, indem er auf 1. Th3—h8† den Läufer b4 nach f8 zöge. Denn wie der Turm auf den geraden Linien nach allen Seiten zieht, so der Läufer auf den schrägen. Also der ganze Zug lautet jetzt: 1. Th3—h8† L (Abkürzung für Läufer) b4—f8. Der Turm kann den Läufer zwar schlagen, 2. Th8×f8† (das liegende Kreuz bedeutet: schlägt oder nimmt), aber da der König nach allen Seiten einen Schritt zieht, so begibt sich der Turm damit in den Zug- und Schlagbereich des Königs, der ihn also einfach wiederschlagen würde: 2. . . . Ke8×f8. Der König auf e8 *deckt* den Läufer f8. Also damit hätte Weiß nichts erreicht; es blieben nur die beiden Könige übrig und das Spiel wäre unentschieden, remis. Keiner hätte gewonnen, keiner hätte verloren.

Aber Weiß kann jetzt doch den Läufer gewinnen, erobern. Er muß sich nur überlegen, was wohl der Gegner im nächsten Zuge tun könnte. Den Läufer dürfte Schwarz nicht ziehen, denn sonst würde ja der König im Schach stehen. Kein Spieler darf einen Zug machen, der seinen König einem Angriff entblößt. Der Läufer dürfte also nicht ziehen, der Läufer ist *gefesselt*. Also könnte Schwarz, wenn er am Zuge wäre, nur den König ziehen, und zwar, da die Züge nach f7, e7 und d7 durch den weißen König verhindert sind, nur nach d8. Aber damit gäbe er ja die Deckung des Läufers auf, und der könnte dann vom Turm ungestraft geschlagen werden. Aber nun ist ja *Weiß* am Zuge. Er macht nun einen Zug, der die Stellung im wesentlichen nicht verändert, nämlich 2. Th8—g8. Darauf muß der schwarze König nach d8 ziehen, 2. . . . Ke8—d8, und nun schlägt der Turm den Läufer: 3. Tg8×f8, oder vielmehr 3. Tg8×f8†, denn der Turm greift ja auf f8 wieder den König an. Der hat nur einen einzigen Zug: 3. . . . Kd8—c7. Mit dem Übergewicht des Turmes muß nun Weiß gewinnen, wie wir später sehen werden. Der Turm kann gegen den einzelnen König immer das Schachmatt erzwingen.

Solch einen Zug, wie ihn Weiß im 2. Zuge gemacht hat, der im Grunde genommen ganz leer ist — Weiß hat eigentlich gar nichts gemacht, sondern die Zeit, das *Tempo*, vertrödelt; er hat sich nur zum Schein seiner Zugpflicht entledigt, um den Gegner zur Veränderung der Stellung zu zwingen — einen solchen Zug nennt man einen Tempozug; scherzhaft, aber sehr bezeichnend, auch „Ziehzug". Und damit hat Weiß den Gegner in „*Zugzwang*" gebracht.

Weiß hatte statt des Turmzuges noch einen andern Zug, mit dem er ebenfalls den schwarzen König gezwungen hätte, die Deckung des Läufers aufzugeben, nämlich 2. Ke6—f6. Auch darauf muß der schwarze König ziehen, nach d8 oder d7, und der Turm könnte den Läufer schlagen.

Nehmen wir noch einmal das Stellungsbild Nr. 2 vor. Nach dem dort ausgeführten Zuge 1. Tb1—b8† Kg8—h7 macht Weiß wieder einen Tempozug, deren er jetzt sehr viele zur Verfügung hat; der Turm kann nämlich, ohne die Stellung wesentlich zu verändern, von b8 nach a8, c8, d8, e8 oder f8 ziehen. Nur nicht nach g8 oder h8, denn dort würde ihn ja der schwarze König schlagen; Weiß hätte also den Turm eingestellt. Wenn er aber einen der richtigen Tempozüge macht: 2. Tb8—a8 oder c8, d8, e8, f8, so hat Schwarz nur einen Zug. Nach g8 oder h8 darf der König nicht ziehen, da er sich ja damit in die Schußlinie des Turmes begäbe. Nach g7 oder g6 darf er nicht wegen der Unnahbarkeit des weißen Königs. Also bleibt ihm nur das Feld h6. Also: 2. . . . Kh7—h6. Jetzt befinden sich die Könige wieder in Opposition, immer eine sehr gefährliche Stellung für den Verteidiger, weil der eine König dem andern drei Felder nimmt. Der weiße Turm gibt jetzt auf h8 Schach, und das ist zugleich Matt, denn die drei Felder g7, g6 und g5 sind dem schwarzen König durch den weißen verwehrt, und die Felder h7, h6 und h5 von dem Turm angegriffen. Also 2. Ta8 bzw. c8, d8, e8, f8—h8‡. Das Spiel ist aus, Weiß hat gewonnen.

Ganz ähnlich verläuft das folgende, sehr kuriose Spiel, das aber für Anfänger äußerst lehrreich ist:

Nr. 5

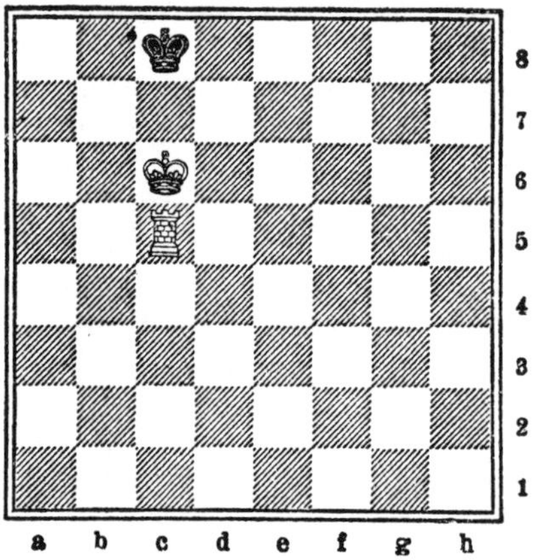

Die Könige stehen wieder in Opposition, also sind wieder Mattwendungen möglich. Weiß kann merkwürdigerweise jeden beliebigen Turmzug machen, immer wird er in drei Zügen mattsetzen. Er muß nur immer den schwarzen König in die Oppositionsstellung zurückzwingen. Z. B. 1. Tc5—h5 Kc8—d8. Jetzt muß Weiß verhindern, daß der König über die e-Linie entweicht. Das geschieht einfach dadurch, daß der Turm diese Linie besetzt:

2. Th5—e5. Jetzt muß der König wieder zurück in die Oppositionsstellung.
2. . . . Kd8—c8
3. Te5—e8‡. Oder (1. Tc5—h5) 1. . . . Kc8—b8. Jetzt zwingt Weiß den König durch
2. Th5—a5! zurück nach c8. 2. . . . Kb8—c8
3. Ta5—a8‡. Oder
1. Tc5—e5 Kc8—d8

2. Te5—e6 oder e4, e3, e2, e1 Kd8—c8
3. Te6 bzw. e4 usw. —e8‡. Oder 1. Tc5—d5 Kc8—b8
2. Td5—a5 Kb8—c8 3. Ta5—a8‡. Oder
1. Tc5—b5 Kc8—d8 2. Tb5—e5 usw. Oder
1. Tc5—a5 Kc8—b8 (bzw. 1. . . . Kd8 2. Te5 usw.)
2. Ta5—a1 (oder a2, a3, a4, a6) 2. . . . Kb8—c8
3. Ta1 bzw. a2 usw. —a8‡. Oder
1. Tc5—c4, c3, c2 oder c1 1. . . . Kc8—d8
2. Tc4 bzw. c3, c2, c1—e4 bzw. e3, e2, e1 2. . . . Kd8—c8
3. Te4 bzw. e3, e2, e1—e8‡. Bzw.
(1. Tc4, c3, c2, c1) 1. . . . Kc8—b8
2. Tc4 bzw. c3, c2, c1—a4 bzw. a3, a2, a1
2. . . . Kb8—c8
3. Ta4 bzw. a3, a2, a1—a8‡. Es wird dem Anfänger eine gute Übung sein, alle die möglichen Turmzüge, die ich hier gar nicht erwähnt habe, ebenfalls durchzuprobieren und das Matt nach dem gegebenen Schema auszuführen.

Verändern wir die Stellung etwas, indem wir wieder einen schwarzen Läufer hinzufügen.

Nr. 6

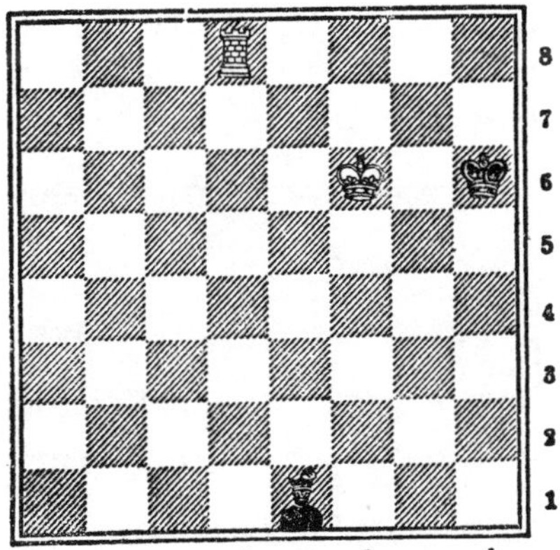

Schwarz ist am Zuge. Weiß ist eben mit dem König von f7 nach f6 gegangen, um jetzt Td8—h8‡ zu drohen. Schwarz hat nun einen ausgezeichneten Zug zur Verfügung, der das Matt verhindert und zugleich alle Siegeshoffnungen des Weißen zunichte macht. Das ist 1. ... Le1—h4†! (ein Ausrufungszeichen kennzeichnet einen sehr guten, ein Fragezeichen einen schlechten Zug). Darauf kann Weiß seine Absicht, mattzusetzen, nicht ausführen, denn Schach geht vor, ein Schach muß respektiert werden. Der weiße König zieht also von f6 nach f7, e6, e5 oder f5. Nach e7 darf er natürlich nicht, da er dort genau so im Schach stände wie auf f6. Nach einem dieser Königszüge schlägt nun der Läufer h4 den Turm d8. Der Königszug nach f6 war offenbar ein grobes Versehen, das den Turm gekostet hat. Weiß hat das Läuferschach auf h4 übersehen. Schwarz anderseits hat das Versehen des Gegners richtig ausgenützt. Nach 2. ... Lh4×d8 kann er zwar das Spiel nicht gewinnen, denn ein einzelner Läufer kann den feindlichen König nicht mattsetzen. Aber er hat wenigstens die Partie gerettet, hat das Spiel unentschieden, remis gemacht.

Zwischen Turm und Läufer sind sehr interessante Kämpfe möglich. So in den folgenden Stellungen, wobei das Wesentliche die Opposition der Könige ist, die immer Mattwendungen ermöglicht, wie wir sie bereits kennengelernt haben.

Nr. 7

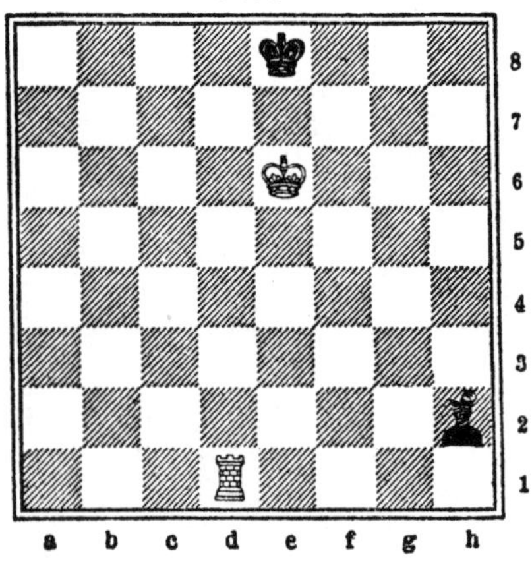

Weiß zieht 1. Td1—h1 und greift den Läufer an, d. h. er droht ihn zu schlagen. Der Läufer kann nun nach g3, f4, c7 oder b8 ziehen. Zieht er nach e5 oder d6, so schlägt ihn der weiße König, in dessen Bereich er sich damit begeben hat, und zieht er nach g1, so schlägt ihn der Turm. Zieht der Läufer nach g3, f4, c7 oder b8, so gibt der Turm h1 auf h8 das von früher schon bekannte Matt. Zieht statt des Läufers der schwarze König, so schlägt der Turm den Läufer, und Weiß gewinnt durch das Übergewicht des Turmes.

Nr. 8

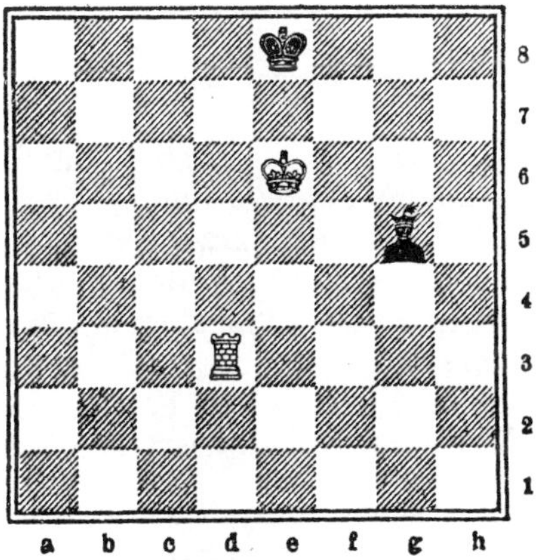

In dieser Stellung hat Weiß wieder einen sehr starken Angriffszug zur Verfügung, nämlich 1. Td3—g3!. Der Turm greift den Läufer an. Zieht dieser beliebig, z. B. nach d2 oder h4, so setzt der Turm g3 auf g8 matt. Zieht der Läufer, was besser ist, nach h6 oder e7, so kann er auf 2. Tg3—g8† auf f8 dazwischenziehen und das Schach decken. Aber nun gewinnt Weiß durch den uns schon bekannten „Tempozug“ 3. Tg8—h8 (oder auch durch 3. Ke6—f6) 3. . . . Ke8—d8 4. Th8×f8† den Läufer und das Spiel.

Nr. 9

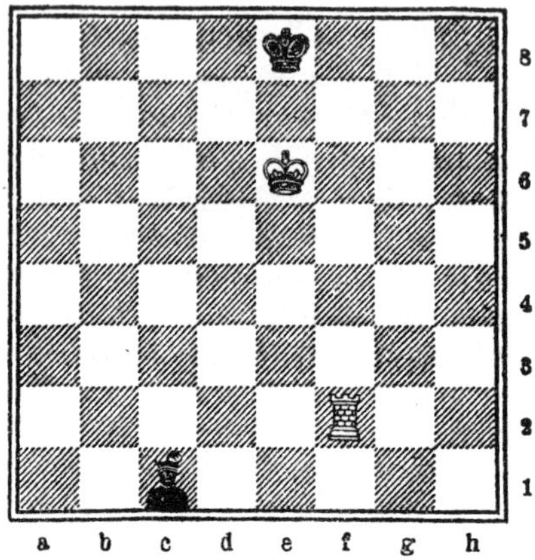

Hier gewinnt Weiß ganz ähnlich durch 1. Tf2—c2, indem er den Läufer angreift und zugleich Schachmatt durch Tc2—c8 droht. Schwarz zieht am besten 1.... Lc1—g5, um auf 2. Tc2—c8† den Läufer auf d8 dazwischenzuziehen, verliert ihn aber durch einen Tempozug des Turmes nach b8 oder a8, oder auch durch 3. Ke6—d6, denn der schwarze König muß ziehen und die Deckung des Läufers aufgeben, der dann geschlagen wird.

Nr. 10

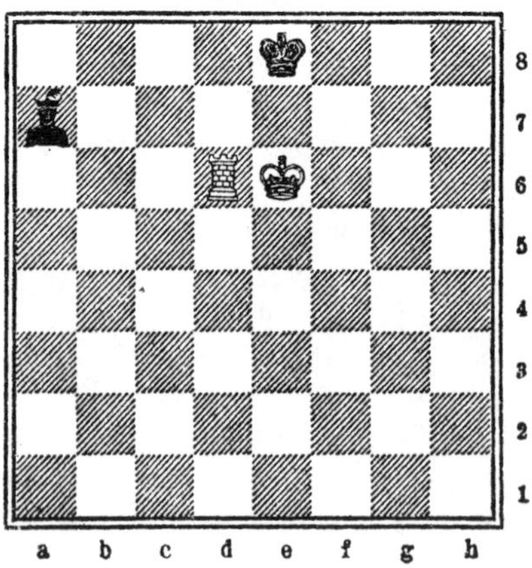

In dieser Stellung ist der Entscheidungszug 1. Td6—a6. Zieht der Läufer auf der Diagonale a7—g1 (außer nach b6, wo ihn der Turm schlägt), so folgt 2. Ta6—a8‡. Zieht der Läufer aber nach b8, 1. ... La7—b8, so geschieht ebenfalls 2. Ta6—a8. Damit ist der Läufer angegriffen, der Turm droht ihn zu schlagen. Der Läufer kann aber nicht entfliehen, denn zöge er, so stände ja der schwarze König in Schach, und das darf nicht sein. Der Läufer ist also gefesselt, und da ihn sein König nicht decken kann (was der Fall wäre, wenn dieser auf d8 stände; dann könnte er nämlich nach c8 oder c7 ziehen, womit der Läufer geschützt, gedeckt wäre); da er ihn also nicht decken kann, so wird der Läufer geschlagen, und Weiß gewinnt, indem er später das Matt erzwingt.

Bitte stellen Sie den weißen König auf e2, den schwarzen auf f4 und die schwarze Dame — das ist die zweitgrößte Figur, sie wird auch Königin genannt — auf b3.

Nr. 11

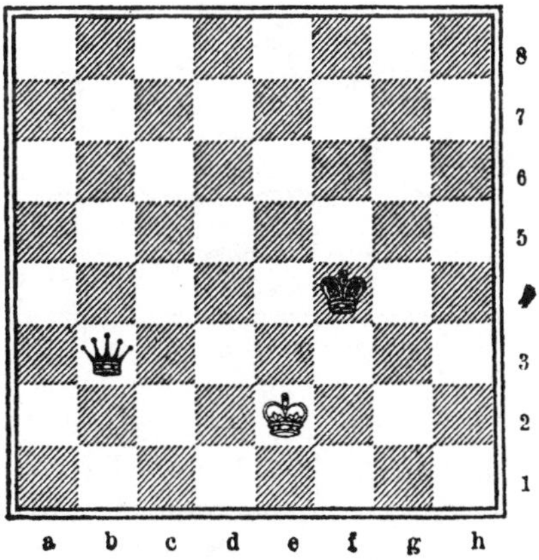

Die Dame vereinigt die Gangart des Turmes und des Läufers, sie zieht gerade und schräg wie der König, nur beliebig weit. Sie ist weitaus die stärkste Figur. Mit ihr den einzelnen König mattzusetzen, ist nicht schwer. Man drängt ihn an den Rand und stellt den eigenen König ihm gegenüber. Nur muß man sich hüten, den feindlichen König „patt" zu setzen. Patt ist, wer, ohne im Schach zu stehen, nicht ziehen kann. Pattschluß gilt gleich remis. Im obigen Spiel wird das Matt folgendermaßen herbeigeführt:

1. . . . Db3—c2†. Dies treibt den König schon auf die erste Reihe und gerade dem schwarzen König gegenüber. 2. Ke2—f1 Kf4—f3 3. Kf1—e1 Dc2—e2‡ oder Dc2—c1‡ bzw. 3. Kf1—g1 Dc2—g2‡. Oder 2. Ke2—e1 Kf4—f3 3. Ke1—f1 Dc2—f2‡ oder Dc2—b1, c1, d1‡.

Wenn in der folgenden Stellung

Nr. 12

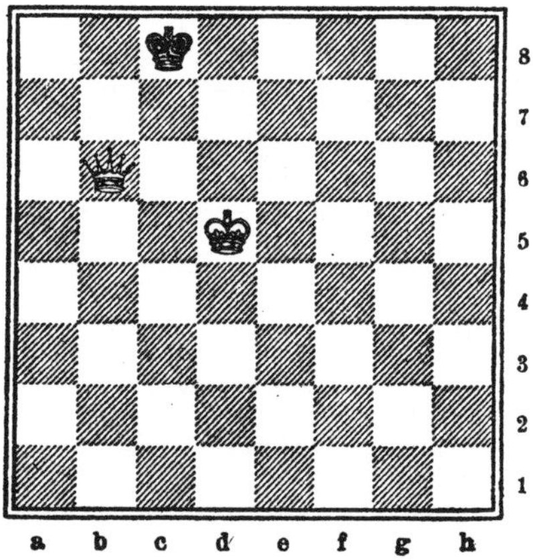

Weiß den König nach c6, d6 oder e6 zieht, so kann Schwarz nicht ziehen. Die Felder b8, b7, c7 und d8 sind ihm von der Dame genommen und das Feld d7 vom König. Schwarz hat also, ohne im Schach zu stehen, keinen Zug. Er ist demnach „patt", und das Spiel gilt als unentschieden, remis. Weiß muß diesen Fehler vermeiden und das Matt auf folgende Weise herbeiführen:

1. Db6—a7 Kc8—d8
2. Kd5—d6. Immer die so wirksame Oppositionsstellung einnehmen! Der schwarze König kann jetzt nur nach c8 oder e8 gehen. Im ersten Fall wird er durch 3. Da7—c7 oder a8 (das Feld b7 ist dem König durch die Dame genommen), im zweiten durch 3. Da7—e7 mattgesetzt.

Es ist auch nicht schwer, von irgendeiner Stellung aus mit Dame und König gegen den einzelnen König das Matt zu erzwingen.

Nr. 13

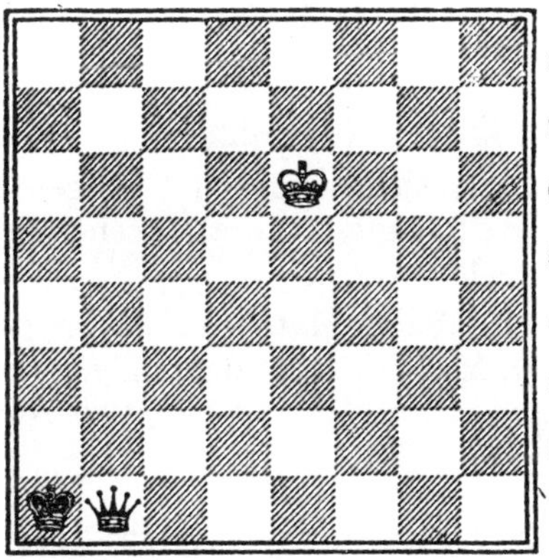

Man drängt den weißen König allmählich irgendwo an den Rand. Zuvor aber muß man den eigenen König ihm nähern. 1. ... Ka1—b2 2. Ke6—d5 Kb2—c3 3. Kd5—e5 Db1—g6. Damit schneidet man dem König den Rückzug nach der sechsten Reihe ab. Zu diesem Zweck ist auch Db6 ganz gut. Man will ihn nach der ersten Reihe drängen. Aber nur keine unnützen Schachgebote! Immer *zielbewußt* dem König allmählich eine Reihe nach der anderen nehmen!

4. Ke5—f4 Dg6—h5. Damit nimmt man ihm schon die fünfte Reihe.

5. Kf4—e4 Dh5—g5. Mit diesem stillen Zuge in Verbindung mit dem folgenden nimmt man ihm die vierte Reihe.
6. Ke4—f3 Dg5—h4
7. Kf3—e3 Dh4—g4. Jetzt muß er schon auf die zweite Reihe. Das Netz wird immer enger.
8. Ke3—f2 Dg4—h3
9. Kf2—e2 Dh3—g3
10. Ke2—f1. Oder 10. Kd1 Df2 11. Kc1 Df1 oder e1, g1 oder c2‡.
10. ... Dg3—h2. Damit ist der König ganz an den Rand gedrängt. Ja nicht 10. ... Kd3? oder d2? wegen Patt!
11. Kf1—e1 Dh2—g2
12. Ke1—d1 Dg2—f1 oder d2‡.

Das Matt ließe sich schon in 9 Zügen herbeiführen, aber diese Mattführung ist die systematischste und infolgedessen die leichteste.

Ganz ähnlich ist das Matt vom Turm gegen den einzelnen König. Man drängt den König allmählich an den Rand. Die Schlußstellung ist etwa folgende:

Nr. 14

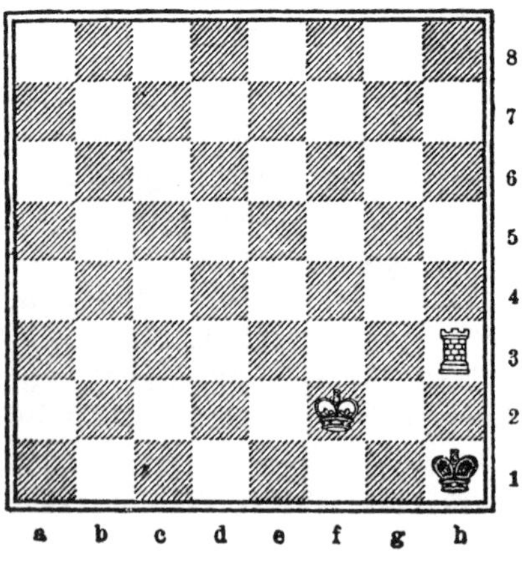

Oder die schon von früher bekannte:

Nr. 15

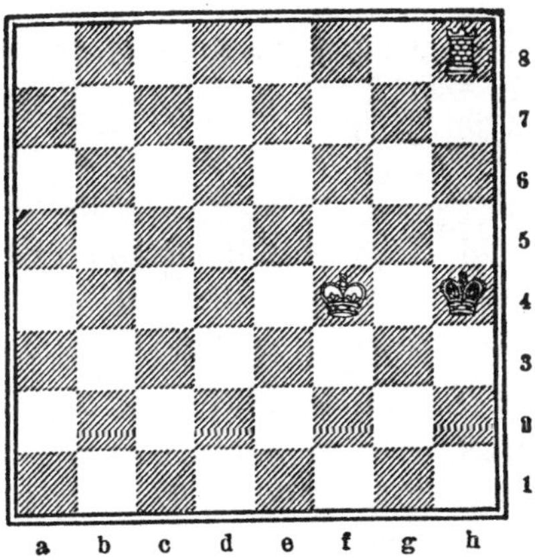

Die systematische Mattführung ist folgende:

Nr. 16

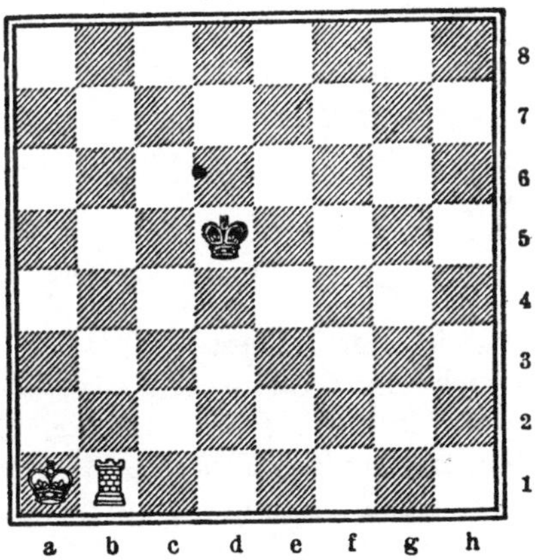

1. Ka1—b2. Auch hier nähert man zunächst den König. Überhaupt muß diese Figur hier viel mehr ziehen als bei dem Matt durch die Dame.

1. . . . Kd5—d4

2. Kb2—c2 Kd4—e4

3. Tb1—b5. Weiß nimmt dem König die fünfte Reihe; er will ihn auf die erste drängen.
3. ... Ke4—d4
4. Kc2—b3. Nur keine nutzlosen Schachgebote!
4. ... Kd4—e4
5. Kb3—c3 Ke4—f4
6. Kc3—d3 Kf4—g4
7. Kd3—e3 Kg4—g3! Auf 7. ... Kh4 erlangt Weiß mit 8. Kf3! Kh3 die Opposition und setzt durch 9. Tb5—h5 matt.
8. Tb5—g5†. Wenn die Könige in Opposition stehen, dann ist ein Schach am Platze, denn es treibt den König um eine Linie bzw. Reihe näher an den Rand.
8. ... Kg3—h4. Greift den Turm an, was der Anfänger nicht übersehen darf!
9. Ke3—f4 Kh4—h3
10. Kf4—f3! Kh3—h2! Auf 10. ... Kh4 folgt 11. Tg5—a5 (oder f5, e5 usw.) Kh3 12. Th5‡.
11. Tg5—g8 (oder —g6, g7). Ja nicht 11. Tg2† Kh1 12. Kf2 oder g3 wegen Patt! Dagegen führt 11. Th5† Kg1 12. Th8 (oder h7, h6 usw.) Kf1 13. Th1‡ ebenso rasch zum Matt.
11. ... Kh2—h1! Oder 11. ... Kh3 12. Th8‡.
12. Kf3—f2 Kh1—h2
13. Tg8—h8‡.

*

Sehr reizvoll ist der Kampf von Dame gegen Turm. Sowie dieser sich von seinem König trennt, geht er dadurch verloren, daß die Dame Schach gibt und zugleich den Turm angreift, also durch einen Doppelangriff. Mitunter erfolgt dieser Doppelangriff schon im ersten Zug, wie in dem folgenden Spiel:

Nr. 17

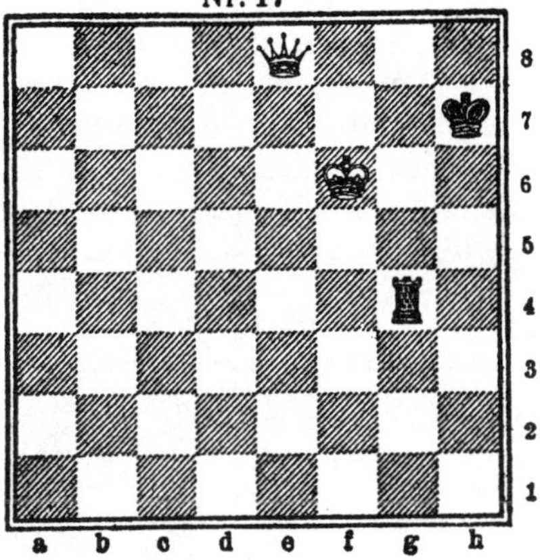

1. De8—h5†. Die Dame greift König und Turm an. Schwarz hat keinen andern Zug, da er vor allem den König aus dem Schach ziehen muß, als 1. . . . Kh7—g8, worauf die Dame den Turm mit Schach schlägt.

Auch durch 1. De8—d7† würde die Dame beide Steine angreifen und den Turm erobern, denn er darf nicht etwa auf g7 dazwischenziehen, da dieses Feld auch vom weißen König angegriffen ist, so daß die Dame den Turm schlagen kann, noch dazu mit Schachmatt. Auch in dem folgenden Spiel erfolgt der Doppelangriff sofort:

Nr. 18

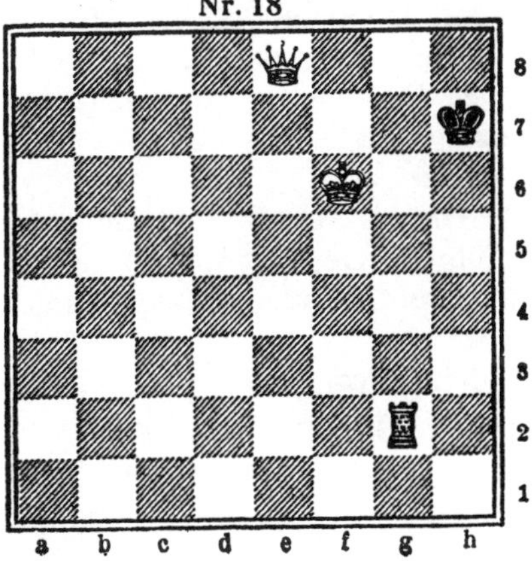

Durch 1. De8—e4† erobert Weiß den Turm. Er kann zwar auf g6 mit Schach dazwischenziehen, aber dort schlägt ihn die Dame, gedeckt von ihrem König, mit Schach und setzt nach Kh7—h8 durch Dg6—g7 matt.

In der folgenden Stellung ist die Eroberung des Turmes schon ein schwieriges, mehrzügiges Problem, das aber auch der Anfänger schon verstehen kann.

Nr. 19

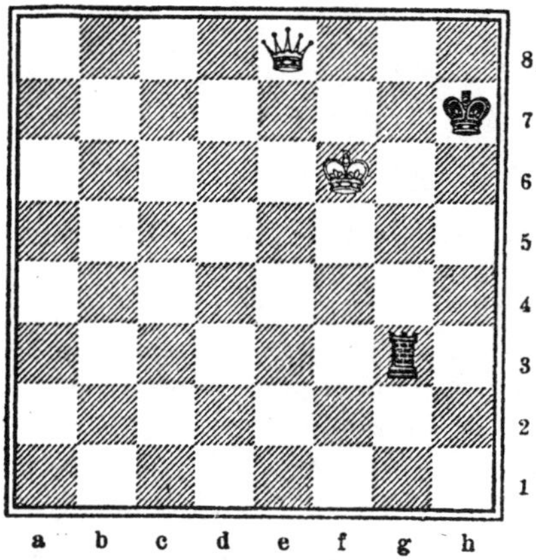

Es geschieht 1. De8—e4†. Geht nun der König nach h8, so folgt der Doppelangriff 2. De4—h4† und der Turm ist verloren. Geht der König nach h6, so setzt derselbe Zug 2. De4—h4 gar schachmatt. Der König muß eben nach g8 ziehen.

1. . . . Kh7—g8!
2. De4—c4†! Dieses Schach entscheidet; auf 2. . . . Kg8—f8? folgt 3. Dc4—c8‡. Und geht der König auf die h-Linie, nach h7 oder h8, so erobert der Doppelangriff
3. Dc4—h4† den Turm.

Sehr hübsch ist das folgende Spiel:

Nr. 20

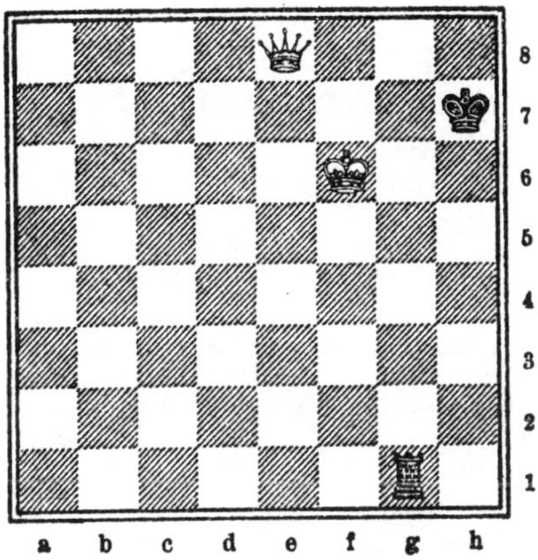

1. De8—e4† Kh7—h8 (oder auch g8). Nicht nach h6 wegen 2. De4—h4‡.
2. De4—a8† Tg1—g8
3. Da8—h1‡. Ein sehr überraschendes und schönes Matt! Der eigene Turm, der sich retten wollte, verstellt dem König das Fluchtfeld g8. Auf
2. . . . Kh8—h7 folgt der Doppelangriff
3. Da8—a7† mit Eroberung des Turmes.

Nr. 21

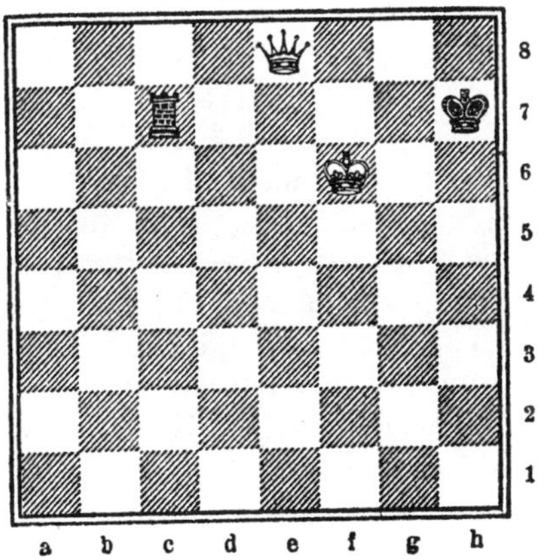

Hier muß Weiß ein Schach auf d8 zu geben suchen.

1. De8—h5† Kh7—g8
2. Dh5—d5† Kg8—h7! Auf 2. ... Kh8 erfolgt der Doppelangriff 3. Dd8† sofort, auf 2. ... Kf8? gleich mit Schachmatt.
3. Dd5—d3†! Kh7—g8 oder h8. Auf 3. ... Kh6? folgt 4. Dh3 oder g6‡.
4. Dd3—d8† und erobert den Turm.

Nr. 22

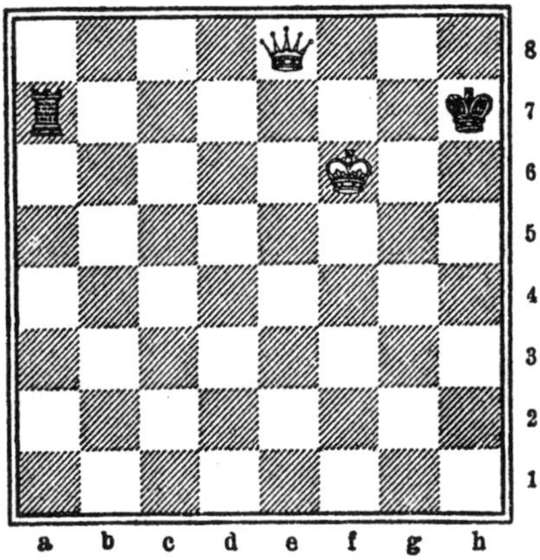

Hier muß Weiß nach einem Schach auf g1 oder b8 streben.

1. De8—e4† Kh7—g8. 1. ... Kh6? verbietet sich wegen 2. Dh4 oder h1 oder g6‡. Auf 1. ... Kh8 erfolgt das erstrebte Schach nach 2. Dh1† Kg8! sofort mit 3. Dg1†. Zieht aber nach 2. Dh1† der Turm dazwischen: 2. ... Th7? so erfolgt mit 3. Da8‡ wieder ein reizendes Matt, ein Gegenstück zu dem in Nr. 20.
2. De4—d5† Kg8—h8 oder h7 (2. ... Kf8? 3. Dd8‡)
3. Dd5—h1† Kh8 bzw. h7—g8 (Th7? Da8‡)
4. Dh1—g1† und gewinnt den Turm.

Aus allen diesen lehrreichen Spielen ersieht man die gewaltige Kraft der Dame.

Nun stellen Sie bitte den weißen König auf e3, zwei weiße Bauern — das sind die kleinsten Steine, deren jeder acht hat — auf e4 und f4 und den schwarzen König auf e6. Die Bauern sind die an Wert geringsten Steine, aber wenn sie auf die letzte (bzw. erste) Reihe vorgedrungen sind, verwandeln sie sich in eine beliebige Figur, mit Ausnahme des Königs; meistens wird man natürlich die stärkste wählen, die Dame. Man sagt dann, der Bauer geht zur Dame oder in die Dame. In Nr. 23, wo ihnen nur der feindliche König im Wege steht und wo sie zu zweit verbunden sind, gehen sie mit großer Leichtigkeit vorwärts. Nur muß man

Nr. 23

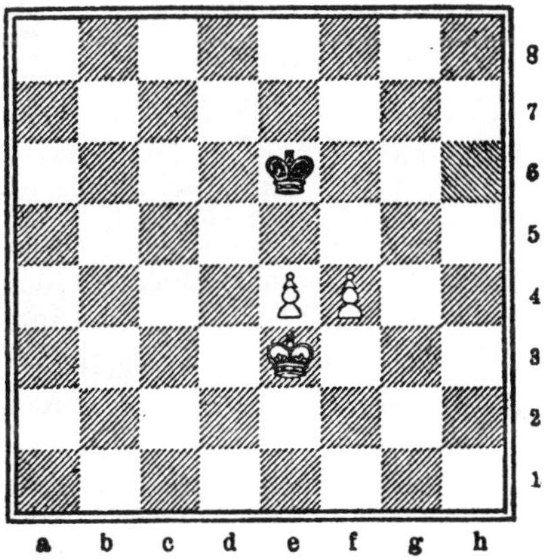

auch den König zu ihrer Unterstützung richtig verwerten und sich zum Schluß vor Patt in acht nehmen. Es geschieht 1. f4—f5†.

Die Bauern ziehen ein Feld gradeaus, nur vorwärts, schlagen aber schräg, nach beiden Seiten. Infolgedessen befindet sich nach 1. f4—f5 der schwarze König in der Schußlinie des Bauern, der also Schach gibt. (Von seinem ursprünglichen Standort auf der zweiten bzw. siebenten Reihe kann der Bauer nach Belieben einen oder zwei Felder weit ziehen.)

1. . . . Ke6—e5. Der König sucht natürlich das Vordringen der Bauern nach Möglichkeit zu verzögern.

Auf 1. ... Ke6—f6 könnte gleich 2. Ke3—f4 geschehen und dann der Bauer e4, der e-Bauer, wie man auch sagt, vorwärts gehen.

2. Ke3—f3. Der f-Bauer darf nicht ziehen, denn der König würde ihn schlagen.

2. ... Ke5—f6. Schlecht wäre Ke5—d4, denn dann würde der Bauer f5 unaufhaltsam bis auf die achte Reihe ziehen, der König könnte ihn dann nicht mehr einholen.

3. Kf3—f4. Jetzt muß der schwarze König auf die siebente Reihe gehen, denn die Felder e6 und g6 sind ihm von dem Bauern f5 genommen.

3. ... Kf6—f7
4. e4—e5 Kf7—e7
5. f5—f6† Ke7—e6
6. Kf4—e4 Ke6—f7
7. Ke4—f5 Kf7—e8
8. e5—e6 Ke8—f8
9. e6—e7† Kf8—e8. Nun wäre 10. Kf5—e6? ein starkes Versehen, denn Schwarz wäre dann patt; er könnte nicht nach d8 oder f8 wegen des Bauern e7, könnte auch nicht diesen Bauern schlagen und ebensowenig nach d7 oder f7 ziehen. Er könnte also, ohne im Schach zu stehen, keinen Zug machen und wäre demnach patt, das Spiel unentschieden.
10. Kf5—g6! Ke8—d7
11. Kg6—f7 Kd7—d6
12. e7—e8D (dies bedeutet: wird Dame) und gewinnt.

Nr. 24

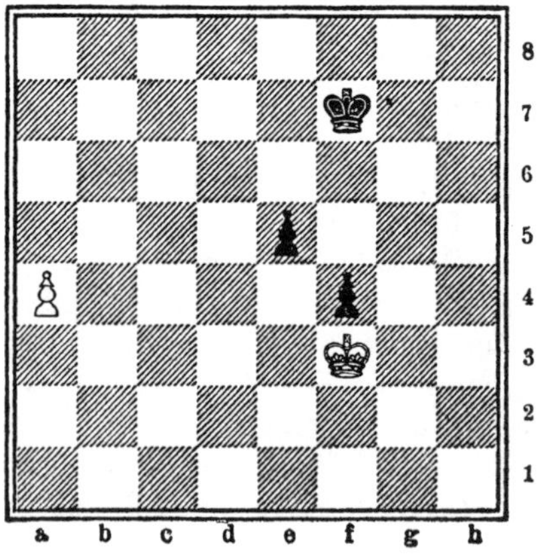

In dieser Stellung entscheidet der Anzug. Weiß am Zuge gewinnt, da der schwarze König den weißen Bauern nicht aufhalten kann: 1. a4—a5 Kf7—e6 2. a5—a6 Ke6—d6 3. a6—a7 Kd6—c7 4. a7—a8D. Wenn Schwarz am Zuge ist, so muß er zunächst den weißen Bauern erobern und dann dem feindlichen König entgegentreten und die Bauern zur Dame führen. Inzwischen kann ihnen der weiße König nichts anhaben, denn schlägt er nach Ke4 den Bauern e5, dann geht der andere unaufhaltsam zur Dame. Es geschieht also: 1. ... Kf7—e6 2. a4—a5 Ke6—d6 oder d5, d7 3. a5—a6 K—c6 4. a6—a7 Kc6—b7 5. Kf3—e4 Kb7×a7 6. Ke4—f3 (man sieht, daß auf Ke5: der f-Bauer freie Bahn hat) 6. ... Ka7—b6 7. Kf3—e4 Kb6—c5 8. Ke4—f3 Kc5—d4 9. Kf3—e2 e5—e4 10. Ke2—d2 e4—e3† 11. Kd2—e2 Kd4—e4 12. Ke2—e1 f4—f3 13. Ke1—f1 e3—e2† 14. Kf1—e1 Ke4—d3 (ja nicht Ke3? wegen Patt!) 15. Ke1—f2 Kd3—d2 und der Bauer e2 wird zur Dame.

Nr. 25

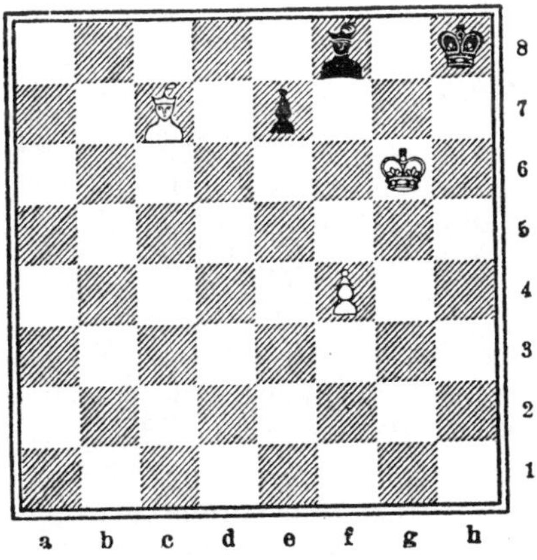

Hier sind die Kräfte ganz gleich, aber Weiß ist im Vorteil, denn sein König ist weit vorgedrungen und der Läufer f8 kann verhindert werden, gehörig ins Spiel zu kommen.

1. Lc7—e5† Kh8—g8. Auf 1. ... Lg7 wird der Läufer geschlagen, ohne daß Schwarz wiederschlagen darf. Schwarz hätte dann einen Läufer weniger und würde verlieren.
2. f4—f5. Darauf hat Schwarz keinen andern als den Bauernzug, denn zieht der Läufer nach h6, so schlägt ihn der König, und zieht der Läufer nach g7, so schlägt ihn der Läufer. Danach wäre allerdings *der schwarze König* patt, denn er könnte nirgends hin ziehen und stände nicht im Schach. Aber *Schwarz* wäre nicht patt, denn er könnte und müßte den Bauern ziehen. Patt besteht nur dann, wenn *überhaupt kein Stein* der einen Partie ziehen kann (und kein Schach geboten ist).
2. ... e7—e6
3. f5—f6! Viel stärker als den Bauern zu schlagen. (Das Schlagen der Bauern wird in der abgekürzten Notation durch Angabe der beiden Linien bezeichnet, also hier durch fe.) Denn jetzt dringt der Bauer immer weiter vor.
3. ... Kg8—h8?
4. f6—f7†. Der Bauer zieht vor, und zu gleicher Zeit wird dadurch der Läufer e5 demaskiert, seine Angriffslinie geöffnet, so daß er Schach bietet. Der schwarze König kann nun nicht mehr nach g8, weil ihm dieses Feld von dem Bauern genommen ist. Es kann nur
4. ... Lf8—g7 geschehen, worauf Weiß auf verschiedene Weise mattsetzt. Erstens durch 5. Le5×g7‡. Der Läufer ist gedeckt vom König und kann also nicht geschlagen werden. Zweitens durch 5. f7—f8D (wird eine Dame) ‡. Die Dame kann nicht vom Läufer geschlagen werden, denn sonst stände ja der schwarze König im Schach vom Läufer e5, was unstatthaft ist. Endlich kann Weiß auch statt der Dame einen Turm wählen, der ebenso mattsetzt: 5. f7—f8T (wird ein Turm) ‡.

Aber der Zug 3. ... Kg8—h8 war fehlerhaft. Statt dessen kann und muß der Läufer ziehen. Zum Beispiel 3. ... Lf8—e7. Wenn Weiß diesen Läufer schlägt, ist Schwarz wieder patt! Denn der König kann nicht nach f8 wegen des Bauern e7, der dieses Feld beherrscht, und nicht nach h8 wegen des Läufers, und der Bauer e6 kann ebenfalls nicht ziehen. Aber Weiß hat es nicht nötig, den Läufer zu schlagen. Er zieht viel stärker 4. f6—f7† Kg8—f8 (der Bauer ist vom König gedeckt und daher nicht zu schlagen) 5. Le5—g7‡. Der schwarze König kann nicht nach e8, weil ihm der Bauer dieses Feld nimmt, und das Feld e7 ist ihm von seinem eigenen Läufer versperrt, während der Läufer g7 vom König gedeckt und daher nicht zu schlagen ist.

Aber Schwarz kann den Läufer im 3. Zuge auch nach c5, b4 oder a3 ziehen. Geht er nach d6, so wird er vom Läufer e5 geschlagen; oder noch besser geschieht 4. f6—f7† Kg8—f8 5. Le5×d6‡. Auf 3. ... Lf8—c5, b4 oder a3 folgt 4. f6—f7† Kg8—f8 5. Le5—g7† Kf8—e7 (der einzige Zug), und nun kann der Bauer, gedeckt vom Läufer, zur Dame gehen: 6. f7—f8D† und Weiß gewinnt nun ganz leicht.

Schwarz kann auch 3. ... Lf8—g7 spielen. Schlägt Weiß den Läufer, 4. f6×g7?, so ist Schwarz patt. Aber Weiß zieht 4. f6—f7† Kg8—f8. (Bei 4. ... Kh8 folgt wieder 5. Lg7⧧ [dies Zeichen bedeutet: schlägt mit Matt] oder 5. f7—f8D oder T‡.) 5. Le5—d6‡. Natürlich würde Weiß auch durch 5. Le5×g7† gewinnen, aber der Mattzug ist natürlich präziser.

Endlich kommt noch (nach 1. Le5† Kg8 2. f5 e6 3. f6 [bei Bauern setzt man in der abgekürzten Notation und auch sonst kein B vor]) der Zug 3. ... Lf8—h6 in Betracht. Weiß könnte den Läufer einfach schlagen und würde dann auch gewinnen. Präziser ist jedoch, ebenso wie bei 3. ... Ld6, 4. f6—f7† Kg8—f8 5. Le5—d6‡.

In Nr. 26 faßt Weiß den ganz richtigen Plan, sich einen Freibauern zu verschaffen. So nennt man einen Bauern, dem kein feindlicher mehr im Wege steht, so daß er die besten Aussichten hat, zur Dame zu gehen. Weiß will c2—c3 nebst b2—b4 spielen. Es geschieht 1. c2—c3 c5—c4! 2. b2—b4. Schwarz antwortet nun 2. ... c4×b3. Dies ist das sog. *en-passant*-

Nr. 26

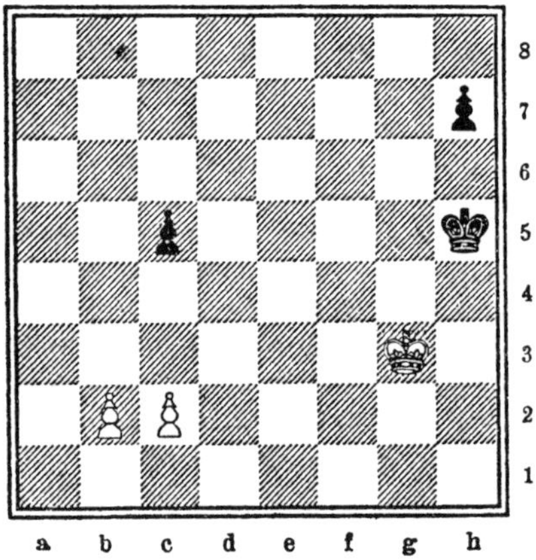

Schlagen, das Schlagen im Vorbeigehen. Der Bauer b2 ist durch seinen Zug b2—b3—b4 an dem Schlagbereich des Bauern c4 vorbeigegangen. Dann darf dieser Bauer ihn schlagen, als ob er nur einen Schritt gegangen wäre. Das muß aber sofort geschehen. Daran hat Weiß nicht gedacht und verliert zur Strafe die Partie, denn der Freibauer b3 geht in zwei Zügen zur Dame. Weiß hat seinen richtigen Plan ganz fehlerhaft ausgeführt. Durch die Züge c2—c3? c5—c4! ist der Bauer b2 „rückständig" geworden, er ist hinter seinem Nachbarn zurückgeblieben und kann nicht gut mehr vorgehen. Der Plan, einen Freibauern zu schaffen, mußte folgendermaßen ausgeführt werden: 1. b2—b3 2. c2—c3 und 3. b3—b4.

Nr. 27

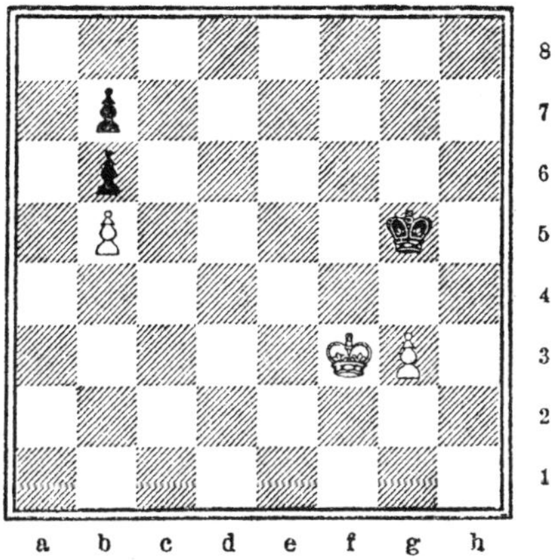

Hier stehen beide Parteien an Zahl gleich, aber Schwarz hat einen Nachteil. Seine Bauern auf der b-Linie sind ein „Doppelbauer“. So nennt man zwei Bauern derselben Partei, die auf derselben Linie stehen. Drei solche Bauern nennt man einen „Tripelbauer“. Man sieht hier den Nachteil eines Doppelbauern. Sie werden von einem einzigen feindlichen aufgehalten, was nicht der Fall wäre, wenn der Bauer b6 auf c7 stände. Dann könnte sich Schwarz mit c7—c6 (oder, wenn es hier gut wäre, mit c7—c5) einen Freibauern machen. So aber hat Weiß eigentlich den Bauern g3 mehr und darauf kann er einen Gewinnplan gründen. Er spielt darauf, den Doppelbauern zu erobern und seinen b-Bauern zur Dame zu führen. Schwarz ist inzwischen mit der Eroberung des Bauern g3 beschäftigt, so daß er diesen Plan nicht durchkreuzen kann. Es geschieht:

1. Kf3—e4 Kg5—g4
2. Ke4—d5 Kg4×g3
3. Kd5—d6 (nach c5 oder c6 darf der König natürlich nicht)
3. . . . Kg3—f4
4. Kd6—c7 Kf4—e5

5. Kc7×b7 (oder b6) Ke5—d6
6. Kb7×b6 (bzw. Kb6×b7) Kd6—d7
7. Kb6—a7. Der weiße König beherrscht jetzt die Felder b6, b7 und b8, die der Bauer noch besetzen muß, und damit ist dessen Weg gesichert.
7. . . . Kd7—c7
8. b5—b6† Kc7—c8
9. b6—b7† nebst b7—b8D.

Oder (1. Ke4) 1. . . . Kg5—f6 2. Ke4—d5 Kf6—e7. Damit hat der schwarze König dem weißen den Weg zu den Bauern verlegt, aber nun wird er durch den vorgehenden Freibauern abgelenkt: 3. g3—g4 (auch Ke5 ist gut) 3. . . . Ke7—d7 4. g4—g5 Kd7—e7 5. g5—g6 Ke7—f6 (auf Kd7 geht der g-Bauer zur Dame) 6. Kd5—d6 Kf6×g6 7. Kd6—c7 Kg6—f6 8. Kc7×b7 (oder b6) Kf6—e7 9. Kb7×b6 bzw. Kb6×b7 Ke7—d8 10. Kb6—a7 und der Bauer geht ungehindert zur Dame.

Nr. 28

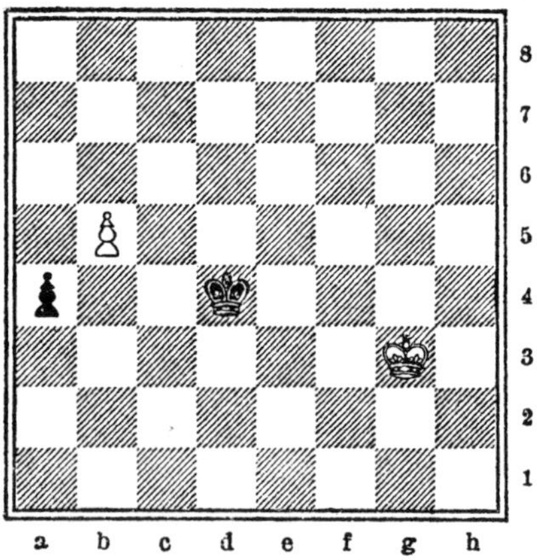

In dieser Stellung gehen beide Bauern unaufhaltsam zur Dame:

1. b5—b6 a4—a3
2. b6—b7 a3—a2
3. b7—b8D a2—a1D. Dame gegen Dame ist eigentlich

unentschieden, remis. Aber hier hat Weiß einen Zug zur Verfügung, der sofort zu seinen Gunsten entscheidet:

4. Db8—h8†! Kd4 zieht beliebig
5. Dh8×h1 und Weiß gewinnt.

In der folgenden Stellung suchen natürlich beide Parteien ihre Bauern vorzubringen und in Damen zu verwandeln.

Nr. 29

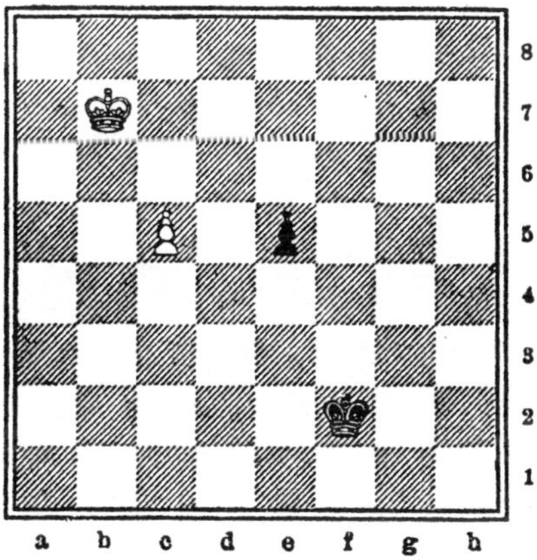

1. c5—c6 e5—e4 2. c6—c7 e4—e3
3. c7—c8D e3—e2

Schwarz kommt um einen Zug, ein Tempo zu spät. Jetzt darf Weiß natürlich dem Gegner nicht einen Moment Zeit lassen, den Bauern hineinzuführen. Folgendes ist der interessante Gewinnplan: Weiß sucht durch eine Reihe von Schachs und durch Angriffe auf den Bauern den König *vor* den Bauern zu treiben, also nach e1. In diesem Moment hat er Zeit, einen Königszug zu machen, der diese Figur dem Kriegsschauplatz nähert. Nach mehreren Wiederholungen dieses Manövers kann endlich der weiße König entscheidend eingreifen. Die Idealstellung, die Weiß immer wieder anstreben muß, ist eine der beiden folgenden:

Nr. 30

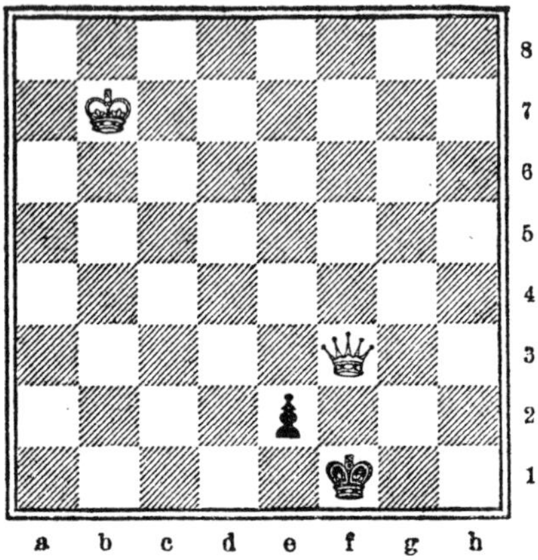

Nr. 31

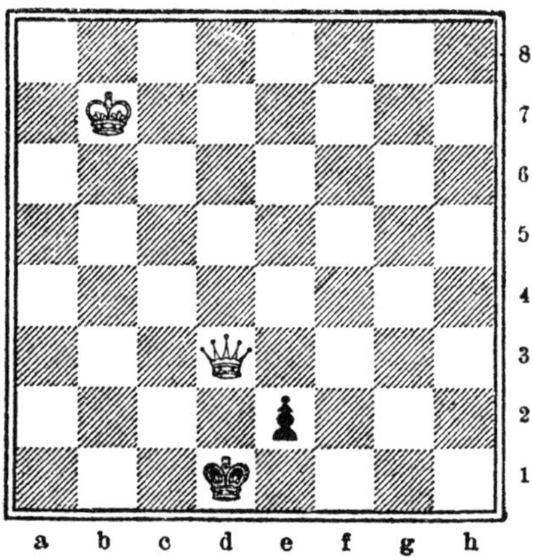

In diesen Stellungen muß der König, um die Deckung des Bauern nicht aufzugeben, vor den Bauern, nach e1 ziehen. — Das Spiel geht nach der Verwandlung des weißen Bauern in eine Dame folgendermaßen weiter:

4. Dc8—f5†. Weiß kann auch mit 4. Dc8—c2 fortsetzen, denn damit ist der Bauer ebenfalls am Vorgehen gehindert, denn ginge er vor, so stände ja der König im Schach. Der Bauer wäre „gefesselt".

4. . . . Kf2—g2
5. Df5—e4† (oder g4†) Kg2—f2. Der König muß natürlich so ziehen, daß er den Bauern deckt.
6. De4 (bzw. g4) —f4† Kf2—g2
7. Df4—e3! Nicht immer Schach geben! Dieser direkte Angriff auf den Bauern ist sehr wirksam und führt sofort zu einer der Idealstellungen.
7. . . . Kg2—f1
8. De3—f3† Kf1—e1. Damit ist die erste Station erreicht. Jetzt kann der weiße König näher kommen.
9. Kb7—c6 Ke1—d2! Kd1 wäre schlecht, denn damit wäre ja der Bauer gefesselt und könnte nicht vorwärts, so daß der weiße König gleich noch einen Zug machen könnte.
10. Df3—f2. Man braucht nicht immer Schach zu geben. Ein Zug, der den Bauern fesselt, ist ebenso wirksam.
10. . . . Kd2—d1. Fehlerhaft wäre Kd3, denn dann würde Weiß mit De1! das Umwandlungsfeld besetzen und durch Heranbringen des Königs noch viel einfacher gewinnen. — Jetzt strebt Weiß wieder die Idealstellung an.
11. Df2—d4† Kd1—c2
12. Dd4—e3! Kc2—d1
13. De3—d3† Kd1—e1. Nun kann wieder ein Königszug erfolgen.
14. Kc6—d5 Ke1—f2. Fehlerhaft wäre wieder Kf1, weil dadurch der Bauer gefesselt wäre.
15. Dd3—d2 Kf2—f1
16. Dd2—f4† Kf1—g2
17. Df4—e3! Kg2—f1
18. De3—f3† Kf1—e1
19. Kd5—e4. Jetzt ist der weiße König nahe genug, daß sich seine Mitwirkung ausnützen läßt.
19. . . . Ke1—d2
20. Df3—d3† Kd2—e1
21. Ke4—f3. Damit ist der Bauer zum zweitenmal angegriffen und wird erobert. Es folgt:
21. . . . Ke1—f1
22. Dd3×e2† Kf1—g1
23. De2—g2‡.

Steht der vorgerückte Bauer auf der c-, f-, a- oder h-Linie, so ist das Ergebnis ein anderes.

Nr. 32

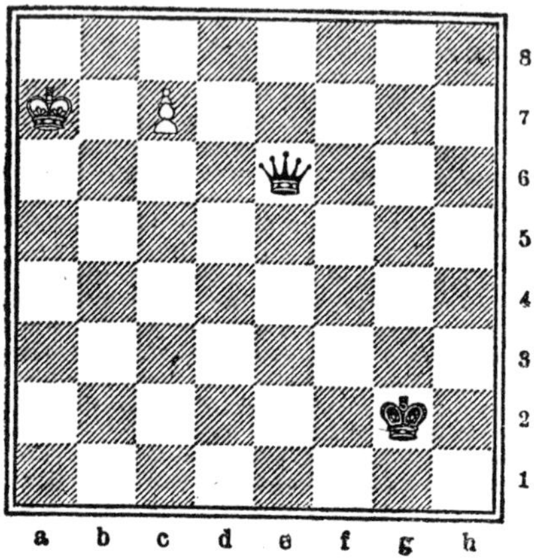

Schwarz am Zuge würde mit 1. . . . De6—c8! das Umwandlungsfeld besetzen und gewinnen. Aber Weiß ist am Zuge.

1. Ka7—b8 De6—b6†. Die Idealstellung ist erreicht.
2. Kb8—a8! Db6×c7. Weiß ist patt, das Spiel bleibt unentschieden. Ähnlich ist es bei den Randbauern:

Nr. 33

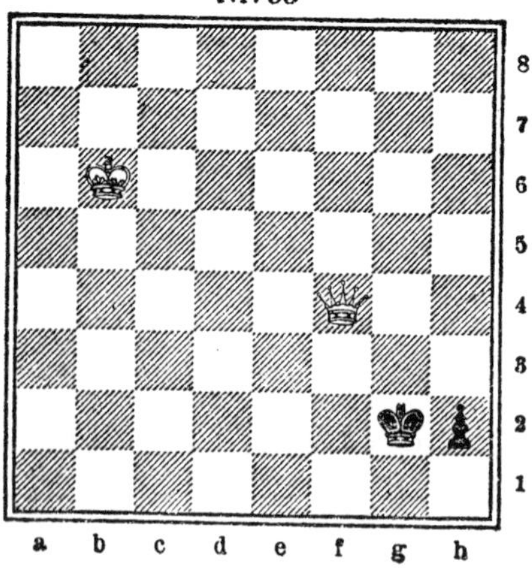

1. . . .   Df4—g4†
2. Kg2—f2 Dg4—h3
3. Kf2—g1 Dh3—g3†. Die Idealstellung.
4. Kg1—h1 Kb6—c5. Schwarz ist patt.

Wenn dagegen die schwächere Partei noch einen Bauern hat, so verhindert dieser das Patt, und die Dame gewinnt oft.

Nr. 34

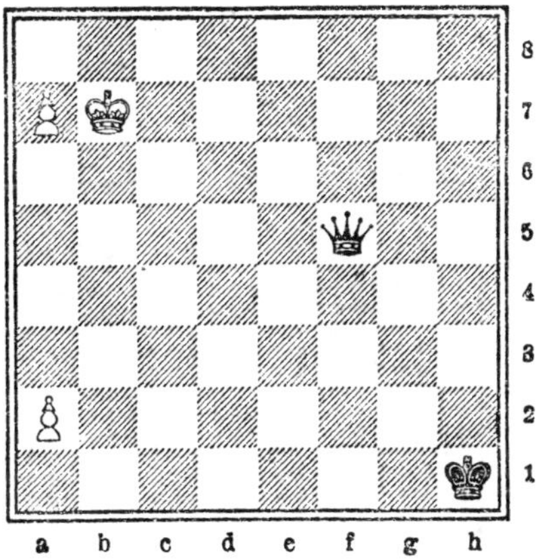

Hier geschieht:

1. . . .   Df5—b5†
2. Kb7—c7 Db5—a6
3. Kc7—b8 Da6—b6†. Die Idealstellung.
4. Kb8—a8 Db6—c7!
5. a2—a4 Dc7—c8‡. Hier setzt die Dame allein matt, weil der eigene Bauer dem König das Feld a7 nimmt. Sonst bedarf die Dame zum Mattsetzen der Hilfe des Königs oder eines andern Steines der eigenen Partei.

Ist der Bauer noch auf der drittletzten (bzw. dritten) Reihe, so ist der Gewinn ganz leicht.

Natürlich darf in Nr. 35 Weiß dem Gegner keine Zeit zu dem Zuge h3—h2 lassen, sondern muß mit der Dame beständig Schach bietend immer näher an den feindlichen König heranzukommen suchen, bis sie endlich den entscheidenden Zug machen kann, der — nach Analogie mit den vorigen Spielen — kein anderer als Dg4† sein kann. Also:

Nr. 35

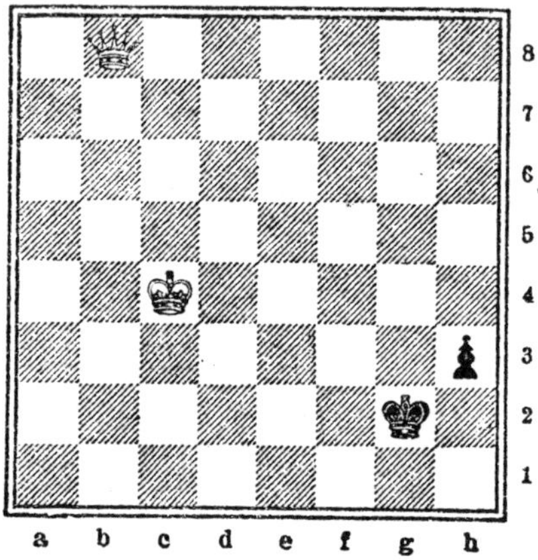

1. Db8—g8† Kg2—f2
2. Dg8—f7† Kf2—g2
3. Df7—g6† Kg2—f2
4. Dg6—f5† Kf2—g2
5. Df5—g4† Kg2—h2. Jetzt macht Weiß einen Tempozug.
6. Kc4—d3. Der schwarze König muß nach h1 ziehen — „Zugzwang“ — und die Deckung des Bauern aufgeben, der nun geschlagen wird. Es folgt also
6. . . . Kh2—h1
7. Dg4×h3† Kh1—g1 und jetzt Vorsicht! Noch im letzten Moment kann Weiß den Sieg aus der Hand geben. Nach Ke3? oder Ke2? wäre Schwarz patt. Das richtige Spiel ist:
8. Kd3—d2 Kg1—f2
9. Dh3—g4 (schlecht wäre Dh2†, was den König nach f3, ins Freie, ließe).
9. . . . Kf2—f1
10. Kd2—e3 Kf1—e1
11. Dg4—g1 oder e2‡.

*

Die komplizierteste Gangart hat der *Springer*. Es sind das die Figuren mit dem Pferdekopf. Sie werden auch Rössel genannt. Bezeichnet werden sie mit „S“. Der Springer zieht

zwei vorwärts und eins seitwärts oder
eins vorwärts und zwei seitwärts.

Und ebenso rückwärts:

zwei rückwärts und eins seitwärts oder
eins rückwärts und zwei seitwärts.

In dem Bild Nr. 36 ist angegeben, wohin ein Springer von e4 aus ziehen kann, nach f6 und d6, nach g5 und c5, nach f2 und d2, nach g3 und c3. Er springt dabei über die dazwischenliegenden Felder und Steine hinweg.

Nr. 36

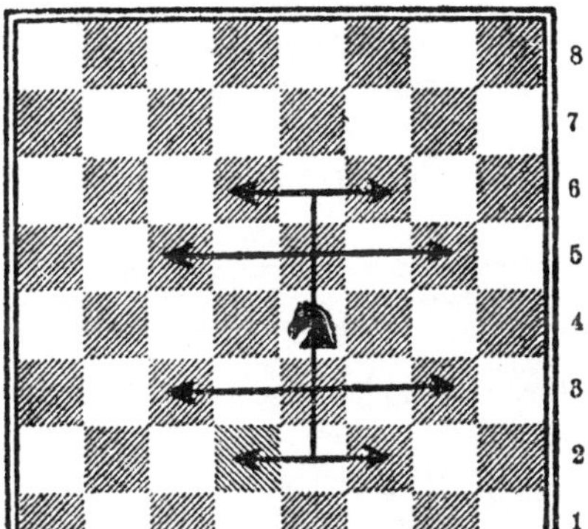

Man übe sich fleißig darin, alle möglichen Springer züge über das ganze Brett hin auszuführen. Überraschende Doppelangriffe sind die Domäne des Springers. In der folgenden Stellung hat Schwarz die Dame gegen einen Springer — die Dame ist soviel wert wie beide Türme oder wie drei leichte Figuren (so nennt man Läufer und Springer) —, und doch kann Weiß am Zuge das Spiel retten:

Nr. 37

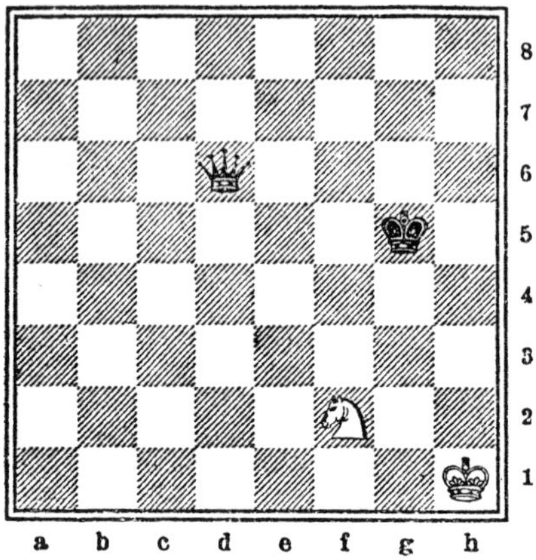

Der Springer zieht von f2 nach e4. Damit greift er den König an (1 vorwärts und 2 seitwärts), gibt also Schach. Zugleich greift er aber auf e4 auch die Dame an (2 vorwärts und 1 seitwärts). Der König muß sich retten, und die Dame ist verloren.

Nr. 38

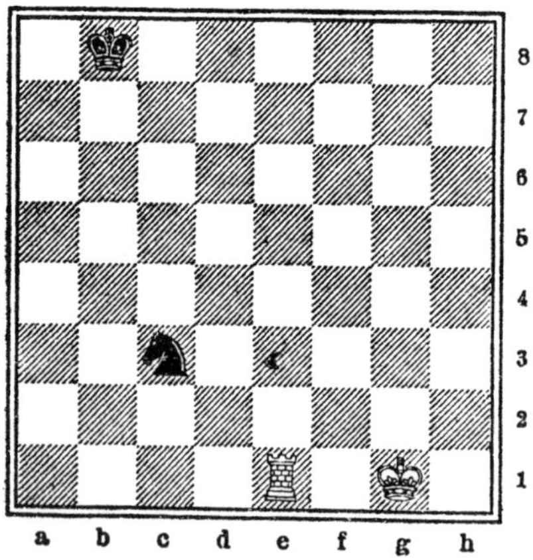

In dieser Stellung zieht Weiß 1. Te1—c1, um den Springer anzugreifen. Schwarz erwidert 1. . . . Sc3—e2†, greift König und Turm gleichzeitig an (1 vorwärts und

2 seitwärts) und erobert den Turm. Weiß hat einen groben Fehler begangen, den Schwarz richtig ausgenützt hat.

Wir haben schon in Nr. 25 ein Beispiel von *aufgedecktem* oder *Abzugsschach* gegeben. Das ist also ein Schach, das nicht der ziehende Stein gibt, sondern das durch den Abzug des ersten Steins aufgedeckt wird. Der abziehende Stein kann auch selbst Schach geben, und dann haben wir einen Fall von „*Doppelschach*“

Nr. 39

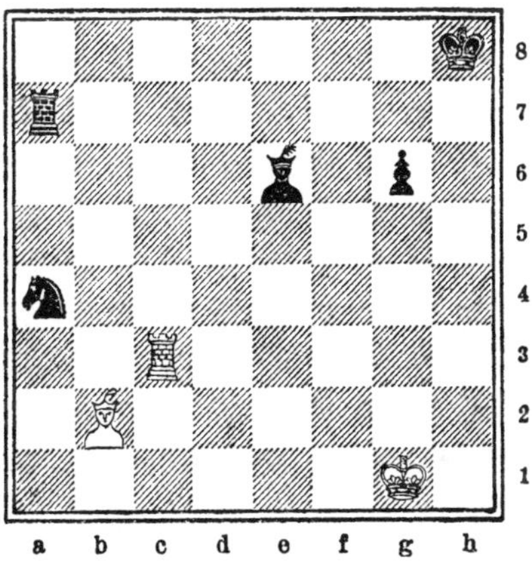

Wenn hier der Turm c3 zieht, wird der Angriff des Läufers b2 auf den König aufgedeckt. Nun kann aber der Turm so ziehen, daß er selbst ebenfalls den König angreift, nämlich nach h3 oder nach c8. In beiden Fällen gibt Weiß ein Doppelschach. Auf ein Doppelschach muß der angegriffene König immer ziehen, durch Dazwischenziehen eines Steines oder durch Schlagen läßt sich der doppelte Angriff nicht abwehren. Böte der Läufer b2 allein Schach, so könnte der Springer ihn schlagen oder der Turm a7 auf g7 dazwischenziehen. Und böte der Turm allein Schach auf h3 oder c8, so könnte der Läufer e6 ihn schlagen. Gegen den doppelten Angriff auf den König hilft weder

Schlagen noch Dazwischenziehen, weil dadurch ja nur *ein* Angriff abgewehrt, *ein* Schach gedeckt würde. Nur ein Zug des Königs, wenn ein solcher möglich ist, pariert beide Angriffe. Auf

1. Tc3—h3†? muß 1. ... Kh8—g8 geschehen; auf ein weiteres Schach
2. Th3—h8† hat der König noch den Ausweg nach f7. Hingegen nach
1. Tc3—c8†! Kh8—h7 kann Weiß den Angriff mit
2. Tc8—h8† fortsetzen, und das ist zugleich Matt, weil das Feld g6 durch den schwarzen Bauern versperrt ist.

Stände der Bauer statt auf g6 auf h7, so würde

1. Tc3—c8† sofort mattsetzen. Dies zeigt die Gefährlichkeit eines Doppelschachs.

*

Nr. 40

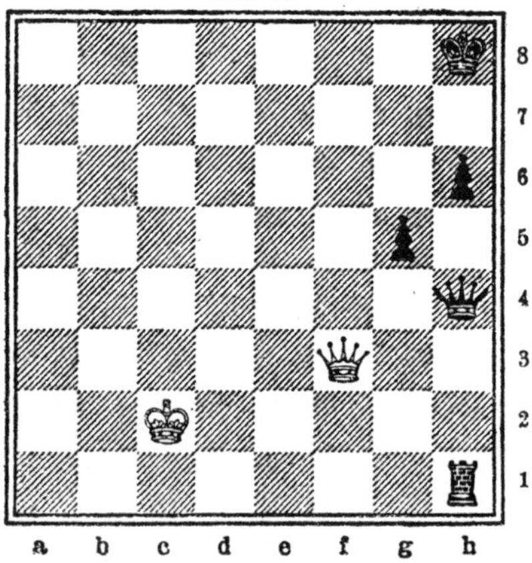

Hier hat Weiß einen Turm und zwei Bauern weniger. Er rettet sich aber, indem er „ewiges Schach“ gibt: 1. Df3—f8† Kh8—h7 2. Df8—f7† Kh7—h8 3. Df7—f8† usw. Da Schwarz sich dem ewigen Schach nicht entziehen kann, so muß die Partie als unentschieden abgebrochen werden.

Nr. 41

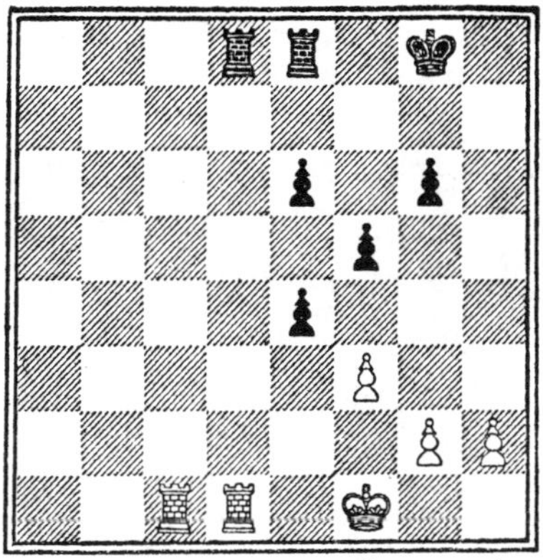

Weiß zieht 1. Td1 ×d8, und Schwarz antwortet natürlich 1. ... Te8 ×d8. Ein solches Schlagen gleichwertiger Steine wird Tausch oder Abtausch genannt. Ebenso 2. f3 ×e4 f5 ×e4 (abgekürzt 2. fe fe).

*

Alle diese Spiele müssen immer und immer wieder durchgespielt werden, damit die Anfangsgründe festsitzen. Erst dann soll der Schüler weiter vorwärts gehen.

Kurze Zusammenfassung der Anfangsgründe

Das Schachbrett bildet ein Quadrat von 64 Feldern, die abwechselnd weiß und schwarz sind. Auf dieses Brett werden 32 Schachsteine gestellt, 16 weiße und 16 schwarze. Sie stellen zwei Heere dar, die sich bekämpfen.

Das Schachbrett wird so gelegt, daß das rechte Eckfeld ein weißes ist.

Jedes Heer besteht aus acht Figuren oder Offizieren und acht Bauern. Die Figuren sind der König, die Dame oder Königin, zwei Türme, zwei Läufer und zwei

Springer. Die Figuren werden auf der ersten bzw. achten Reihe, die Bauern auf der zweiten bzw. siebenten folgendermaßen aufgestellt:

Nr. 42

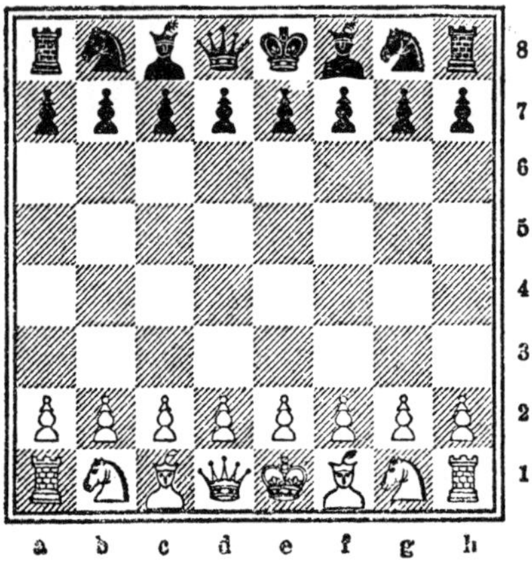

Die Könige sowie die Damen stehen sich gegenüber, der weiße König auf einem schwarzen Feld, der schwarze auf einem weißen, die weiße Dame auf einem weißen Feld, die schwarze auf einem schwarzen. Die Figuren auf der Seite des Königs nennt man Königsläufer, Königsspringer, Königsturm, die zur Seite der Dame Damenläufer, Damenspringer, Damenturm. Die Bauern bezeichnet man nach den hinter ihnen stehenden Figuren als Königsbauern, Damenbauern, beide zusammen als Mittelbauern, Königsläuferbauern, Königsspringerbauern usw. Die Turmbauern werden auch Rand- oder Eckbauern genannt. Jede Partei macht abwechselnd einen Zug, Weiß zieht an.

Die Figuren ziehen nach allen Richtungen bis zu dem nächsten Stein ihrer oder der feindlichen Partei. Einen feindlichen Stein, der in ihrem Wege steht, können sie schlagen, nehmen, indem sie sich an seine Stelle setzen, während er vom Brett entfernt wird. Nur der König darf nicht geschlagen werden.

Der Turm zieht gerade, der Läufer schräg, ein Läufer zieht auf den weißen, der andere auf den schwarzen Feldern. Die Dame zieht gerade und schräg. Der König zieht wie die Dame, aber nur einen Schritt. Der Springer zieht zwei vorwärts und eins seitwärts oder eins vorwärts und zwei seitwärts und ebenso rückwärts. Der König darf nirgendshin ziehen, wo ihn ein feindlicher Stein schlagen könnte. Die Bauern ziehen nur vorwärts, immer nur einen Schritt weit, vom ursprünglichen Standfeld nach Belieben auch zwei Schritt. Der Bauer schlägt schräg, nach rechts und links, einen Schritt weit. Wenn ein Bauer durch einen Doppelschritt neben einen feindlichen tritt (der ihn also hätte schlagen können, wenn er nur einen Schritt vorgerückt wäre), dann darf ihn dieser schlagen, als wenn er nur einen Schritt vorgerückt wäre (en-passant-Schlagen). Dies muß aber sofort geschehen. Ist ein Bauer auf die achte bzw. erste Reihe vorgedrungen, so verwandelt er sich in eine beliebige Figur (mit Ausnahme des Königs). So kann also eine Partei 2—3 Damen, 3 Springer usw. haben.

Wenn ein Stein so zieht, daß in seiner Schlaglinie ein feindlicher Stein steht, so ist dieser „angegriffen". Ist dies der feindliche König, so nennt man diesen Angriff „Schach bieten". Es ist üblich, dabei „Schach" zu sagen. Der Spieler, dessen König im Schach steht, muß unter allen Umständen sofort irgend etwas zur Abwehr dieses Angriffes tun, er muß das Schach decken. Er kann entweder den schachbietenden Stein schlagen oder die Angriffslinie des feindlichen Steins durch einen dazwischengezogenen Stein unterbrechen oder den König aus dem Schach ziehen. Bei einem Schach durch einen Springer oder Bauern ist das Dazwischenziehen eines Steines nicht möglich. Ein Schach kann auch dadurch gegeben werden, daß eine vorher verdeckte Angriffslinie eines Steines aufgedeckt wird; so entsteht das aufgedeckte oder Abzugsschach. Der abziehende Stein kann selbst wieder Schach bieten; so entsteht ein Doppelschach. Bei einem Doppelschach muß stets der angegriffene König ziehen. Kann sich der König auf keine Weise dem Schach entziehen, so ist er mattgesetzt, und seine Partei hat das Spiel verloren. Die meisten Partien werden jedoch nicht bis zum Matt geführt, sondern aufgegeben, wenn die feindliche Übermacht zu groß ist oder wenn ein Spieler aus anderen Gründen einsieht, daß der Verlust unvermeidlich ist. Kann ein Spieler, ohne im Schach zu stehen, mit keinem Stein ziehen, so ist er patt, und das Spiel ist unentschieden, remis. Unentschieden bleibt ein Spiel auch, wenn nur noch Kräfte übrig sind, die das Matt nicht erzwingen können oder wenn beide Spieler dieselbe Stellung dreimal herbeiführen. Ein spezieller Fall hiervon ist das „ewige Schach". Ferner, wenn ein Spieler zwar ein zum Gewinn genügendes Übergewicht erlangt hat, z. B. Läufer und Springer, aber das Matt nicht binnen 50 Zügen, deren Abzählung der Gegner verlangt, zustande bringt. Übrigens kann jeder Spieler das Remis beanspruchen, wenn im Laufe von 50 Zügen weder ein Stein geschlagen, noch ein Bauer gezogen worden ist. Nach jedem Schlagen sowie nach jedem Bauernzug beginnt die Zählung von neuem. Endlich wird auch häufig auf Vorschlag eines der Spieler, der voraussieht, daß eine Entscheidung unwahrscheinlich ist, eine Partie als remis abgebrochen.

Die Rochade

Einmal in jeder Partie darf jeder Spieler eine kombinierte Bewegung mit dem König und einem Turm ausführen, die den Zweck hat, den Turm ins Spiel und den König in Sicherheit zu bringen. Dies ist die Rochade (von roch = Turm, also nicht „Roschade" zu sprechen). Die beiden Figuren müssen sich auf ihren ursprünglichen Standfeldern befinden. Dann wird die Rochade so vollzogen, daß der König zwei Schritt seitwärts auf den Turm zu macht und der Turm über den König an dessen andere Seite gestellt wird. Es gibt eine Rochade nach der Königs- und nach der Damenseite, auch kurze und lange Rochade genannt. Schriftlich wird die kurze Rochade mit 0—0, die lange mit 0—0—0 bezeichnet.

In dem folgenden Bild

Nr 43

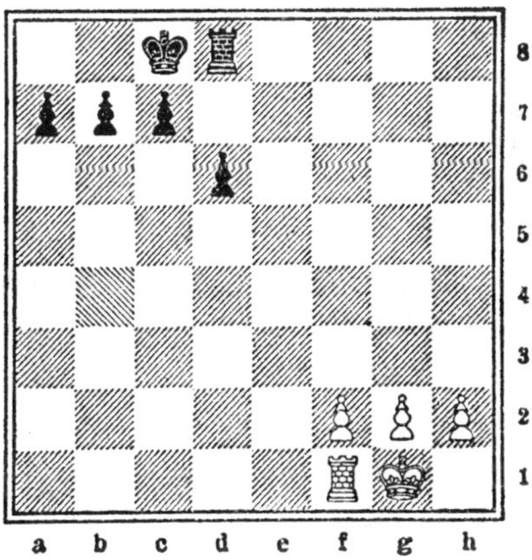

hat Weiß kurz, Schwarz lang rochiert.

Die Rochade ist nur unter folgenden Bedingungen zulässig:

1. Zwischen König und Turm darf sich keine Figur befinden.
2. Beide Steine dürfen noch nicht gezogen haben.
3. Der König darf nicht im Schach stehen, auch nicht bei der Rochade über oder auf ein vom Gegner angegriffenes Feld ziehen.

In der folgenden Stellung darf weder Weiß noch Schwarz rochieren.

Weiß darf nicht kurz rochieren, denn sein König würde dadurch in das Schach vom Läufer a7 ziehen; auch nicht lang, denn er müßte über das Feld d1 ziehen, das vom Läufer h5 bestrichen ist. Schwarz darf nicht

Nr. 44

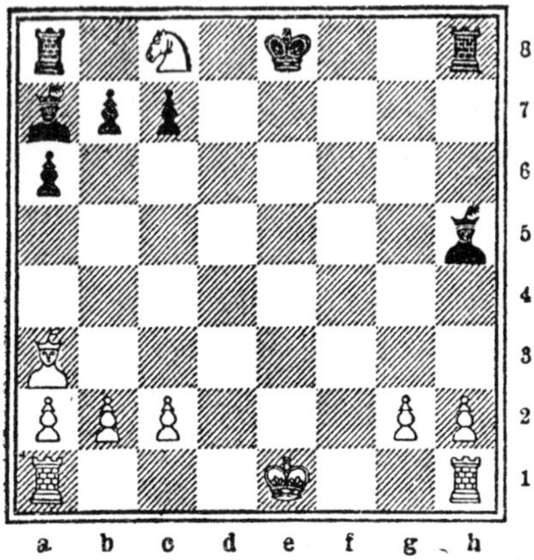

kurz rochieren, denn sein König müßte über das Feld f8 ziehen, das der Läufer a3 bestreicht; und nicht lang, denn zwischen König und Damenturm steht eine Figur.

Einige gebräuchliche Schachausdrücke

Opfern bedeutet: einen Stein absichtlich so ziehen, daß er geschlagen werden kann, weil man sich davon irgendwelchen Vorteil verspricht.

Doppelbauern nennt man zwei, *Tripelbauern* drei Bauern derselben Partei auf einer Linie.

Isoliert oder *vereinzelt* nennt man einen Bauern, auf dessen Nachbarlinien kein anderer Bauer derselben Partei steht; im Gegenfall sind die Bauern *verbunden.*

Rückständig nennt man einen Bauern, der hinter seinen Nachbarn zurückgeblieben ist.

Freibauer ist ein Bauer, der auf dem Wege zur achten bzw. ersten Reihe keinen feindlichen zu passieren hat.

Decken oder verteidigen heißt, einen Stein so ziehen, daß er einen feindlichen wiederschlagen kann, wenn dieser schlägt. Sind die so geschlagenen Steine von gleichem Wert, so nennt man dies *tauschen* oder *abtauschen.*

Opposition ist die Gegenüberstellung der Könige auf kürzeste Entfernung.

Gabel nennt man den Angriff eines Bauern auf zwei Figuren.

Leichte oder *kleine* Figuren nennt man Läufer und Springer, im Gegensatz zu Dame und Türmen, den *schweren* Figuren.

Gambit (vom italienischen „dare il gambetta“, ein Bein stellen) nennt man eine Eröffnung, in der ein Stein, meist ein Bauer, geopfert wird.

Tempo = Zug im Zeitsinne.

Der Tauschwert der Steine

Die Dame ist soviel wert wie die beiden Türme oder wie drei leichte Figuren.

Der Turm ist stärker als eine leichte Figur; den Unterschied nennt man *Qualität.* Zwei leichte Figuren sind stärker als ein Turm.

Springer und Läufer sind gleich stark, jeder ungefähr gleich drei Bauern.

Diese Wertangabe ist nur für Anfänger und schwächere Spieler berechnet und wird später abgeändert werden.

Abkürzungen

K = König, D = Dame, T = Turm, L = Läufer, S = Springer.

× oder : bedeutet schlägt.

† = Schach, ‡ = schlägt mit Schach, ‡ = matt, ‡ = schlägt mit Matt.

0—0 = kurze Rochade, 0—0—0 = lange Rochade.

! = guter, ? = schlechter Zug.

Die wichtigsten Spielgesetze

Über den Anzug entscheidet in der ersten Partie das Los, dann wird abgewechselt. Der Anziehende nimmt die weißen Steine. Faßt ein Spieler einen Stein an, so muß er ihn ziehen: Pièce touchée, pièce jouée. Ist es ein Stein des Gegners, so muß er ihn schlagen. Will man einen Stein nur zurechtrücken, so muß man vorher „j'adoube" (ich rücke zurecht) sagen. Wenn dreimal dieselbe Stellung vorkommt und derselbe Spieler am Zuge ist, so muß die Partie als remis erklärt werden. Ebenso, wenn ein Spieler ein Endspielmatt nicht innerhalb von 50 Zügen zustande bringt; die Abzählung muß der Gegner aber beim Beginn des Endspiels beantragen. Überhaupt hat jeder Spieler das Recht, eine Partie als remis abzubrechen, wenn im Laufe von 50 Zügen kein Stein geschlagen und kein Bauer gezogen worden ist, nur muß er es vorher beantragen. Macht ein Spieler einen nach den Spielregeln unzulässigen Zug oder faßt er einen Stein an, der nicht ziehen bzw. nicht geschlagen werden kann, so galt bis vor kurzem die Regel, daß er zur Strafe einen Zug mit dem König machen müsse, wobei aber die Rochade ausgeschlossen war. Konnte der König ebenfalls nicht ziehen, so hatte das Berühren des Steines keine Folgen. Diese Regel ist vor einigen Jahren mit Recht abgeändert worden: der unmögliche Zug muß zurückgestellt, der berührte Stein aber, wenn möglich, gezogen werden. Berührt ein Spieler einen Stein, der nicht gezogen bzw. nicht geschlagen werden kann, so hat dies keine Folgen. Wenn aber in einem Turnier ein Spieler bei Abbruch der Partie einen unmöglichen oder unlesbaren oder zu Zweifeln Anlaß bietenden Zug aufschreibt, so gilt die Partie als für ihn verloren.

DAS ENDSPIEL

Die Schachpartie besteht aus drei Phasen, die ohne scharfe Grenze ineinander übergehen, aus Eröffnung, Mittelspiel und Endspiel. Nicht alle Partien gelangen zum Endspiel. Viele werden im Mittelspiel durch ein Matt beendet oder aufgegeben. Wenn durch Schlagen und Tauschen die meisten Figuren vom Brett verschwunden sind, dann ist das Endspiel da. In ihm handelt es sich darum, mit einem Übergewicht das Matt zu erzwingen oder einen Bauern zur Dame zu führen und dadurch ein entscheidendes Übergewicht zu erlangen. Wir haben uns schon bisher mit lauter Endspielen beschäftigt und fahren nunmehr systematisch damit fort.

Wir betrachten das Endspiel zuerst, weil es der einfachste Teil der Schachpartie ist. Die Beschäftigung mit wenigen Elementen ist natürlich einfacher und für den Anfänger übersichtlicher als die mit 32.

Dame gegen Dame

Dies Endspiel bleibt meist unentschieden. Mitunter kann auch Dame gegen Dame gewinnen, wenn der König der angreifenden Partei zur Opposition und somit zur Mattdrohung herankommen kann (s. Nr. 45).

1. b7—b8D a2—a1D
2. Db8—h2† Kc2—c1! Auf Kd1 geht natürlich die Dame verloren.
3. Dh2—g1† Kc1—b2
4. Dg1—f2† Kb2—a3
5. Df2—e3† Ka3—b2! (5. ... Ka2? 6. Db3‡. 5. ... Ka4? Da7‡).

Nr. 45

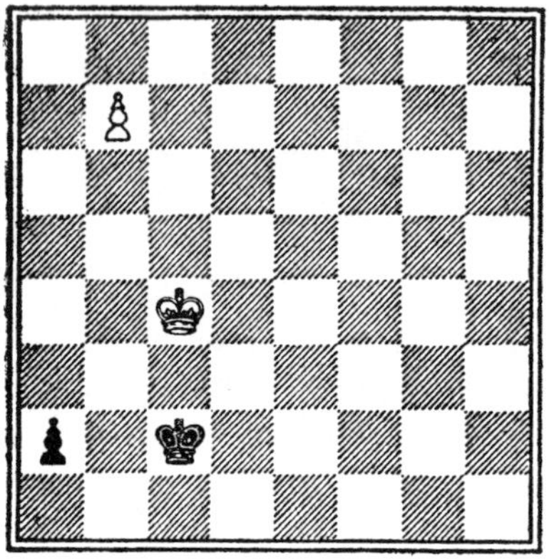

6. De3—d2†! Kb2—b1 (6. ... Ka3? 7. Db4† Ka2 8. Db3‡).
7. Kc4—b3! und das durch Dc2 oder d1 drohende Matt ist nur durch Damenopfer aufzuschieben. Auf 7. ... Dc3† darf nicht die Dame schlagen wegen Patt.

Im Endspiel von Damen und Bauern, im Damenendspiel, genügt ein Bauer selten zum Gewinn, außer wenn er schon sehr weit vorgedrungen ist, und auch dann sind infolge der vielfachen Schachs, denen der angreifende König ausgesetzt ist, mitunter noch Remischancen vorhanden. Ein Übergewicht von zwei Bauern hingegen entscheidet. Das Endspiel von Dame und einer leichten Figur gegen Dame wird nur in Ausnahmefällen gewonnen.

Dame gegen Turm

Dies Endspiel ist nicht leicht. Man drängt den feindlichen König an den Rand, bringt den eigenen heran und zwingt durch „*Zugzwang*“ den Turm, sich von seinem König zu entfernen. Dann wird er durch eine Reihe von Schachgeboten erobert.

Nr. 46

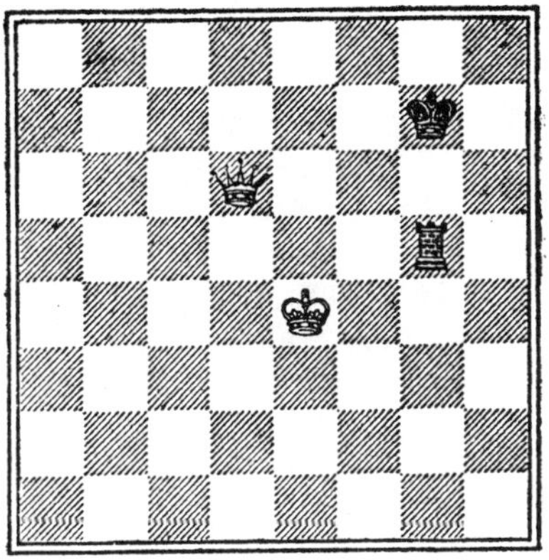

1. Ke4—f4 Tg5—g6
2. Dd6—e7† Kg7—g8
3. Kf4—f5 Tg6—g7
4. De7—e8† Kg8—h7
5. Kf5—f6

In dieser Stellung tritt für Schwarz „*Zugzwang*" ein, und der Turm muß sich von seinem König entfernen, denn auf 5. ... Kh6? wäre er durch 6. Df8 oder durch 6. Dh8† Th7 7. Dg8 sofort verloren (8. ... Tf7† 9. Kf7:!, ja nicht Df7: wegen Patt. Es besteht überhaupt eine große Pattgefahr, sobald der angreifende König auf die sechste Reihe geht). — Ist in der nach 5. Kf6 erreichten Stellung Weiß am Zuge, so kann Weiß durch das Tempomanöver De4†, Da8†, De8 ein Tempo verlieren, opfern, so daß Schwarz am Zuge ist: De4† Kg8 oder h8 Da8† Kh7 De8. Ein solches Tempomanöver besteht im wesentlichen darin, daß man eine Reise, zu der man zwei Züge nötig hat, in drei Zügen zurücklegt. Dann hat man eben einen Zug, ein Tempo, vertrödelt. So kann hier die Dame die Reise von e8 nach e8 in zwei Zügen zurücklegen, nämlich 1. De8—e4† und 2. De4—e8. Sie verwendet aber drei Züge dazu, nämlich 1. De8—e4†, 2. De4—a8† und 3. Da8—e8. Somit hat sie ein Tempo verloren. Solche Tempomanöver werden nicht selten vom König ausgeführt, der dabei, wie auch hier die Dame, ein Dreieck beschreibt.

Sobald der Turm von seinem König entfernt ist, geht er unter allen Umständen durch eine Reihe von Schachgeboten verloren, wie wir oben gesehen haben. (Siehe Nr. 17—22.)

Das Endspiel von Dame gegen Turm und einen Bauern kommt in der praktischen Partie sehr selten vor. Meist bleibt es unentschieden. Das Endspiel von Dame gegen Turm und Läufer oder Springer sowie von Dame gegen zwei leichte Figuren kommt in der praktischen Partie niemals vor.

Läufer und Springer gegen den König

Dieses Matt ist äußerst schwierig, weil diese beiden Figuren kein harmonisches Zusammenspiel ergeben. Aber jeder Spieler muß es kennen, da es verhältnismäßig oft erfordert wird, im Gegensatz zu dem Matt durch die beiden Läufer, das so gut wie niemals vorkommt. Durch die hier angegebene Methode hoffe ich, es so leicht gemacht zu haben, daß es jeder Spieler beherrschen kann. Die Endstellung ist folgende:

Nr. 47

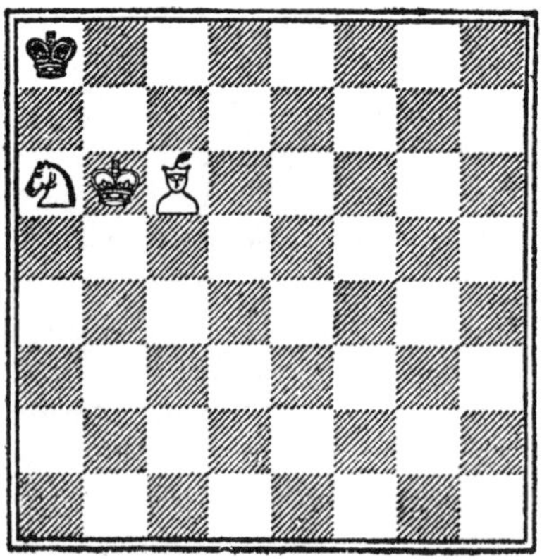

Das Matt ist also nur in einer Ecke von der Farbe des Läufers möglich.

Nr. 48

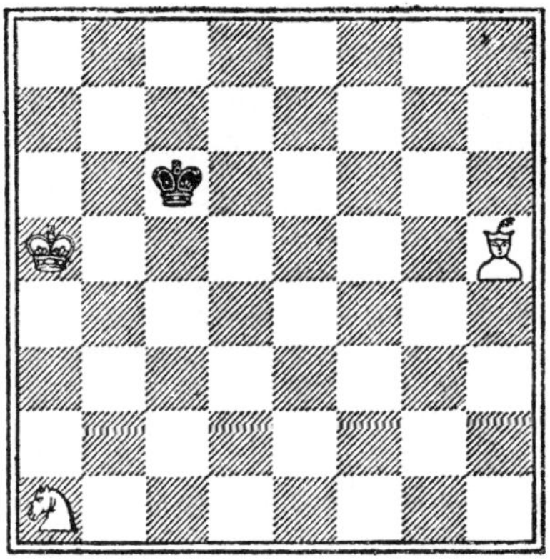

Zunächst handelt es sich darum, den König an den Rand zu drängen.

1. Sa1—b3 Kc6—d6
2. Ka5—b5. Natürlich spielt der angreifende König eine sehr wichtige Rolle.
2. . . . Kd6—d5
3. Lh5—f7† Kd5—d6
4. Lf7—c4 Kd6—e5. Der schwarze König bleibt natürlich so lange wie möglich im Zentrum und schlägt dann den Weg nach der ungeeigneten Ecke ein.
5. Kb5—c5 Ke5—e4
6. Kc5—d6 Ke4—f5. Bei Ke3 Ke5 würde der schwarze König bald nach h1 gedrängt werden.
7. Lc4—d3† Kf5—f6
8. Sb3—d2 Kf6—f7
9. Sd2—f3 Kf7—f6
10. Kd6—d7 Kf6—f7
11. Ld3—c4† Kf7—f6
12. Lc4—e6. Damit der König nicht nach f5 kann.
12. . . . Kf6—g7

13. Kd7—e7 Kg7—g6 14. Le6—g4 Kg6—g7
15. Sf3—e5 Kh7—h6 16. Ke7—f6 Kh6—h7
17. Se5—f7 Kh7—g8
18. Lg4—f5 Kg8—f8. Nun kommt der schwierigere Teil: der König muß in die passende Ecke gedrängt werden. Hierbei haben die drei Figuren folgende Züge auszuführen: der König geht nur auf der sechsten Reihe bis nach b6, er macht also nur die vier Züge Kf6—e6—d6—c6—b6. Der Springer hat, bis der König in der richtigen Ecke ist, nur die vier Zickzackzüge f7—e5—d7—c5—b7 auszuführen und der Läufer muß dem König die weißen Felder nehmen und außerdem *ab und zu einen Tempozug machen.* Mit dieser Rollenverteilung wird die Treibjagd nach a8 ganz leicht.
19. Lf5—h7 Kf8—e8
20. Sf7—e5 Ke8—f8? Der bessere und schwieriger zu behandelnde Zug Kd8 wird später erörtert.
21. Se5—d7† Kf8—e8
22. Kf6—e6 Ke8—d8
23. Ke6—d6 Kd8—e8
24. Lh7—g6† Der König drohte nach f7 auszubrechen.
24. . . . Ke8—d8
25. Sd7—c5 Kd8—c8
26. Lg6—f7 Tempozug. Hier würde sowohl ein Springerzug wie ein Königszug den Kordon lockern.
26. . . . Kc8—d8
27. Sc5—b7† Kd8—c8
28. Kd6—c6 Kc8—b8
29. Kc6—b6 Kb8—c8
30. Lf7—e6† Kc8—b8. Jetzt ist der König in der richtigen Ecke festgehalten und die Mattsetzung leicht.
31. Sb7—c5 Kb8—a8

Nun Vorsicht vor Patt, das man mit 31. Sa6? oder 31. Ld5†? Kb8 32. Lb7? erzielen könnte! Deshalb wieder ein Tempozug.

32. Le6—d7 Ka8—b8 33. Sc5—a6† Kb8—a8
34. Ld7—c6‡.

Stellung nach dem 20. Zuge von Weiß:

Nr. 49

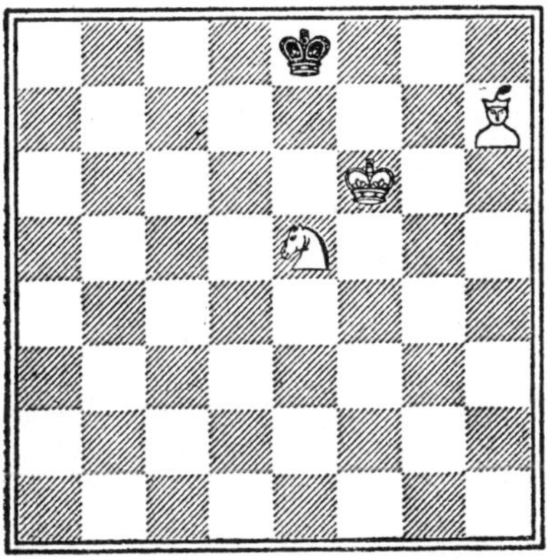

20. . . . Ke8—d8! Damit droht der König über c7 und b6 nach a1 zu auszubrechen.
21. Kf6—e6 Kd8—c7
22. Se5—d7! Kc7—b7! Leichter ist 22. . . . Kc6 23. Ld3! Kc7 24. Le4! und der Kordon ist wieder geschlossen. Jetzt droht Ka6.
23. Lh7—d3! Kb7—c6. Oder 23. . . . Kc7? 24. Le4!.
24. Ld3—e2. Wieder ein Tempozug. Die andern Bücher spielen La6, was die Lösung um einen Zug kürzt, aber zu schwierigeren Stellungen führt und nicht so systematisch wie das von mir angegebene Läufermanöver ist. Damit wird nämlich in drei Zügen in das obige Hauptspiel eingelenkt.
24. . . . Kc6—c7. Oder 24. . . . Kb7 25. Kd6.
25. Le2—f3! Kc7—d8
26. Ke6—d6. Damit ist die Stellung des Hauptspiels nach dem 23. Zuge von Weiß erreicht, nur daß der Läufer auf f3 statt auf h7 steht. Es folgt nun 26. . . . Kd8—e8 27. Lf3—h5† usw. wie im Hauptspiel.

Die beiden Springer können den König nur dann mattsetzen, wenn er noch einen Bauern hat, der das Patt verhindert. Aber diese Mattführungen kommen in der praktischen Partie so gut wie niemals vor.

Turm und Läufer gegen Turm

Dies ist ein ebenso schwieriges wie schönes Endspiel, das verhältnismäßig nicht selten vorkommt. Man erzielt häufig ziemlich leicht eine Randstellung; aber wenn die Könige nicht in Opposition stehen, ist das Spiel theoretisch nicht zu gewinnen. In der Partie aber wird der Verteidiger leicht Fehler machen, da überall Mattmöglichkeiten drohen. Folgendes ist die klassische Stellung von Philidor mit seiner höchst scharfsinnigen Lösung:

Nr. 50

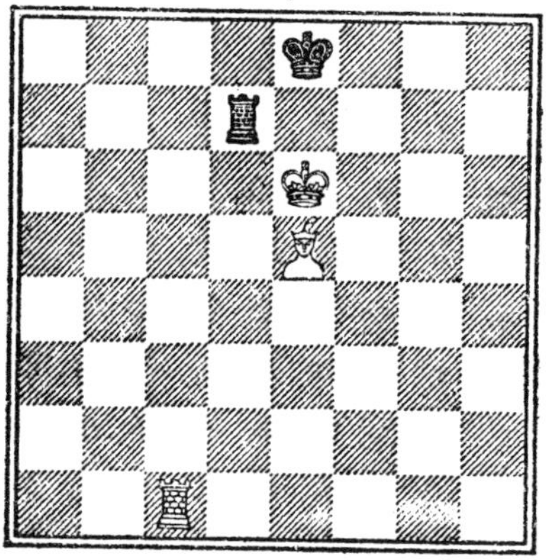

Schwarz droht durch Te7† Kf6 Tf7† den König aus seiner günstigen Angriffsstellung zu vertreiben. Das ist auch durch 1. Lf6 oder d6 nicht zu verhindern, denn auf 1. ... Te7† 2. Le7: wäre Schwarz patt. Deshalb geschieht:

1. Tc1—c8† Td7—d8
2. Tc8—c7 Td8—d2. Am besten. Wie leicht Schwarz verlieren kann, sieht man an den Folgen von 2. ... Kf8. Nämlich 3. Th7 Te8† 4. Kf6 Kg8 5. Tg7† Kh8 (Kf8? Ld6†) 6. Tg1 Kh7! (Tf8†? Ke7†; Ta8? Kf7† Kh7 Th1‡) 7. Kf7 und gewinnt. Alles erzwungen! — 2. ... Td2 ist am besten; schlechter ist Td1 oder Td3; Weiß muß den Turm erst auf eines dieser Felder zwingen.

3. Tc7—b7. Zu diesem Zweck geschieht ein Tempozug.
3. ... Td2—d1 (oder Td3, was beim 5. Zuge erörtert wird).
4. Tb7—g7. Weiß droht bald rechts, bald links Matt.
4. ... Td1—f1! Schlecht wäre 4. ... Kf8, denn nach 5. Th7 Tg1 6. Ta7 geht bei 6. ... Kg8 durch Schach auf a8, h8 und g8 der Turm verloren, während bei 6. ... Tg6† 7. Lf6 Kg8? durch Schach auf a8 und h8 das Matt herbeigeführt wird.
5. Le5—g3! Jetzt sieht man, warum der Turm nach d1 (oder d3) gezwungen wurde. Stände er auf der zweiten Reihe, so würde er auf e2 ein störendes Schach geben. Wäre der Turm auf die dritte Reihe gezogen, so wäre die Folge (3. ... Td3) 4. Tg7 Tf3 5. Te7† wie unten in der Variante nach dem 7. Zuge. — Jetzt hat Schwarz nur die Wahl zwischen Kf8 und Tf3.
5. ... Ke8—f8
6. Tg7—g4. Droht Ld6† nebst Tg8† usw.
6. ... Kf8—e8!
7. Tg4—c4! Tf1—d1! Fehlerhaft wäre 7. ... Kd8? wegen 8. Lh4† usw. Auch 7. ... Kf8 ist schlecht wegen 8. Le5 Kg8 9. Th4 nebst ‡.
8. Lg3—h4 Ke8—f8!
9. Lh4—f6 Td1—e1†
10. Lf6—e5 Kf8—g8
11. Tc4—h4 und das Matt ist ohne Turmopfer nicht zu decken.
5. ... Tf1—f3
6. Lg3—d6 Tf3—e3†
7. Ld6—e5 Te3—f3! (7. ... Kf8? 8. Th7).
8. Tg7—e7†! Ke8—f8! (8. ... Kd8? 9. Tb7).
9. Te7—c7 Kf8—g8
10. Tc7—g7† Kg8—f8 (10. ... Kh8? 11. Tg3†).
11. Tg7—g4! Droht Ld6† usw.
11. ... Kf8—e8. Oder 11. ... Te3 12. Th4 und gewinnt.
12. Le5—f4! und das Matt ist ohne Opfer nicht zu decken, da auf 12. ... Kf8 13. Ld6† entscheidet.

Turm und Springer gegen Turm

Das Endspiel von Turm und Springer gegen Turm wird nur in Ausnahmestellungen am Rande gewonnen. Sehr häufig und deshalb wichtig ist das Zusammenwirken von Turm auf der siebenten (bzw. zweiten) Reihe und eines Springers auf f6 oder c6 bzw. f3 und c3, das schon im Mittelspiel mitunter Mattwendungen ermöglicht. Im folgenden Spiel erzielt es wenigstens ein Remis durch ewiges Schach.

Nr. 51

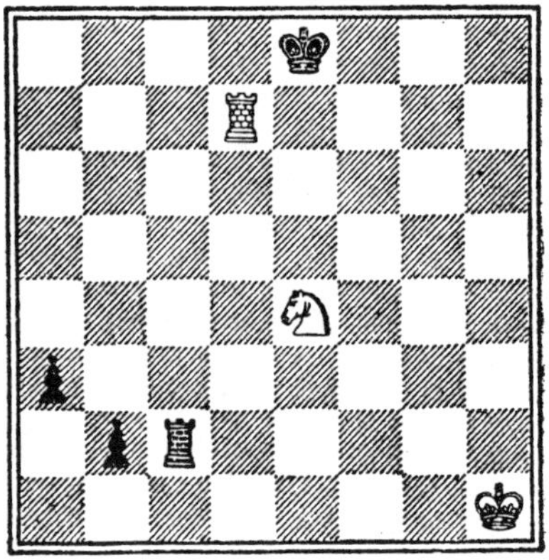

1. Se4—f6† Ke8—f8 2. Sf6—h7† Kf8—g8 3. Sh7—f6† und der König darf nicht nach h8 gehen wegen Td7—h7‡. Dieses Matt kommt sehr oft vor, auch schon im Mittelspiel. Sowie der König in der Ecke steht und ein Springer nach f6 (f3) kommt, dann braucht nur noch ein Turm auf die vorletzte (bzw. zweite) Reihe zu kommen, um das Matt meist unabwendbar zu machen. — Für die ebenfalls häufig vorkommende Wendung des ewigen Schachs muß der Turm gerade auf d7 (bzw. d2) stehen, denn sonst entweicht der König nach d8 (bzw. d1).

Turm gegen Läufer

Dieses Endspiel bleibt meist unentschieden. Nur wenn die Könige in Opposition stehen (immer eine für den Verteidiger gefährliche Stellung), auf einem Felde, das nicht von der Farbe des Läufers ist, der verteidigende König am Rande und der Angreifer am Zuge ist (denn sonst würde der König schleunigst dem unangenehmen vis-à-vis entschlüpfen), dann sind Mattdrohungen mit gleichzeitigem Angriff auf den Läufer möglich, und dann wird das Spiel regelmäßig gewonnen. (Eine Ausnahme machen die Eckstellungen, die nicht zu gewinnen sind.) Andere Gewinnstellungen sind seltene Ausnahmen.

Die klassische Stellung ist folgende:

Nr. 52

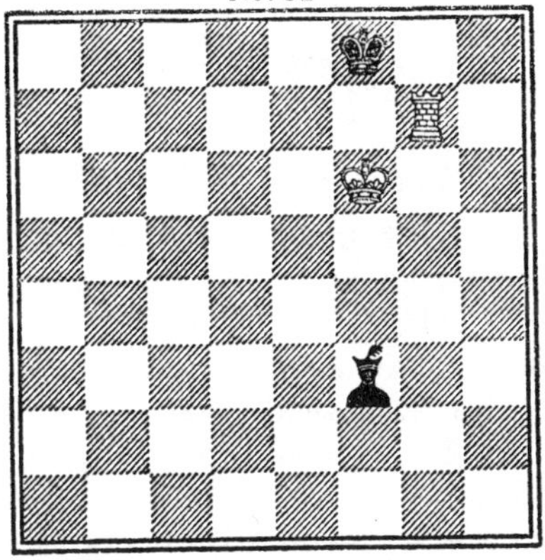

Weiß muß beständig den Läufer angreifen oder Matt drohen, denn sonst entflieht der König.

1. Tg7—g3 Lf3—e4. Der Läufer ist am sichersten auf oder neben der Linie, auf der die Könige stehen. Hier wird er schließlich nur durch eine besondere Feinheit erobert, während er auf den anderen Linien durch Mattangriffe verloren geht, z. B. 1. . . . Ld1 oder d5 2. Td3 La4 bzw. c6 3. Td8† Le8 4. Ta8 und gewinnt. Oder 1. . . . Lb7 2. Tb3 usw. 1. . . . Lh5 oder h1 2. Th3 Lf7 bzw. d5 3. Th8† Lg8 4. Kg6 und gewinnt. 1. . . .

La8 2. Tb3! usw. Lc6 wird später behandelt. — 1. ... Le2 führt mit 2. Tg2 Lf3 3. Tf2 zu derselben Entscheidungsstellung.

2. Tg3—e3 Le4—g2. Auf 2. ... Lh7 gewinnt 3. Tb3! Ke8 4. Tb8† Kd7 5. Tb7† den Läufer.

3. Te3—e2 Lg2—f3 (oder f1)

4. Te2—f2. Dies ist die entscheidende Stellung. Der Läufer muß jetzt sein Asyl auf und neben der f-Linie aufgeben, denn bei 4. ... Le4 oder 4. ... Lg4 wird er durch 5. Ke5†! bzw. 5. Kg5†! erobert.

4. ... Lf3—c6! Dieses Fluchtfeld bietet noch am ehesten Sicherheit.

5. Tf2—c2 Lc6—d7! Nun würde 6. Td2 zu nichts führen wegen 6. ... Ke8!

6. Tc2—b2! Kf8—g8

7. Tb2—b8† Kg8—h7

8. Tb8—b7 und erobert den Läufer. Die Angriffszüge sind alle sehr elegant.

Turm gegen Springer

Dieses Endspiel ist meist nicht zu gewinnen, selbst nicht in Randstellungen, nur muß der Springer bei seinem König bleiben. Entfernt er sich von ihm, so kann er leicht erobert werden (s. Nr. 53).

Mit 1. ... Sh6—g8† bleibt das Spiel unentschieden. Dagegen verliert 1. ... Sg4†?.

1. ... Sh6—g4†?
2. Kf6—e6 Ke8—d8. Es drohte Matt.
3. Th7—h4 Sg4—e3. Oder 3. ... Sf2 4. Kf5 nebst Td4† und der weiße König nähert sich dem Springer.
4. Th4—e4 Se3—c2! Auf Sg2 wird der Springer durch Kf5 schließlich erobert.
5. Ke6—d5 Sc2—a3
6. Kd5—c5 Sa3—b1. Oder Sc2 Te2.
7. Kc5—b4. Oder auch erst Td4†.
7. ... Kd8—c7. Auf 7. ... Sd2 wird der Springer durch 8. Td4† erobert.
8. Te4—e2 und der Springer geht durch Tb2 verloren.

Nr. 53

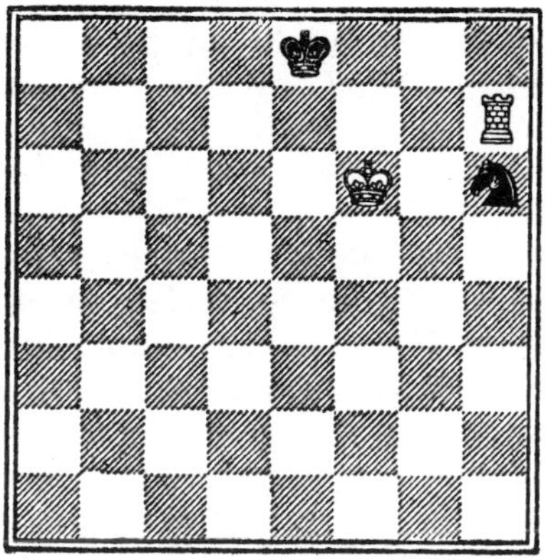

Haben in dem Endspiel von Turm gegen eine leichte Figur beide Parteien noch Bauern, so entscheidet meistens das Übergewicht der Qualität.

Turmendspiele (Türme und Bauern)

Diese Endspiele sind die schwierigsten, die es gibt, und kommen am häufigsten vor.

Die Philidorsche Remisstellung

Turm und Bauer gegen Turm gewinnen nicht, wenn der verteidigende König das Umwandlungsfeld besetzt.

Nr. 54

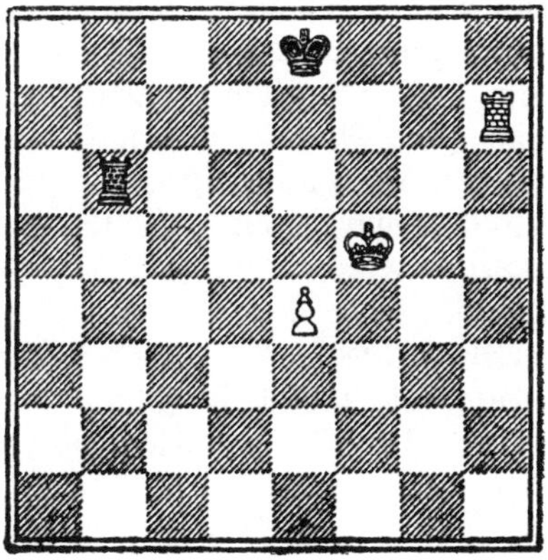

Die kritische Reihe ist die sechste, die der schwarze Turm besetzt hat. Er zieht am besten so lange auf dieser Reihe hin und her, bis der Bauer nach e6 vorgeht.

1. . . . Tb6—a6
2. e4—e5 Ta6—b6
3. e5—e6. In diesem Moment, am besten nicht früher, zieht der schwarze Turm nach der ersten Reihe und greift den weißen König, der sich nunmehr nicht hinter seinem Bauern verstecken kann (stände der Bauer noch auf e5, so hätte er das sichere Feld e6 zur Verfügung), mit Tf1†, Te1† usw. so lange an, bis er sich von dem Bauern, z. B. nach b5, entfernt. Dann greift Schwarz den Bauern mit Turm und König an und erobert ihn.

Wenn der Turm fehlerhafterweise die sechste Reihe zu früh verläßt, so wird der schwarze König um eine Linie von dem Umwandlungsfelde abgedrängt:

1. . . . Tb6—a6
2. e4—e5 Ta6—a1?
3. Kf5—f6! Ta1—f1†
4. Kf6—e6 und der schwarze König muß weichen.

Damit hielt man früher das schwarze Spiel für verloren, indem man es mit 4. . . . Kf8! 5. Th8† Kg7 6. Te8 Te1? 7. Kd7 Kf7 8. e6† Kg7 weiterführte. Karstedt und nach ihm der Verfasser haben gezeigt, daß bei richtigem Spiel auch nach der Abdrängung des schwarzen Königs das Spiel zu halten ist, wenn der schwarze Turm (statt 6. . . . Te1?) nach a1 zieht und auf a6 usw. Flankenschachs gibt. Die Bedingungen, die erfüllt sein müssen, wenn der Verteidiger gegen einen Bauern auf der fünften und sogar noch auf der sechsten Reihe trotz Abdrängung seines Königs noch Remis erzielen soll, sind folgende:

Die Linie, auf der sich der Bauer befindet, teilt das Schachbrett in zwei ungleich große Teile; auf dem *größeren* Teile muß der verteidigende Turm stehen und in größter Entfernung Flankenschachs geben, auf dem *kleineren* Teile der verteidigende König. Nur diese

Nr. 55

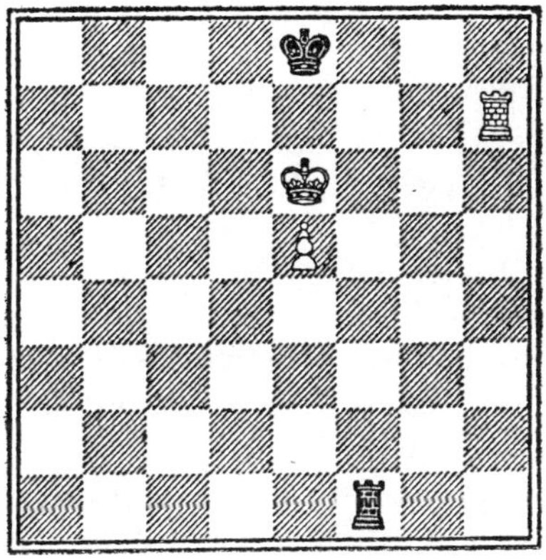

Entfernung von drei Linien zwischen dem verteidigenden Turm und dem angreifenden König gewährt ihm die Möglichkeit *fortwährender* Schachangriffe, andernfalls wird er schließlich vom König angegriffen.

In der Stellung Nr. 55 kann der König nach f8 oder d8 gehen. Aber nur Kf8 ist nach obigem Lehrsatz richtig und führt zum Remis, Kd8 führt zum Verlust. Nämlich

4. ... Ke8—f8!
5. Th7—h8† Kf8—g7
6. Th8—e8 Tf1—a1! Nun droht entweder eine lange Reihe von Flankenschachs oder (bei Ta6† Kf5) der schwarze König kommt nach f7, und die Position nähert sich wieder der Philidorschen Remisstellung.
7. Te8—d8 Ta1—e1! Damit wird das Vorgehen von König und Bauern verhindert. Auf 8. Kd6 verhindert 8. ... Kf7 wiederum den Bauernvorstoß.
8. Td8—d5. Um Ke7 zu spielen.
8. ... Kg7—f8!
9. Ke6—d7 Kf8—f7 und der Bauer kommt nicht vor, das Spiel bleibt unentschieden.

Bei 4. . . . Kd8? ist der Gewinn ganz leicht (s. Bild Nr. 55).

5. Th7—h8† Kd8—c7
6. Ke6—e7 Tf1—e1

   Schwarz hat keinen wirksamen Zug. Tg1 wäre wegen 7. e6 Tg7† 8. Kf6 Tg1 9. e7 Tf1† 10. Kg5 ganz wertlos.

7. e5—e6 Te1—e2. Oder Tf1 Ke8.
8. Ke7—f7 Te2—f2†
9. Kf7—e8 und Weiß erreicht mit e6—e7 und Th8—h4—c4† die Lucenasche Gewinnstellung, die bei Nr. 56 ausgeführt wird.

Aus diesen Ausführungen geht hervor, daß Weiß gewinnt, wenn in der Bildstellung Nr. 55 der weiße Turm statt auf h7 auf a7 steht, denn dann ist der schwarze Turm bei seinen Flankenschachs (Tf1—b1—b6† usw.) nur durch zwei Linien von dem weißen König getrennt, so daß dieser sich ihm mit Erfolg nähern kann. Ferner geht daraus hervor, daß der Springerbauer unter diesen Umständen immer gewinnt, denn da ist für den verteidigenden König auf der kleinen Brettseite kein Raum, so daß die oben aufgestellten Bedingungen für ein Remis nicht erfüllt werden können.

Die Lucenasche Gewinnstellung ist typisch und kommt sehr oft vor. Sie muß man immer anstreben, also den König *vor* den Bauern bringen.

Die Lucenasche Gewinnstellung (s. Nr. 56)

Weiß sichert durch Abdrängung des schwarzen Königs dem seinigen den Austritt nach f7 und entzieht sich dem Schach durch Turmopposition auf g5 (nicht auf g4, wie alle anderen Lehrbücher angeben). Also:

1. . . . Th2—h3

   Auf 1. . . . Te2 sichert Weiß durch Th1 seinem König den Austritt auf die h-Linie.

2. Tf1—f5. Oder auch gleich Te1†. Nicht Tf4, wie die anderen Bücher angeben.

Nr. 56

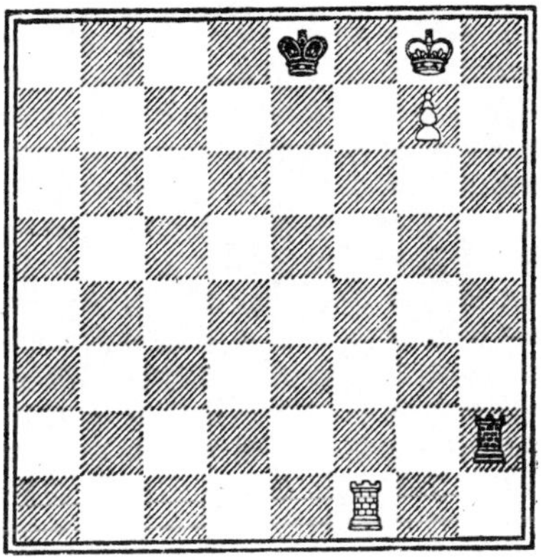

2. ... Th3—h1
3. Tf5—e5† Ke8—d7
4. Kg8—f7 Th1—f1†
5. Kf7—g6 Tf1—g1†
6. Te5—g5 und gewinnt.

Stört Schwarz diesen Plan durch Ke8—e7—d6, so geht der weiße König nach e8 und der Turm nach e7:

(1. ... Th2—h3
2. Tf1—f5) Ke8—e7
3. Tf5—e5† Ke7—d6
4. Kg8—f8 Th3—f3†
5. Kf8—e8 Tf3—g3
6. Te5—e7 nebst 7. Ke8—f8 und 8. Te7—f7.

Diese Gewinnstellung muß man, wie bereits erwähnt, immer anstreben, also den König immer *vor* den Bauern bringen.

Ist der feindliche König nicht vor dem Bauern, so muß man ihn natürlich von ihm abzusperren suchen, und zwar so weit wie möglich (s. Nr. 57).

1. ... Tg4—d4. Stände der weiße König auf b6, so würde Schwarz natürlich durch 1. ... Tc4 den weißen König noch mehr distanzieren.
2. Ta7—e7 Kg5—f4
3. Kb5—c5 Td4—d1

Nr. 57

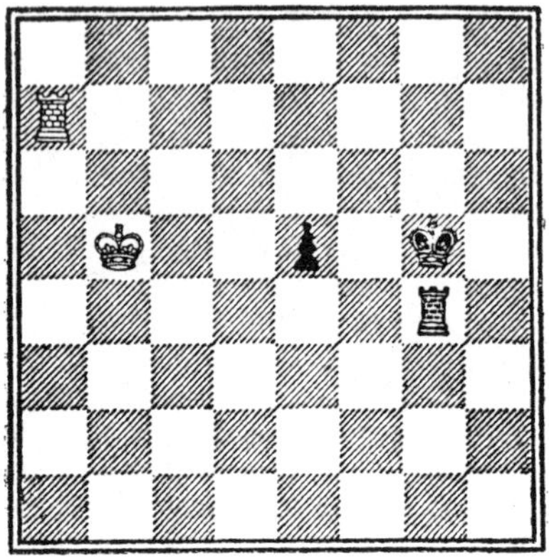

4. Kc5—c4 e5—e4
5. Kc4—c3 Kf4—f3
6. Kc3—c2 Td1—d5 und Schwarz erreicht mit e4—e3, Kf2, e3—e2 und Ke1 die Lucenasche Stellung.

Turmbauern sind sehr schwer zur Geltung zu bringen, die schwächere Partei erzielt fast immer Remis.

*

Einige typische Gewinnstellungen:

Nr. 58

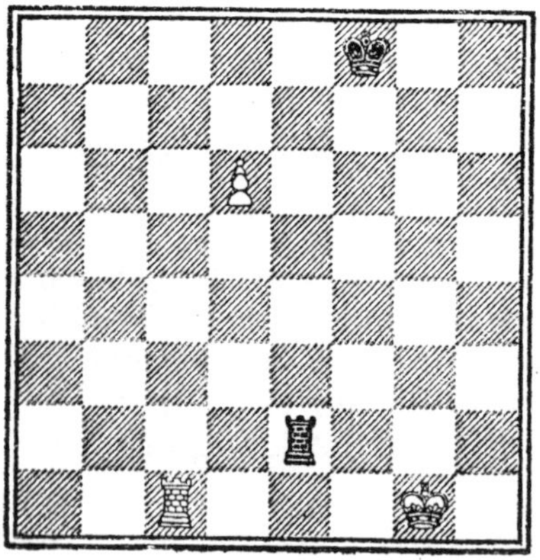

Weiß gewinnt durch:

1. Tc1—c8†! Kf8—f7	1. . . . Te2—e8
2. d6—d7 bzw.	2. d6—d7.

Nr. 59

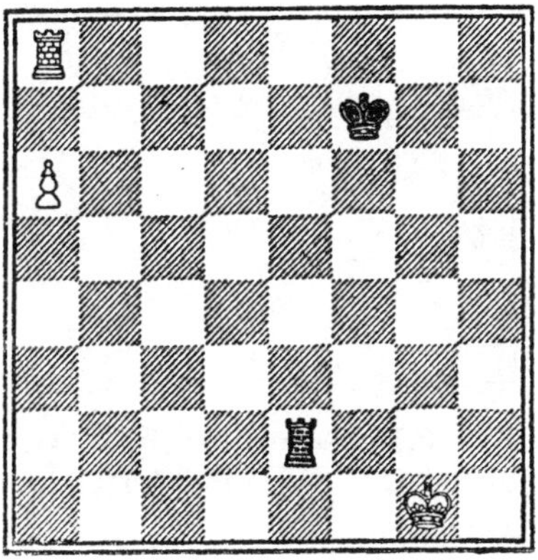

Der schwarze König steht ungünstig; er müßte auf g7 oder h7 stehen. So ist folgender Trick möglich:

1. a6—a7 Te2—a2
2. Ta8—h8! und gewinnt, denn auf 2. ... Ta7: geht der Turm durch 3. Th7† verloren.

*

Zwei verbundene Freibauern gewinnen fast immer. Deshalb muß man in komplizierten Turmendspielen, wenn irgend möglich, danach streben, solche zu bekommen (s. Nr. 60).

1. . . . Tc2—a2
2. Kh3—g4. Man muß sich immer daran erinnern, daß im Endspiel der König die wichtigste Figur ist. Es ist nicht so wichtig, die Bauern vorzubringen, wie den König. Und der feindliche König muß immer weiter zurückgedrängt werden, bis sich Mattstellungen ergeben.
2. . . . Ta2—a1
3. Ta5—a6† Kg6—f7

Nr. 60

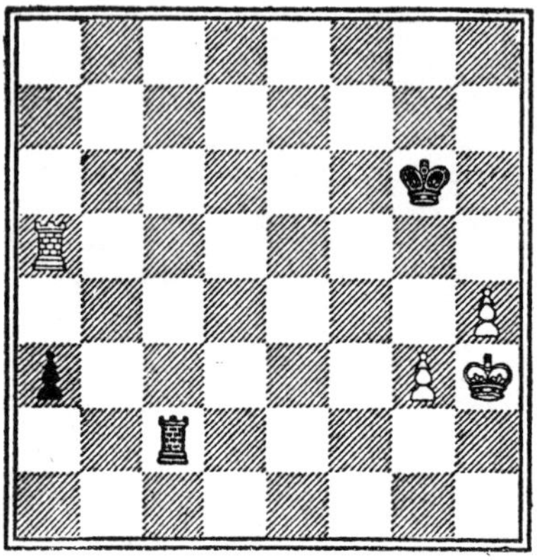

4. Kg4—g5 a3—a2. Damit droht Schwarz, z. B. bei 5. h5?, durch Tg1 Ta2: Tg3† Remis zu erzielen.
5. g3—g4 Kf7—e7
6. Ta6—a7† Ke7—e8
7. h4—h5 Ke8—f8
8. h5—h6. Schwarz muß nun seinen Bauern aufgeben, denn auf 8. ... Kg8 9. Kg6 Kf8 10. h7 Th1 11. Ta2: oder 8. ... Ke8 9. h7 Th1 10. Kg6 a1D 11. Ta1: geht er doch verloren, und zwar unter viel ungünstigeren Umständen.
8. ... Ta1—b1
9. Ta7×a2 Kf8—g8
10. Ta2—a8† Kg8—h7. Der König ist jetzt in einer Pattstellung. Die muß man immer aufheben.
11. Ta8—a7† Kh7—h8
12. Ta7—f7! Zum Schutz gegen Flankenschachs bei Kg6.
12. ... Tb1—b5†
13. Kg5—g6 Tb5—b6†
14. Tf7—f6 Tb6—b8
15. g4—g5 Tb8—a8
16. Tf6—f5! Wieder zum Schutz gegen den Flankenangriff Ta5, der bei Kh5 den g-Bauern fesseln würde. — Ja nicht h6—h7 wegen Pattstellung!

16. . . . Kh8—g8
17. Tf5—d5! Um bei Kh5 Ta1 g6 eine Mattdrohung zu haben oder auch nach Ta1 mit Td8† Kf7 g6† fortfahren zu können.
17. . . . Ta8—b8
18. Kg6—h5 Tb8—a8
19. g5—g6 Kg8—h8
20. Td5—f5. Um h7 Kg7 Tf7† Kh8 Kh6 mit undeckbarem Matt in wenigen Zügen zu spielen.
20. . . . Ta8—g8. Um auf h7? mit Tg6: Kg6: Patt zu erzielen.
21. g6—g7† Kh8—h7
22. Tf5—f8 Tg8×f8
23. g7×f8 L oder S und gewinnt. Wählt Weiß Dame oder Turm, so ist Schwarz patt.

Oder (s. Bild Nr. 60):

1. . . . a3—a2
2. h4—h5† Kg6—f6
3. g3—g4 Tc2—b2
4. Kh3—h4 Tb2—h2†
5. Kh4—g3 Th2—b2
6. Ta5—a6† Kf6—g7 (Kg5? Tg6‡)
7. Kg3—h4 Tb2—c2 (Th2† Kg5 nebst Ta7†)
8. h5—h6† Kg7—h7
9. Kh4—h5 Tc2—h2† (Tc5† g5)
10. Kh5—g5 Th2—g2
11. Ta6—a7† Kh7—h8
12. Kg5—h5 Kh8—g8 (Th3† Kg6)
13. g4—g5 (droht Kg6 nebst ‡)
13. . . . Tg2—b2
14. g5—g6 Tb2—h2†
15. Kh5—g5 Th2—g2†
16. Kg5—f5 Tg2—f2†
17. Kf5—e4 und gewinnt.

Zwei getrennte Mehrbauern gewinnen ebenfalls meistens. Nur das Übergewicht von Turm- und Läuferbauer kann bei günstiger Stellung des verteidigenden Königs den Gewinn meistens nicht erzwingen. Bei komplizierten Turmendspielen ist der wichtigste Lehrsatz der von dem Verfasser aufgestellte: Die Türme gehören *hinter* die Freibauern, hinter die feindlichen, um sie aufzuhalten, hinter die eigenen, um ihr Vorgehen zu unterstützen. Diese günstige Stellung des Turmes wirkt oft entscheidend.

Stellungen wie die folgenden kommen sehr häufig vor.

Nr. 61

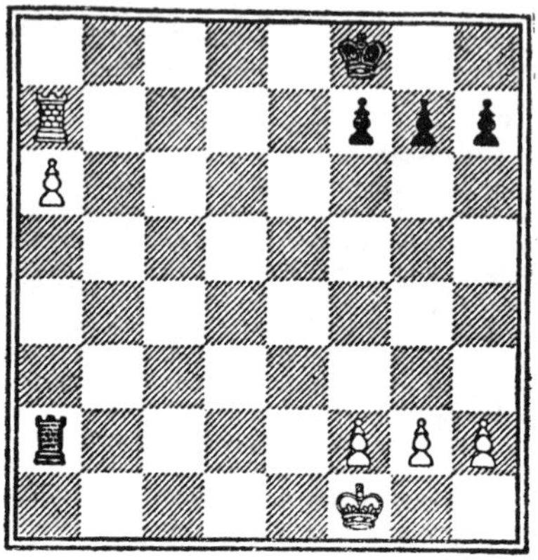

Weiß hat einen Freibauern auf dem Damenflügel mehr, während auf dem Königsflügel beide Teile Bauern haben. Dabei steht aber der weiße Turm sehr schlecht, der schwarze sehr gut. („Die Türme gehören *hinter* die Freibauern.“) Diese Endspiele kann die schwächere Partei meist remis machen, sie muß nur energisch auf Gegenangriff spielen.

1. Kf1—e1 g7—g5
2. Ke1—d1. Ohne Bauernopfer kommt Weiß nicht vorwärts.

2. . . . Kf8—g7!

2. . . . Tf2: wäre jetzt schlecht. Es würde folgen 3. Tc7 (Weiß bringt seinen Turm sofort in eine günstigere Stellung) 3. . . . Ta2 (Tg2:? a7 Ta2 Tc8† verliert sofort) 4. a7 Kg7 5. Kc1 Kg6 6. Kb1 Ta5 7. Kb2 f5 8. Kb3 f4 9. Kb4 Ta2 (Ta6? Tc6†!) 10. Kb5 (droht Turmopposition: Tc6† nebst Ta6) 10. . . . Tb2† 11. Kc6 Tc2† 12. Kb7 Tb2† 13. Kc8 Ta2 14. Kb8 und gewinnt, da die Gegenaktion auf dem Königsflügel viel zu spät kommt.

3. Kd1—c1 Kg7—g6
4. Kc1—b1 Ta2—a5
5. Kb1—b2 f7—f5

6. Kb2—b3 f5—f4 (auch h5 kann geschehen). Nach f5—f4 hat Weiß drei Möglichkeiten; er kann sofort mit dem König weiter angreifen oder erst seine Bauern durch Vorrücken sichern, damit er nicht mehr als einen von ihnen verliert (s. Bild Nr. 62).

Nr. 62

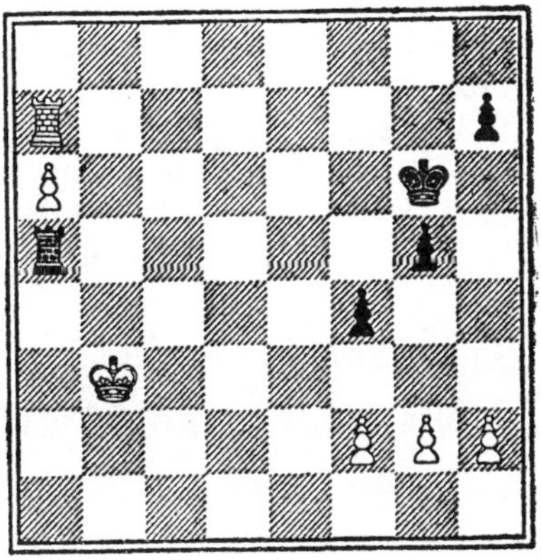

I.

7.	Kb3—b4	Ta5—a2
8.	Kb4—b5	Ta2—b2†
9.	Kb5—c6	Tb2—c2†
10.	Kc6—b6	Tc2—b2†
11.	Kb6—c7	Tb2×f2
12.	Ta7—b7	Tf2×g2
13.	a6—a7	Tg2—a2

14. Kc7—b8 f4—f3. Nachdem Schwarz noch seinen Turm geopfert hat, zieht er den g- und h-Bauern vor; Weiß kann jetzt im besten Falle Remis erzielen.

II.

7.	f2—f3	h7—h5
8.	h2—h3	Ta5—a1
9.	Kb3—b4	Ta1—a2
10.	Kb4—b5	Ta2—b2†
11.	Kb5—c6	Tb2—c2†
12.	Kc6—b6	Tc2—b2†
13.	Kb6—c7	Tb2×g2
14.	Ta7—b7	Tg2—a2
15.	a6—a7	g5—g4
16.	h3×g4	h5×g4
17.	f3×g4	Kg6—g5

18. Kc7—b8 Kg5×g4 und Schwarz macht das Spiel remis.

III.

7. g2—g4 f4—f3!
8. h2—h3 h7—h5
9. Kb3—b4 Ta5—a2
10. Kb4—b5 h5×g4
11. h3×g4 Ta2—b2†
12. Kb5—c6 Tb2—c2†
13. Kc6—b7 Tc2—b2†
14. Kb7—c8 Tb2×f2
15. Ta7—c7 Tf2—a2
16. Kc8—b7 f3—f2
17. Tc7—c1 Ta2—b2†
18. Kb7—a8 Kg6—f6 und der schwarze König droht über e5 nach f4 zu kommen. Das Spiel hat eine für Weiß sehr bedrohliche Wendung genommen. Weiß kann jedoch durch a6—a7 seinen König pattstellen und dann durch Turmopfer Remis erzielen.

Nr. 63

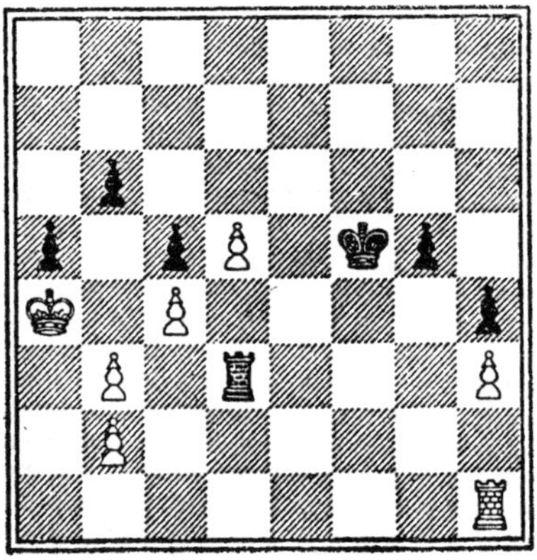

Hier geschah:

1. Ka4—b5! Td3×b3†
2. Kb5—c6 Tb3×b2
3. Th1—d1! Tb2—e2
4. d5—d6 Te2—e8
5. Kc6×b6 g5—g4
6. h3×g4† Kf5×g4
7. Kb6×a5 h4—h3
8. d6—d7 Te8—d8
9. Ka5—b6 h3—h2
10. Kb6—c7 Td8—h8
11. d7—d8D Th8×d8
12. Kc7×d8 und Weiß gewinnt nach Aufopferung des Turmes für den h-Bauern durch den c-Bauern.

Turm gegen Bauern

Der Turm kann einen von seinem König unterstützten Bauern nur mit Hilfe seines Königs erfolgreich aufhalten. Steht dieser zu weit entfernt, so muß er sich gegen ihn opfern. Der König mit einem Bauern ist also im Endspiel so stark wie ein Turm.

Nr. 64

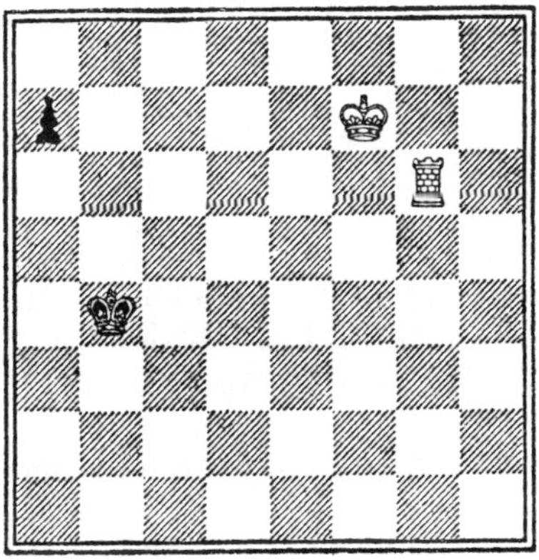

1. ... a7—a5. Weiß am Zuge würde natürlich durch Ta6 gewinnen.
2. Kf7—e6 a5—a4
3. Ke6—d5 a4—a3
4. Tg6—a6 Kb4—b3
5. Kd5—d4 a3—a2
6. Kd4—d3 Kb3—b2 und das Spiel wird remis.

Steht der verteidigende König noch auf der dritten bzw. sechsten Reihe, so gewinnt der Turm, indem er ihn von der vierten bzw. fünften Reihe absperrt und den isoliert vordringenden Bauern im letzten Moment erobert:

Nr. 65

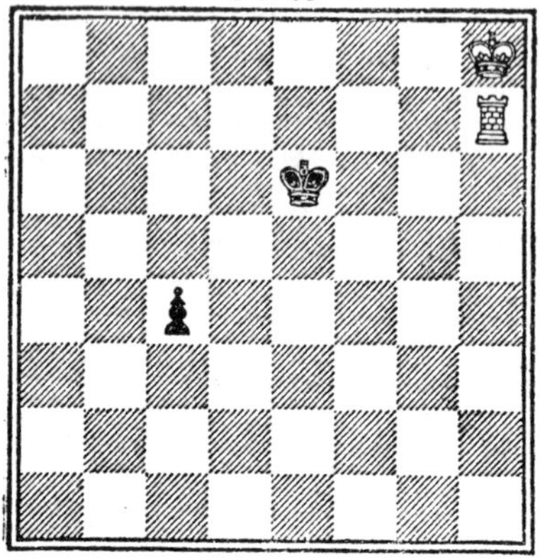

1. Th7—h5! Eine Ausnahme von der Regel: „Die Türme gehören *hinter* die Bauern.“ Mit 1. Tc7? Kd5 2. Kg7 Kd4 3. Kf6 c3 4. Kf5 Kd3 5. Kf4 c2 6. Kf3 Kd2 würde Schwarz Remis erzielen.
1. . . . Ke6—d6
2. Kh8—g7 c4—c3. Bei Kc6 kommt der weiße König immer näher.
3. Th5—h3 c3—c2 4. Th3—c3 und gewinnt.

Zwei verbundene Freibauern auf der sechsten (bzw. dritten) Reihe gewinnen gegen einen Turm, wenn sein König nicht in der Nähe der Bauern steht.

Nr. 66

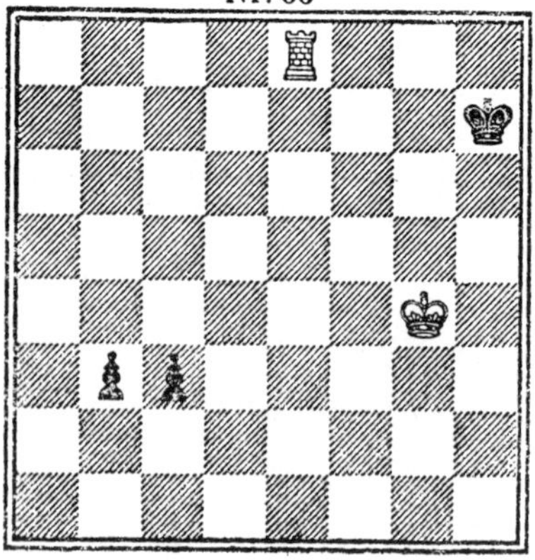

1. Te8—c8. Oder Te3 c2 oder b2.
1. ... b3—b2 oder c3—c2 usw.

Stehen aber die Könige in Opposition, so sind Mattkombinationen und damit Rettung möglich:

Nr. 67

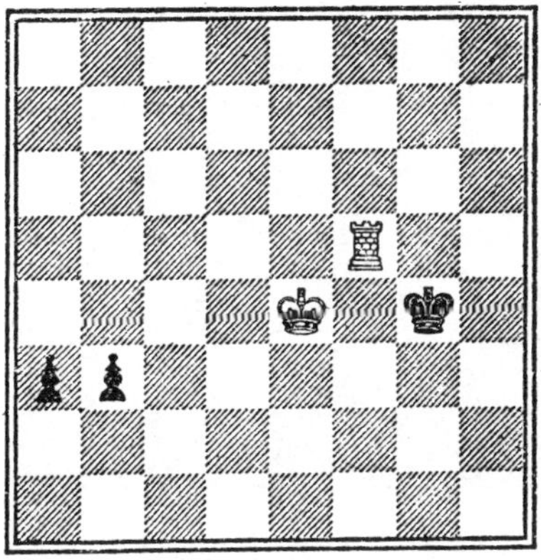

Schwarz am Zuge gewinnt durch a2 oder b2. Weiß am Zuge spielt

1. Tf5—f1! b3—b2. Auf einen Königszug gewinnt Weiß durch K—d3—c3.
2. Tf1—g1† Kg4—h3. Auf 2. ... Kh5 setzt Weiß Opposition und Mattdrohung mit 3. Kf5 Kh6 4. Kf6 usw. fort.
3. Ke4—f3 Kh3—h4! mit Remisschluß! Bei 3. ... Kh2? gewinnt Weiß durch 4. Tb1! a2 5. Tb2† beide Bauern.

König und Turm erzielen gegen eine Kette von drei verbundenen Freibauern, deren Spitze auf die sechste (bzw. dritte) Reihe gelangt ist, Remis.

Endspiele mit leichten Figuren

Ein Bauer, unterstützt von einer leichten Figur, gewinnt leicht gegen den König. Nur die Turmbauern machen auch da Schwierigkeiten. Turmbauer und ein Läufer gewinnen nur, wenn der Läufer die Farbe des

Eckfeldes hat, andernfalls nur dann, wenn der feindliche König von diesem Felde abgehalten werden kann, wie im folgenden Falle:

Nr. 68

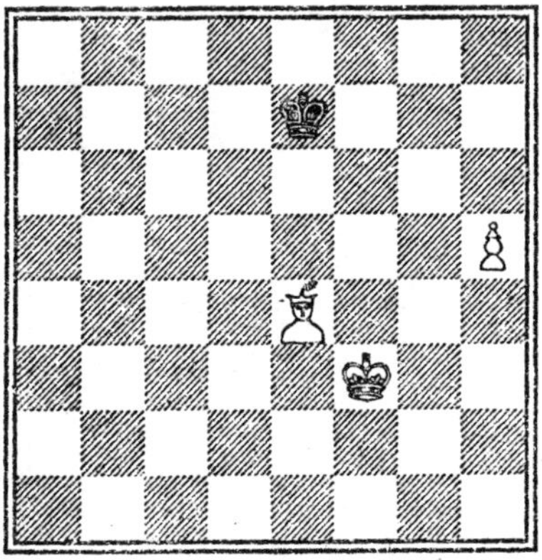

1. h5—h6 Ke7—f7. Damit droht der König über g8 in die Ecke zu gehen, wo ihn Weiß höchstens pattsetzen kann.
2. Le4—h7! Dieser elegante Zug verhindert dies.
2. . . . Kf7—f6. Droht durch Kg5 den Bauern zu erobern.
3. Kf3—f4 (oder g4). Nun bilden die drei weißen Steine einen Kordon, den der schwarze König nicht durchbrechen kann. Bedingung für die Wirksamkeit des ganzen Manövers ist, daß der König der stärkeren Partei nahe genug steht, diesen Kordon zu schließen. Jetzt wird der schwarze König durch Zugzwang ganz abgedrängt.
3. . . . Kf6—f7
4. Kf4—f5 Kf7—f8
5. Kf5—f6 Kf8—e8
6. Kf6—g7 und nun ist die Bahn für den Bauern frei.

Ein Springer muß den Bauern, der von dem feindlichen König angegriffen zu werden droht, von *hinten* decken, sonst greift der König mit Erfolg beide an.

Nr. 69

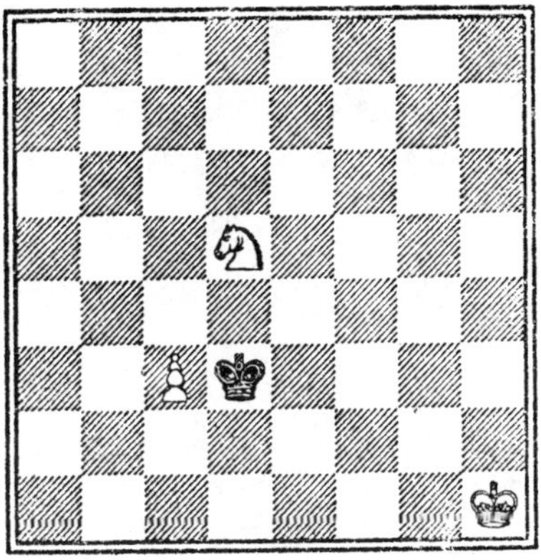

Schwarz erzwingt mit Kd3—c4 das Remis.

Nr. 70

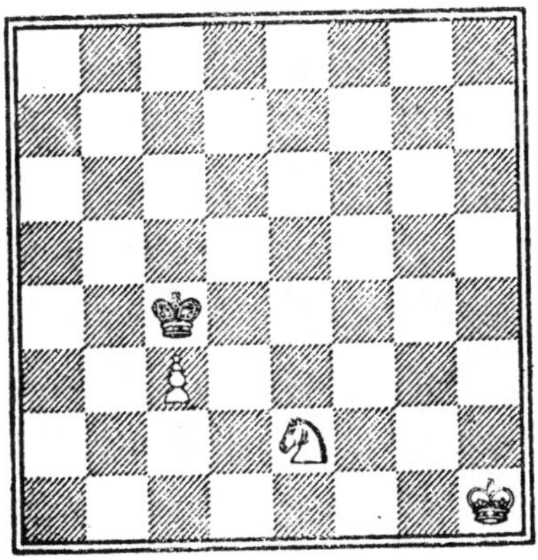

Hier gewinnt Weiß, denn auf Kc4—d3 ist Weiß keine Antwort schuldig, da Schwarz den Springer nicht schlagen kann, ohne daß der Bauer zur Dame geht. Weiß nähert also den König und dieser löst den Springer in der Deckung des Bauern ab.

Nr. 71

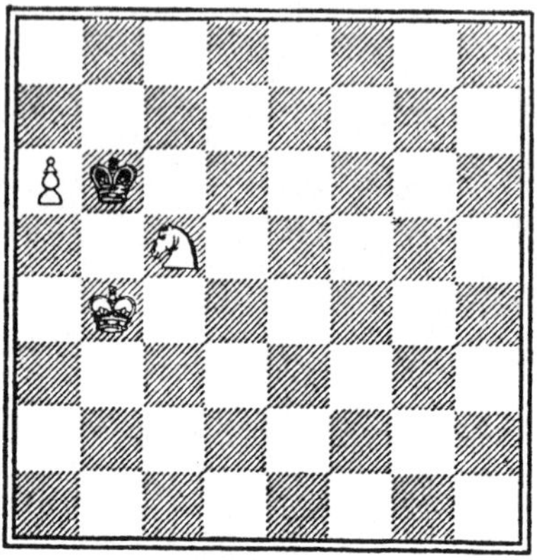

Hier gewinnt Weiß ganz leicht, nur muß er sich vor Patt hüten. 1. Kb4—a4 (oder c4) Kb6—a7. Kc6 oder c7 würde das sofortige Vorgehen des Bauern gestatten. 2. Ka4—b5 oder a5 Ka7—b8 3. Kb5 bzw. a5—b6 Kb8—a8 4. Sc5—e6. Natürlich nicht a7 oder Sd7 wegen Patt. 4. ... Ka8—b8 5. a6—a7† Kb8—a8? Oder Kc8 a7—a8D†. 6. Se6—c7‡.

Der Angreifer darf den Bauern nicht zu früh auf die vorletzte Reihe ziehen.

Nr. 72

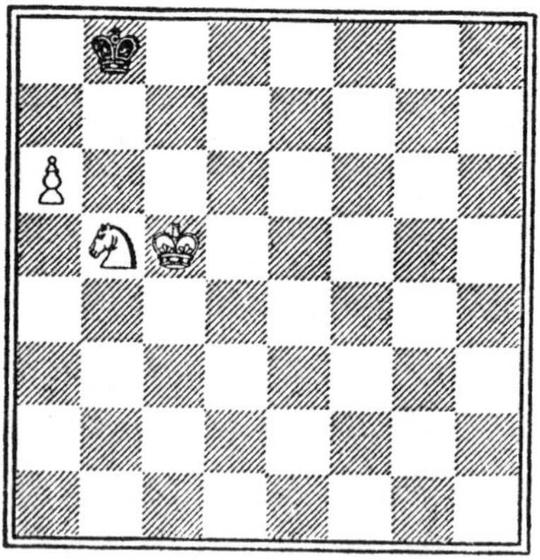

Mit 1. Kb6 Ka8 2. Sc7† gewinnt Weiß ganz leicht. Mit 1. a6—a7†? Kb8—a8 wird das Spiel remis, denn

wenn sich der König nähert, ist Schwarz patt. Dasselbe Remis ergibt sich, wenn der Springer den Bauern a7 auf c6 deckt.

Nr. 73

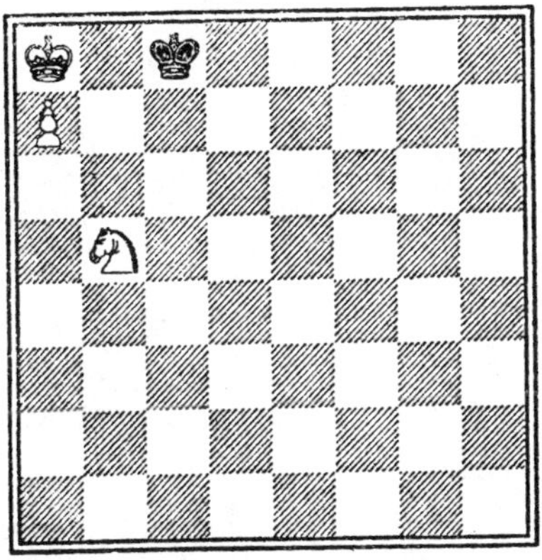

Hier entscheidet der Anzug, und zwar gegen den Spieler. Schwarz am Zuge muß den eingeschlossenen König nach b7 oder b8 herauslassen, so daß der Bauer zur Dame wird. Weiß am Zuge kann aber nur auf d6 Schach geben, worauf der König immer auf c7 und c8 hin und her zieht. Steht der Springer auf irgendeinem andern weißen Feld, z. B. auf h1, so ist es genau so. Wenn Weiß am Zuge ist, kann der Springer immer nur dem auf c8 oder c7 stehenden König Schach geben, und das Spiel bleibt remis. Grade das Entgegengesetzte wäre der Fall, wenn der Springer auf irgendeinem schwarzen Felde stände, mit Ausnahme von b6, d6 und e7 (und Weiß am Zuge wäre). Dann könnte er nur auf ein weißes Feld ziehen, demnach kein Schach geben, sondern würde z. B. auf d5 dem schwarzen König das Feld c7 nehmen und ihn so zwingen, den weißen König freizulassen.

Springer gegen König und Bauern

Ein Springer kann unter Umständen mit Hilfe des eigenen Königs und eines feindlichen Turmbauern den König in der Ecke einschließen und mattsetzen.

Nr. 74

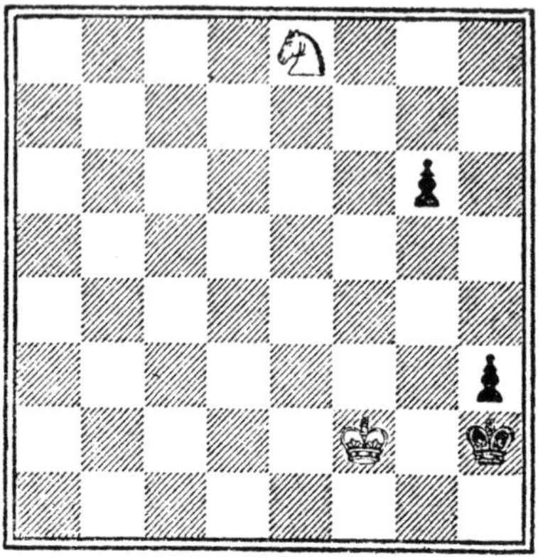

Hier geschieht:

1. Se8—f6 g6—g5
2. Sf6—g4† Kh2—h1
3. Kf2—f1 h3—h2
4. Sg4—f2‡.

Oder, wenn Schwarz am Zuge ist:

1. . . . Kh2—h1
2. Se8—f6 Kh1—h2! (h2? Se4 nebst Sg3‡)
3. Sf6—g4† Kh2—h1
4. Kf2—f1 g6—g5
5. Kf1—f2 h3—h2
6. Sg4—e3 g5—g4
7. Se3—f1 oder f5 g4—g3†
8. Sf1 bzw. f5×g3‡.

Nr. 75

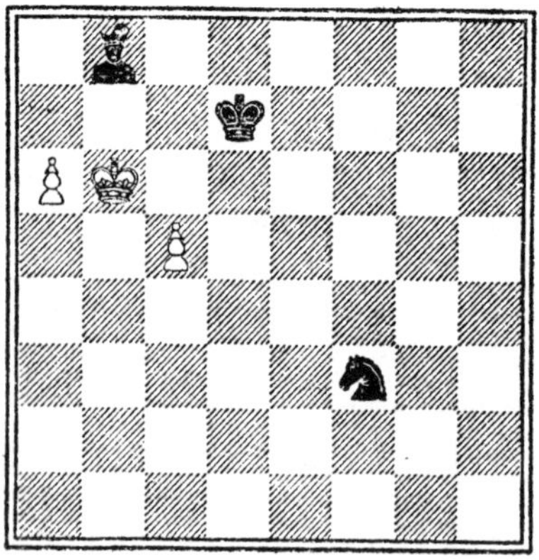

Hier geschah:

1. ... Lb8—a7†!
2. Kb6×a7 Kd7—c7
3. Ka7—a8 Sf3—d4
4. Ka8—a7 (Oder 4. c6 Sb5 5. a7 Kc8 6. c7 Sc7‡.)

4. ... Sd4—b5†
5. Ka7—a8 Kc7—c8
6. c5—c6 Kc8—c7
7. a6—a7 Kc7—c8
8. c6—c7 Sb5×c7‡.

Oder:

1. ... Lb8—a7†
2. Kb6—b7 Sf3—d4
3. Kb7×a7 (sonst deckt Schwarz seinen Läufer mit dem Springer und erobert beide Bauern)
3. ... Kd7—c7
4. Ka7—a8 (4. c6 Sb5† ist nur Zugumstellung)

4. ... Sd4—b5
5. c5—c6 Kc7—c8
6. c6—c7 Sb5×c7†
7. Ka8—a7 Sc7—d5!
8. Ka7—a8 Kc8—c7
9. Ka8—a7 Sd5—e7
10. Ka7—a8 Se7—c8
11. a6—a7 Sc8—b6‡.

*

Der Springer macht ohne Hilfe seines Königs gegen einen von seinem König unterstützten Bauern auf der sechsten (bzw. dritten) Reihe das Spiel unentschieden.

Nr. 76

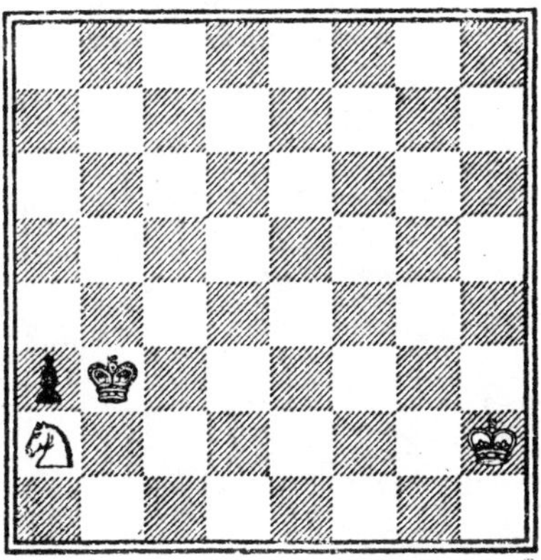

1. Sa2—c1† Kb3—b2
2. Sc1—d3† Kb2—c2
3. Sd3—b4† Kc2—b3
4. Sb4—d3 a3—a2
5. Sd3—c1† nebst Sa2:.

Dagegen ist der Springer hilflos in folgender Stellung:

Nr. 77

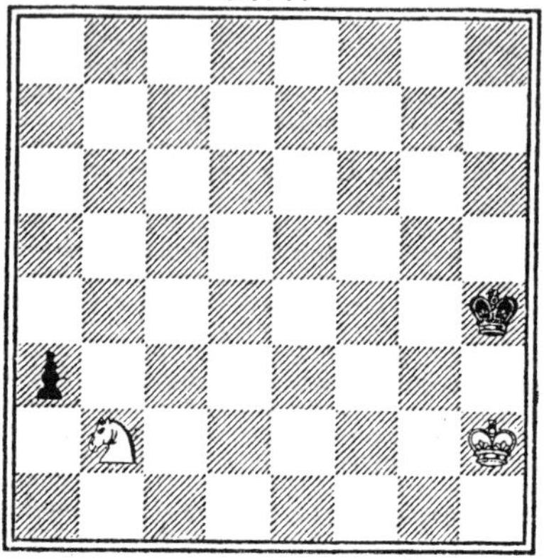

Der Läufer ist dem Springer, wie in der ganzen Partie, so auch im Endspiel im allgemeinen etwas überlegen, mit einer Ausnahme: ein Springer im Zentrum, gedeckt und unvertreibbar, ist stärker als ein Läufer. Auch in blockierten Stellungen erweist sich der Springer häufig geschickter als ein Läufer.

Ein Läufer hält den am Rande postierten Springer gefangen, wenn er auf derselben Reihe oder Linie um zwei Linien bzw. Reihen vom Springer getrennt steht, wie im folgenden Beispiel:

Nr. 78

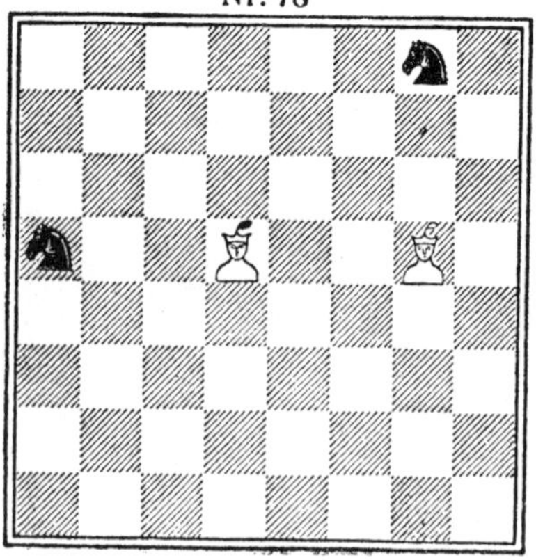

Der Läufer hält Bauern viel leichter auf als ein Springer, ganz besonders natürlich, wenn Freibauern auf verschiedenen Flügeln vorgehen. Der Läufer macht gewöhnlich gegen zwei Bauern leicht remis, mitunter auch noch gegen drei Bauern. Hierbei kommt es aber auf die Stellung an.

Nr. 79

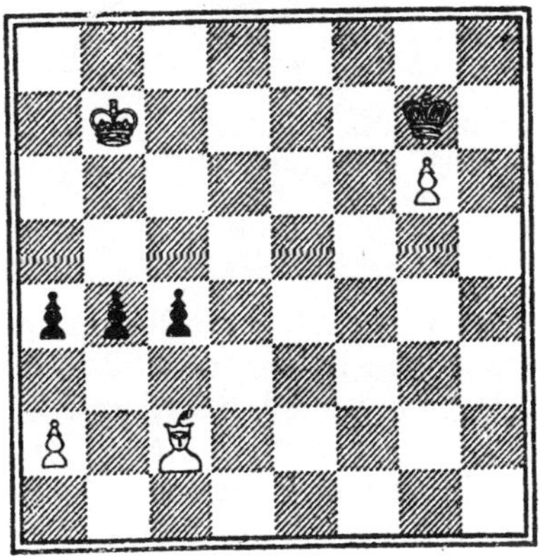

In dieser Stellung verliert der Läufer, weil die Bauern schon zu weit vorgedrungen sind. Es geschieht:

1. ... b4—b3
2. a2×b3 a4—a3
3. Lc2—b1 c4—c3 nebst a3—a2 und c3—c2 oder umgekehrt.

Im Kampfe von Läufern von verschiedener Farbe gegeneinander genügt ein Übergewicht an Bauern oft nicht zum Gewinn.

Nr. 80

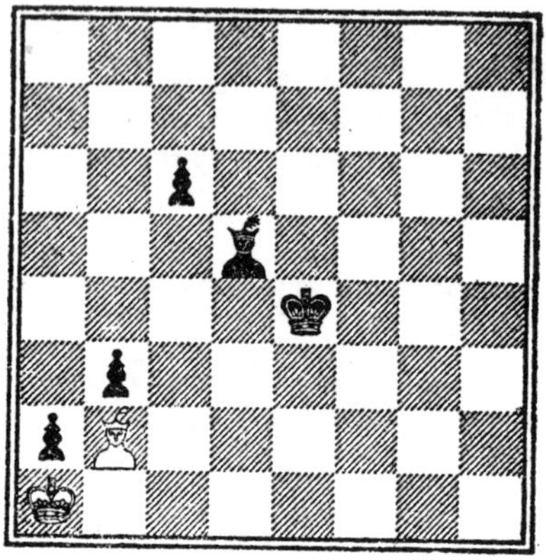

Der Läufer b2 zieht auf der Diagonale hin und her. Bringt Schwarz seinen König nach c2 und den c-Bauern nach c3, so schlägt ihn der Läufer, und wenn der König wiederschlägt, ist Weiß patt. Schwarz hat hier offenbar seine Bauern fehlerhaft geführt, insbesondere den a-Bauern zu früh vorgestoßen. Wenn man einen Läufer auf weißen Feldern hat, so muß man seine Bauern auf *schwarzen* Feldern vorwärts zu bringen suchen, der Läufer kann dann Steine, die sich zwischen die Bauern einschieben, vertreiben. (Philidors Regel.)

Nr. 81

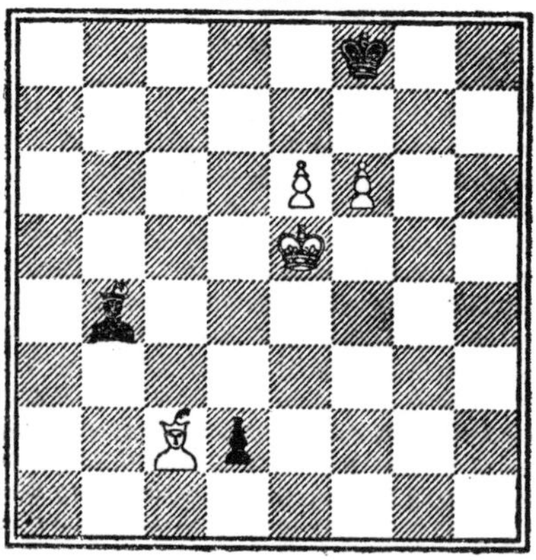

So muß Weiß hier das Vorgehen des Königsbauern zu ermöglichen suchen, also seinen König nach d7 oder f7 spielen. Er zieht also 1. Lc2—a4 und bringt dann seinen König nach d7. Durch 1. ... Lc3†, wonach der König nach f5, der Läufer aber sofort zurück muß, um e6—e7† zu verhindern, kann Schwarz den Königsmarsch nach d7 nur verzögern, ebenso durch Ke8 auf Kc6, worauf Kc7† nebst Kd7 folgt. Stören kann Schwarz das entscheidende Königsmanöver nur durch Aufopferung seines Bauern nebst Ke8; darauf folgt Läuferschach auf a4 oder h5, und der weiße König geht nach d7 bzw. f7, je nachdem der schwarze nach f8 oder d8 gegangen ist. Dann geht der e-Bauer schlankweg zur Dame.

Zwei nur durch eine Linie getrennte Freibauern können bei ungleichfarbigen Läufern nicht gewinnen:

Nr. 82

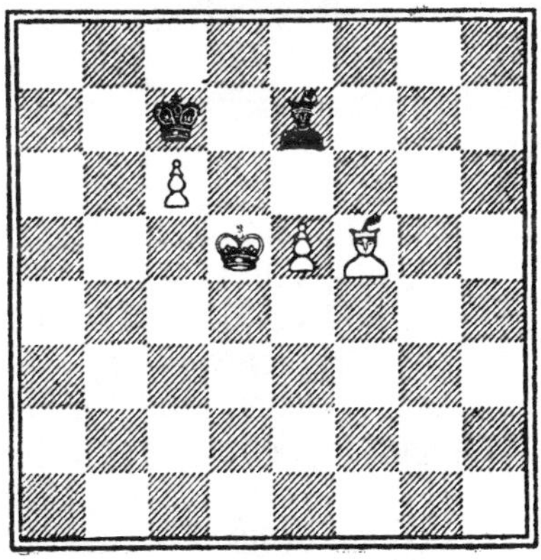

1. Kd5—e6 Le7—b4 2. Lf5—e4 Kc7—d8 3. Ke6—f7 Lb4—a3 4. e5—e6 La3—b4 und Weiß kann wohl durch e7† Le7: c7† (oder umgekehrt) den Läufer gewinnen, aber nicht die Partie. Sind die Bauern aber durch zwei Linien getrennt, steht also schließlich der weiße König auf Kg7 und ein weißer Bauer auf f7, so gewinnt Weiß zunächst den Läufer.

Je ein Freibauer auf jedem Flügel gewinnt auch bei ungleichfarbigen Läufern.

Bei Läufern von gleicher Farbe entscheidet häufig ein einziger Bauer. Diese Endspiele werden durch zweimalige Läuferopposition gewonnen, das erstemal vor, das zweitemal neben dem Bauern.

Nr. 83

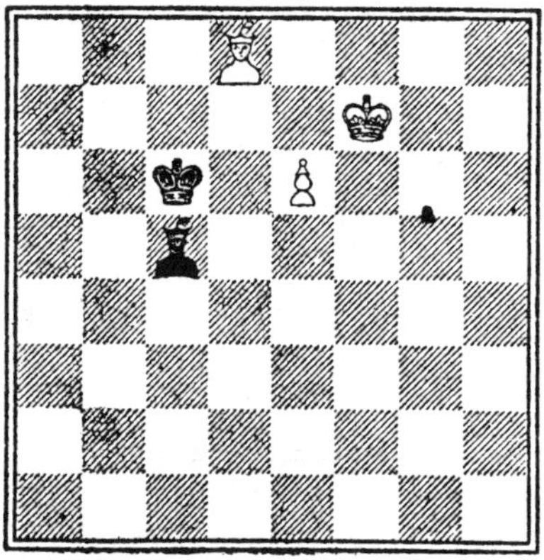

1. ... Kc6—d5
2. Ld8—e7 Lc5—f2
3. Le7—b4 (oder f8) Lf2—h4
4. Lb4—c3 (bzw. Lf8—g7) Kd5—e4
5. Lc3 (bzw. g7) —f6 und gewinnt. Stände der schwarze König auf e4 und wäre Schwarz am Zuge, so könnte er den König nach f5 ziehen und den Entscheidungszug Lf6 verhindern. Dann wäre das Spiel nicht zu gewinnen.

Bauernendspiele *(Könige und Bauern)*

Bauernendspiele gehören zu den feinsten und schwierigsten Endspielen, die es gibt. Einen Bauern zur Dame zu bringen, ist das gewöhnliche Ziel des Endspiels. Ein einzelner Bauer gegen den einzelnen König bedarf meist der Unterstützung seines Königs, der ihm sozusagen als Schrittmacher *vorangehen*, ihm die Bahn freimachen muß, indem er sich dem feindlichen König entgegenstellt, ihm opponiert. Es kann nicht genug betont werden, daß es der König ist, dem im Bauernendspiel die wichtigste Rolle zufällt. Vorangehen muß nicht der Bauer, sondern der König. So in dem folgenden Spiel.

Nr. 84

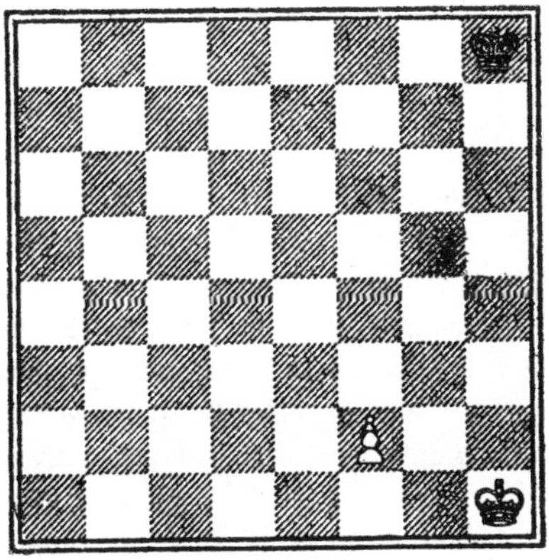

Mit 1. f2—f4? gibt Weiß schon den Sieg aus der Hand. Es folgt 1. . . . Kh8—g7 2. Kh1—g2 Kg7—f6 (oder g6) 3. Kg2—g3 Kf6—f5 4. Kg3—f3. Jetzt stehen die Könige in Opposition; der schwarze König muß weichen, die Opposition aufgeben, also hat Weiß die Opposition erlangt, wie man sagt. Aber die Opposition *hinter* oder *neben* dem Bauern nützt nichts. *Vor* dem Bauern muß man die Opposition erlangen, um ihm den Weg zur letzten Reihe zu bahnen. Hier geschieht weiter: 4. . . . Kf5—f6 5. Kf3—g4 (oder e4) Kf6—g6 6. f4—f5† Kg6—f6 7. Kg4 (oder e4) —f4 Kf6—f7 8. Kf4—g5 Kf7—g7 9. f5—f6† Kg7—f7 10. Kg5—f5 Kf7—f8! 11. Kf5—g6 Kf8—g8 12. f6—f7†. Sowie der Bauer *mit Schach* auf die vorletzte Reihe gelangt, gewinnt er nicht. 12. . . . Kg8—f8 13. Kg6—f6 und Schwarz ist patt, bei einem anderen Zuge aber ist der Bauer verloren. Mit 10. . . . Kf7—g8? hätte Schwarz verloren; er muß suchen, die Opposition zu erlangen, die jetzt der Weiße mit 11. Kf5—g6 bekommt und die jetzt entscheidend

wirkt. Auf der sechsten Reihe entscheidet die Opposition auch *neben* dem Bauern. Es folgt 11. ... Kg8—f8 12. f6—f7 (der Bauer geht jetzt ohne Schach auf die vorletzte Reihe, und damit gewinnt er) 12. ... Kf8—e7 13. Kg6—g7 nebst 14. f7—f8D. Das richtige Spiel, mit dem Weiß am Zuge gewinnt, ist der Kampf der Könige um die Opposition *vor* dem Bauern:

1. Kh1—g2 Kh8—g7
2. Kg2—g3 Kg7—g6
3. Kg3—g4 Kg6—f6
4. Kg4—f4. Diese Stellung ist entscheidend; zum Überfluß hat Weiß noch den Tempozug f2—f3 zur Verfügung, der, wenn Weiß jetzt am Zuge wäre, die Opposition festhält und so den Sieg sichert.
4. ... Kf6—g6. Der schwarze König muß nach einer Seite (oder zurück) weichen, worauf der weiße nach der entgegengesetzten Raum gewinnt.
5. Kf4—e5. Nach 5. f3? Kf6! hätte *Schwarz* die Opposition und würde damit Remis erzielen. Die Bauernzüge können immer noch geschehen. Erst muß der König weiter Terrain gewinnen.
5. ... Kg6—f7. Oder 5. ... Kg5 6. f4† Kg6 7. Ke6! (ja nicht 7. f5† Kf7 mit Remis) 7. ... Kg7 8. f5 (Ke7 wäre zwecklos wegen Kg6) 8. ... Kf8 9. Kf6! (ja nicht f6? Ke8 f7† und remis) 9. ... Ke8 10. Kg7 und nun, wo der weiße König die Felder f8 und f7 beherrscht, geht der Bauer unaufhaltsam zur Dame.
6. Ke5—f5 Kf7—e7
7. Kf5—g6 Ke7—f8. Oder 7. ... Ke6 8. f4 Ke7 9. f5 usw.
8. Kg6—f6 Kf8—g8. Jetzt endlich kann der Bauer vor.
9. f2—f4 Kg8—f8 10. f4—f5 Kf8—g8
11. Kf6—e7 und das weitere Vordringen des Bauern ist gesichert.

Schwarz am Zuge, macht das Spiel remis, indem er die Opposition erlangt: 1. ... Kg7 2. Kg2 Kg6 3. Kg3 Kg5 4. Kf3 Kf5. Weiß muß jetzt die Opposition aufgeben, und das Spiel verläuft mit 5. Kg3 Kg5 6. f4† Kf5 so, wie wenn Weiß 1. f2—f4? gespielt hätte. Steht der angreifende König auf der dritten, vierten oder fünften Reihe, so muß er *vor* dem Bauern die Opposition haben, um zu gewinnen (wenn der feindliche König überhaupt im Wege steht). Ist aber der angreifende König schon auf die sechste Reihe vorgedrungen, so gewinnt er auch, wenn er die Opposition vor dem Bauern aufgeben muß.

Nr. 85

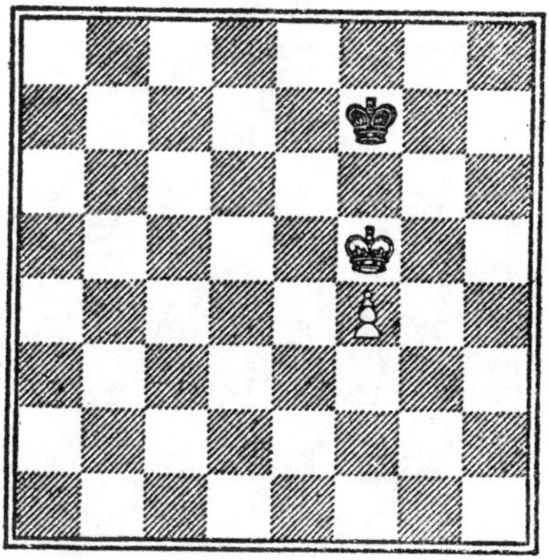

Gewinnstellung, wenn Schwarz am Zuge.

Nr. 86

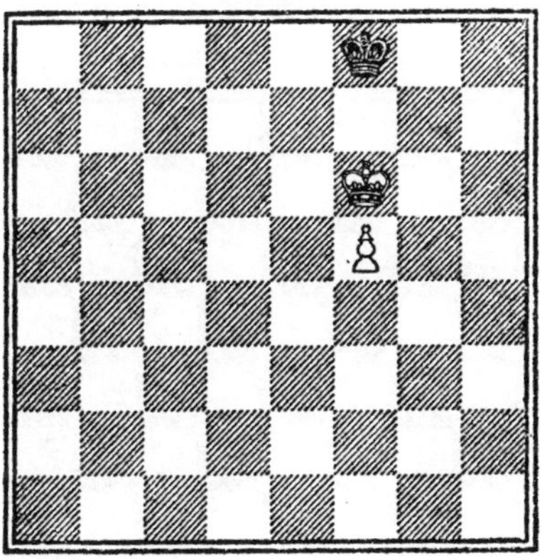

Gewinnstellung, gleichviel, wer am Zuge.

1. Kf6—g6 Kf8—g8
2. f5—f6 Kg8—f8
3. f6—f7 (der Bauer gelangt ohne Schach auf die vorletzte Reihe)
3. . . . Kf8—e7
4. Kg6—g7 usw.

Der Turmbauer kann nicht gewinnen, wenn der feindliche König in der Nähe ist:

Nr. 87

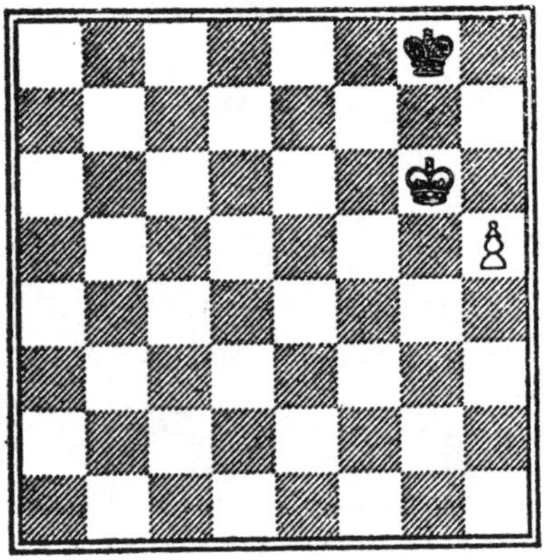

1. h5—h6 Kg8—h8 2. h6—h7 und Schwarz ist patt.

Eine andere, sehr hübsche Pattmöglichkeit ist die folgende:

Nr. 88

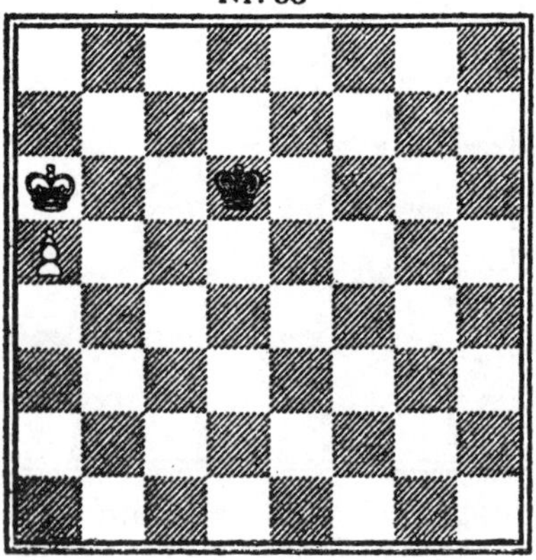

1. . . . Kd6—c6 (oder auch c7)
2. Ka6—a7 Kc6—c7
3. a5—a6 Kc7—c8
4. Ka7—a8 Kc8—c7

Schwarz hat den weißen König eingeschlossen; auf 5. a6—a7 Kc7—c8 ist Weiß patt. Auf 5. Ka7 folgt wieder 5. . . . Kc8, und Weiß kommt nicht vorwärts, denn auf 6. Kb6 geht der schwarze König in die Ecke. — Weiß am Zuge würde mit 1. Ka6—b7 das Vordringen des Bauern sichern und gewinnen.

Um festzustellen, ob ein Freibauer von dem feindlichen König eingeholt werden kann, gibt es ein sehr bequemes, von Berger angegebenes Hilfsmittel:

Nr. 89

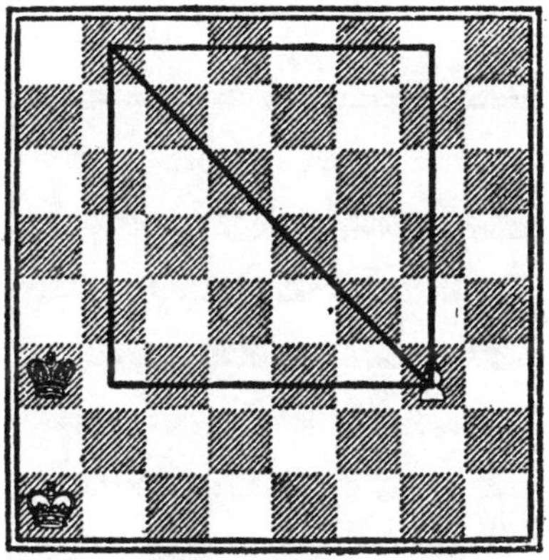

Man zieht von dem Bauern die Diagonale nach dem Rande, den der Bauer erreichen will, also hier von g3 bis b8, und konstruiert über dieser Diagonale das zugehörige Quadrat. Befindet sich der feindliche König in diesem Quadrat oder kann er am Zuge in das „Quadrat des Bauern" eintreten, so holt er ihn ein. (Vorausgesetzt ist hierbei, daß er auf seinem Wege kein Hindernis durch eigene oder feindliche Bauern findet.) Für einen auf g2 stehenden Bauern muß man des Doppelschritts wegen die Diagonale von g3 aus ziehen.

Schwarz am Zuge zieht den König nach b3 und holt somit den Bauern ein, wie man sich leicht überzeugen kann. Ist Weiß am Zuge, so geschieht g3—g4, und Schwarz kann nicht in das Quadrat g4—g8—c8—c4 eintreten, so daß der Bauer unaufhaltsam zur Dame geht.

Ein anderes sehr gutes Hilfsmittel im Bauernendspiel wie in Endspielen überhaupt besteht darin, daß man die von beiden Spielern auszuführenden Bauern- und Königszüge, manchmal 10—12 an Zahl, nicht berechnet, sondern abzählt. Diese von dem Verfasser herrührende Methode wird auf den Seiten 113—116 ausführlich erläutert.

Zwei getrennte Freibauern decken sich indirekt gegenseitig.

Nr. 90

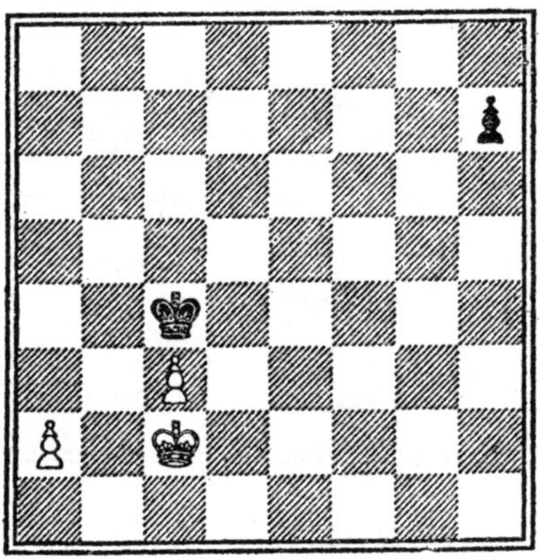

Weiß am Zuge gewinnt.

1. a2—a4 h7—h5
2. Kc2—d2. Damit tritt der König in das Quadrat des h-Bauern.
2. . . . h5—h4
3. Kd2—e2 h4—h3
4. Ke2—f2 Kc4—c5. Schwarz darf den c-Bauern nicht schlagen, da sonst der a-Bauer zur Dame geht.

5. Kf2—g3 Kc5—b6. Der schwarze König macht nun Miene, sich auf den a-Bauern zu stürzen. Mit 6. Kh3: Ka5 7. c4 Ka4: 8. c5 Kb5 würde Weiß den Sieg aus der Hand geben. Aber Weiß kann beide Bauern retten.
6. c3—c4! Kb6—a5
7. c4—c5! Schlägt Schwarz nun den a-Bauern, so kann er den c-Bauern nicht mehr einholen. Umgekehrt wäre bei 6. ... Kc5 der a-Bauer vorgegangen.
7. ... Ka5—a6
8. Kg3×h3 Ka6—b7
9. a4—a5! Durchaus notwendig! Auf Kc6 folgt a6, auf Ka6 c6. Schwarz kann keinen der Bauern schlagen, und bald kommt der weiße König seinen Bauern zu Hilfe.

Nr. 91

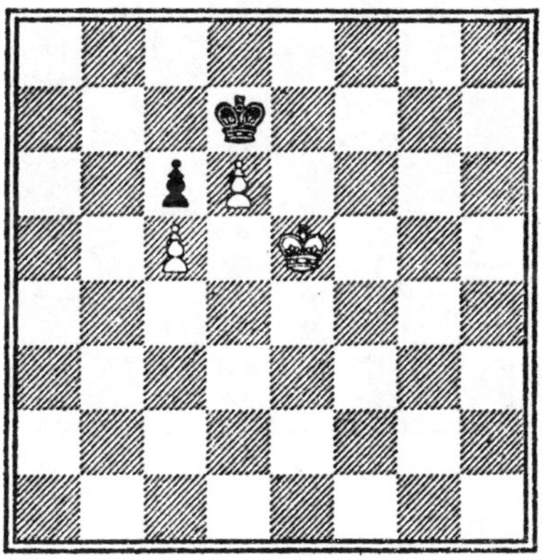

Hier kommt Weiß mit einfachen Mitteln nicht zum Ziele.

1. Ke5—f6 Kd7—d8! Nicht 1. ... Ke8 wegen 2. Ke6 Kd8 3. d7 und gewinnt. Wenn man die gewöhnliche Opposition nicht erzielen kann, muß man sich wenigstens dieser Diagonalopposition bedienen. Jetzt führt 2. Ke6 Ke8 3. d7† Kd8 4. Kd6 zum Patt. Aber es gibt noch ein Mittel zum Gewinn.
2. d6—d7! Kd8×d7

3. Kf6—f7. Weiß hat durch das feine Opfer die Opposition erlangt und erobert nun den Bauern mit Gewinnstellung.
3. ... Kd7—d8
4. Kf7—e6 Kd8—c7
5. Ke6—e7 Kc7—c8
6. Ke7—d6 Kc8—b7
7. Kd6—d7 Kb7—b8
8. Kd7×c6 und gewinnt.

Ein ganz entzückendes, in der praktischen Partie gelegentlich vorkommendes Durchbruchsmanöver ist das folgende:

Nr. 92

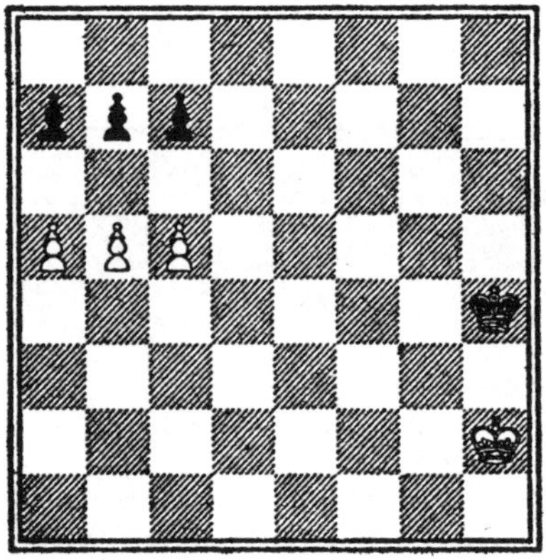

1. b5—b6!! c7×b6
2. a5—a6 b7×a6
3. c5—c6 und der Bauer geht zur Dame. Drei Bauern gegen drei! Man sollte es nicht glauben! Auf 1. ... a7×b6 gewinnt 2. c5—c6 b7×c6 3. a5—a6. Schwarz am Zuge sichert sich gegen diesen Überfall durch 1. ... b7—b6 2. ab ab! oder 2. cb cb!.

Nr. 93

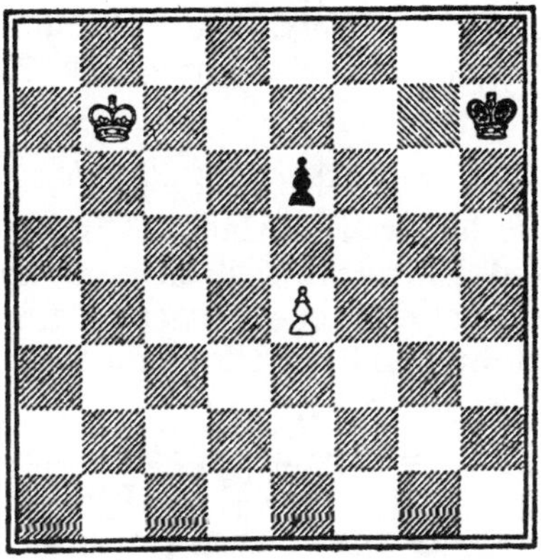

Hier ist der entscheidende Zug 1. e4—e5!. Es folgt 1. ... Kh7—g6 2. Kb7—c6 Kg6—g7 (Kf5? Kd6 und gewinnt den Bauern sofort) 3. Kc6—d6 oder d7 Kg7—f7 4. Kd6—d7 bzw. Kd7—d6 Kf7—f8 5. Kd7 bzw. d6×e6 und gewinnt. Höchst pikant ist folgendes Spiel (1. e5 Kg6 2. Kc6) Kg6—g5. Nun würde Weiß bei dem nächstliegenden Angriff 3. Kc6—d6? durch 3. ... Kg5—f5 den Bauern und das Spiel verlieren. In solchen Stellungen muß man den Bauern erst von *hinten* angreifen. 3. Kc6—d7! Kg5—f5 4. Kd7—d6 und gewinnt den Bauern und die Partie. — Schwarz am Zuge würde mit 1. ... e6—e5! Remis erzielen. Zwar würde der Bauer durch 2. Kc6 Kg6 3. Kd6 (oder Kd5) 3. ... Kf6 4. Kd5 (bzw. Kd6) verlorengehen, aber mit 4. ... Kf7! 5. Ke5: Ke7 würde Schwarz die Opposition und damit eine theoretische Remisstellung erlangen.

*

Es gibt auch Schachaufgaben, Probleme, deren Inhalt eine Kombination des Endspiels oder wenigstens ein fiktiver Partieschluß bildet. Je nach der mit ihnen verbundenen Forderung unterscheidet man Matt- und Gewinn- (bzw. Remis-) Probleme. (Die letzteren werden meist mit dem ganz unpassenden Namen „Studien“

bezeichnet.) Diese Kompositionen haben meist einen hohen künstlerischen Wert. Die Gewinnprobleme sind auch sehr geeignet zur Förderung der Kombinationskraft.

Einige längere Endspiele

Das folgende langwierige Endspiel ist ganz besonders interessant und lehrreich, weil sich in ihm eine ganze Anzahl Phasen unterscheiden lassen.

Das Spiel steht ziemlich gleich und müßte bei beider-

Nr. 94

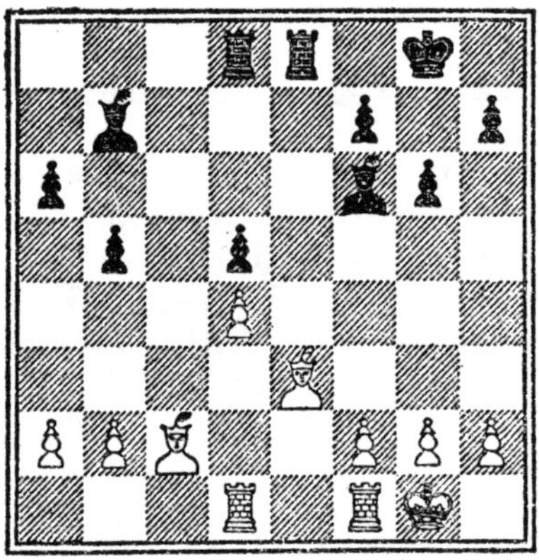

seits korrektem Spiel Remis ergeben. Man kann aber, von gröberen Versehen ganz abgesehen, kleinere Fehler begehen, deren Ausnützung den Gegner in Vorteil bringen kann. Es geschah:

1. ... Td8—c8
2. Lc2—d3 Te8—e6
3. Td1—c1 Te6—c6
4. Tc1×c6 Tc8×c6. Schwarz besitzt die offene c-Linie und droht Lb7—c8—f5 zu spielen, die Läufer zu tauschen und mit dem Turm nach c2 einzudringen, womit er in entscheidenden Vorteil käme, eine Drohung, die man bei sorglosem Spiel leicht übersehen kann. Weiß kann sie gerade noch parieren.

5. Tf1—a1! Räumungszug für den König und Einleitung des Gegenangriffs a2—a4.
5. ... Lb7—c8
6. Kg1—f1 Lc8—f5
7. Kf1—e2! Lf5×d3†
8. Ke2×d3. Weiß hat nun einen kleinen Vorteil: er hat den König gut im Spiel.
8. ... Tc6—c4

Um eine Lockerung des Damenflügels herbeizuführen, die sich später auch sehr fühlbar macht.

9. b2—b3 Tc4—c6
10. a2—a4! Droht nach dem Bauerntausch mit dem Turm einzudringen, nach a8 oder a7, und die schwarzen Bauern von hinten anzugreifen.
10. ... b5—b4!

Damit droht Bauerngewinn durch Tc3†.

11. Le3—d2 a6—a5

Jetzt sind die Bauern auf schwarze Felder vorgelockt, so daß sie der Läufer später angreifen kann. Weiß muß nun suchen, für den Turm eine offene Linie, die e- oder c-Linie, zu erlangen und auf ihr ins feindliche Spiel einzudringen.

12. Ta1—e1

Nach 12. Tc1 und Turmtausch wäre das Spiel remis, denn Schwarz verhindert den Angriff L—f4—c7 durch Ld8 und das Eindringen des weißen Königs durch f7—f6. Jetzt droht Te8† nebst Ta8.

12. ... Tc6—c8

Auf 12. ... Te6 folgt 13. Tc1 und Weiß hat sein Ziel erreicht. — Auf 12. ... Kf8 geschieht 13. Lh6† Lg7 14. Lg7† Kg7: 15. Te5 und Weiß verliert bei 15. ... Tc3† den b-Bauern, gewinnt aber den d- und a-Bauern, bei 15. ... Td6 aber erobert er durch 16. Te7 nebst Ta7 bzw. (bei Ta6) Td7 einen der Bauern.

13. g2—g4

Droht mit g4—g5 den Läufer zu verdrängen und dann mit dem Turm über e5 oder e7 einzudringen.

13\. ... h7—h6. Dieser Bauer kann jetzt wegen Tc3† nicht geschlagen werden. Auf 13. ... g6—g5 kann Weiß den Angriff mit Tf1 nebst f2—f4 fortsetzen und dann nach fg den Turm nach f5 spielen.

14\. h2—h4! Fortsetzung derselben Drohung. Weiß bietet mehrere Bauern zum Opfer an.

14\. ... Lf6×h4

15\. Te1—e5 Tc8—d8
Schlägt Schwarz statt dessen den f-Bauern, so gewinnt Weiß mit 16. Td5: Ta8 17. Lh6: beide Bauern zurück und hat einen starken Freibauern.

16\. Ld2×h6 Kg8—h7
Auf 16. ... Lf2: stehen dem Weißen zwei vorteilhafte Spielweisen zur Verfügung: I. Te7 nebst Ta7 bzw. Td7. II. Lg5 Td7 Te8† nebst Ta8. Hier kam auch 16. ... Lf6 in Betracht. Darauf folgt 17. Lg5! Lg5: 18. Tg5: Kf8 19. Te5 Td6 20. g5 Td7 21. f4 Td6 22. f5 gf 23. Tf5: Ke7 24. Ke3 Td7 (oder Te6† Kf3) 25. Kf4 Td6 26. Ke5 (droht Tf7†) 26. ... Td8 27. Tf6 nebst Ta6 und Weiß gewinnt zunächst den Bauern a5. — Nach dem Königszug muß sich Weiß vor zwei Fehlzügen in acht nehmen. I. 17. Lg5? Lg5: 18. Tg5: f6 und der Turm ist verloren! Das muß man eben *vorher* sehen! II. 17. Le3? Lf6 und Schwarz gewinnt die Qualität. — Mißtrauen ist eine der notwendigsten Charaktereigenschaften des Schachspielers.

17\. Lh6—d2 Lh4—f6
Nicht 17. ... Lf2: wegen 18. Te7 nebst Ta7.

18\. Te5—e1. Nun endlich dringt der weiße Turm auf der e- oder c-Linie in die schwarze Stellung ein, denn es droht nicht nur Tc1, sondern auch g4—g5 nebst Te7, und auf 18. ... Tc8 folgt 19. g5 Ld8 20. Te5 mit Gewinn des Bauern d5. Allein Schwarz verteidigt sich sehr umsichtig, er schickt sich an, mit Turm und Läufer den d- und a-Bauern zu decken, so daß Weiß trotz allen bereits errungenen kleinen

Vorteilen doch scheinbar nichts Wesentliches erreichen kann.

18. ... Td8—d7
19. Te1—c1 Kh7—g7
20. Ld2—f4. Der Läufer droht nach c7 zu gehen.
20. ... Lf6—d8.
21. Tc1—c6! Ein neuer Plan: der Läufer muß nach b6 gebracht werden.
21. ... f7—f6
22. Lf4—d6 Kg7—f7
23. Ld6—c5 g6—g5
24. Kd3—d2! Nicht sofort 24. Lb6, denn darauf tauscht Schwarz die Läufer und spielt Td7—c7—c3†.
24. ... Ld8—c7
25. Lc5—b6 Lc7×b6
26. Tc6×b6 Td7—c7. Im Turmendspiel bildet die einzige Chance für den schlechter Stehenden rücksichtsloser Gegenangriff. Bei defensivem Verhalten ist man meist sicher verloren.
27. Tb6—d6!
    Nicht Tb5, was ebensogut aussieht, denn darauf deckt Schwarz mit Ke6 den d-Bauern und erobert nach Ta5: durch Tc3 den Bauern b3. Jetzt aber gewinnt Weiß einen Bauern.
27. ... Tc7—c3
28. Td6×d5 Tc3×b3
29. Td5×a5. Nun beginnt eine neue Phase des Endspiels. Mit dem Gewinn des Bauern ist die Partie praktisch noch keineswegs entschieden. *Im Turmendspiel hat die schwächere Partei meist bis zum Schluß Remischancen.* — In der jetzt erreichten Stellung besteht für Schwarz eine ganz bestimmte, sehr wichtige Drohung: Weiß droht durch Ta6 den König, die wichtigste Figur im Endspiel, ganz abzuschneiden, geradeso wie jetzt der weiße König abgeschnitten ist.
29. ... Kf7—e6! Jetzt würde auf 30. Ta6† der König nicht auf die vorletzte Reihe zurück, sondern ohne

Rücksicht auf Bauernverlust zum Angriff vorgehen, nach d5 und c4, wie dies auch später geschieht. — 30. d4—d5† wäre erst recht schwach wegen 30. ... Ke5.

30. Ta5—f5. (30. Tb5 Tf3 31. Tb4: Tf2† 32. Kc3 f5 vereinfacht das Spiel zu sehr und gibt kein besseres Resultat. Schwarz hat immer Remischancen.)

30. ... Tb3—a3. Nach der Regel „die Türme gehören hinter die Freibauern". Könnte Weiß seinen Turm nach a1 oder a2 bringen, so wäre der Sieg bedeutend erleichtert.

31. a4—a5 Ke6—e7

32. Kd2—c2. Es geht nicht recht weiter, weil der weiße König nicht wirksam eingreifen kann. Möglich wäre 32. d5 Kf7 (nicht Ta5: wegen Turmverlust durch d6†) 33. d6 Ke6 34. Td5, aber das ist nur ein Blender; auf 34. ... Kd5: geht freilich der d-Bauer zur Dame, aber nach 34. ... Kd7 hat Weiß nichts erreicht.

32. ... Ke7—e6

33. Tf5—b5. Um zu 33. ... Ta2†? 34. Kb3 Tf2: einzuladen. Dann bringt Weiß nämlich mit 35. a6 nebst Ta5! seinen Turm *hinter* den Freibauern und gewinnt.

33. ... Ke6—d6

34. Kc2—b2 Kd6—e6

35. Tb5—b6†. Der Tausch des b- und a-Bauern führt nur zum Remis: Tb4: Ta5: Kc3 f5 und das Spiel ist nur sehr vereinfacht. Weiß spielt jetzt darauf, sich zwei verbundene Freibauern auf dem Königsflügel zu verschaffen, ein Plan, der noch die meisten Gewinnchancen bietet. Dabei wird aber der schwarze Freibauer sehr stark.

35. ... Ke6—d5! Rücksichtsloser Offensivgeist! Bei 34. ... Ke7 35. a6 Kf7 36. d5 Ke7 37. Te6† Kf7 38. Tc6 Ke7 39. Tb6 Kf7 40. Tb7† nebst a6—a7 ist Schwarz verloren.

36. Tb6×f6 Kd5—c4! Auf Kd4: Tf5 erhält Weiß die verbundenen Freibauern eher.
37. Tf6—f5. (37. a6 ist nicht besser.)
37. ... Ta3—b3†. Indem Schwarz den König distanziert, wird sein Freibauer eine Macht.
38. Kb2—c2 Tb3—c3†
39. Kc2—d2 Tc3—d3†
40. Kd2—e2 Td3×d4

40. ... b3 wäre fehlerhaft wegen 41. Tc5† Kd4: 42. Td5† mit Turmtausch.

41. a5—a6!

Auf 41. Tg5: folgt 41. ... b3 42. Tg8 b2 43. Tb8 Kc3 44. a6 Tg4: 45. a7 Ta4 und nun ist es am Weißen, durch 46. Tc8† Kd4! 47. Tb8 Kc3 48. Tc8† remis zu halten.

41. ... Td4—d8. Schlecht wäre 41. ... Tg4: wegen 42. a7 Te4† 43. Kd2 Te8 44. Tg5: b3 45. Tg7 Ta8 (Kb4? Tb7† nebst Tb8) 46. Tb7 nebst Vorgehen des f-Bauern. Dagegen war auch 41. ... b4—b3 statthaft.
42. Tf5×g5 b4—b3
43. Tg5—g7. Viel besser als Tg6, wie sich bald zeigt.
43. ... b3—b2
44. Tg7—b7 Kc4—c3
45. f2—f4 Td8—a8

Führt Schwarz statt dessen mit dem König den Bauern zur Dame, so gewinnt Weiß leicht, weil der a-Bauer den schwarzen Turm an die letzte Reihe fesselt: 45. ... Kc2 46. f5 b1D 47. Tb1: Kb1: 48. f6 Ta8 49. f7 usw.

46. f4—f5 Ta8×a6. Stände der weiße Turm auf b6 statt auf b7, so müßte er jetzt ein Tempo verlieren, was von entscheidender Bedeutung wäre.
47. Ke2—e3 Ta6—a4

Droht durch Turmopposition auf b4 zu gewinnen. Aber der Turmzug verliert ein wesentliches Tempo, und das kostet die Partie, die mit 47. ... Ta1 remis zu halten war: 47. ... Ta1 48. Tb2: Kb2: 49. f6 Tf1 (die Türme *hinter* die Bauern, und zwar hinter den vordersten!) 50. g5 Kc3 51. Ke4 Kc4 52. Ke5 Kc5 53. g6 Te1† 54. Kf5 Kd5! (Kd6? verliert durch g7 Tf1† Ke4!) 55. g7 Tf1† 56. Kg6 Tg1† 57. Kf7 Ke5. Oder 53. Ke6 Te1† 54. Kf7 Kd6 55. g6 Tg1 56. g7 Ke5.

48. Tb7×b2 Kc3×b2

49. f5—f6!
Der Gewinnzug! Bei 49. ... Tg4: 50. f7 ist der Bauer nicht mehr aufzuhalten.

49. ... Ta4—a1
Man sieht, daß Schwarz zwei Turmzüge gemacht hat, wo er mit einem hätte auskommen können, und dieses Tempo entscheidet.

50. g4—g5 Ta1—f1

51. Ke3—d4 Kb2—b3
51. ... Tf5 wäre nutzlos wegen 52. Ke4!, worauf der g-Bauer wieder nicht geschlagen werden dürfte.

52. Kd4—e5. Auch Kd5 konnte geschehen.

52. ... Kb3—c4

53. g5—g6 Tf1—e1†

54. Ke5—d6 Te1—g1. Mit 54. ... Td1† 55. Ke6 Te1† 56. Kf7 ist das Spiel sofort aus.

55. g6—g7 Kc4—d4

56. Kd6—c6! Nicht 56. f7 Tg6†! 57. Ke7 Tg7: und der Bauer ist gefesselt. Auch nicht 56. Ke7 wegen 56. ... Ke5. Der König sucht eine Reihe auf, auf der nach f7 Tg7: keine Fesselung möglich ist.

56. ... Kd4—c4. Oder 56. ... Tg6 57. Kb5.

57. Kc6—d7 Kc4—d5

58. Kd7—e8 Kd5—e6

59. f6—f7 Tg1—a1. Wenn Weiß jetzt eine Dame macht, so folgt natürlich Ta8‡. Aber Weiß distanziert erst den feindlichen König und beseitigt so die Gefahr.

60. f7—f8S†! nebst g7—g8D und gewinnt.

*

Das folgende Endspiel zeigt so recht, wie schwer es ist, im Turmendspiel das Übergewicht eines Bauern zum Siege auszunützen. Weiß hat außer dem materiellen Vorteil noch die weit überlegene Stellung, und doch hängt der Sieg noch zum Schluß an einem Haar.

Nr. 95

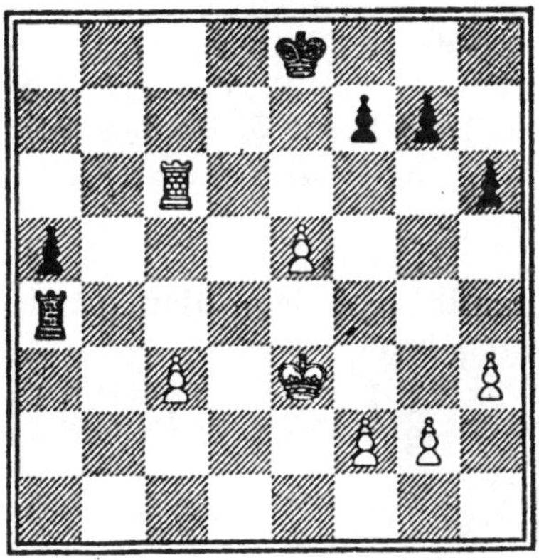

Es geschah:

1. Tc6—c7. Droht durch e5—e6 die schwarzen Bauern zu zersplittern.
1. ... Ta4—a1
   Hierauf wäre 2. e6 natürlich fehlerhaft wegen 2. ... Te1†.
2. Ke3—f4 Ke8—f8
3. g2—g3. Natürlich sollen alle weißen Bauern vorgehen.
3. ... Ta1—e1
   Droht g5† Kf5 Kg7, was vorher wegen e5—e6 schlecht gewesen wäre.
4. Kf4—f5! Darauf wäre der Aufzug des g-Bauern wegen Kf6 sofort verderblich.
4. ... a5—a4
5. h3—h4 Te1—f1
   Auf 5. ... a3 folgt 6. Ta7 Ta1 7. e6 fe† 8. Ke6: (droht Ta8‡) 8. ... Kg8 9. Kd5 a2 10. Kc4 und

Weiß gewinnt, da der Turm nirgendshin mit Angriff ziehen kann und der Bauer a2 durch Kb3 verlorengeht.

6. f2—f4 Tf1—f3
7. c3—c4! Schlägt Schwarz den g-Bauern, so kommt der weiße König über e4 an den c-Bauern heran und führt ihn zur Dame.
7. ... Tf3—e3
8. g3—g4 a4—a3 9. Tc7—a7 Kf8—g8

Auf 9. ... Tc3 deckt Weiß den Freibauern nach 10. e6 fe† 11. Ke6: (droht Matt) durch Kd5.

10. g4—g5 h6×g5
11. h4×g5 Te3—c3
12. g5—g6. Damit wird der e-Bauer frei, der nun die Entscheidung bringt.
12. ... f7×g6†
13. Kf5×g6 Tc3—g3†
14. Kg6—f5 Tg3—c3
15. Ta7—a8† Kg8—f7! Natürlich läßt sich der schwarze König nicht von dem Freibauern abdrängen. Auf 16. e6† folgt nun 16. ... Ke7 17. Ta7† Kf8 18. Tf7† Kg8 19. Ta7 Kf8 und Weiß kommt nicht weiter.
16. Ta8—a7† Kf7—g8

Natürlich scheitert auch 17. e6 an 17. ... Kf8.

17. Kf5—e6!

Der entscheidende Zug. Weiß opfert den Bauern c4, um den König abzudrängen und den Bauern e5 zur Geltung zu bringen.

17. ... Tc3×c4
18. Ta7—a8† Kg8—h7
19. f4—f5 Tc4—c3. Schachbieten wäre zwecklos, weil es nur den König günstiger postiert: Tc6† Kd7 Tc5 Kd6.
20. Ke6—d7 Tc3—d3†
21. Kd7—e7 Td3—d5
22. e5—e6! Td5×f5
23. Ke7—d6 Tf5—f6! Oder 23. ... Tf1 24. e7 Td1†

25. Kc5 Te1 26. e8D Te8: 27. Te8: und der weiße König kommt nach g1 und hält so den g-Bauern auf.

24. Kd6—d7!

Nicht 24. Ke5 wegen 24. . . . Tf3 25. e7 Te3† 26. Kd6 a2! 27. Ta2: Td3† 28. Kc7 Te3 29. Kd7 Td3† 30. Ke8 g7—g5.

24. . . . Kh7—g6

25. e6—e7 Tf6—f7

26. Kd7—d6 Tf7×e7

27. Kd6×e7 Kg6—f5

Eine neue, schwierige Endspielphase! Weiß gewinnt nur durch Erlangung der Flankenopposition.

28. Ke7—d6 g7—g5

29. Kd6—d5 Kf5—f4

Schlechter wäre g5—g4 wegen Tf8† Kg5 Ke4.

30. Kd5—d4 g5—g4

31. Ta8—f8† Kf4—g3

32. Kd4—e3 a3—a2

33. Tf8—a8 Kg3—h3

34. Ta8×a2 g4—g3

35. Ke3—f3 und Weiß gewinnt.

Im 28. Zuge konnte Schwarz auch 28. . . . Ke4 versuchen. Dann wäre gefolgt: 29. Ta8—a4†! (Um entweder den a-Bauern mit Schach zu schlagen oder den König zurückzudrängen.) 29. . . . Kf5 30. Kd5 g5 31. Ta3: Kf4 32. Kd4 g4 33. Ta8! Kf3 34. Kd3 g3. *Dies ist die für solche Endspiele kritische Stellung, in der der Anzug entscheidet bzw. zum Remis führt* (s. das Bild Nr. 96).

Nr. 96

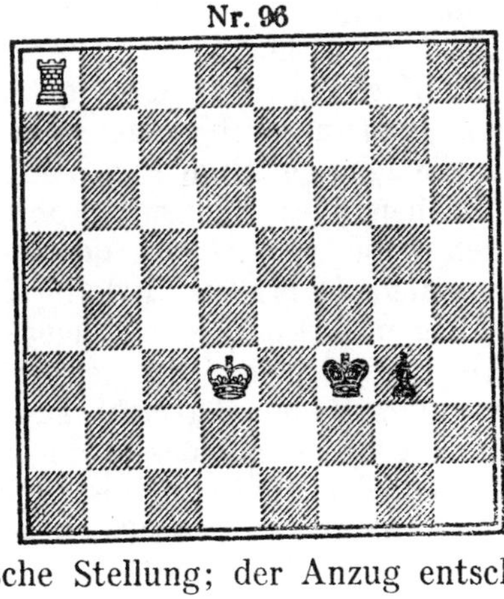

Kritische Stellung; der Anzug entscheidet.

35. Tf8† Kg2 36. Ke2 Kh2 37. Tg8 g2 (oder Kg2 Tg7 Kh2 Kf3 und gewinnt) 38. Kf2 Kh1 (um sich mit Tg2:? pattsetzen zu lassen) 39. Th8‡. — Schwarz am Zuge in der Bildstellung erzwingt das Remis durch g3—g2 Tg8 Kf2.

*

Nr. 97

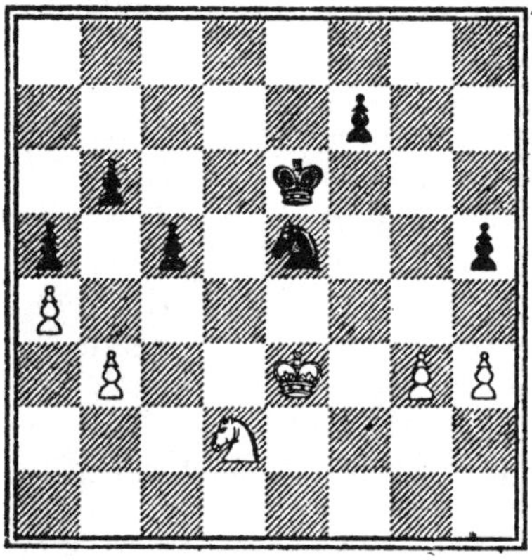

Springerendspiele, also solche Endspiele, in denen außer den Königen nur noch Springer und Bauern auf dem Brett sind, pflegen meist sehr dramatisch, ja geradezu aufregend zu verlaufen, viel mehr, als dies bei Turm- oder Läuferendspielen der Fall ist. Bei den letzteren kann man nämlich einen feindlichen Freibauern durch die langschrittige Figur mit Leichtigkeit unschädlich machen oder wenigstens observieren oder im schlimmsten Falle durch Opfer der Figur das Entstehen einer neuen Dame verhindern. Der Springer mit seinem kleinen Aktionsradius dagegen kann sich eines feindlichen Freibauern viel schwerer erwehren. Zunächst braucht er schon viel mehr Züge, um an ihn heranzukommen. Und ist ihm das gelungen, so braucht ihm nur der feindliche König auf den Leib zu rücken, um ihn in die größte Verlegenheit zu bringen. Denn dann kann er nicht durch seine Aufopferung das

Schlimmste verhüten, sondern es droht gleich das Auftreten einer neuen Dame. Diese Verhältnisse werden durch das folgende Endspiel trefflich illustriert. Zugleich kann man daraus lernen, wie man sich die Beherrschung vieler Endspiele dadurch ganz bedeutend erleichtern kann, daß man die Züge nicht berechnet, sondern einfach abzählt. Auf diese Weise kann man viel bequemer feststellen, wer zuerst eine Dame bekommt. Nur muß man dabei auch berücksichtigen, wer beim Beginn der Kombination am Zuge ist, sowie ob nicht, nachdem beide Teile eine Dame erlangt haben, für den später Kommenden eine Katastrophe (durch Damenverlust, Damentausch oder dergleichen) möglich ist.

Es geschah: 1. ... Ke6—d5. Damit gibt Schwarz dem Gegner freie Hand auf dem Königsflügel, um selbst auf dem Damenflügel seinen Mehrbauern zur Geltung zu bringen. 2. Ke3—f4 c5—c4. Dieser Bauer muß natürlich geschlagen werden, sonst entscheidet sein Vorgehen sofort. 3. b3×c4† Se5×c4. Die Folgen des hiermit angebotenen Springertausches müssen von beiden Spielern haarscharf berechnet bzw. abgezählt werden. Nach Sc4: Kc4: könnte Weiß den h-Bauern erobern und danach seinen h-Bauern zur Dame führen. Das wäre jedoch sehr fehlerhaft gespielt; er würde nämlich dazu drei Königszüge und fünf Bauernzüge, also zusammen acht Züge brauchen. Mit erheblich geringerem Zeitaufwand, nämlich schon in sechs Zügen, könnte er diesen Plan viel geschickter ausführen, indem er erst h3—h4 und dann g3—g4 zöge (nicht umgekehrt, denn auf g3—g4 vereitelt Schwarz durch h5—h4 das Entstehen eines Freibauern). Wieviel Züge sind hierzu nötig? h3—h4 ist der erste Zug, g3—g4 ist der zweite, g4×h5 der dritte, und dann folgen noch drei Bauernzüge. Im ganzen kostet dieses Manöver nach dem Springertausch also sechs Züge. (Wenn Schwarz fehlerhaft antwortet, nämlich nach h3—h4 und g3—g4 durch h5×g4? einen Zug verliert, sogar nur fünf Züge; es sind zwar eigentlich ebenfalls sechs Züge, nämlich h3—h4, g3—g4, h4—h5—h6—h7—h8, allein der eine, g3—g4, ist durch den Fehlzug h5×g4, der das Vorgehen eines schwarzen Freibauern nicht fördert, völlig kompensiert, und ich rechne immer bei derartigen Endspielkombinationen die Züge, die der Gegner gezwungen [z. B. durch ein Schachgebot] oder freiwillig verliert, von dem Tempokonto des andern ab.) Was macht nun Schwarz in diesen sechs Zügen? Er muß natürlich danach trachten, sich ebenfalls möglichst schnell einen Freibauern zu verschaffen. Mit Kc4—b4×a4 würde er aber denselben Fehler begehen, den ich soeben bei dem Weißen gerügt habe. Er würde dann nämlich sieben Züge brauchen, bis er eine Dame bekäme, nämlich zwei Königszüge und fünf Züge mit dem b-Bauern oder drei Königszüge und vier Züge mit dem a-Bauern. Genau analog dem oben skizzierten Vorgehen des Weißen würde er Zeit sparen, wenn er, anstatt den König zu ziehen, sofort mit dem b-Bauern vorginge. Denn dann brauchte er nur fünf Züge, nämlich b6—b5—b4?—b3 usw. oder besser b6—b5×a4!—a3 usw., oder, falls Weiß auf b6—b5 schlägt, trotz dem Wiederschlagen mit dem König und den vier a-Bauernzügen doch auch nur fünf Züge, da der Königszug durch die Zeitverschwendung, die sich Weiß mit a4×b5 zu Schulden kommen läßt, kompensiert wird. Somit braucht also Weiß nach dem Springertausch sechs Züge, um eine neue Dame zu erlangen, während Schwarz nur fünf nötig hat. Allein Weiß hat ja bei dieser Kombination den Anzug, kann also, nachdem Schwarz im fünften Zuge eine Dame gemacht hat, sofort seinerseits zur Dame gehen. Aber diese auf h8 wird von der schwarzen auf a1 stehenden sogleich geschlagen. (Aus diesem Grunde mußte sich Schwarz die Dame auf a1 und nicht auf b1 machen.) Aus diesen ziemlich komplizierten Erwägungen, die jedoch durch die Abzählungsmethode bedeutend erleichtert werden, geht hervor, daß sich Weiß auf den Springertausch nicht einlassen darf. 4. Sd2—b1. Andere Springerzüge sind nicht besser. 4. ... Sc4—b2. Der Springer kann ganz gut auf Beute ausgehen, obwohl er sich dabei so weit von dem weißen h-Bauern entfernt, denn er kann immer rechtzeitig nach f8 gelangen, wo er den Freibauern aufhält. Er braucht zu diesem Eilmarsch nämlich nur drei Züge, den ersten Zug nach a4, den zweiten nach c5, den dritten nach e6, den er wegen des dabei erfolgenden Schachs gratis hat, und demnach wieder den dritten nach f8, während Weiß vier Züge braucht (h4, g4, gh und h6), bis er den Bauern bis h6 vorbringt. 5. Sb1—c3† Kd5—c4 6. h3—h4. Weiß entschließt sich, den Springer aufzugeben, was noch seine beste Chance ist, wie man später sehen wird. Zieht er den Springer, so schlägt Schwarz den a-Bauern, hält den h-Bauern auf und gewinnt leicht mit seinen verbundenen Freibauern. 6. ... Sb2—d3†. Schwarz konnte auch mit Zugumstellung den Springer sofort schlagen und erst dann das Springerschach geben; dagegen hätte er sich durch das Schlagen des a-Bauern nach Beseitigung des Springers den Gewinn erschwert. 7. Kf4—f5 Kc4×c3 8. g3—g4. Man sieht, daß die ganze Gegenchance des Weißen auf der Möglichkeit dieses Durchbruchs beruht, der in jedem Falle einen Freibauern ergibt. Diese Möglichkeit wäre nicht vorhanden gewesen, wenn der h-Bauer auf h7 oder h6 gestanden hätte. Daraus läßt sich schließen, daß der Aufzug des schwarzen h-Bauern nach h5 fehlerhaft war, wenn er nicht mit irgendeinem kompensierenden Vorteil verbunden war. Die Bauern auf der Seite, auf der man sich defensiv verhalten will, soll man im allgemeinen nicht ziehen, da man dadurch dem Gegner im wahrsten Sinne des Wortes entgegenkommt. 8. ... h5×g4. Wohl kann sich Weiß darauf eine Dame machen, allein dann wird auch der g-Bauer eine Dame und Schwarz gewinnt leicht durch das Übergewicht des Springers und der Bauern. 9. Kf5×g4 Sd3—e5† 10. Kg4—f5 Se5—g6 11. h4—h5 Kc3—b4 12. Kf5—f6! Sg6—h8!. Mit diesem

Zuge von pikanter Häßlichkeit gewinnt Schwarz, während er mit dem näherliegenden Sf8 den Gewinn aus der Hand geben würde. Denn nach Sf8 Kf7: könnte er den Springer auf f8 nicht opfern, ohne die Partie sogar noch zu verlieren. Weiß braucht dann nämlich bis zur Dame vier Züge (den Königszug nach f8 und die drei Bauernzüge), während Schwarz fünf Züge nötig hat (nämlich b6—b5 ×a4 usw. oder 1. b6—b5 ab 1. Kb5: [Gratiszug wegen des vorherigen Tempoverlustes des Gegners] nebst den vier Bauernzügen). Zwar ist Schwarz beim Beginn dieser Kombination am Zuge und könnte demnach, nachdem Weiß im vierten Zuge zur Dame gegangen ist, sich sofort danach ebenfalls eine Dame machen, aber diese würde von der feindlichen gleich geschlagen. Somit wäre das Springeropfer auf f8 verfehlt und Schwarz hätte nur die Wahl, den Springer auf Kf7: nach h7 zu ziehen und ihn weiteren Angriffen unter Remisschluß zu entziehen (Kg7 Sg5 Kg6 Se6 Kf6 Sf8 usw.), oder ihn auf h7 zu opfern, wobei Weiß einen Königszug mehr machen muß. Weiß hat dann (nach Kf7: Sh7 Kg7) fünf Züge bis zur Dame (Kh7:, Kg8! und die drei Bauernzüge), Schwarz, wie oben auseinandergesetzt, ebensoviel (wenn er mit b6—b5 beginnt), oder sechs, wenn er den a-Bauern schlägt und den b-Bauern zur Dame führt. Die letztere, zeitverschwendende Spielweise kann er sich leisten, da er bei dieser ganzen Kombination den Anzug hat und demnach, nachdem Weiß im fünften Zuge zur Dame gegangen ist, sofort ebenfalls eine Dame macht, aber remis ist das Spiel in beiden Fällen. 13. Kf6—g7 f7—f5. Schwarz geht nun in fünf Zügen zur Dame, Weiß zwar ebenfalls, aber Schwarz zieht an und kann sofort die Damen tauschen. Eine andere Gewinnmöglichkeit war, mit b6—b5 ab Kb5: ebenfalls in fünf Zügen zur Dame zu gehen, die Damen zu tauschen und mittels des übrigbleibenden f-Bauern zu gewinnen. 14. Kg7×h8 f5—f4 15. h5—h6 f4—f3 16. h6—h7 f3—f2 17. Kh8—g8 f2—f1D 18. h7—h8D Df1—c4† und Schwarz erzwingt den Damentausch, auf Kh7 durch Frontalschach, auf Kg7 durch Diagonalschach und auf Kf8 durch Flankenschach.

*

Nr. 98

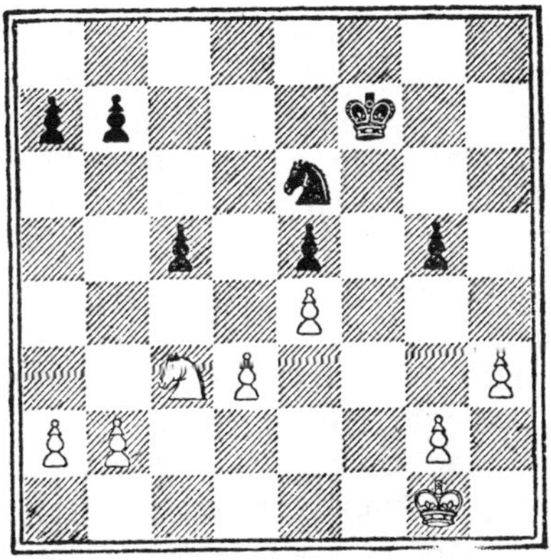

In diesem Endspiel hat Weiß einen Mehrbauern auf dem Königsflügel. Aber es wäre verfrüht, diesen gleich mit g2—g3 und h3—h4 zur Geltung zu bringen. Dieses muß vielmehr, da es ja immer noch geschehen kann, der letzte und nicht der erste Versuch sein, das Spiel zu gewinnen. Es geschah deshalb:

1. Sc3—d5. Sf4 mußte verhindert werden.
1. ... b7—b5. Schwarz will möglichst viel Bauern abtauschen, um die Chance zu haben, den Springer opfern zu können.
2. Kg1—f2 Se6—d4
3. Sd5—e3 Kf7—e6
4. Kf2 — e1. Um den Springer auf c2 zu opponieren. Das reine Bauernendspiel ist natürlich viel leichter zu gewinnen.
4. ... a7—a5
5. Ke1—d2 a5—a4
6. Se3—c2 Sd4—c6
7. Sc2—e1 Sc6—d4

Hierauf darf Weiß nicht 8. Sf3 spielen, denn Schwarz würde durch den Tausch Remis erzielen, da sein König den weißen verhindert, über g4 einzudringen oder den h-Bauern nach h4 vorzubringen: 8. Sf3? Sf3:! 9. gf Kf6 10. Ke3 Kg6 11. Kf2 Kh6! 12. Kg3 Kh5 13. a3 b4! und Weiß kommt nicht weiter.

8. Kd2—e3 Ke6—f6
9. Se1—f3 Sd4—e6
10. g2—g3. Um Sf4 zu verhindern.
10. ... Se6—f8
11. Sf3—g1. Der Springer, der auf f3 vorzüglich steht, da er zwei schwache Bauern angreift und so den feindlichen König fesselt, will nach c3.
11. ... Sf8—d7
12. Sg1—e2 b5—b4. Verhindert Sc3, läßt aber eine Lücke auf c4, die der Springer sofort aufsucht.
13. Se2—g1 Sd7—b6
14. Sg1—f3.

Die — scheinbar zwecklosen — Hin- und Herzüge mit dem Springer haben das Endspiel entschieden. Denn geht der Springer jetzt nach d7, so folgt Sf3—d2—c4, worauf der schwarze Springer nicht mehr ziehen darf, da sonst Sb6 noch einen Bauern erobert. Zieht Schwarz dann aber den König, so sind die beiden Springer so gut wie ausgeschaltet, und Weiß bringt nunmehr endlich seinen Mehrbauern zur Geltung, indem er Kf3 Kh5! (der König stand inzwischen auf g6) g4† Kh6 oder g6 (nicht nach h4 wegen des nach Kg2 und Sc4—d2—f3 drohenden Matts) Kg3 nebst h3—h4 zieht und darauf das Vordringen des Königs durch Sc4—d2—f3 erzwingt.

14. ... c5—c4. Ein letzter Versuch. Weiß darf natürlich nicht schlagen, weil er durch 15. ... Sc4† den Bauern b2 verliert.
15. d3—d4! Schlägt hierauf der Bauer, so nimmt der König wieder und entscheidet durch sein Vordringen das Spiel (15. ... ed†? 16. Kd4: nebst Sd2 usw.).
15. ... c4—c3
16. d4×e5† Kf6—g6
17. b2×c3 b4—b3
18. a2×b3 a4×b3. Geht der Bauer statt dessen vor, so kann ihn der Springer gerade noch von c2 aus aufhalten.

19. Sf3—d2 b3—b2. Nun droht Schwarz durch Sc4† noch zu gewinnen! Im Siege muß man sehr vorsichtig spielen!
20. Ke3—d3 Kg6—f7
21. Kd3—c2 Kf7—e6
22. Kc2×b2 Ke6×e5
23. Kb2—c2. Noch immer muß Weiß sehr vorsichtig spielen. Auf 23. c4 würde Schwarz mit 23. . . . Sc4† nebst Ke4: und Angriff gegen die letzten Bauern noch einige, wenn auch schwache Remischancen erlangen.
23. . . . Sb6—d7
24. Kc2—d3 Sd7—c5†
25. Kd3—e3 Sc5—e6
26. Sd2—f3† Ke5—f6
27. e4—e5† Kf6—g6. Auf 27. . . . Kf5 werden mit 28. Sd4† Ke5: 29. Se6: die Springer getauscht.
28. Ke3—e4 und Weiß gewinnt nun leicht, indem der König die Freibauern vorbringt.

DAS MITTELSPIEL

Die typischen Kombinationen und Angriffe des Mittelspiels

Ausnützung von Fehlern

Während in der Eröffnung der Partie die weitausschauende Strategie dominiert, die sich auf das Allgemeine richtet, ist das Mittelspiel, das sich ohne scharfe Grenze an die Eröffnung anschließt, mehr die Zeit der taktischen Wendungen und Angriffe, der mehr oder weniger versteckten Kombinationen, der Ausnützung von Fehlern. Das Mittelspiel ist das eigentliche Schachspiel, der schönste Teil der Schachpartie, in dem sich eine üppige Phantasie am wirkungsvollsten schöpferisch betätigen und prachtvolle Kombinationen hervorzaubern kann. Diese ergeben sich aber in einer gut angelegten Partie eigentlich ganz von selbst, sie lassen sich vielfach auf gewisse einfache Typen zurückführen, und man kann die Phantasie darauf trainieren, man kann es *lernen*, zu kombinieren, indem man die immer und immer wiederkehrenden Wendungen zum Gegenstand des Studiums macht, wie wir es im folgenden tun wollen. Die Hauptsache für den Lernenden ist: beständig das Gelernte wiederholen, bis es ganz in Fleisch und Blut übergegangen ist. Dann werden ihm die glänzendsten Damenopfer vertraut werden, denn er wird immer in der Erscheinungen Flucht den ruhenden Pol, den vertrauten Typus finden.

Fesselung

Eine der häufigsten und gefährlichsten Angriffsformen ist die Fesselung. Eine Linienfigur (Dame, Turm oder Läufer) greift einen Stein an, der sich dem Angriff nicht durch die Flucht entziehen kann, weil er damit eine hinter ihm in der Angriffslinie befindliche wichtigere Figur, Turm, Dame oder gar König, bloßstellen würde. Die gefesselte Figur muß also stillhalten und ist dann weiteren Angriffen von Figuren und besonders Bauern ausgesetzt. Der Urtypus dieser Kombination ist etwa folgende Stellung:

Nr. 99

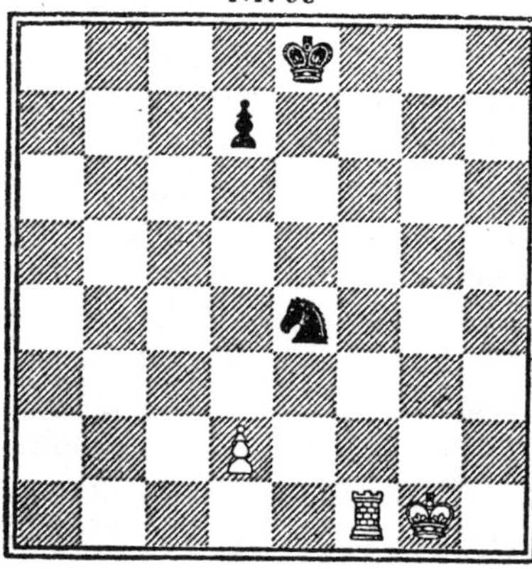

Der schwarze König und der Springer befinden sich auf einer Linie. Dies gestattet den Angriff 1. Tf1—e1, der den Springer zugleich fesselt, denn er darf nicht wegziehen, weil dann der schwarze König in Schach stände. Er muß also gedeckt werden durch 1. ... d7—d5 und wird durch 2. d2—d3 erobert.

Ganz analog ist der Urtypus bei der Fesselung auf einer Diagonale:

Nr. 100

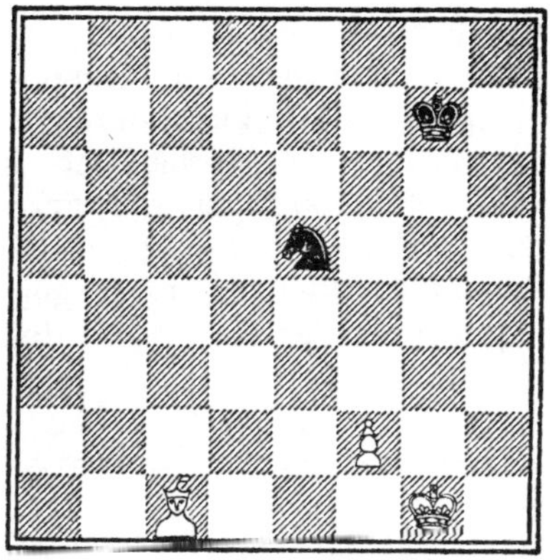

Weiß greift durch 1. Lc1—b2 den Springer an und fesselt ihn zugleich, denn er kann nicht ziehen, weil er damit den König bloßstellen würde. Schwarz hat keinen andern Deckungszug als 1. . . . Kg7—f6. Darauf greift Weiß den gefesselten Springer noch mit 2. f2—f4 an und erobert ihn.

Nr. 101

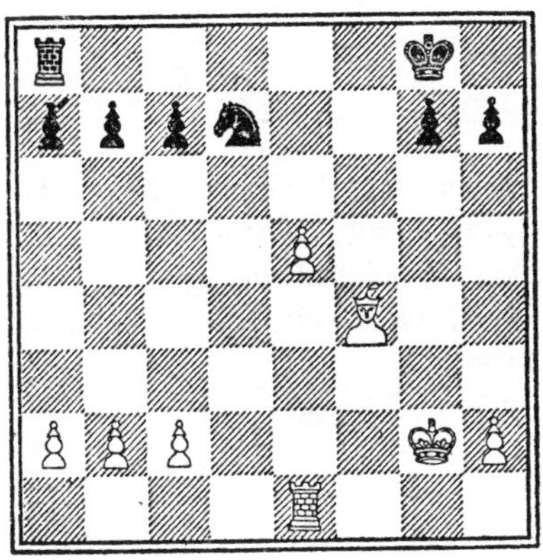

In dieser Stellung geschah 1. . . . Ta8—e8 2. Te1—d1 (natürlich konnte auch der Bauer e5 vorgehen). Jetzt darf der Springer den Bauern nicht schlagen, denn durch 3. Td1—e1! wird er gefesselt und eine Figur geht verloren. Rettung ist in solchen Stellungen nur möglich, wenn der Springer ein Schach geben kann (z. B. auf f3, wenn der weiße König auf g1 stände); oder wenn er ein Schach vorbereiten kann. Stände z. B. in der Fesselstellung der schwarze Turm nicht auf e8, sondern auf e6, so könnte sich der Springer durch den eleganten Rückzug nach g6 retten, denn auf Te1×e6 gewinnt der Springer durch Sg6×f4† Läufer und Turm.

Nr. 102

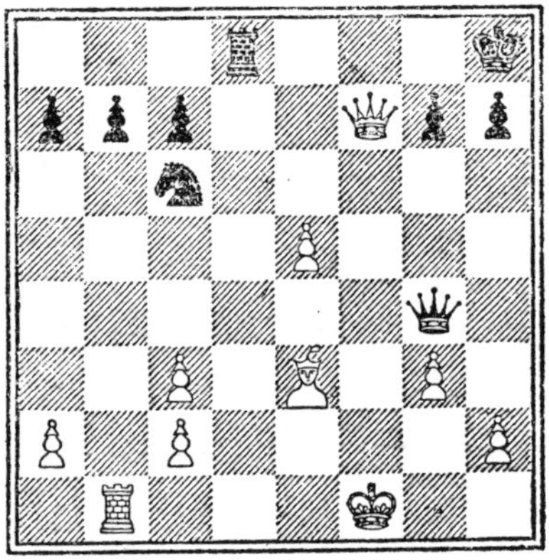

Der Typus eines Fesselangriffs. Nach 1. . . . Sc6×e5 2. Df7×c7 (besser Df4)· Dg4—f3† muß der Läufer nach f2 in die Fesselstellung gehen, wonach er mit 3. . . . Td8—f8 4. Dc7—c5 Se5—g4 weiter angegriffen wird und verloren ist.

In der folgenden Stellung

Nr. 103

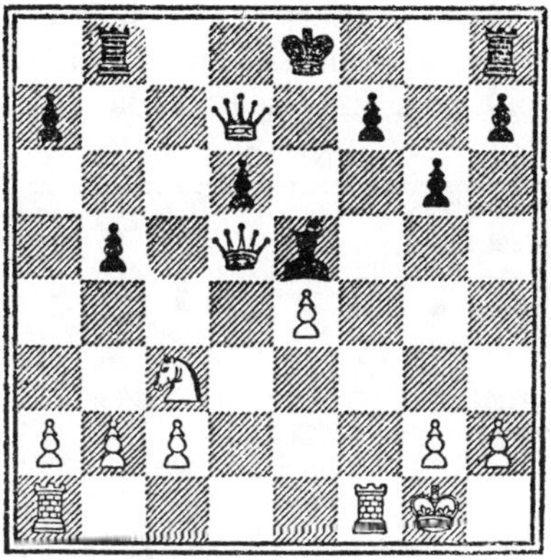

zieht Weiß 1. Ta1—d1. Damit droht gar nichts, denn es ist alles gedeckt. Also könnte Schwarz endlich durch die Rochade seine Entwicklung vollenden? Aber dann verliert er durch 2. Dd5×e5 d6×e5 3. Td1×d7 eine Figur. Der Turm hat den Bauern d6 gefesselt! Also Mißtrauen gegen die vis-à-vis der Dame massierten feindlichen Figuren! Weg mit ihr aus der Linie! Nach b7! — Ganz ähnlich ist das folgende Spiel:

Nr. 104

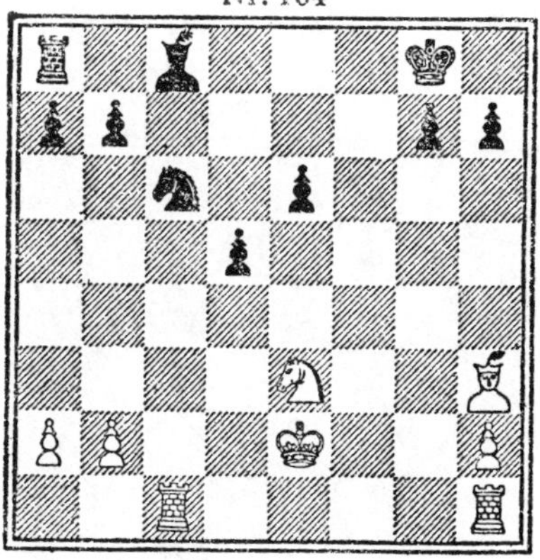

Schwarz am Zuge

Es droht dem Schwarzen gar nichts. Aber wenn er,

von dem begreiflichen Drange nach Entwicklung geleitet, den Läufer zieht, so verliert er durch 2. Se3×d5 e6×d5 3. Lh3×d7 einen Bauern. Indem er den Läufer auf das ungedeckte Feld zog, hat er den Bauern e6 selbst gefesselt.

Nr. 105

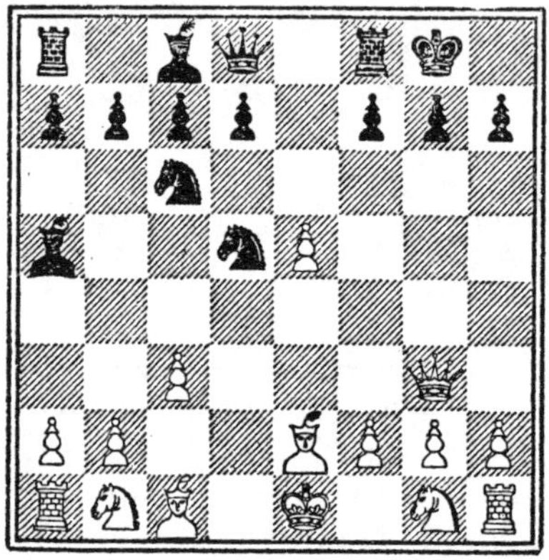

Eine sehr häufig vorkommende Fesselstellung: Weiß zieht 1. Lc1—h6 und droht damit Matt auf g7; Schwarz muß dies durch Aufzug des Bauern g7—g6 decken, denn er kann den Läufer mit dem Bauern nicht schlagen, ohne den König bloßzustellen, und verliert durch Lh6×f8 die Qualität.

Nr. 106

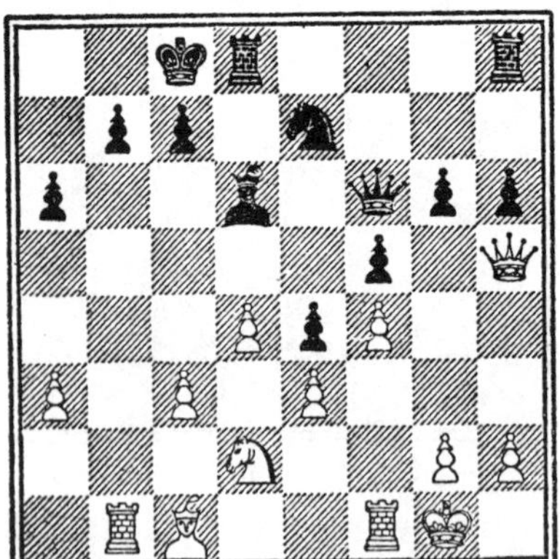

Weiß zieht seine angegriffene Dame nach h3, wo sie auf den schwarzen König hinzielt. Sie fesselt dadurch den Bauern f5, so daß der Springer d2 den Bauern e4 zu schlagen droht. Eine solche versteckte Drohung darf man nicht übersehen! Nach jedem Zug des Gegners muß man sich vor allem fragen: „Was droht?“ Schwarz pariert am einfachsten durch Entfernung des Königs aus der Angriffsdiagonale der Dame.

Nr. 107

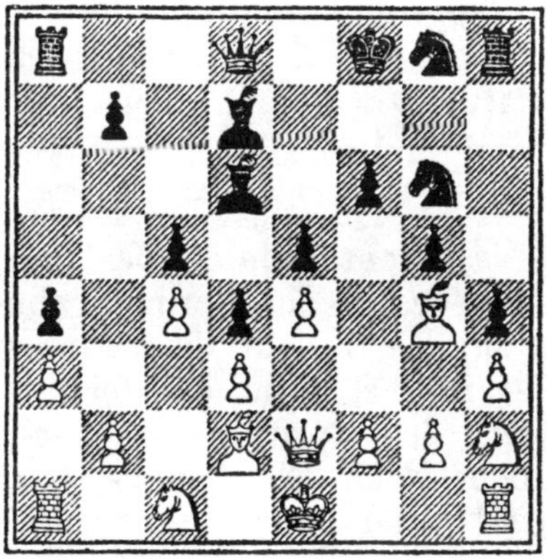

In dieser Stellung hat Schwarz den Gegner schon sehr eingeengt. Weiß zieht 1. De2—f3. Die Dame auf derselben Linie wie der feindliche König — dann droht diesem immer Gefahr, und wenn noch so viel Steine zwischen beiden stehen! Hier ist es nur ein einziger, der Bauer f6, und der ist dadurch gefesselt, so daß der Bauer g5 seine Deckung eingebüßt hat und vom Läufer d2 geschlagen werden kann. Die einfachste Parade ist 1. . . . Kf8—g7. — Dergleichen Stellungen muß sich der Anfänger genau einprägen. Auch geübtere Spieler übersehen gelegentlich eine solche Drohung.

Ganz ähnlich ist die folgende Stellung:

Nr. 108

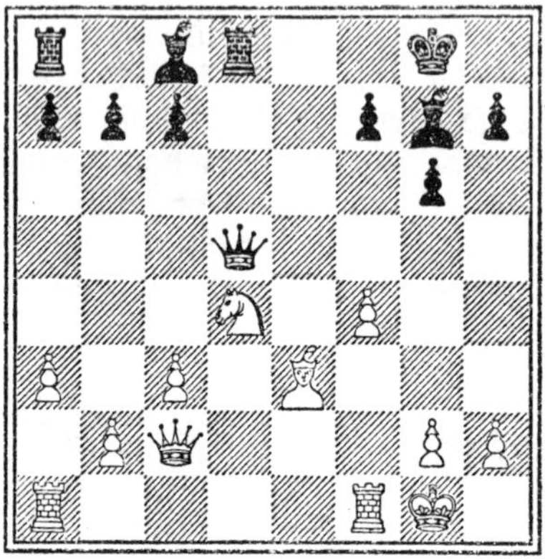

Es geschah: 1. ... Dd5—c4. Die Dame vis-à-vis der feindlichen — das droht Gefahr! Der Bauer c3 ist gefesselt und infolgedessen der Springer ohne genügende Deckung. Parade: Weiß zieht die Dame weg; aber ja nicht nach d2, in die Linie des feindlichen Turmes (c7—c5 gewänne den Springer, da auch De2 nichts hilft); auch nicht nach e2 oder b3 (weil Td4:! die Deckung beseitigt und eine Figur gewinnt); sondern nach f2.

Nr. 109

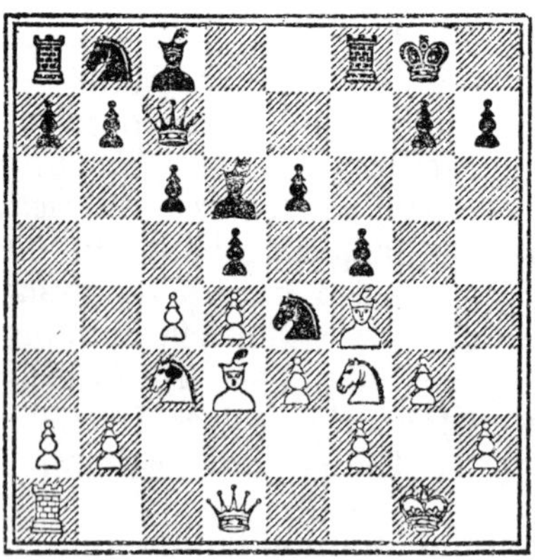

In dieser Stellung zog Weiß 1. Dd1—b3. Die Dame in derselben Diagonale wie der feindliche König ist immer alarmierend. Weiß will c4×d5 spielen. Hierauf ist Schwarz gewillt, mit dem Königsbauern zurückzuschlagen, um seine Bauernstellung zu arrondieren. Zudem würde c6×d5 den Angriff Sc3—b5 zulassen. Nach c4×d5 e6×d5? aber wäre dieser Bauer jetzt durch die Dame gefesselt, infolgedessen der Springer e4 nur einmal gedeckt, und Weiß gewänne hier beim Abtausch einen Bauern. Einfachste Parade: man zieht den König aus der Diagonale der feindlichen Dame.

Häufig wird durch ein Opfer eine verderbliche Fesselung herbeigeführt:

Nr. 110

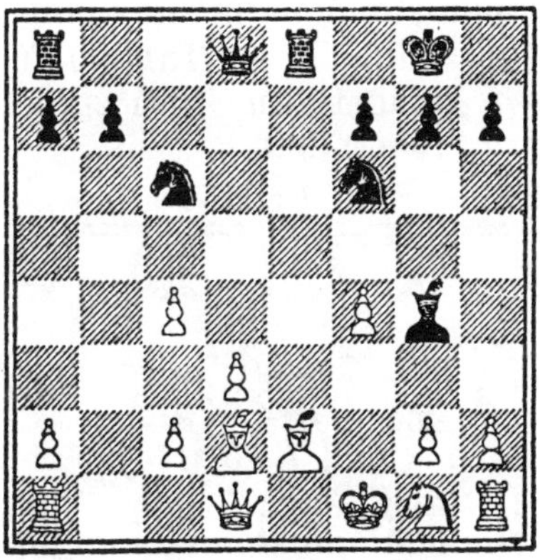

1. ... Te8×e2! 2. Sg1×e2 Sc6—d4 und der Springer geht verloren, denn er kann nicht ziehen, ohne die Dame bloßzustellen, so daß Schwarz das Übergewicht von zwei leichten Figuren gegen einen Turm erlangt.

Nr. 111

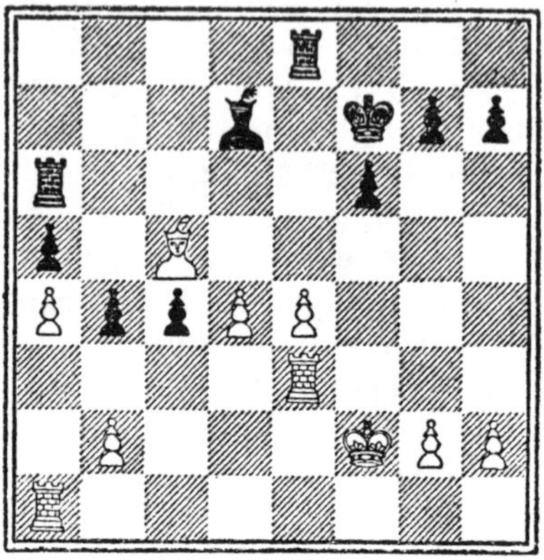

1. . . .	Ta6—e6	3. Te3×e4	Ld7—c6
2. Kf2—f3?	Te6×e4!	4. Ta1—e1	f6—f5

und Schwarz gewinnt den Turm zurück, so daß er einen Bauern erobert hat.

Nr. 112

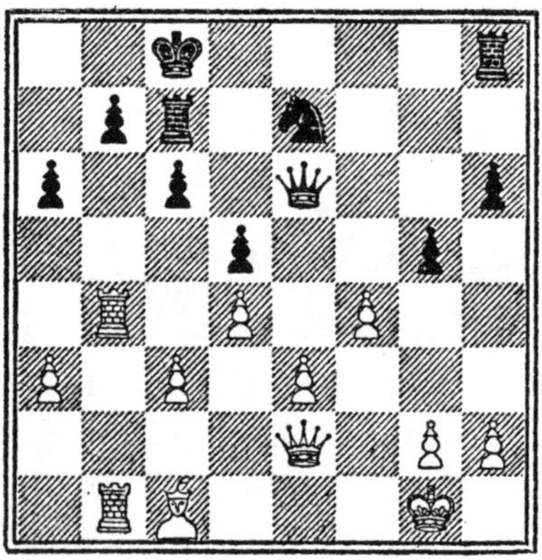

Wieder ein Opfer zwecks Fesselung: 1. Tb4×b7! Tc7×b7 2. De2×a6. Der gefesselte Turm ist zweimal angegriffen und läßt sich nur durch 2. . . . De6—d7 decken. Darauf aber erfolgt die Katastrophe durch 3. Da6—a8† Kc8—c7 4. Tb1×b7† usw.

Nr. 113

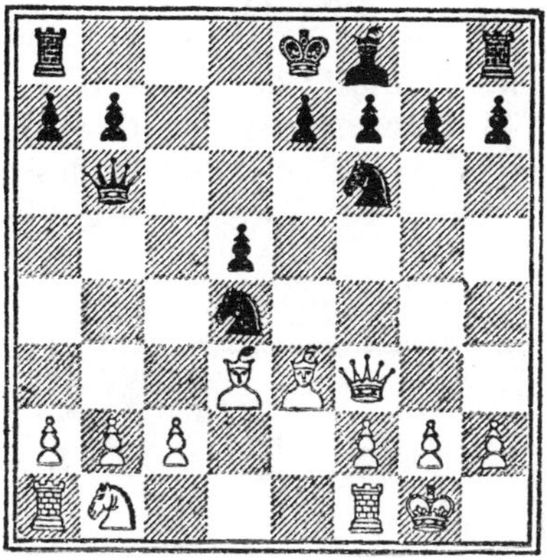

Schwarz hat soeben den schweren Fehler begangen, durch Sc6×d4 seinen Springer selbst zu fesseln. Weiß greift ihn mit Df3—f4 an; er kann nicht mehr gedeckt werden, denn auf e7—e5 würde der Bauer von der Dame mit Schach geschlagen. Schwarz versucht also auf Df3—f4 einen Gegenangriff auf die weiße Dame mittels Sd4—e6. Aber die rettet sich mit Schach nach a4, und die auf c6 dazwischenziehende schwarze Dame wird durch Ld3—b5 gefesselt und erobert.

Nr. 114

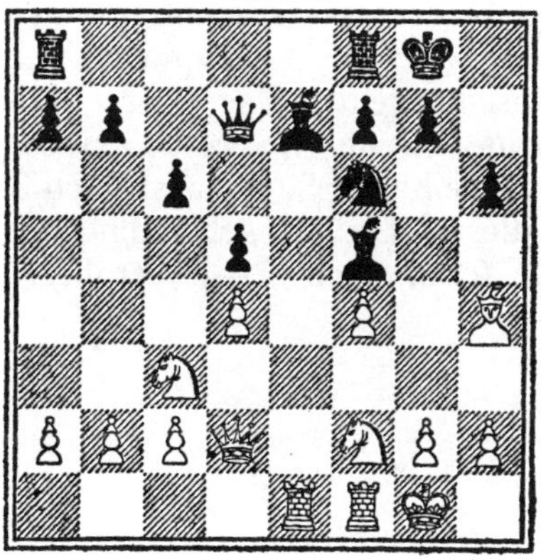

Wieder ein Opfer behufs Fesselung: Weiß zieht 1. g2—g4, und auf 1. ... Lf5×g4? opfert er mit 2. Te1×e7! die Qualität, damit nach 2. ... Dd7×e7 der Springer f6 gefesselt ist, so daß Weiß nun mit dem Springer f2 den Läufer g4 ungestraft schlagen kann und für den Turm zwei leichte Figuren erobert hat.

Nr. 115

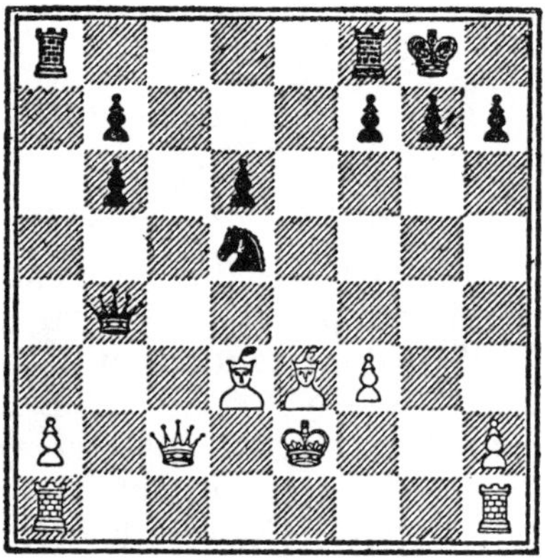

Hier fesselt Schwarz den bereits vom Springer angegriffenen Läufer e3 durch 1. ... Tf8—e8. Er kann nicht mehr gedeckt werden. Weiß sucht ihn zu retten, indem er nach 2. Ld3×h7† Kg8—h8 mit 3. Lh7—e4 diesen Läufer dazwischenzieht. Das wäre eine völlig genügende Parade, wenn Schwarz keinen Bauern auf der d- oder f-Linie hätte. So aber ist nach 3. ... Sd5×e3 4. Ke2×e3 dieser Läufer gefesselt und wird durch 4. ... d6—d5 (oder auch f7—f5) erobert.

Nr. 116

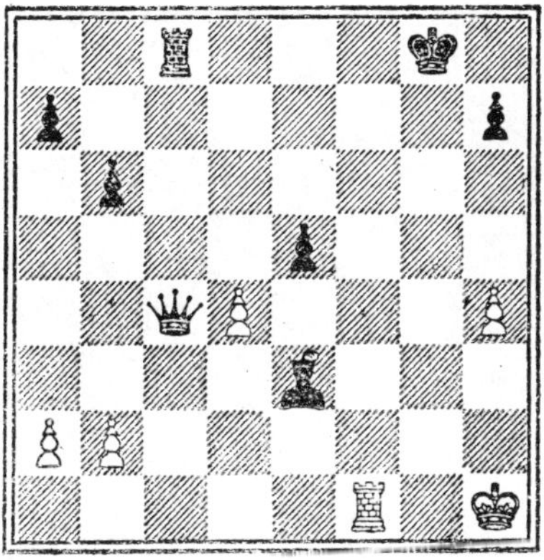

Opfer zwecks Fesselung: 1. . . . Dc4×f1†! 2. Df5×f1 Tc8—c1 3. Df1×c1 Le3×c1. Mit dieser eleganten Abtauschkombination unterbindet Schwarz jeden Gegenangriff und gewinnt leicht.

Nr. 117

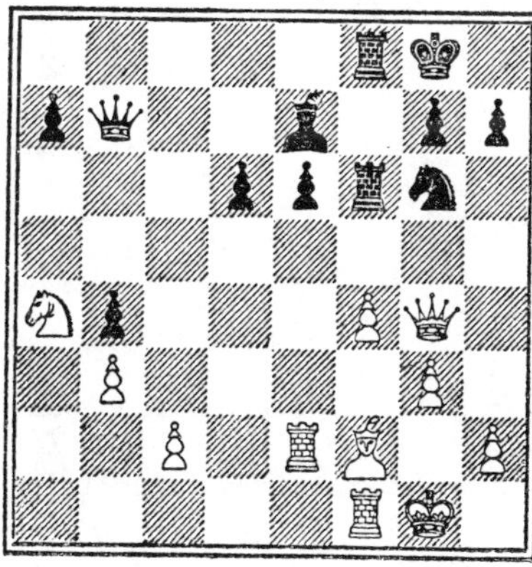

Wieder ein Opfer mit folgender Fesselung, die hier gleichbedeutend mit Damengewinn ist. Eine häufig vorkommende Kombination, die man *sehen* muß! 1. . . . Sg6×f4! 2. g3×f4 Tf6—g6 und Schwarz gewinnt die Dame.

Nr. 118

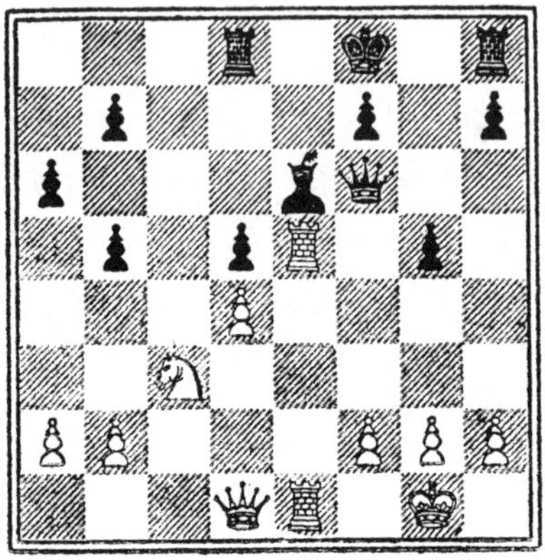

Dieselbe Kombination in anderer Form: 1. Te1—e3 Th8—g8? (Kg7 sollte geschehen) 2. Te5×e6! f7×e6 3. Te3—f3 und Weiß gewinnt die Dame.

Nr. 119

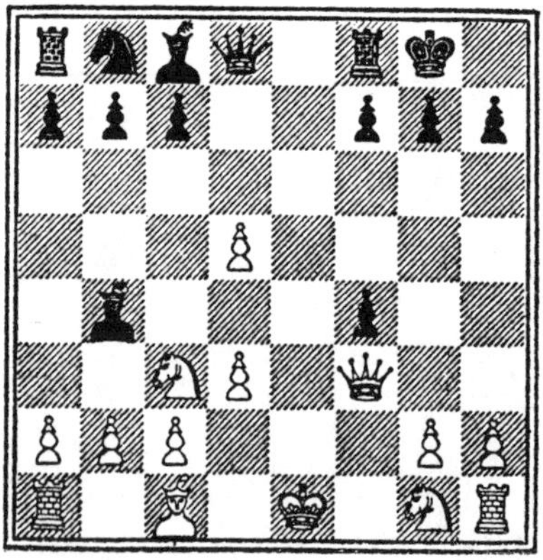

Schwarz kommt durch den Angriff auf der offenen e-Linie in Vorteil. 1. ... Tf8—e8† 2. Sg1—e2 (besser war es noch, mit Kf1 die Rochade aufzugeben, denn die Fesselung dieses Springers ist sehr bedenklich und führt schließlich zum Verlust dieser Figur) 2. ... Lb4 ×c3† 3. b2×c3 Dd8—h4† 4. g2—g3 (besser noch 4. Df2 Dh5 Kf1 ebenfalls zum Vorteil von Schwarz)

4. ... Lc8—g4! (auf 5. gh Lf3: ist der Springer ebenfalls verloren) 5. Df3—f2 Dh4—e7 (oder auch h5) und Schwarz erobert den Springer.

Nr. 120

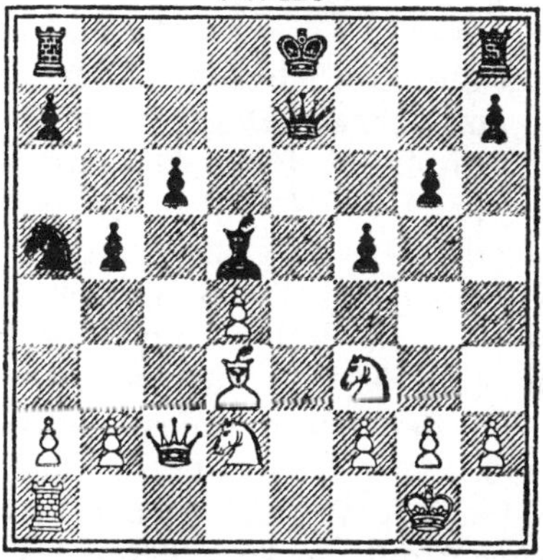

Weiß erobert durch 1. Ta1—e1 Ld5—e6 2. d4—d5! c6×d5 3. Sf3—d4 den Läufer. Noch schlimmer wäre 1. ... Ld5—e4 wegen 2. Ld3×e4 (oder auch Se4:) und Schwarz kann nicht wiederschlagen, ohne durch Te1×e4 die Dame zu verlieren. — Man muß sich sehr in acht nehmen, wenn man König und Dame auf derselben Linie oder Diagonale stehen hat! Leicht droht Damenverlust oder mindestens verderbliche Fesselung.

Nr. 121

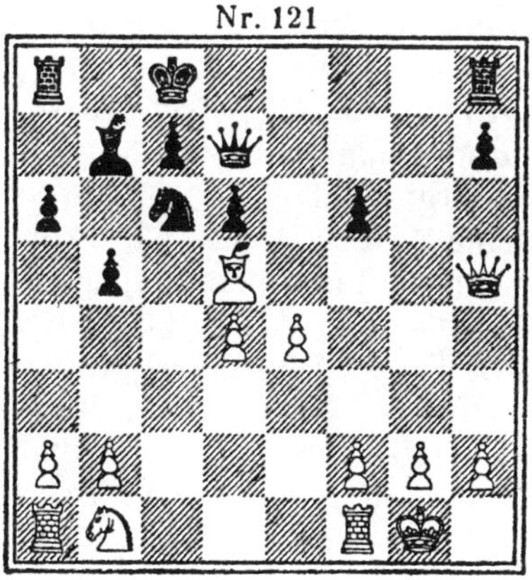

In dieser Stellung könnte Weiß den angegriffenen Bauern d4 bequem decken, z. B. mit Tf1—d1. Er zieht es aber vor, ihn zu opfern, um den Gegner in eine unheilvolle Fesselstellung zu verstricken. Es geschah: 1. Tf1—c1 Sc6×d4? 2. Ld5×b7† Kc8×b7 3. Dh5—d5† Sd4—c6. Jetzt droht Schwarz durch Kb7—b6 die Fesselstellung aufzuheben. Dagegen ist 4. a2—a4! gerichtet. Denn auf 4. ... Kb7—b6 wird der schwarze König durch 5. a4—a5†! entweder herausgetrieben, was zum Matt oder Damenverlust führt: 5. ... Sc6×a5 6. Ta1×a5 Kb6×a5 7. Tc1—c6 (schneidet dem König den Rückweg ab und droht Da2† Kb4 Da3‡) 7. ... Ka5—b4 (der einzige Versuch, wenn Schwarz nicht die Dame gegen den Turm opfern will) 8. Dd5—a2 Dd7×c6 9. Da2—a3† Kb4—c4 10. Da3—c3‡. Oder der König geht auf 5. a4—a5† wieder zurück nach b7, worauf der Angriff auf den gefesselten Springer weitergeführt wird: 6. Ta1—a3! (droht auf c3 den Springer zum drittenmal anzugreifen) 6. ... b5—b4 7. Ta3—b3 (oder a4) und Schwarz kann Tb4† nebst Verlust des Springers nicht verhindern. (Zieht er den König, so wird natürlich der Springer sofort geschlagen. Eine verschmitzte Verteidigung wäre noch 7. ... Ta8—b8. Auf 8. Tb3×b4†? Kb7—a7 oder c8 kann Weiß den Springer nicht schlagen, ohne den Turm b4 zu verlieren. Und tauscht Weiß die Türme, so schlägt der gefährdete Springer zurück. Aber Weiß gewinnt durch 8. Tc1×c6! Dd7×c6 9. Tb3×b4† Kb7—a7! 10. Dd5×c6 die Dame und behält nach 10. ... Tb8×b4 das entscheidende Übergewicht von Dame und Springer gegen die Türme.) Nach 4. a2—a4! droht a4×b5 a6×b5 Dd5×b5† mit Katastrophe. Dagegen kann Schwarz noch 4. ... b5×a4 oder 4. ... b5—b4 versuchen. Auf 4. ... b5×a4 5. Ta1×a4 (droht Abdrängung des Königs vom Springer durch Tb4†) 5. ... Kb7—b6 (a6—a5? Db5†) schlägt Weiß den Springer, um beim Zurückschlagen die Dame zu gewinnen: 6. Tc1×c6†! Dd7×c6 7. Ta4—b4† Dc6—b5 8. Tb4×b5† a6×b5. Er behält dann wiederum Dame und Springer gegen die Türme. Auf 4. ... b5—b4 aber (statt 4. ... b5×a4) führt, wie in einer schon betrachteten Wendung, am einfachsten 5. a4—a5 nebst 6. Ta1—a4 zum Ziel. (Statt dessen würde auch das Heranholen des Springers den Sieg erzwingen, aber auf kompliziertere Weise: 5. Sb1—d2 Th8—g8 6. Sd2—b3 [droht Sa5†] Kb7—b6 7. Tc1×c6† [oder auch Springergewinn durch a5† Kb7 Sd4] 7. ... Dd7×c6 8. Dd5—d4† Kb6—b7 9. Sb3—a5† mit Damengewinn. Schwarz könnte aber durch den verzweifelten Gegenangriff 6. ... Tg8×g2† 7. Kg1×g2 Dd7—g4† 8. Kg2—f1! Dg4—h3† 9. Kf1—e1 das Spiel länger hinhalten.)

*

Wieder ein Opfer behufs Fesselung.

Nr. 122

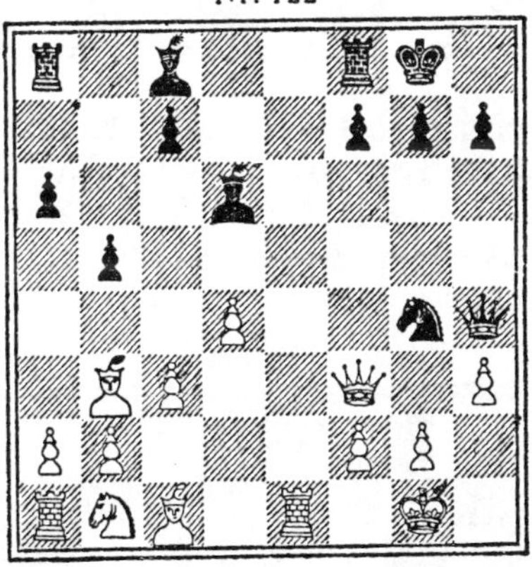

Es geschah: 1. ... Ld6—h2†? 2. Kg1—f1 Sg4×f2? 3. Df3×f7†! Tf8×f7 (oder 3. ... Kg8—h8 4. Df7×f8‡) 4. Te1—e8‡. Diese glänzende und überraschende Wendung Df7† nebst Te8‡ kommt verhältnismäßig oft vor, deshalb muß man sie sich genau einprägen.

Schwarz hatte die richtige Idee, aber die Ausführung war falsch. Eine kleine Zugumstellung hätte ihm viel bessere Chancen gegeben: 1. ... Sg4×f2! 2. Df3×f2

Ld6—h2†! 3. Kg1—f1 (sonst ist die Dame ungedeckt) 3. . . . Lh2—g3, denn nun wäre 4. Df3×f7† ein schwerer Fehler, weil jetzt der Turm die Dame *mit Schach* schlägt.

Nr. 123

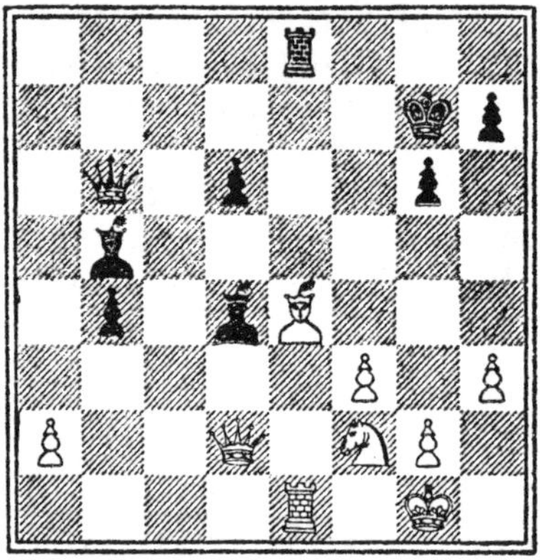

Eine der vorigen sehr verwandte Kombination. Nach 1. . . . d6—d5 2. Le4—b1 ist scheinbar alles gedeckt. Aber durch 2. . . . Ld4×f2† 3. Dd2×f2 wird die Dame in eine Fesselstellung hineingezogen, so daß nun der Turm ungedeckt ist. Mit 3. . . . Te8×e1† ist alles aus.

Nr. 124

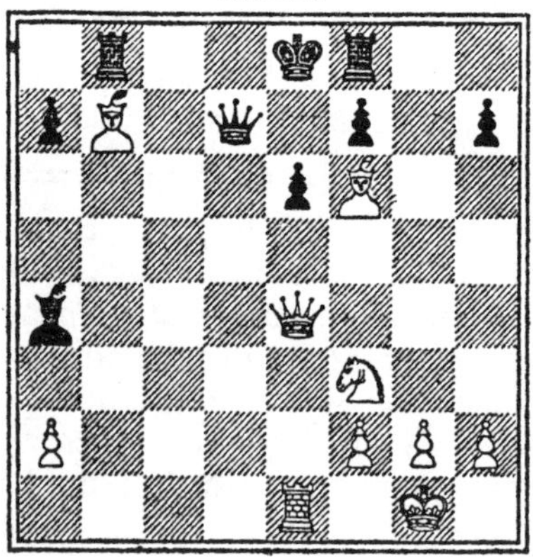

Hier ist durch die nach 1. Sf3—e5! Dd7×b7 2. De4×a4† Db7—b5 entstandene Fesselung ein eleganter Gnadenstoß ermöglicht: 3. Te1—b1!. Weiß gewinnt die Dame oder setzt bei 3. . . . Db5×a4 durch 4. Tb1×b8 matt.

Nr. 125

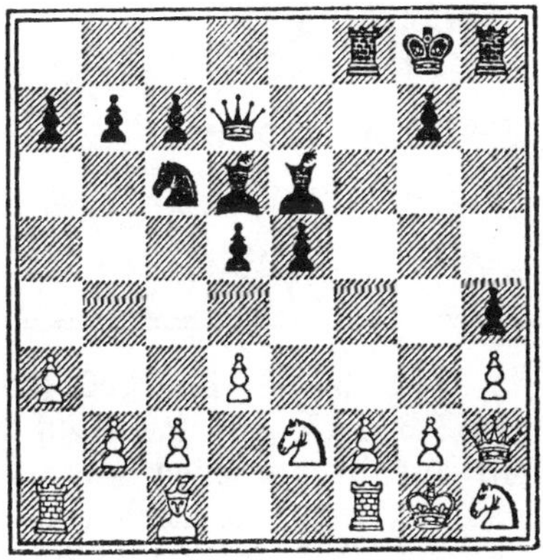

Wieder ein Opfer zur Herstellung einer Fesselung: 1. . . . e5—e4 2. Lc1—f4 (weder 2. f2—f4, worauf natürlich 2. . . . e4×f3 geschieht, noch 2. g2—g3 können das weiße Spiel vor entscheidendem Nachteil bewahren) 2. . . . Tf8×f4! 3. Se2×f4 g7—g5 und Schwarz erlangt das Übergewicht von zwei leichten Figuren gegen einen Turm.

In dem folgenden Spiel wird die Fesselung nicht durch ein Opfer, sondern durch einen Tausch herbeigeführt.

Nr. 126

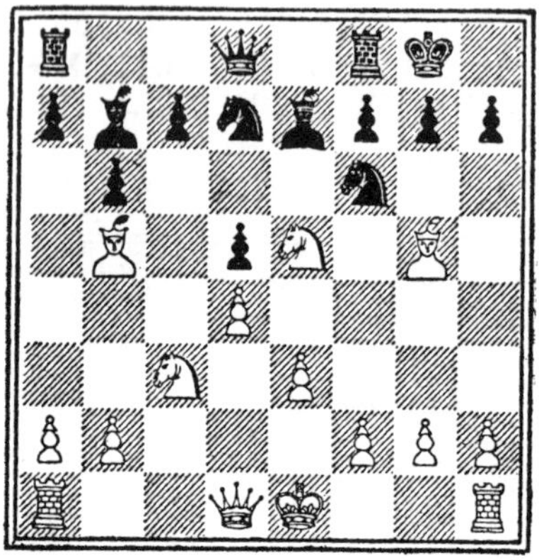

Es geschieht: 1. Lb5—c6! Lb7×c6 (auf Dc8 geht durch 2. Ld7: Sd7: 3. Le7: gar eine Figur verloren; auf Tb8 kann Weiß auf b7 tauschen und danach durch Sc6, Abtausch auf e7 und Sd5: ebenfalls den d-Bauern erobern) 2. Se5×c6 Dd8—e8 3. Sc6×e7† De8×e7 4. Sc3×d5 und Weiß hat den wichtigsten Bauern gewonnen.

Nr. 127

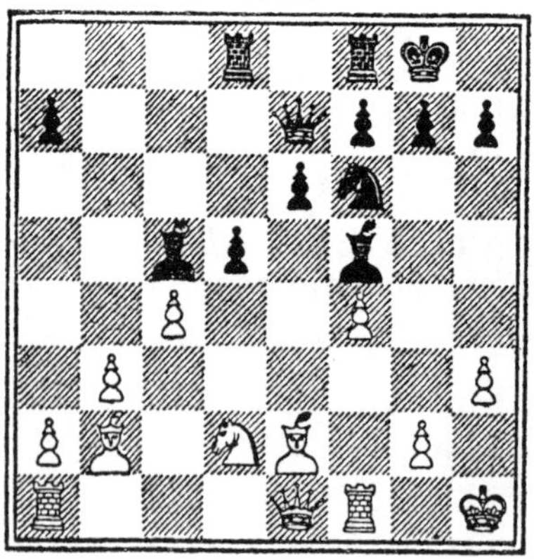

Hier fesselt Schwarz durch 1. ... Lc5—b4 den Springer und erobert hierdurch mindestens einen

Bauern. Denn auf 2. a2—a3, die entschiedenste Art, die Fessel abzuschütteln, tauscht Schwarz auf d2 und gewinnt durch die Aufdeckung des Turmes d8 mittels 3. ... d5×c4 diesen Bauern. Es geschah: 2. Lb2×f6 De7×f6, und wenn Weiß nun die Drohung des Bauernverlustes durch 3. Ta1—d1 parieren will, so setzt Schwarz den Angriff auf den gefesselten Springer mit 3. ... d5×c4 fort und greift auf 4. Le2×c4 durch 4. ... Lf5—c2 die Deckung des Springers an; und nun ist für Weiß guter Rat teuer. Zieht der Turm, so wird natürlich der Springer geschlagen. Und wenn er mit 5. Sd2—e4 gewaltsam die Fessel sprengt, indem er die schwarze Dame und zugleich den Läufer b4 angreift, so zieht sie sich nach e7 zurück, Dame und Turm des Weißen bleiben angegriffen, und er verliert (bei 6. De1—e2!) auf d1 mindestens die Qualität.

Nr. 128

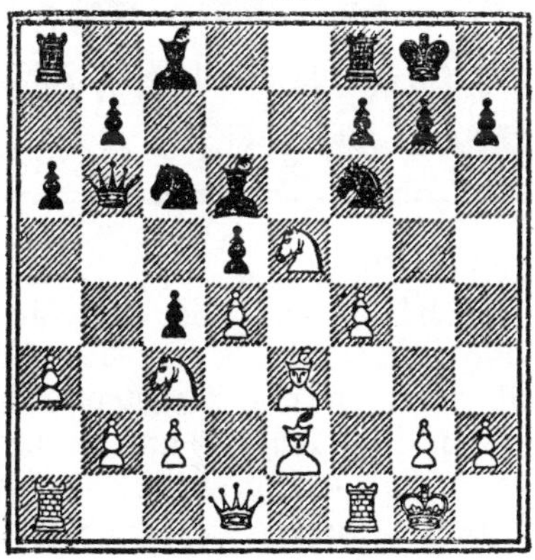

In dieser Stellung hat Schwarz soeben die Dame nach b6 gezogen. Dort droht sie frontal und diagonal; frontal bedroht sie den Bauern b2, diagonal greift sie zwar nichts an, was nicht gut gedeckt wäre. Aber sie sieht über den Bauern d4 hinweg den ungedeckten Läufer e3 an. Somit fesselt sie den Bauern d4, der nicht nach e5 schlagen kann, ohne den Läufer bloßzustellen. Also droht Schwarz durch zweimaliges Schlagen auf e5 (Sc6×e5 f4×e5 Ld6×e5 d4×e5 Db6×e3† oder auch zuerst Ld6×e5) einen Bauern zu gewinnen. Weiß pariert die beiden Drohungen am besten, wie fast immer, durch Entwicklung einer neuen Figur, Dd1—d2. Nun ist der Läufer e3 gedeckt, und schlägt Schwarz den Bauern b2, so verliert er durch Tf1—b1 die Dame.

Nr. 129

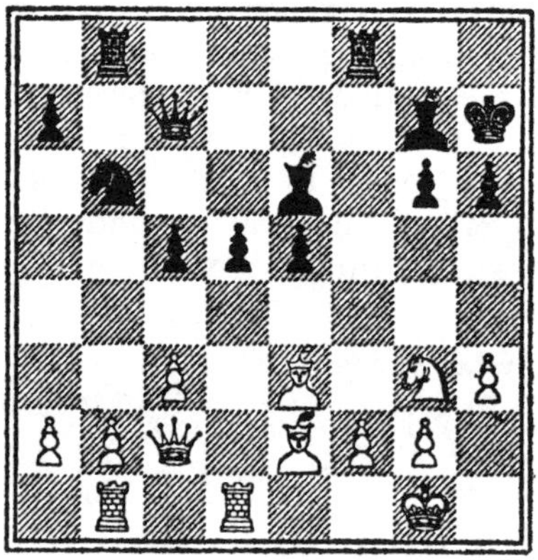

In der obigen Stellung zog Weiß 1. b2—b4?, worauf nach 1. ... c5×b4 2. Tb1×b4 eine fatale Fesselung auf der c-Linie entstand: 2. ... d5—d4 3. Le3—d2 Tb8—c8. Weiß versucht den Gegenangriff 4. Le2—d3, den Schwarz aber mit Angriff auf f2 pariert: 4. ... Dc7—f7. Nach 5. Sg3—e4 greift 5. ... Sb6—d5 nochmals den gefesselten Bauern c3 und den Turm b4 an, der nicht nach b3 oder c4 darf, weil er da in der Diagonale des Läufers e6 stände. Auf den in der Partie geschehenen Zug 6. Tb4—a4 eroberte Schwarz mit 6. ... d4×c3 den Bauern, und da Weiß wiedernahm, 7. Ld2×c3?, so war jetzt statt des Bauern auf c3 eine Figur gefesselt, die durch 7. ... Sd5×c3 8. Se4×c3 e5—e4 (Aufdeckung des Läufers g7) sofort verlorenging.

Nr. 130

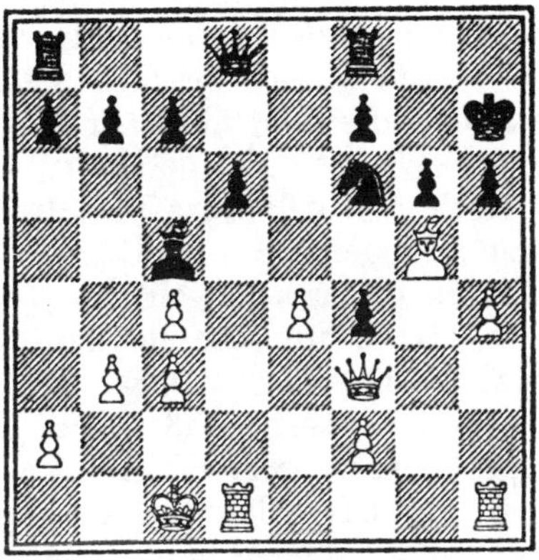

In dieser Stellung erzielt Weiß durch die Fesselung des Springers entweder den Gewinn der gefesselten Figur oder die Öffnung der h-Linie, die ihm einen unwiderstehlichen Königsangriff verschafft. Es geschah: 1. e4—e5! h6×g5 (de? Td8:) 2. h4×g5† Sf6—h5 3. Th1×h5† g6×h5 (oder Kg7 Th7† Kh7: Dh3† usw. wie in der Partie) 4. Df3×h5† Kh7—g7 5. Dh5—h6† (natürlich nicht Th1 wegen Th8, womit der Angriff abgeschlagen würde) 5. ... Kg7—g8 6. Td1—h1 und das auf h7 und h8 drohende Matt ist nicht zu verhindern.

Nr. 131

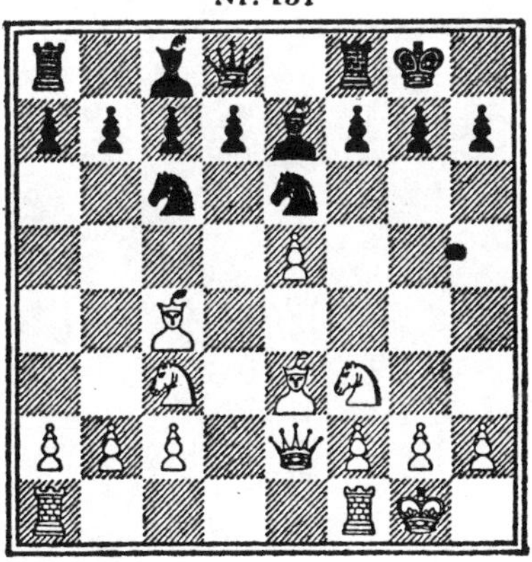

In dieser Stellung ist Weiß um einige Züge in der Entwicklung voraus und bekommt durch den folgenden Zug, statt dessen d7—d6 geschehen sollte, Gelegenheit zu direkten Angriffen, deren Hauptziel der gefesselte Springer e6 ist. Es geschah: 1. ... f7—f6 2. Ta1—d1 (fesselt den d-Bauern und droht somit, den Springer e6 zu schlagen) 2. ... Dd8—e8 3. Sc3—d5 (droht den Bauern c7 zu schlagen) 3. ... Le7—d8 (etwas besser war Kh8, um die lästige Fesselung aufzuheben; jetzt wird der Königsflügel aufgerissen) 4. e5×f6 g7×f6 5. Le3—h6 Tf8—f7 6. Tf1—e1 (jetzt ist der Springer e6 nach zwei Richtungen hin gefesselt) 6. ... Sc6—e7 (auf d7—d6 würde der Springer durch Sf4 zum viertenmal angegriffen) 7. Sd5—f4 Se7—f5 8. De2—d2 Sf5—d6 (Sh6: Se6: wäre ebenfalls für Weiß günstig) 9. Lc4—b3 a7—a5 10. Sf3—d4 Tf7—e7 11. Sd4×e6 (Weiß schlägt endlich los und gewinnt auf e6 einen Bauern) 11. ... d7×e6 12. Sf4×e6 (das in solchen Stellungen typische Scheinopfer) 12. ... Lc8 ×e6 (auf Te6: gewinnt Weiß durch Te6: Le6: Te1 ebenfalls die Figur zurück oder die Dame) 13. Te1×e6 Te7×e6 14. Td1—e1 Kg8—h8 15. Te1×e6 und Weiß hat durch den konsequenten Angriff auf den gefesselten Springer einen Bauern erobert.

Nr. 132

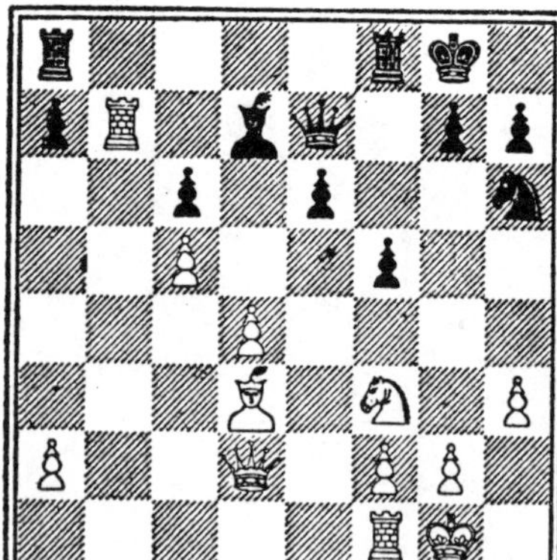

Weiß greift den gefesselten Läufer durch 1. Sf3—e5 zum zweitenmal an; Schwarz deckt durch 1. ... Tf8—d8, und nun kann Weiß zwar den Angriff auf den Läufer nicht weiter verstärken; aber durch 2. Se5×c6 gewinnt er die Qualität.

In dem folgenden Spiel

Nr. 133

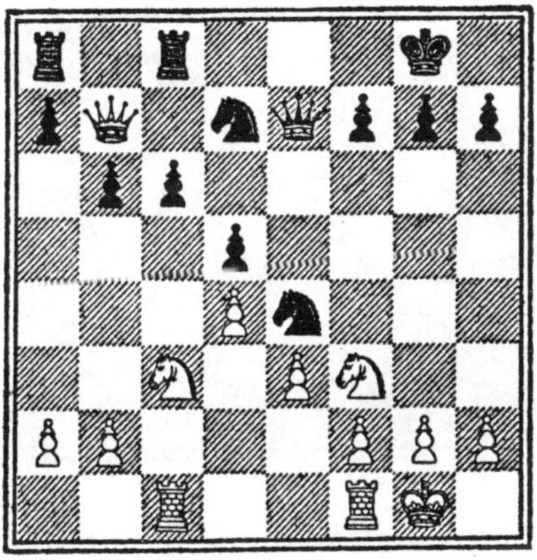

hat Weiß mehrere Möglichkeiten, in Vorteil zu kommen. Auf der Hand liegt die Fesselung des Springers d7, die Weiß konsequent mit 1. Sf3—e5 Se4—f6! 2. Se5×c6 zur Eroberung eines Bauern ausnützen kann (die Deckung durch 1. ... Td8 ist wegen Qualitätsverlustes durch 2. Sc6: noch ungünstiger). Aber es besteht in dieser Stellung noch eine andere Fesselung, die nicht so leicht in die Augen fällt. Diese Fesselung basiert auf der Turmopposition in der c-Linie, die den Bauern c6 fesselt, da der Turm c8 indirekt auch von seinem Opponenten auf c1 angegriffen ist. Weiß kann also — und das ist noch stärker als 1. Se5 — auch 1. Sc3×d5! spielen. Nach 1. ... c6×d5 2. Tc1×c8† hat er Qualität und einen Bauern erobert. Auf 1. ... De7—d6 erobert er einen zweiten durch den glänzenden Zug 2. Tc1—c6!. Schlägt die schwarze Dame den Turm, so geht sie durch Se7† verloren; schlägt sie den

Springer, durch Tc8†. Auf 2. ... Tc8×c6 folgt 3. Db7×a8† (noch besser als Dc6:) 3. ... Sd7—b8 und Weiß hat außer seinem materiellen Vorteil noch einen guten Angriff.

Nr. 134

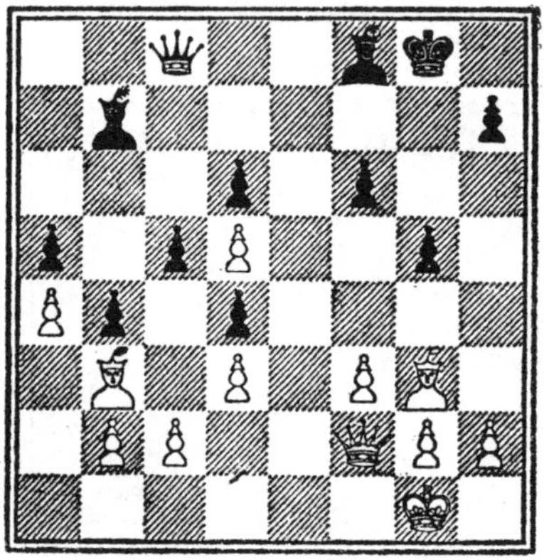

Schwarz spielt sorglos mit 1. ... Dc8—a8 auf den Gewinn des Bauern d5, ohne die Gefahren der Fesselung zu beachten. Aber nach 2. Df2—e2 Lb7×d5? verliert er durch den prachtvollen Zug 3. De2—e4, durch den eine Fesselung übers Kreuz hergestellt ist. Die weiße Dame ist nicht zu schlagen, da der Läufer d5 durch den Läufer b3 gefesselt ist. Schlägt der Läufer d5 aber den Läufer b3, so steht die schwarze Dame ein. Der Läufer ist aber, doppelt angegriffen, nicht mehr zu decken und geht somit verloren.

Nr. 135

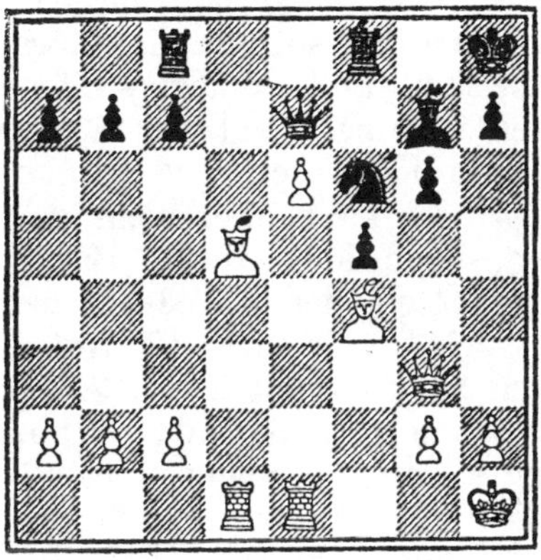

In dieser Stellung geschah: 1. ... Sf6—h5 2. Dg3—g5 (um auf Dg5: Lg5: den Freibauern vorzubringen) 2. ... Lg7—f6 3. Lf4—e5! (wieder ein sehr pikanter Fall von Doppelfesselung! Der Läufer f6 kann weder den Läufer noch die Dame schlagen). Es folgte 3. ... c7—c6 4. Ld5—b3 Tf8—e8 (besser Tcd8 De3 mit überlegenem Spiel für Weiß) 5. Td1—d7 De7—f8 6. Td7—f7 Df8×f7 (es gibt nichts Besseres) 7. e6×f7 Te8×e5 8. Te1×e5 und Weiß gewinnt (Lg5: Te8†).

Nr. 136

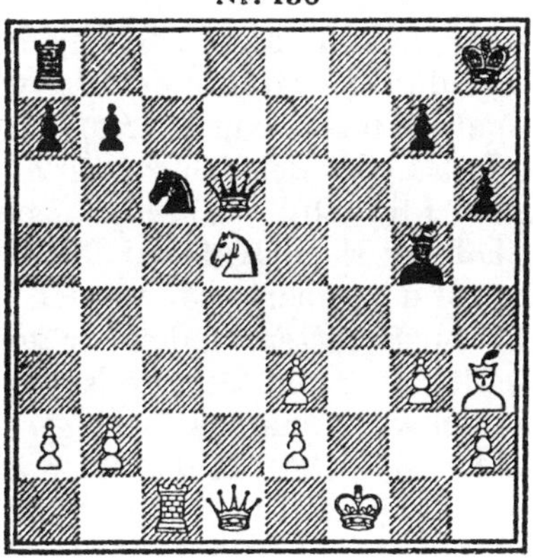

Nach 1. ... Ta8—d8 ist der Springer d5 gefesselt, denn zieht er nach c3, so gibt die schwarze Dame auf f6 oder f8 Schach, und danach schlägt der schwarze Turm die weiße Dame. Geht der Springer aber nach f4, so geht natürlich durch Dd6×d1† der Turm verloren. Der Springer kann aber nicht durch e3—e4 gedeckt werden, denn auch dieser Bauer ist gefesselt, durch den Läufer g5, der auf e3—e4 den Turm schlagen könnte. Nach 2. ... Lh3—g2 wird der Angriff auf den gefesselten Springer mit 2. ... Sc6—e7 fortgesetzt, und nun ist keine befriedigende Deckung vorhanden. Weiß versuchte den Gegenangriff 3. h2—h4, um auf 3. ... Lg5—f6? den Springer nach Sc3 zurückziehen zu können, da dem Schwarzen jetzt kein Schach auf der f-Linie zu Gebote stände. Durch diesen Gegenangriff rettet er freilich den gefesselten Springer, geht aber durch die jetzt auf g3 entstandene Schwäche rasch zugrunde. Es folgt 3. ... Se7×d5 (droht Damengewinn durch Sd5×e3†) 4. Lg2×d5 Lg5×e3 5. Tc1—c3 Dd6×g3. Da die Dame auf f2 und g1 Matt droht, so muß Weiß auf e3 die Qualität opfern: 6. Tc3×e3 Dg3×e3, wonach Schwarz ein zum Siege genügendes Übergewicht erlangt hat. Noch schlimmer würde es kommen, wenn Weiß in 4. Zuge auf d5 mit der Dame zurückschlagen würde, denn auf 4. Dd1×d5? folgt 4. ... Td8—f8†. Der Läufer darf nicht auf f3 dazwischenziehen, da er dann gefesselt wäre und die Dame nicht mehr decken würde. Auf 5. Kf1—g1 geht durch 5. ... Lg5×e3† der Turm verloren (natürlich nach dem Damentausch), während nach 5. Kf1—e1 durch 5. ... Dd6×g3† 6. Ke1—d1 Tf8—d8 die Dame gefesselt wird und erobert zu werden droht. Weiß kann sie zwar noch retten, indem er mit 7. Tc1—c8 den Turm fesselt, aber um den Preis des eingestellten Turmes, den Schwarz einfach schlägt. Nach 7. ... Td8×c8 8. h4×g5 folgt 8. ... Dg3×e3 mit der Drohung Tc8—c1‡ oder Dc1‡ und Weiß verliert auf 9. Dd5—d2 durch 9. ... De3—g1† 10. Dd2—e1 Tc8—

c1†! die Dame; ebenso bei 9. Kd1—e1 durch 9. ... Tc8—c1† 10. Dd5—d1 Tc1×d1†. Man sieht, daß in diesem Spiel eine ganze Anzahl Fesselungen vorkommen und eine wichtige Rolle spielen.

Doppelangriffe

gehören zu den gefährlichsten taktischen Wendungen. Wenn ein Stein zwei ungedeckte zu gleicher Zeit angreift, ist meist einer von ihnen verloren, es sei denn, der eine von ihnen kann so ziehen, daß er den anderen deckt, oder er kann sich durch ein Schach oder einen anderen Angriff retten. Zu Doppelangriffen sind sämtliche Steine befähigt, am geschicktesten dazu sind die Dame und der Springer. Der Springer kann sogar drei und mehr Steine gleichzeitig angreifen. Am meisten gefürchtet ist der Doppelangriff des Springers auf König und Dame. Nachstehend eine Anzahl Beispiele von Doppelangriffen.

Nr. 137

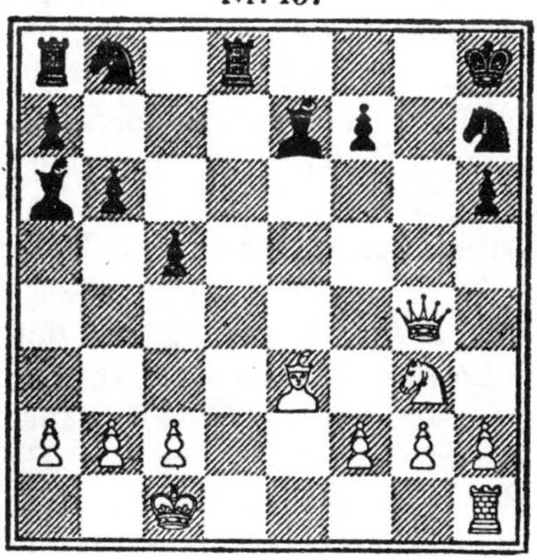

Hier greift Weiß durch 1. Dg4—e4 den Turm a8 und den Läufer e7 an und erobert eine von beiden Figuren. Man sieht dabei wieder, wie bedenklich es ist, die Flanke durch b7—b6 zu entblößen, ohne den

Damenläufer nach b7 zu entwickeln; und wie leicht der ungedeckte Läufer auf e7 der Dame zur Beute fällt. Aber man muß dies *sehen!*

Nr. 138

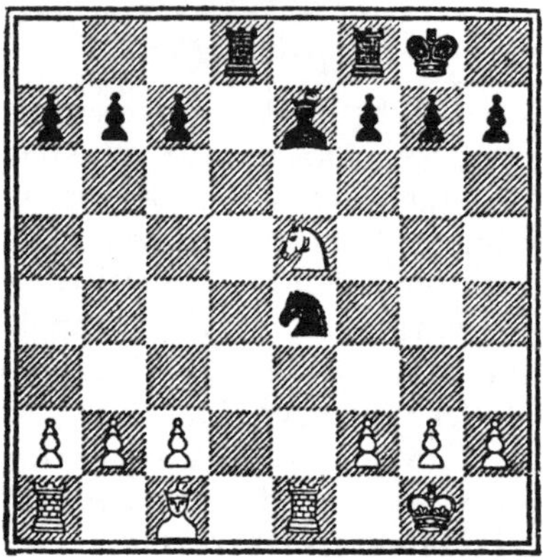

In dieser Stellung darf Weiß den Springer e4 natürlich nicht schlagen, da dann der Turm d8 auf d1 ein tödliches Schach gäbe. Aber mit 1. Se5—d3 ist jetzt der Springer und zugleich der hinter ihm befindliche Läufer angegriffen. (Se5—f3 zu demselben Zweck zu ziehen wäre ungeschickt, denn nach der Anwort f7—f5 hätte Weiß kein Mittel, den Angriff mit Aussicht auf Erfolg fortzusetzen.) Schwarz deckt den Springer mit 1. . . . f7—f5. Weiß setzt seinen Angriff konsequent mit 2. f2—f3 fort. Zieht der Springer e4, so wird der Läufer geschlagen. Aber Schwarz kann mit dem Läufer e7 auf c5 Schach geben und so den drohenden Verlust einer der beiden Figuren verhindern. Zieht der König nach h1, so gibt der Springer auf f2 Schach, und mit dem Tausch der Springer ist jede Gefahr beseitigt. Zieht der König nach f1, so sind wieder die beiden schwarzen Figuren angegriffen. Aber jetzt steht der weiße König auf der Linie des Turmes f8, und daraus kann Schwarz zu seiner Rettung Kapital schlagen. Er zieht den Läufer weg, nach b6, um nach f3×e4 durch f5×e4† den Springer anzugreifen. Wieder ein Doppelangriff, der den des Weißen abwendet! Wohl kann Weiß den Springer nach f4 retten, aber dort wird er durch g7—g5 angegriffen und erobert, so daß Schwarz bei der ganzen Transaktion höchstens den Bauern e4 verloren hätte.

Aber Weiß kann besser spielen. Er kann dies alles vorausberechnen und deshalb den Zug 2. ... Le7—c5† durch den Abtausch 3. Sd3×c5 beantworten. Scheinbar ist Schwarz auf diese Weise erst recht jeder Gefahr entronnen. Aber nur scheinbar! Nach 3. ... Se4×c5 greift Weiß durch 4. Lc1—g5 den Turm d8 an und droht zugleich, durch den Doppelangriff Lg5—e7 mindestens die Qualität zu erobern. Und diese Drohung ist nicht zu parieren, denn nach 4. ... Td8—d5 5. Lg5—e7 Tf8—e8 oder f7 vertreibt Weiß durch 6. c2—c4 den deckenden Turm, so daß Schwarz, um Schlimmeres zu verhüten, den Turm auf e7 opfern muß — alles die konsequente Folge der unsicheren Stellung seiner Figuren.

Nr. 139

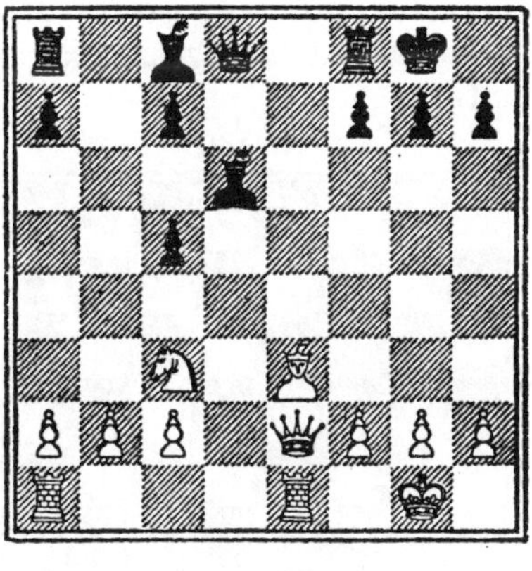

In dieser Stellung greift Weiß durch 1. Sc3—e4 den Bauern c5 zum zweitenmal an. Schwarz kann nun den Läufer d6 auf h2 opfern, um dann durch Dh4† den Springer e4 zurückzugewinnen, ein ungemein häufig vorkommender Doppelangriff, der hier aber für Schwarz nicht günstig wäre, denn nach 1. ... Ld6 × h2† 2. Kg1 × h2 Dd8—h4† 3. Kh2—g1 Dh4 × e4 gewinnt Weiß durch 4. Le3 × c5 (Doppelangriff auf Dame und Turm) 4. ... De4 × e2 5. Te1 × e2 den Bauern zurück und dringt dann mit dem Turm auf die vorletzte Reihe vor, womit er sich günstig stellt. Deshalb zieht Schwarz 1. ... Lc8—b7. Wenn Weiß jetzt zweimal auf c5 schlägt: 2. Se4 × c5? Ld6 × c5 3. Le3 × c5, so verliert er durch den Doppelangriff 3. ... Dd8—g5! (droht Matt auf g2 und greift den Läufer an) mindestens diese Figur. Besser wäre es noch, erst mit dem Läufer auf c5 zu schlagen, aber nach 2. Le3 × c5 Ld6 × c5! (Le4: wäre schlecht wegen Ld6:) 3. Se4 × c5 würde Weiß wiederum durch einen Doppelangriff den eben gewonnenen Bauern zurückverlieren, nämlich nach 3. ... Lb7 × g2! 4. Kg1 × g2 durch Dd8—g5† nebst 5. ... Dg5 × c5. Somit hat Schwarz durch 1. ... Lc8—b7 seinen Bauern c5 indirekt gedeckt; Weiß antwortet am besten mit 2. Se4 × d6, womit er zwar die schwarze Bauernstellung verbessert, aber einen der beiden Läufer, die seinen König in gefährlichster Weise bedrohen, beseitigt.

Nr. 140

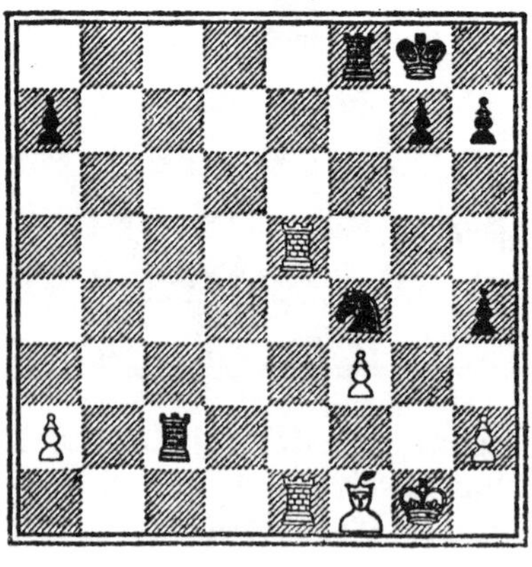

Hier ist Schwarz soeben mit seinem Damenturm von c8 nach c2 eingedrungen und hat den Läufer von e2 nach f1 zurückgetrieben. Eben will er den ungedeckten Bauern a2 schlagen, als er den tückischen Doppelangriff Le2—c4† bemerkt, der ihn den Turm kosten würde. Also Vorsicht vor jedem drohenden Schach!

Nr. 141

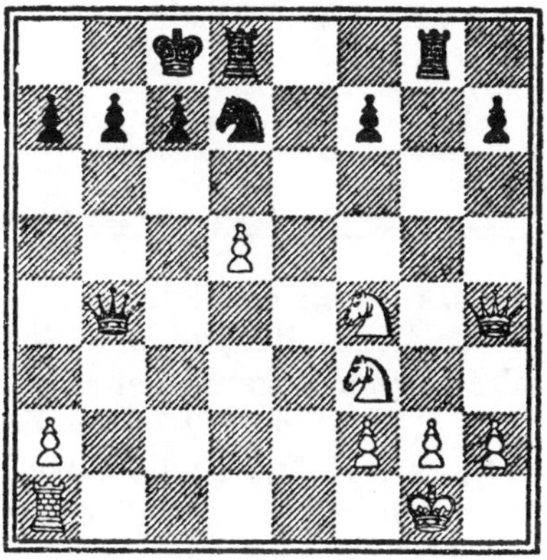

In dieser Stellung greift Schwarz durch 1. ... Db4—c3 nicht nur den Turm, sondern auch den Springer f3 an, der ebenfalls ungedeckt ist, da der Bauer g2 durch den Turm g8 gefesselt ist. Eine von beiden Figuren ist verloren. Stände aber der schwarze König nicht auf c8, sondern auf b8, so wäre noch gar nichts verloren, denn nach 2. Ta1—d1 (oder e1, f1) Dc3×f3 hätte Weiß den Kraftzug 3. Dh4×d8†! zur Verfügung, der Schwarz zu der Antwort 3. ... Tg8×d8 nötigt und den Bauern g2 entfesselt. Eine recht häufig vorkommende, immer überraschende Wendung!

Nr. 142

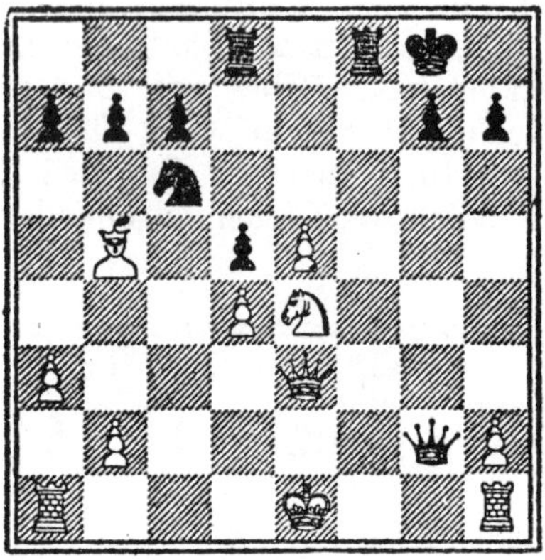

Hier hat Schwarz durch das Hineinschlagen mit der Dame nach g2 den Turm h1 und den Springer e4 angegriffen. Glücklicherweise kann der Springer auf g3 den Turm decken. (Nicht auf f2, denn diese Deckung würde durch Tf2: sofort beseitigt.) Aber nach 1. Se4—g3 greift Schwarz durch 1. . . . Dg2×b2 den Turm a1 und den Läufer b5 an; eine von beiden Figuren ist verloren.

Nr. 143

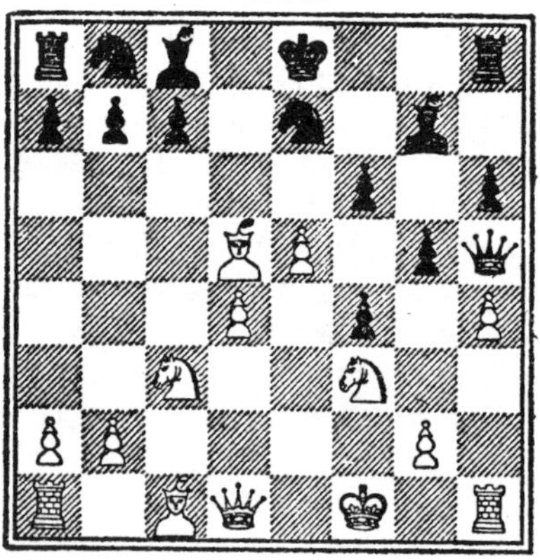

Weiß zieht 1. e5—e6?, worauf Schwarz durch 1. . . . g5—g4! den Läufer d5 oder den Springer f3 gewinnt.

Nr. 144

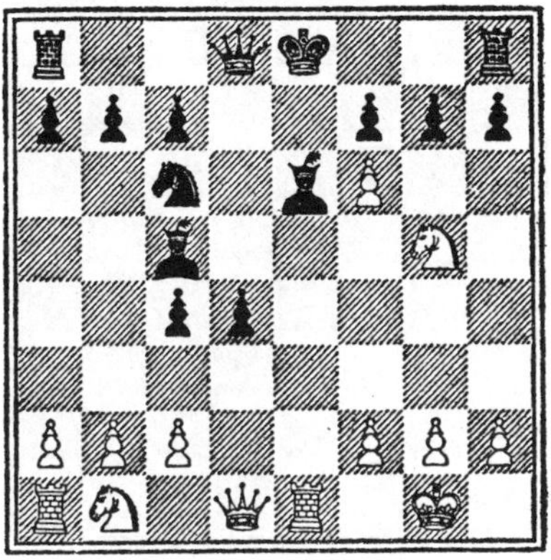

In dieser Stellung geschieht nicht selten 1. . . . Dd8×f6?, worauf Weiß durch 2. Sg5×e6 f7×e6 3. Dd1—h5† den Läufer gewinnt. Der richtige Zug ist 1. . . . Dd8—d5.

Nr. 145

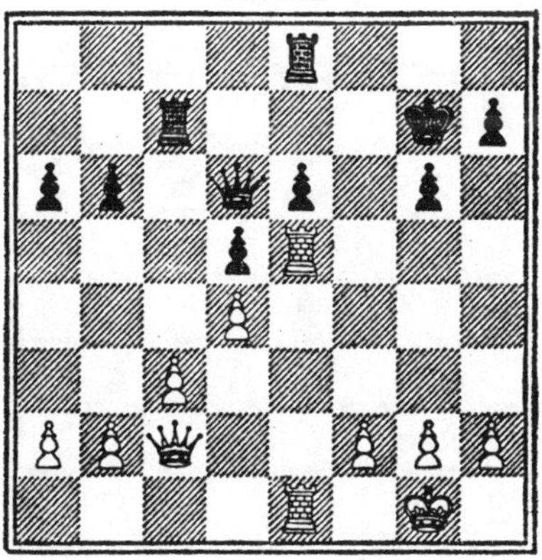

In dieser Stellung gewinnt Weiß durch 1. Dc2—e2 den Bauern a6 oder e6. Das muß man *sehen!* Dieser Doppelangriff ist ganz einfach. Komplizierter ist der folgende Fall:

Nr. 146

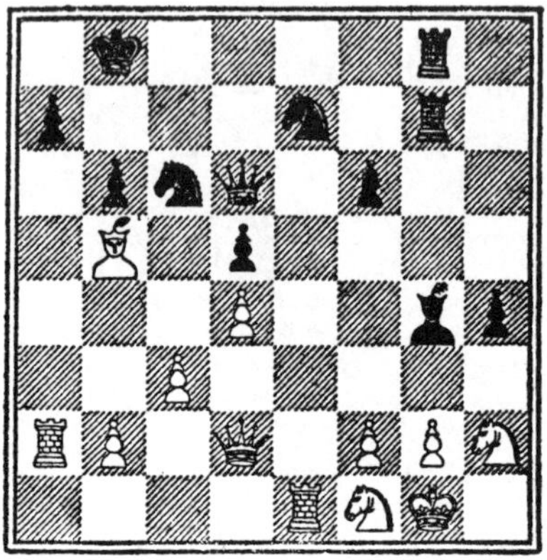

Wenn der Läufer g4 zieht, droht auf g2 eine Katastrophe, nämlich Tg7×g2† Kg1—h1 Tg2—g1‡. Also zieht man den Läufer, aber wohin? Dahin, wo er noch etwas angreift, nämlich nach e2. Dort greift er den Läufer b5 an und erobert ihn, denn Weiß muß vor allem das Matt decken.

Nr. 147

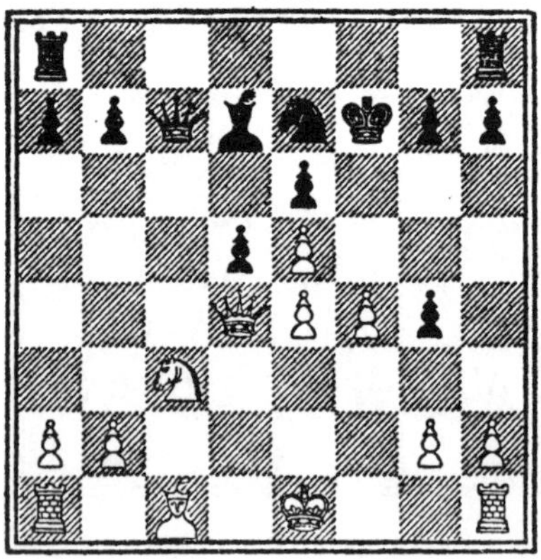

Hier geschah 1. f4—f5. Auf 1. . . . e6×f5? (besser d5×e4) folgt 2. e4×d5, und Weiß hat plötzlich zwei verbundene Freibauern, die an sich schon beinahe unwiderstehlich sind, von denen aber hier jeder durch

Vorgehen einen Gabelangriff droht, nämlich e5—e6† und d5—d6.

Nr. 148

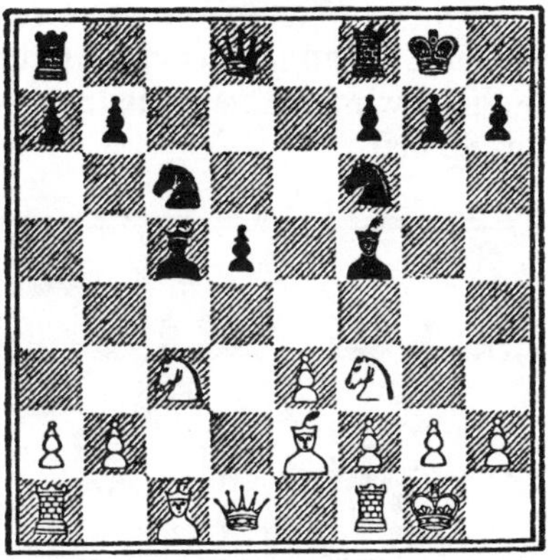

In dieser Stellung zog Weiß 1. Sf3—d4?, was Schwarz durch 1. . . . Lc5×d4! 2. e3×d4 Dd8—b6! als fehlerhaft nachwies. Denn der Bauer d4 ist nur (bei Lc1—e3) durch Preisgabe des Bauern b2 zu decken.

Häufig wird ein Doppelangriff durch ein Opfer eingeleitet und vorbereitet. Durch den Doppelangriff wird dann meist die geopferte Figur zurückgewonnen oder anderer Vorteil erzielt. So in den folgenden Fällen.

Nr. 149

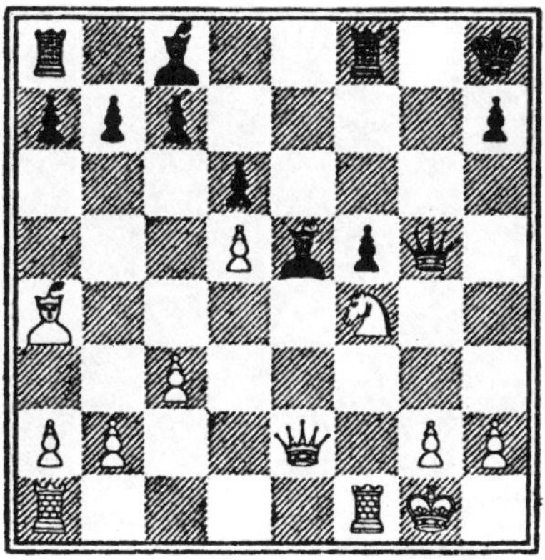

Weiß zog 1. Sf4—d3?, worauf Schwarz durch 1. ... Le5×h2†! 2. Kg1×h2 Dg5—h4† 3. Kh2—g1 Dh4×a4 einen Bauern gewann. Wie schon bei Nr. 139 bemerkt, ist dies eine sehr häufig wiederkehrende Wendung, denn dieser Fehler wird immer wieder gemacht; so in dem folgenden Spiel:

Nr. 150

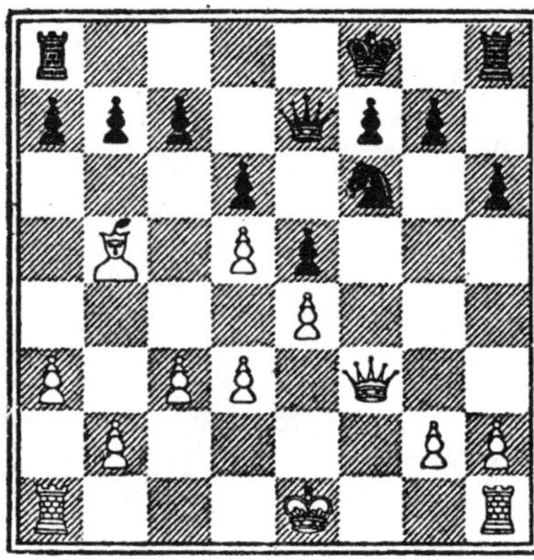

Es geschah 1. ... a7—a6 2. Lb5—a4?, worauf Schwarz durch 2. ... Sf6×d5! 3. e4×d5 De7—h4† nebst Dh4×a4 einen Bauern eroberte. *Sehen, sehen!!*

Nr. 151

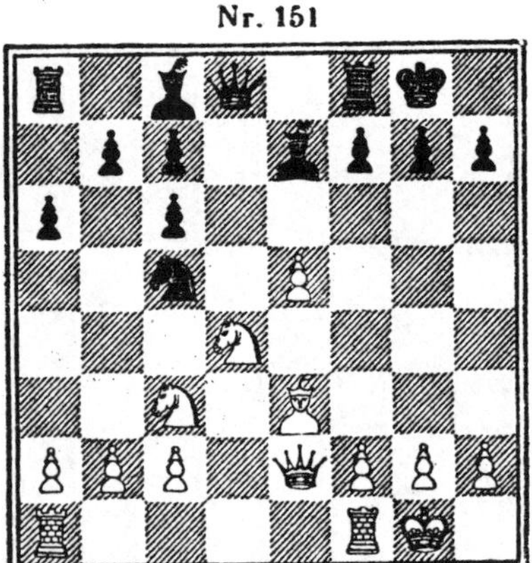

Hier zog Schwarz unbedachterweise 1. ... f7—f6?. *Immer überlegen, ob man sich nicht durch den Zug, den man gerade machen will, einem Schach aussetzt!* Hier kann Dc4† geschehen mit Angriff auf den Springer c5, der schon vom Läufer e3, über den Springer d4 hinweg, bedroht ist. Im einzelnen gestaltet sich die Ausnützung dieses Fehlers folgendermaßen: 2. Sd4×c6! b7×c6 3. Le3×c5 (ja nicht De2—c4†, denn dann rettet sich der Springer c5 nach e6!) 3. ... Le7×c5 4. De2—c4† nebst 5. Dc4×c5 und Weiß hat einen Bauern erobert.

Nr. 152

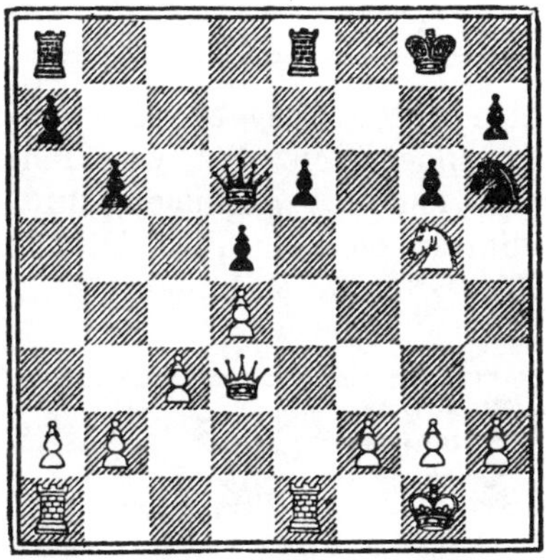

In dieser Stellung zog Weiß 1. Dd3—h3, um, wenn Schwarz den Springer durch den plausiblen Zug 1. ... Kg8—g7? deckt, durch 2. Dh3×h6†! Kg7×h6 3. Sg5—f7† nebst 4. Sf7×d6 den Springer zu gewinnen.

Dieselbe Kombination in anderer Form:

Nr. 153

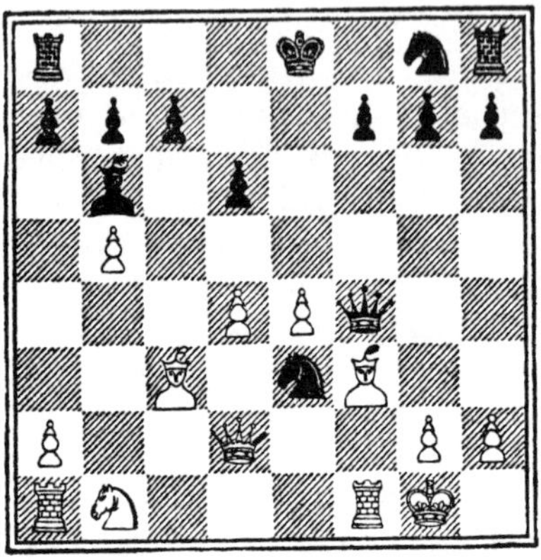

Schwarz hatte durch Sc4—e3 die weiße Dame, die auf d1 stand, angegriffen. Sie war fehlerhafterweise nach d2 anstatt nach c1 gegangen, und Schwarz eroberte jetzt durch das elegante Damenopfer 1. ... Df4×h2†! 2. Kg1×h2 Se3×f1† nebst 3. ... Sf1×d2 die Qualität.

Nr. 154

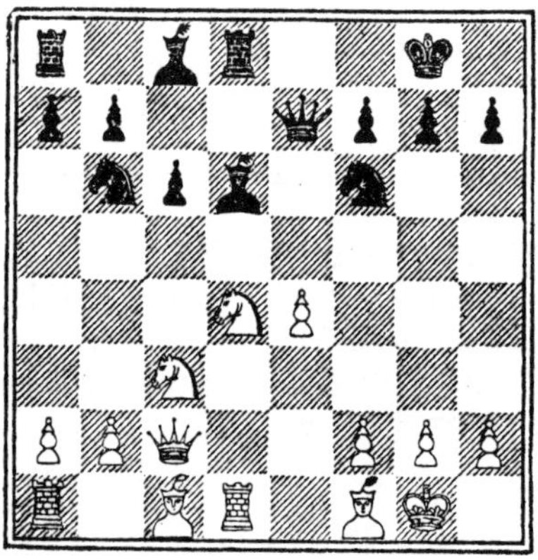

Hier opfert Schwarz erst mit 1. ... Ld6×h2†! 2. Kg1×h2 einen Läufer und danach noch mit 2. ... Td8×d4 3. Td1×d4 die Qualität, also im ganzen einen Turm, gewinnt ihn aber durch 3. ... De7—e5† nebst

4. . . . De5×d4 zurück und hat somit den Bauern h2 gewonnen.

Nr. 155

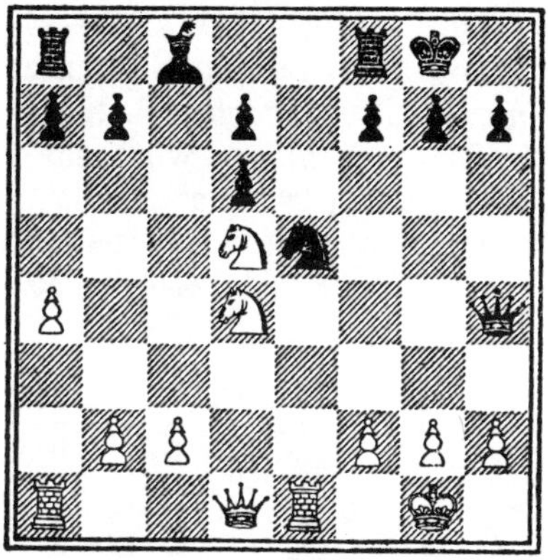

Hier wäre 1. g2—g3? ein grober Fehler, denn Schwarz würde auf d4 die Dame opfern, um auf 2. Dd1×d4 durch den Doppelangriff 2. . . . Se5—f3† die feindliche zu erobern und so einen Springer zu gewinnen. Es geschieht vielmehr 1. Sd4—f5 Dh4—g4? (die Dame sollte nach d8 gehen), worauf die schwarze Dame durch 2. Sf5—h6† g7×h6 3. Sd5—f6† oder 2. Sd5—f6† g7×f6 3. Sf5—h6† erobert wird.

Hier ein kompliziertes Opferspiel behufs Doppelangriff:

Nr. 156

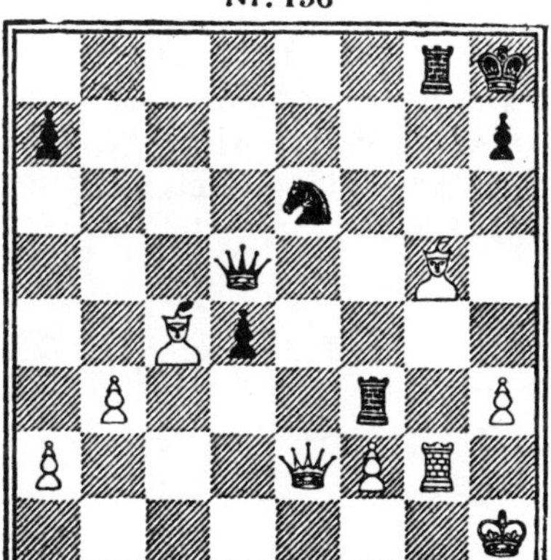

Es geschieht: 1. . . . Tf3 ×h3† 2. Kh1—g1 Dd5 ×g2†! 3. Kg1 ×g2 Se6—f4† mit Rückgewinn der Dame und Entscheidung. Im Begriff, nach 4. Kg2—g1 die Dame zu schlagen, sieht Schwarz noch rechtzeitig, daß er statt dessen mit 4. . . . Tg8 ×g5†! 5. Kg1—f1 (setzt die Dame auf g4 dazwischen, so wird sie natürlich geschlagen) 5. . . . Th3—h1‡ mattsetzen kann. *Wenn man einen starken, selbst einen entscheidenden Zug sieht, muß man sich immer die Frage vorlegen, ob es nicht einen noch stärkeren gibt!*

Nr. 157

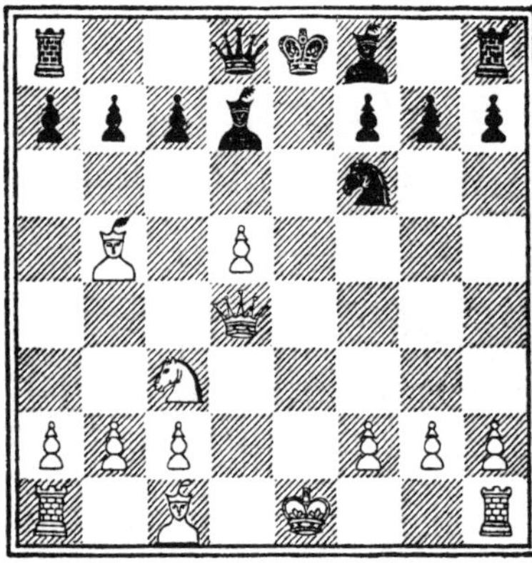

Schwarz glaubt, mit 1. . . . Ld7 ×b5 2. Sc3 ×b5 Sf6 ×d5? einen Bauern erobern zu können, verliert aber durch die sehr häufig wiederkehrende Kombination 3. Dd4 ×d5! Dd8 ×d5 4. Sb5 ×c7† nebst 5. Sc7 × d5 den Springer.

Nr 158

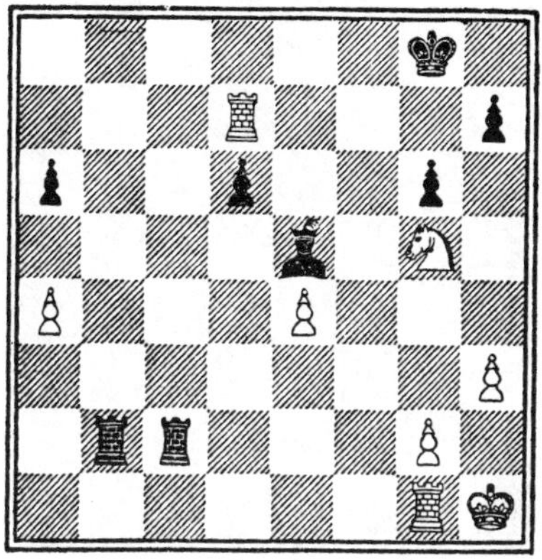

Schwarz hat durch die Turmverdoppelung auf der zweiten Reihe den ziemlich häßlichen Zug Tg1 erzwungen, der aber das Gute hat, daß er den siegesgewissen Gegner verleitet, den Turm durch 1. . . . Le5—d4? anzugreifen. Darauf wird der Läufer durch 2. Td7—d8† Kg8—g7 3. Sg5—e6† erobert. *Immer alle möglichen Schachangriffe in Rechnung ziehen!*

Nr. 159

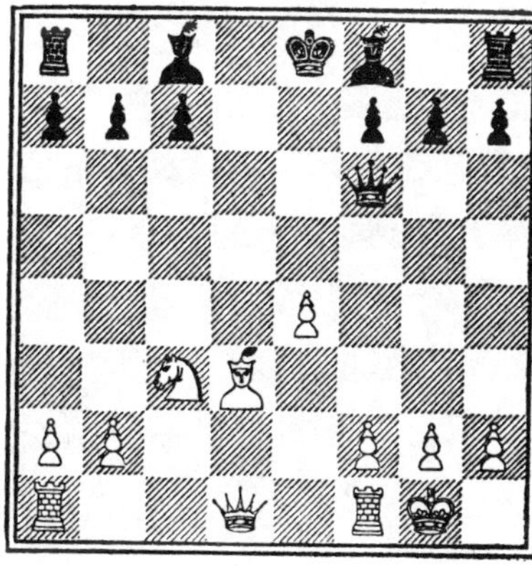

Nach 1. Sc3—d5 Df6—c6? (besser nach d6 oder d8) wird die Dame durch 2. Ld3—b5! Dc6×b5 3. Sd5×c7† nebst 4. Sc7×b5 erobert.

Nr. 160

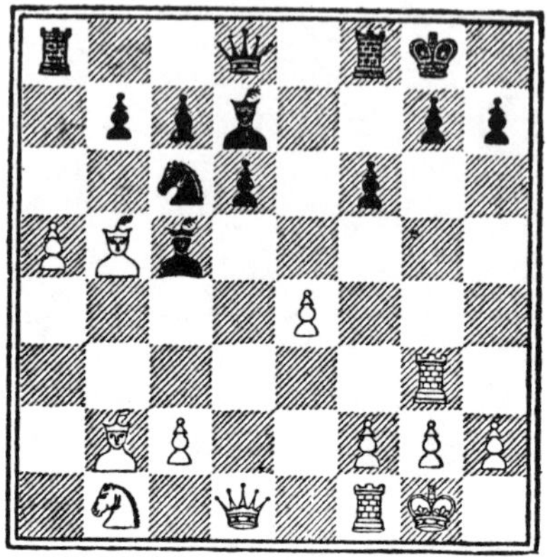

Hier opfert Weiß mit 1. a5—a6! einen Bauern, um auf 1. . . . b7×a6 durch 2. Dd1—d5† nebst 3. Lb5×c6 eine Figur zu gewinnen. Der Aufzug des f-Bauern ist oft bedenklich wegen eines dadurch ermöglichten Schachs, das mitunter harmlos abläuft, mitunter aber auch verderblich werden kann.

Nr. 161

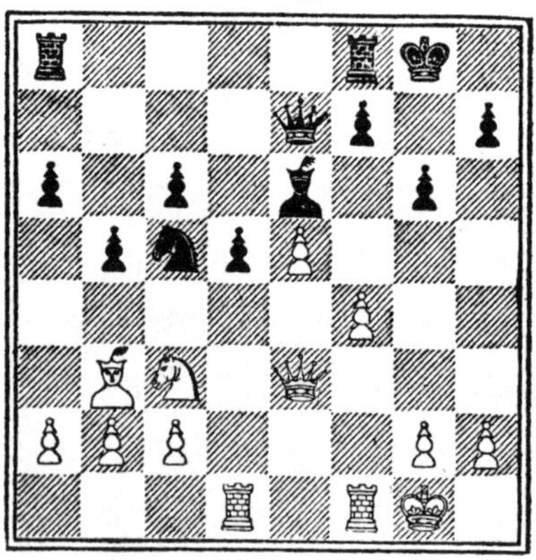

Hier wird der Aufzug des f-Bauern ebenfalls verderblich, wenn auch nicht wegen eines Schachangriffs. Nach 1. . . . f7—f5? 2. e5×f6 Tf8×f6 (die Dame darf nicht schlagen, da sie den Springer decken muß) ist ein Opfer mit folgendem Doppelangriff ermöglicht: 3. Lb3 ×d5! c6×d5 4. Sc3×d5 De7—f7 5. Sd5×f6† Df7×f6 6. De3×c5 und Weiß hat für Läufer und Springer Turm, Springer und zwei Bauern bekommen, also ein entscheidendes Übergewicht erlangt.

Nr. 162

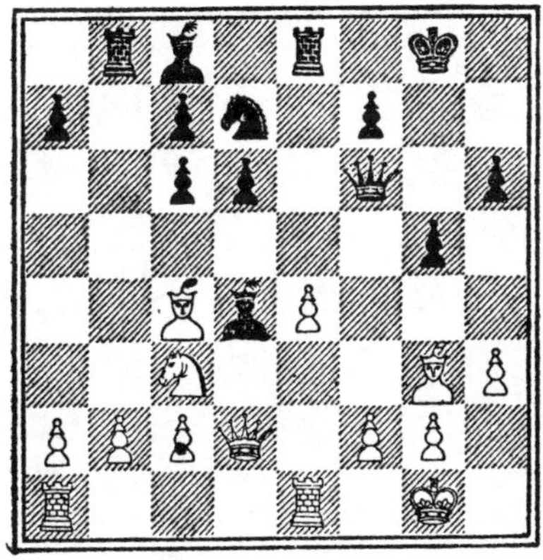

Eine gar nicht seltene Stellung. Schwarz hat mit Ta8—b8 den Bauern b2 angegriffen. Deckt ihn Weiß mit 1. Ta1—b1?, so opfert Schwarz auf b2 den Turm und gewinnt nach 2. Tb1×b2 mit 2. . . . Ld4×c3 erst den Springer und danach durch den Doppelangriff auf Dame und Turm noch den Turm b2 zurück, so daß er mit seinem „Opfer“ Springer und einen Bauern erobert hat. Statt des fehlerhaften Turmzuges hat Weiß zwei befriedigende Züge zur Verfügung; entweder er schützt den Bauern gegen den Turmangriff durch 1. Lc4—b3, oder, was in der Partie geschah, er greift mit 1. Ta1 —d1! den Läufer an. Nach 1. . . . Ld4—e5 wäre 2. Lg3×e5 fehlerhaft, weil Weiß damit den feindlichen Springer zum Angriff entwickelt. Verdientermaßen würde Weiß nach 2. . . . Sd7×e5 3. Lc4—b3 durch das Opfer 3. . . . Lc8×h3 4. g2×h3 nebst folgendem Doppelangriff 4. . . . Se5—f3† und Damenverlust bestraft werden (eine sehr häufig vorkommende Kombination!). Deshalb zog Weiß 2. Lc4—b3 zum Schutze des Bauern und nahm die mit 2. ... Le5×g3 3. f2×g3 mögliche Vereinzelung des Königsbauern in den Kauf, in der Hoffnung, dafür durch die Öffnung der f-Linie für den Turm entschädigt zu werden.

Nr. 163

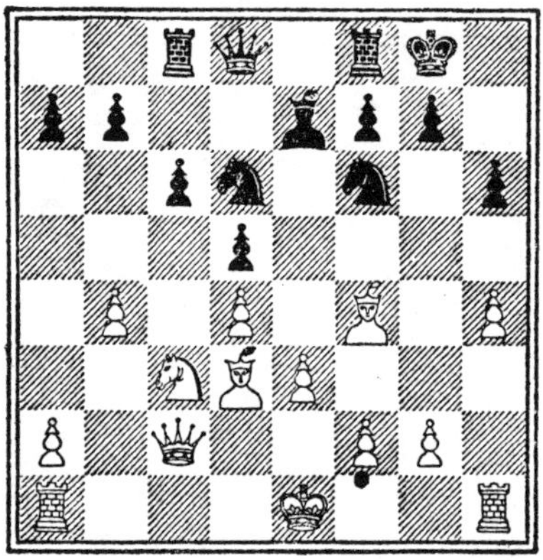

In dieser Stellung geschah 1. g2—g4 mit der Absicht, durch g4—g5 Angriffslinien zu öffnen. Schlägt Schwarz den Bauern, so folgt nach dem Abtausch 2. Lf4×d6 Le7×d6 der Doppelangriff 3. Ld3—f5 und Weiß gewinnt mindestens die Qualität.

Nr. 164

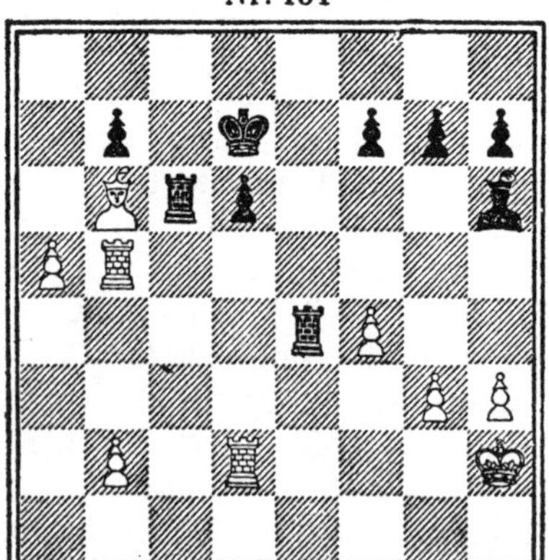

Hier opfert Schwarz mit 1. . . . Te4×f4! einen Turm, um ihn nach 2. g3×f4? durch 2. . . . Lh6×f4† nebst 3. . . . Lf4×d2 zurückzugewinnen und so bei dieser Transaktion zwei Bauern zu profitieren.

Nr. 165

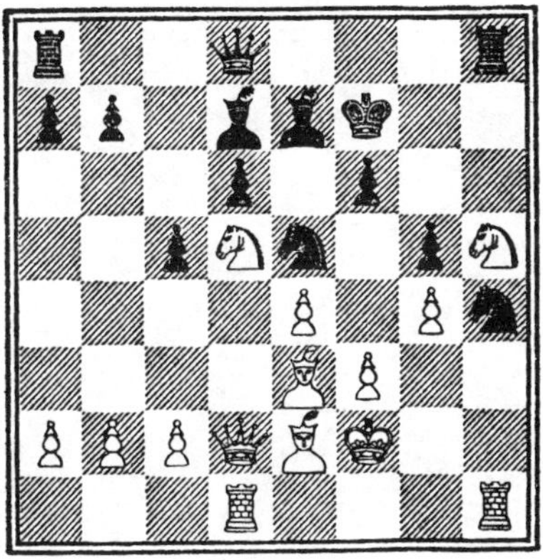

In dieser Stellung geschieht 1. . . . Ld7—c6 2. Sd5 ×e7 Kf7×e7 (um den Damenbauern zu decken), und nun opfert Weiß den Springer auf f6, der wegen des Doppelangriffs Le3×g5† mit Damengewinn gar nicht geschlagen werden darf. Damit fällt auch der Bauer g5, und die ganze Stellung von Schwarz wird durchbrochen.

Nr. 166

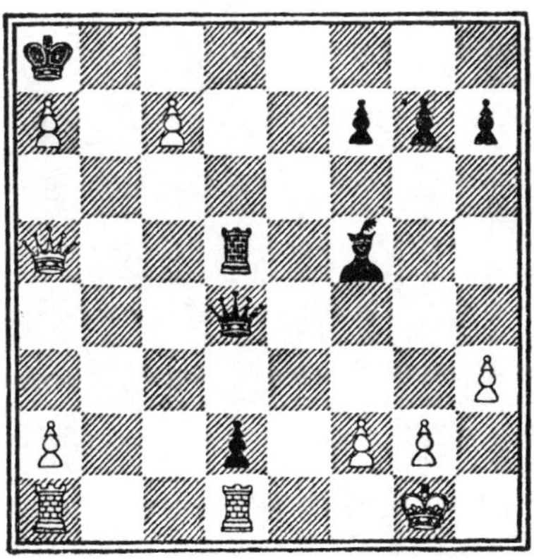

Wieder ein schönes Beispiel von Opfer mit folgendem Doppelangriff. Weiß opfert mit 1. c7—c8D†! einen wichtigen Bauern, um nach 1. . . . Lf5×c8 durch 2. Da5—c7 auf b8 Matt zu drohen und zugleich den Läufer anzugreifen, der dadurch erobert wird.

Nr. 167

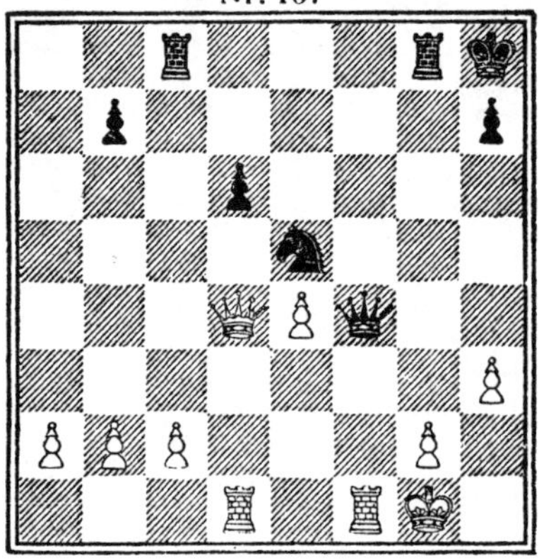

Hier geschah 1. . . . Tg8×g2†! 2. Kg1×g2 Tc8×c2† 3. Tf1—f2 (Kg1 darf wegen Dh2‡ nicht geschehen) 3. Df4—f3†! (Doppelangriff auf den König und Turm d1!) 4. Kg2—g1 Tc2×f2 5. Dd4×f2 Df3×d1† und Schwarz gewann. (Natürlich muß er im nächsten Zuge das auf f8 drohende Matt berücksichtigen, etwa durch Kg7.)

Nr. 168

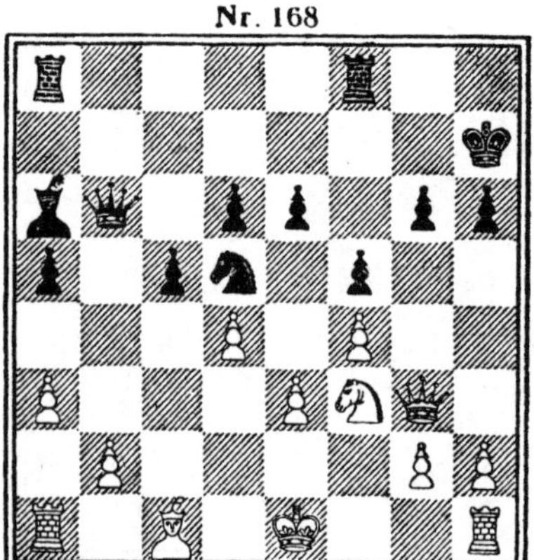

In dieser Stellung opferte Schwarz den Springer auf e3, um auf 2. Lc1×e3 durch 2. ... Db6×b2 Matt auf e2 zu drohen und gleichzeitig den Turm a1 anzugreifen. Weiß könnte alles decken, wenn er rochieren dürfte. Da die Rochade aber durch den Läufer a6 verhindert ist, so geht der Turm verloren und Schwarz hat die Qualität erobert.

Nr. 169

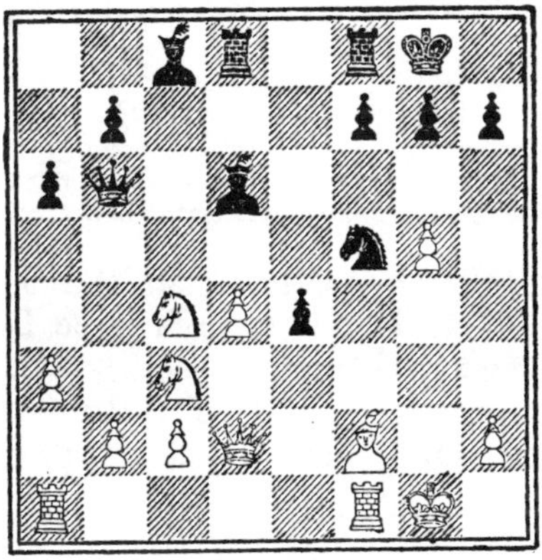

Hier war der letzte Zug von Weiß Se5—c4, was fehlerhaft war. Denn Schwarz opferte jetzt den Läufer d6 auf h2 mit Schach, um auf 2. Kg1×h2 durch den Doppelangriff 2. ... Db6—c7† die Figur zurückzugewinnen. Bei dieser sehr oft vorkommenden Kombination darf man nie übersehen (was sehr oft geschieht), daß der angegriffene Springer c4 sich nach e5 retten kann. Hier aber bleibt auch dieser Versuch unwirksam, denn Schwarz schlägt den Springer, um sich nach d4×e5 an der weißen Dame schadlos zu halten. Weiß hat also den Bauern h2 eingebüßt.

Nr. 170

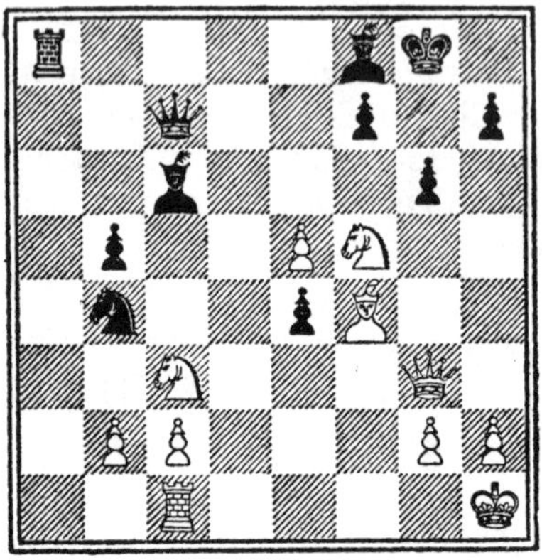

In dieser Stellung deckte Weiß mit 1. e5—e6 den Angriff des Läufers f4 auf die schwarze Dame auf, sie zog nach b7 und Weiß opferte nun mit 2. e6—e7! den Bauern, um nach 2. . . . Lf8×e7? (besser Lg7) 3. Sf5 ×e7† Db7×e7 durch den Doppelangriff Lf4—d6 eine Figur zu erobern.

Nr. 171

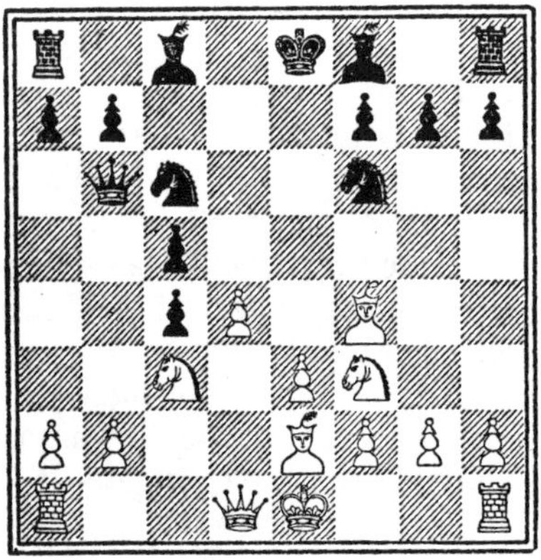

Hier deckte Weiß den von der schwarzen Dame angegriffenen Bauern durch 1. Dd1—c2?. Diesen Fehlzug (statt dessen Dd2 geschehen sollte) nützte Schwarz durch 1. ... Lc8—f5! aus. Schlägt Weiß den eingestellten Läufer, so folgt 2. ... Db6×b2 und Schwarz gewinnt durch den Doppelangriff auf Turm a1 und Springer c3 eine Figur zurück. Zieht Weiß aber die Dame, anstatt den Läufer zu schlagen, nach d2 oder c1, so hat Schwarz ein Tempo gewonnen. Eine nicht selten vorkommende Kombination!

Nr. 172

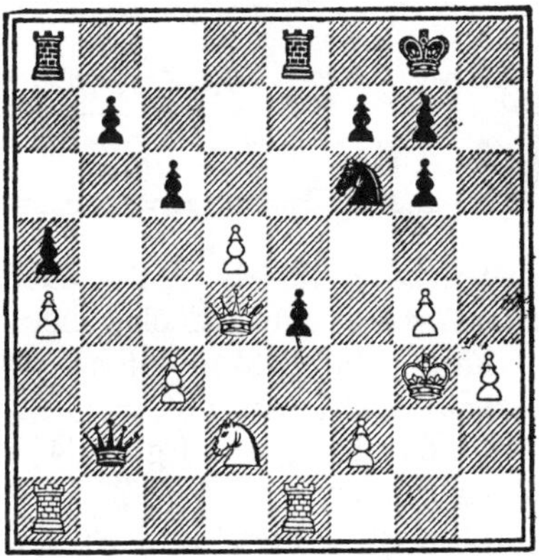

In dieser Stellung muß ein Doppelopfer den Doppelangriff vorbereiten: 1. ... e4—e3! 2. f2×e3 (der Turm kann nicht schlagen, ohne den andern Turm einzustellen, und auf einen Springerzug [außer bei Se4 oder f3] erfolgt die Katastrophe durch Df2‡) 2. ... Db2×d2! 3. Dd4×d2 Sf6—e4† nebst 3. ... Se4×d2 und Schwarz hat den Springer erobert.

Nr. 173

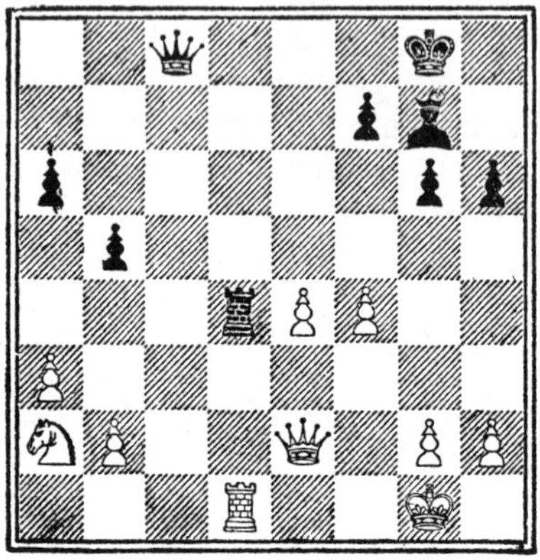

Hier greift Schwarz durch 1. . . . Dc8—c4! Dame und Springer an, wobei auch noch der Turm bedroht bleibt. Weiß kann die Dame nicht schlagen, weil Schwarz zunächst den Turm mit Schach schlägt und auf 3. Dc4—f1? durch 3. . . . Lg7—d4†! 4. Kg1—h1 Td1×f1‡ das Matt erzwingt. Auf 2. Sa2—c3 oder c1 tauscht Schwarz die Damen und schlägt dann den Turm. Weiß kann nichts Besseres tun als die Dame nach e1 zu ziehen, worauf Schwarz den Springer schlägt.

Nr. 174

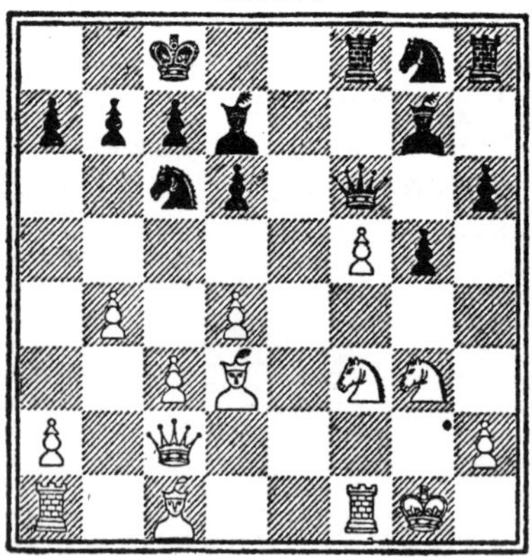

Nach 1. ... g5—g4 2. Sf3—e1 (besser noch Se4) folgt Opfer auf d4 mit Doppelangriff auf den König und Turm a1: 2. ... Sc6×d4! 3. c3×d4 Df6×d4† 4. Kg1—h1 Dd4×a1 und Schwarz hat die Qualität und zwei Bauern erobert.

Nr. 175

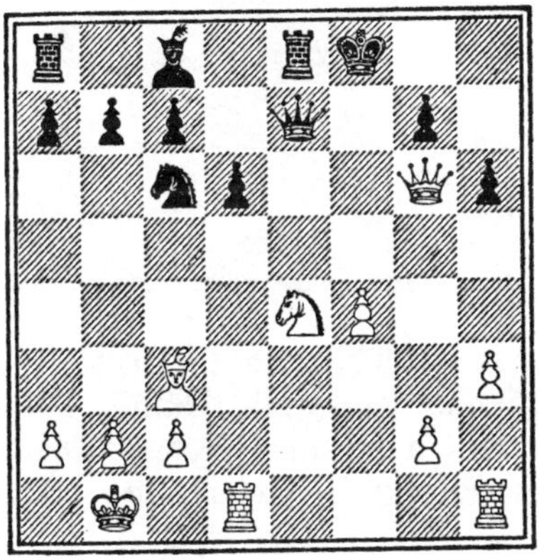

Hier ist ein Doppelangriff auf der e-Linie gegen Dame und Turm e8 möglich, wobei die Dame noch das auf g7 drohende Matt decken muß. Also geschah: 1. Se4×d6! c7×d6 2. Td1—e1 (der andere Turm findet auf der f-Linie Verwendung). Auf 2. ... De7—f7 folgt nun 3. Lc3×g7†! (nicht etwa Te8†? Ke8:!) 3 ... Kf8—g8 (oder Dg7: T oder De8‡) 4. Te1×e8† und Schwarz muß die Dame opfern. Auf 2. ... Lc8—e6 schlägt der Turm den Läufer, da die Dame wegen des auf g7 drohenden Matts nicht wiedernehmen darf. Es geschah 2. ... Sc6—e5. 3. f4×e5 d6—d5 4. e5—e6 und Weiß hatte bei sehr starkem Angriff noch das Übergewicht eines Bauern erlangt.

Zum Schluß noch ein Beispiel von Opfer nebst Doppelangriff aus dem Endspiel:

Nr. 176

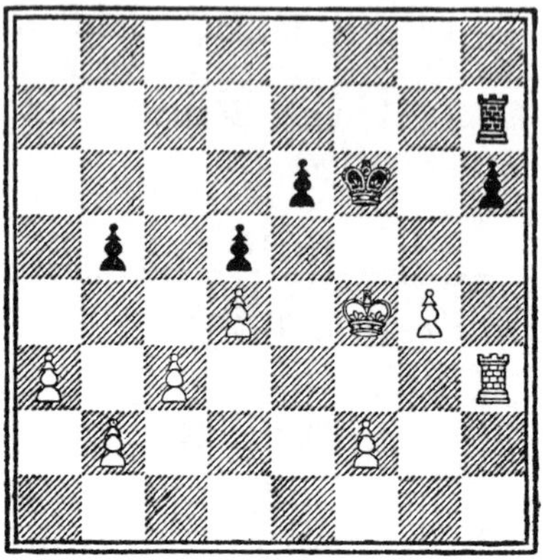

Es geschah: 1. Th3×h6†! Th7×h6 2. g4—g5† Kf6—g6 3. g5×h6 Kg6×h6. Damit hat Weiß zwar nichts gewonnen, aber den Turmtausch erzielt und den feindlichen König deplaciert, so daß der Sieg nun ganz leicht ist.

Ungedeckte Figuren

Alle Figuren sollen womöglich gedeckt sein. Die sicherste Deckung ist die durch Bauern. Ungedeckte Figuren bringen häufig Unzuträglichkeiten mit sich. Sie werden mitunter angegriffen, während zugleich noch eine andere Drohung aufgestellt wird. Oder es entsteht eine unbequeme Fesselung oder gar ein Doppelangriff. Einige Beispiele werden diese Verhältnisse klarer machen.

Nr. 177

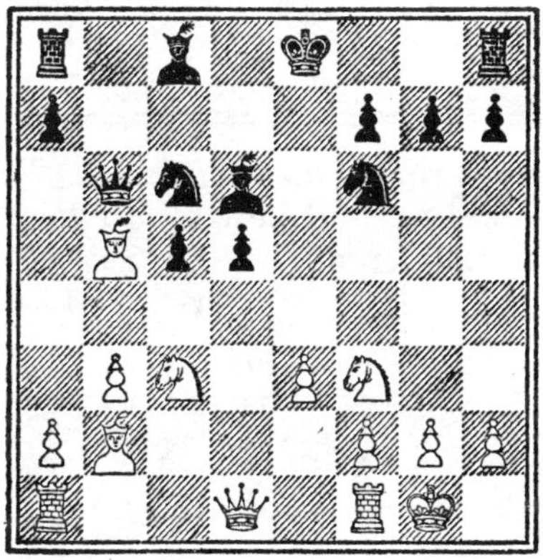

Hier bereitet die ungedeckte Stellung des Läufers d6 dem Schwarzen Schwierigkeiten. Er rochierte, worauf Weiß mit 2. Sc3×d5 Db6×b5? 3. Sd5×f6† g7×f6 4. Dd1×d6 zunächst einen Bauern gewann. Dies hätte Schwarz allerdings mit 2. ... Sf6×d5! 3. Dd1×d5 Ld6×h2† 4. Kg1×h2 Db6×b5 vermeiden können, aber der Bauer c5 wäre damit isoliert worden und nach 5. Tf1—c1 verlorengegangen.

Nr. 178

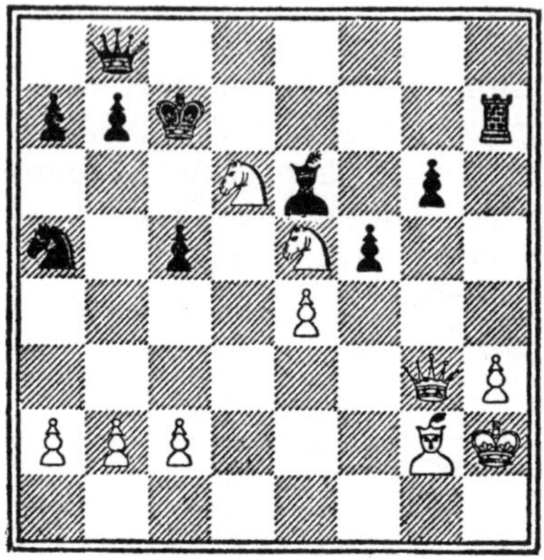

Hier ist der Springer a5 ungedeckt. Weiß greift ihn durch 1. Sd6—c4! an und bereitet zugleich ein Abzugsschach vor, so daß er auf 1. ... Sa5×c4 oder 1. ... Le6×c4 durch 2. Se5—c6† oder 2. Se5—d7† die Dame erobert.

Nr. 179

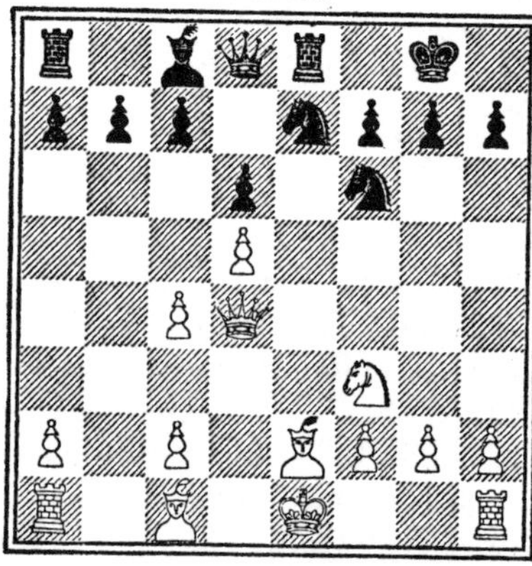

In dieser Stellung ist Weiß am Zuge. Es droht ihm gar nichts. Also hält er den Moment zur Rochade für gekommen. Aber damit verliert der Läufer e2 seine Deckung, ein wichtiger Umstand, den Schwarz durch 1. ... Se7×d5 2. c4×d5 Te8×e2 zum Gewinn eines

Bauern ausnützt. — Weiß hat einen psychologischen Fehler begangen: er hat versäumt, die Frage aufzuwerfen, was geschehen könne, wenn er seinen geplanten Zug ausgeführt habe.

„Ein anderes Antlitz, eh' sie geschehn,
Ein anderes zeigt die vollbrachte Tat!"

Nr. 180

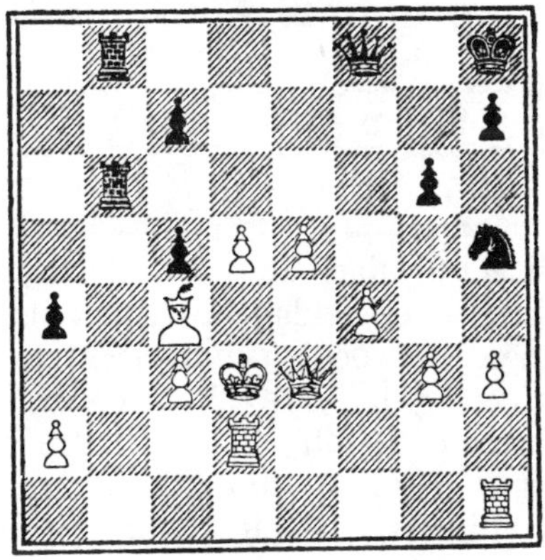

Hier nützte Schwarz die ungedeckte Stellung des Turmes h1 auf folgende Weise aus: 1. . . . Df8—f5† 2. Kd3—e2 (oder De4? De4† Ke4: Sg3† nebst Sh1:) 2. ... Sh5×g3†! 3. De3×g3 Df5—e4† 4. Dg3—e3 De4×h1, womit er die Qualität erobert hat. Es folgte 5. e5—e6 Tb6—b2 6. e6—e7 Tb2×d2† 7. Ke2×d2 (bei Dd2: geht durch De4† der ungedeckte Läufer verloren) 7. ... Tb8—b2† 8. Kd2—d3 Dh1—b1‡. Eine schöne Mattstellung!

Nr. 181

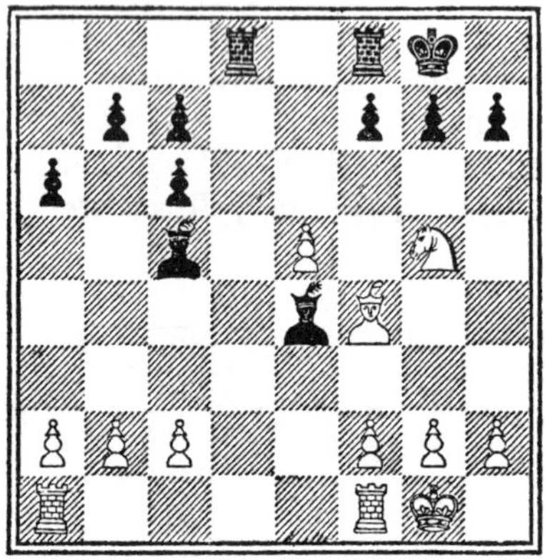

In dieser Stellung darf Schwarz nicht mit dem Läufer e4 den Bauern c2 schlagen, denn nach 2. Tf1—c1! würde er einen der beiden ungedeckten Läufer verlieren. (Weniger gut wäre 2. Ta1—c1, denn dann könnte der Läufer c2 auf d3 den Turm angreifen, so daß Weiß mit 3. Tc1×c5 Ld3×f1 4. Kg1×f1 nur das Übergewicht von zwei Figuren für Turm und einen Bauern erlangen würde.)

Nr. 182

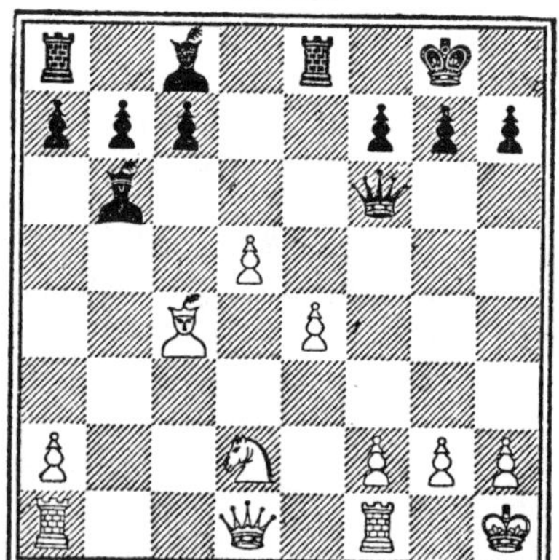

Schwarz zog 1. ... Lb6—a5, was ein ganz grobes Versehen ist. Aber die Ausnützung dieses Versehens muß man erst *sehen:* Weiß gewinnt durch 2. Dd1—a4! eine der zwei ungedeckten Figuren, Turm e8 (wobei noch Matt droht) oder Läufer a5.

In dem folgenden Spiel ergibt sich aus der ungedeckten Stellung von Figuren zwar kein direkter Verlust, aber Stellungsnachteil.

Nr. 183

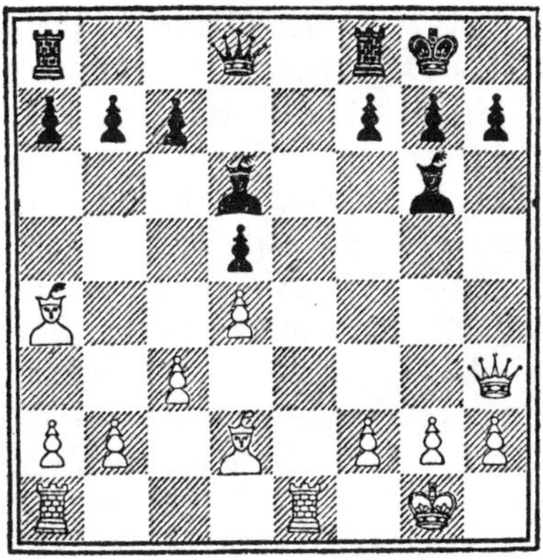

Es geschah: 1. ... c7—c6 2. Te1—e2? (jetzt sind La4 und Te2 ungedeckt) 2. ... Dd8—b6 3. Ld2—e3 Db6—a6 und Weiß ist zu dem unschönen Zuge 4. La4—d1 gezwungen, der seine Entwicklung stört.

Nr. 184

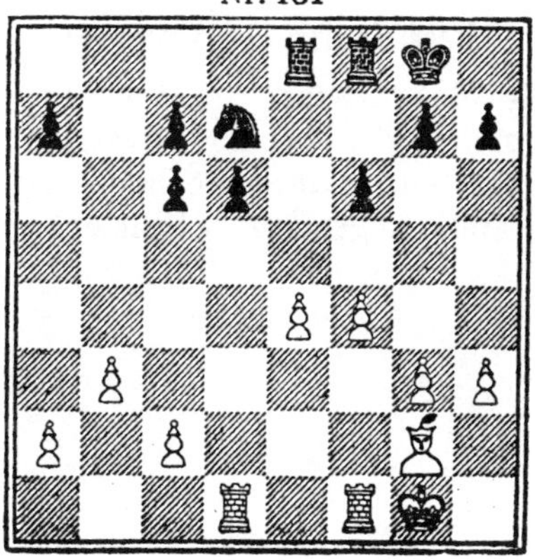

Hier führt die ungedeckte Stellung des Springers d7 zu einem Fesselangriff, aus dem sich zwangsläufig ein für Schwarz ungünstiges Endspiel ergibt. Es geschah: 1. e4—e5 f6×e5 (auf d6—d5 wird der Angriff mit c2—c4 weitergeführt) 2. Lg2×c6 Te8—e7 3. Lc6×d7 Te7×d7 4. f4×e5 Tf8×f1† 5. Kg1×f1 Td7—f7† (sonst bekommt Schwarz seinen verlorenen Bauern nicht zurück) 6. Kf1—g2 d6×e5 7. Td1—d8† Tf7—f8 8. Td8×f8† Kg8×f8. Das Bauernendspiel steht nun für Weiß günstig: die „Majorität der Bauern auf der Damenseite" muß dort einen Freibauern ergeben, der den schwarzen König ablenkt, während der weiße die Bauern im Zentrum und auf der Königsseite erobert. Es folgte: 9. Kg2—f3 Kf8—e7 10. Kf3—e4 Ke7—d6 11. b3—b4 (auf c2—c4 verhindert Schwarz mit c7—c5 a2—a3 a7—a5 das Entstehen eines weißen Freibauern und erzielt nach Kf5 g7—g6† Ke4 Ke6 eine Remisstellung). 11. . . . a7—a6 12. a2—a4 g7—g6 13. c2—c4 a6—a5 (auf c7—c6 oder c5 macht sich Weiß mit b4—b5 einen Freibauern; auf Ke6 mit b4—b5 a6—a5 c4—c5 und b5—b6 oder mit a4—a5 c7—c6 b4—b5 c6×b5 c4×b5 und endlich auf h7—h6 durch c4—c5† Ke6 b4—b5 usw.) 14. b4×a5 Kd6—c5 15. Ke4×e5 und Schwarz verliert noch den g- und h-Bauern.

Beseitigung der Deckung

Die Deckung eines Steines durch einen anderen kann häufig durch mehr oder minder gewaltsame Ablenkung des deckenden Steines unterbrochen oder aufgehoben werden. So in den folgenden Beispielen:

Nr. 185

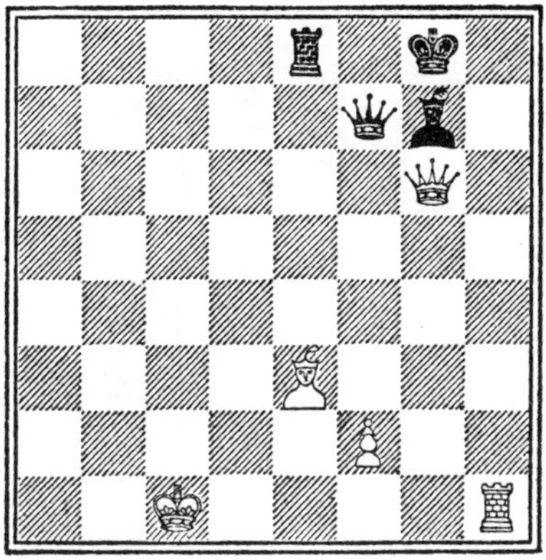

1. Th1—h8†! Kg8×h8
2. Dg6×f7 und Weiß hat die Dame für einen Turm erobert.

Die Kombination umfaßte noch einen Zug. Die Stellung war im wesentlichen die folgende:

Nr. 186

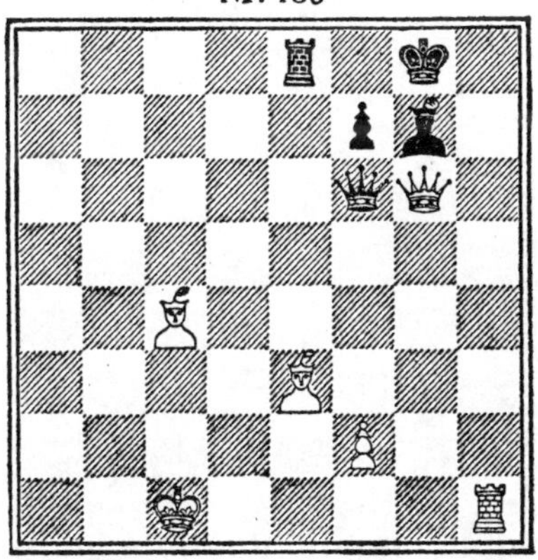

Es geschah: 1. Lc4×f7† Df6×f7 und nun folgte das Turmopfer. (Schlägt Schwarz den Läufer nicht, sondern zieht 1. ... Kg8—f8, so wird das Matt erzwungen durch 2. Le3—c5† D oder Te7 3. Th1—h8† Lg7×h8 4. Dg6—g8‡.)

In der folgenden Stellung

Nr. 187

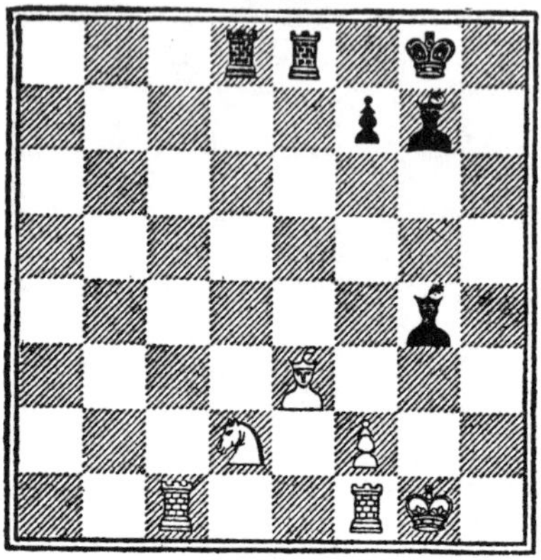

erlangt Schwarz das Übergewicht durch
1. ... Te8×e3
2. f2×e3 Td8×d2.

Nr. 188

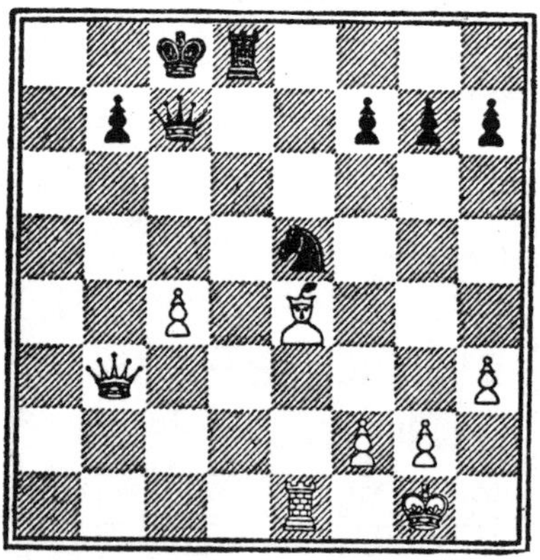

Hier erobert Weiß einen Bauern durch
1. Db3×b7† (zwingender als 1. Le4×b7†) Dc7×b7
2. Le4×b7† Kc8×b7
3. Te1×e5.

Nr. 189

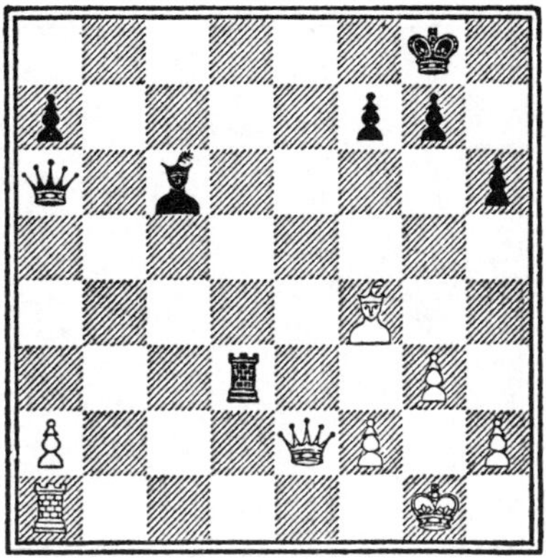

Schwarz gewinnt die Dame durch
1. ... Td3×g3† 2. Kg1—f1 (auf andere Züge wird die weiße Dame sofort geschlagen) Tg3—g1†! 3. Kf1×g1 Da6×e2.

Nr. 190

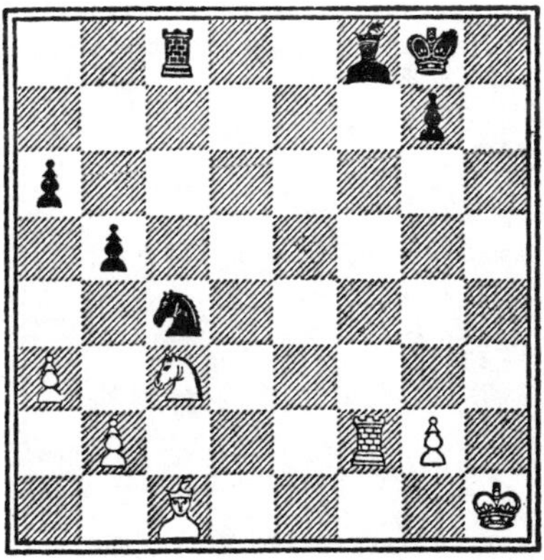

Schwarz erobert einen Bauern durch
1. ... Sc4×a3 2. b2×a3 Tc8×c3.

Nr. 191

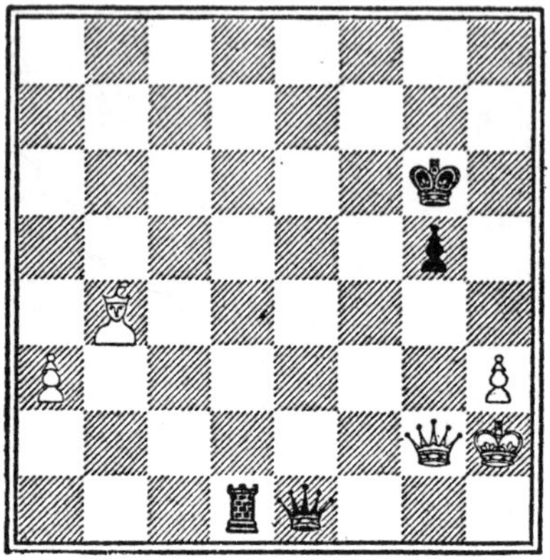

Schwarz erobert die Dame durch
1. ... De1—e5† 2. Dg2—g3 Td1—h1†! 3. Kh2—g2 (oder Kh1: Dg3:) Th1—g1†! 4. Kg2×g1 De5×g3†.

Nr. 192

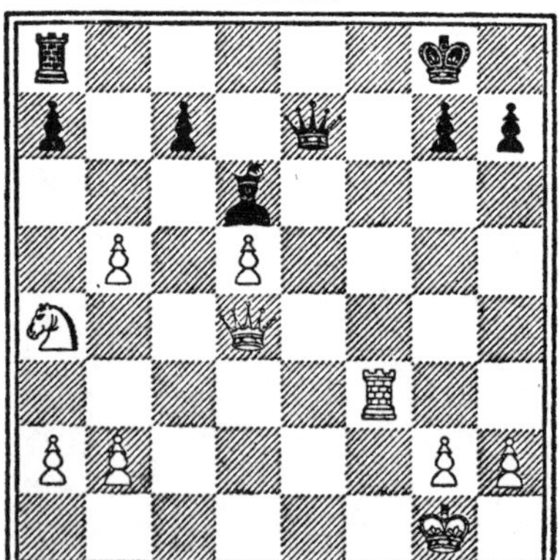

Hier erobert Schwarz die Qualität durch
1. ... De7—e1† 2. Tf3—f1 Ld6×h2†! 3. Kg1×h2 De1×f1. Eine sehr oft vorkommende Kombination!

In der folgenden Stellung

Nr. 193

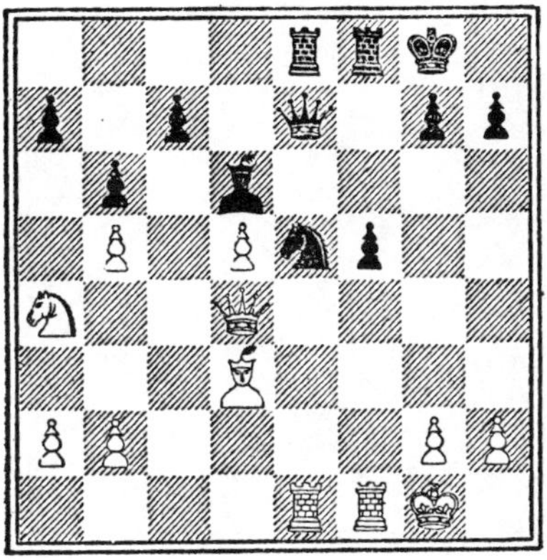

würde Weiß einen schweren Fehler begehen, wenn er mit dem Läufer d3 den Bauern f5 schlüge. Schwarz würde auf f5 die Qualität opfern, um so die Deckung des Turmes e1 zu beseitigen, der dann durch Sf3† verlorenginge. Nämlich: 1. Ld3×f5? Tf8×f5! 2. Tf1×f5 Se5—f3†! 3. Tf5×f3! (g2×f3? führt zum Matt durch 3. . . . De1† 4. Kg2 Te2† 5. Kh3 Th2† 6. Kg4 Dh4‡) 3. . . . De7×e1† 4. Tf3—f1 Ld6×h2†! (Wieder gewaltsame Ablenkung der schützenden Figur!) 5. Kg1×h2 De1×f1 und Schwarz hat bei fortdauerndem Angriff die Qualität erobert.

In dieser Stellung

Nr. 194

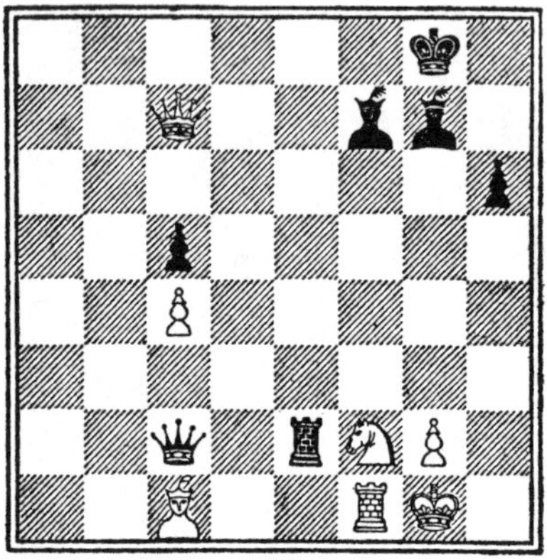

erlangt Schwarz das Übergewicht durch

1. ... Te2×f2!
2. Tf1×f2 Dc2×c1†.

Eine selten vorkommende, aber typische und sehr schöne Kombination, die ebenfalls eine gewaltsame Beseitigung einer Deckung darstellt, ist die folgende:

Nr. 195

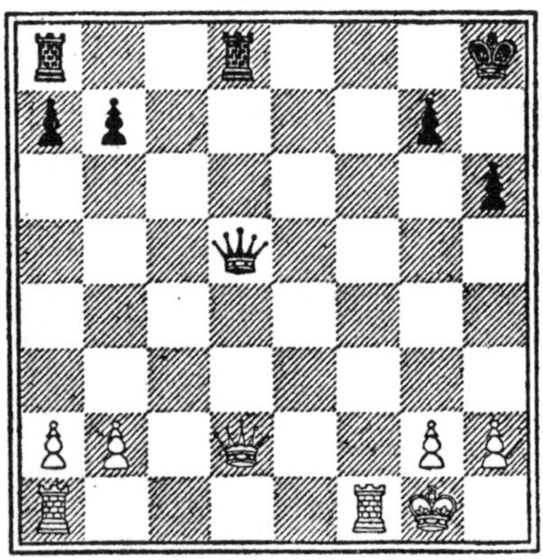

Weiß gewinnt durch den glänzenden Zug 1. Tf1—f8†!; bei 1. ... Td8×f8 die Dame und bei 1. ... Kh8—h7 durch 2. Dd2×d5 Td8×d5 3. Tf8×a8 einen Turm.

Mitunter kann die Deckung eines Steines dadurch beseitigt werden, daß man die Linie der deckenden Figur unterbricht. So in den folgenden Beispielen:

Nr. 196

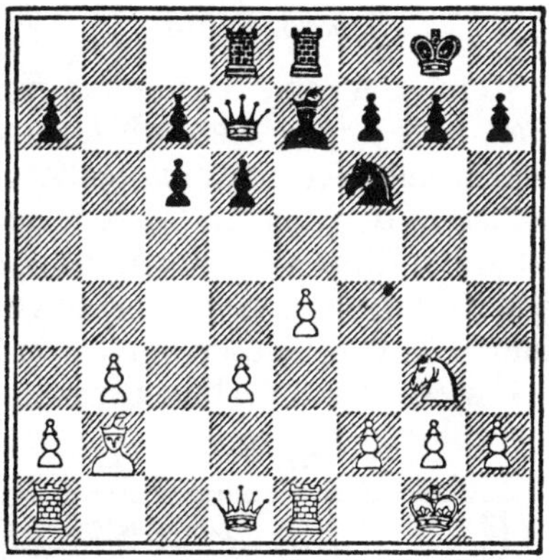

Schwarz verliert nach 1. . . . d6—d5? eine Figur durch 2. e4—e5 Sf6—g4 3. e5—e6! f7×e6 4. Dd1×g4.

Nr. 197

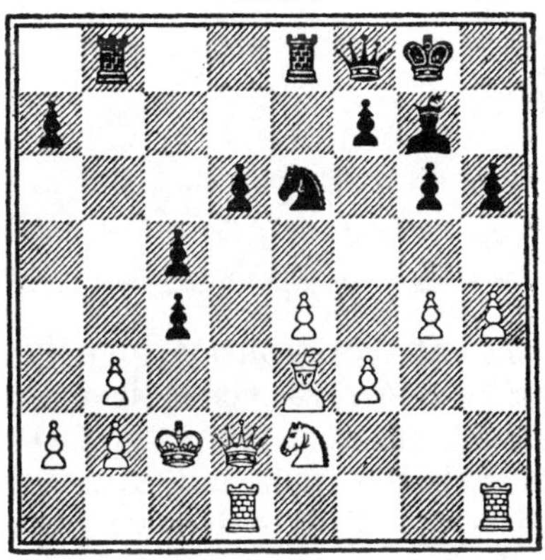

Hier glaubte Weiß, mit Dd2×d6? einen Bauern erobern zu können. Aber Schwarz wies diesen Zug sofort als fehlerhaft nach, indem er durch 1. . . . Se6—

d4†! die Deckung der Dame durch den Turm unterbrach, so daß Weiß, um nicht die Dame einzubüßen, auf d4 die Qualität opfern mußte.

Scheindeckung

Wenn ein Stein, der eine besonders wichtige Funktion zu erfüllen hat, angegriffen wird, so darf man ihn nicht mit einem beliebigen Stein decken, sondern nur mit einem solchen, der ihn in dieser seiner Funktion ersetzt. Deckt man ihn mit einem anderen Stein, so ist es eine Scheindeckung, und der angegriffene Stein kann trotz der Deckung geschlagen werden. Das folgende Beispiel wird diese Verhältnisse klarmachen.

Nr. 198

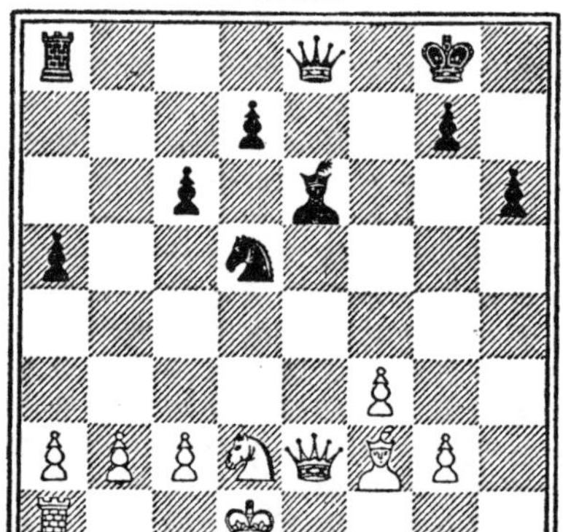

Der Bauer b2 hat die Funktion, den Punkt c3 gegen den schwarzen Springer zu verteidigen, der, wenn der Bauer nicht dastände, dort König und Dame angreifen würde. Greift Schwarz nun mit 1. ... Ta8—b8 den Bauern an, so wären 2. Ta1—b1 oder Sd2—c4 Scheindeckungen. Auf beide Züge könnte Schwarz den Bauern schlagen, da er beim Wiederschlagen durch Sd5—c3† die Dame gewänne. Weiß muß vielmehr den Bauern mit 2. Lf2—d4 oder 2. Kd1—c1 decken. Opfert dann Schwarz dennoch den Turm auf b2, so ist die Funktion des Bauern von der zurückschlagenden Figur übernommen. *Man muß sich daher stets, wenn man einen Stein deckt, die Frage vorlegen, ob er nicht trotz der Deckung geschlagen werden könne.*

Einen anderen Fall von Scheindeckung zeigt die folgende Stellung:

Nr. 199

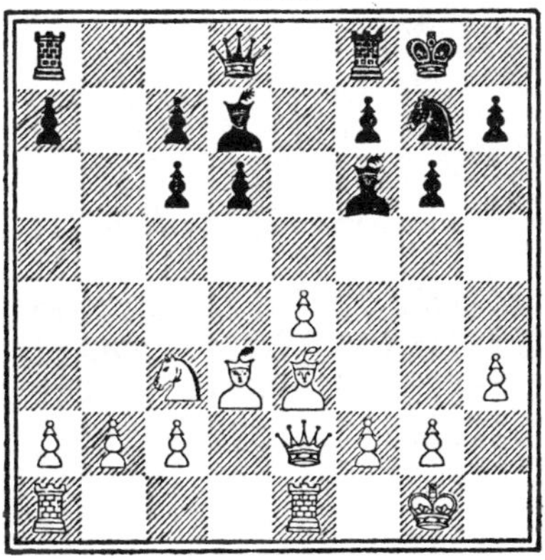

Schwarz greift den Bauern b2 mit 1. ... Ta8—b8 an. Weiß deckt ihn durch 2. Ta1—b1?, worauf der schwarze Turm ihn nichtsdestoweniger schlägt, denn nach 2. ... Tb8×b2! 3. Tb1×b2 gewinnt Schwarz durch 3. ... Lf6×c3 zunächst den Springer und dann, da der Läufer beide Türme angreift, auch noch die Qualität zurück, so daß er bei der ganzen Transaktion einen Bauern profitiert hat. (Vgl. Nr. 162.)

Ein ähnlicher, sehr häufig eintretender Fall von Scheindeckung liegt vor, wenn ein Stein zwei verschiedene Funktionen erfüllen soll, z. B. zwei Figuren zu decken hat oder überhaupt nach verschiedenen Richtungen engagiert ist, wie in den folgenden Spielen:

Nr. 200

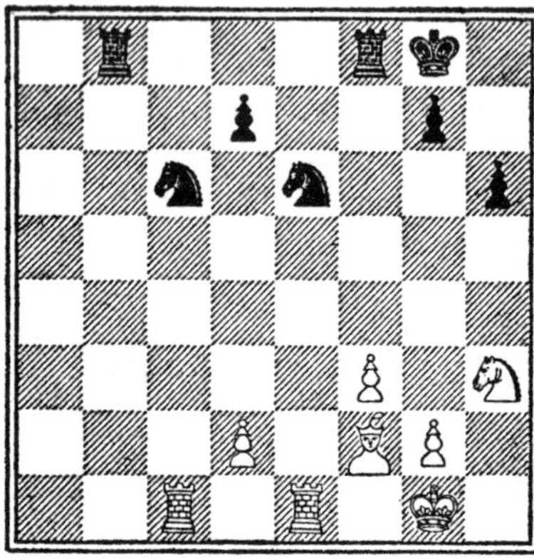

Der Bauer d7 soll die beiden Springer decken. Das geht über seine Kräfte. Weiß schlägt erst den einen und dann den anderen Springer, wodurch er das Übergewicht zweier leichter Figuren gegen einen Turm erlangt.

Nr. 201

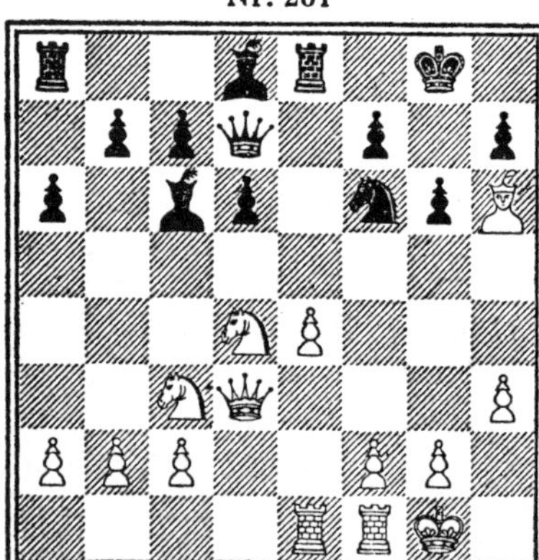

Schwarz zieht 1. . . . d6—d5? (besser Le7) und verliert nach 2. Sd4×c6 b7×c6 3. e4×d5 c6×d5 mindestens einen Bauern, da die Dame d7 und der Springer f6 nicht zugleich den Bauern d5 und den Turm e8 decken können. In einfacher Weise kann Weiß den Bauern durch 4. Te1×e8† nebst 5. Sc3×d5 erobern. Raffinierter und stärker aber ist die Zugumstellung 4. Sc3×d5!, denn nach 4. ... Sf6×d5 schlägt er mit der Dame den Springer, um, wenn sie genommen wird, durch Te1×e8‡ mattzusetzen. Daran kann auch der Zwischenzug Te8×e1 nichts ändern, der einfach mit Tf1×e1 beantwortet wird.

In das Kapitel der Scheindeckung gehören auch viele Fälle von Fesselung wie die folgenden:

Nr. 202

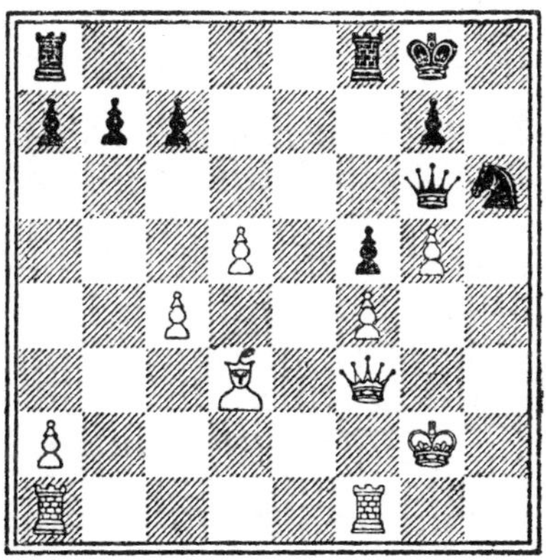

Nach 1. Df3—g3 ist der Bauer g5 entfesselt und greift den Springer an. Geht er nach g4, so schlägt ihn die Dame einfach weg, da nach f5×g4 die schwarze Dame einsteht.

Nr. 203

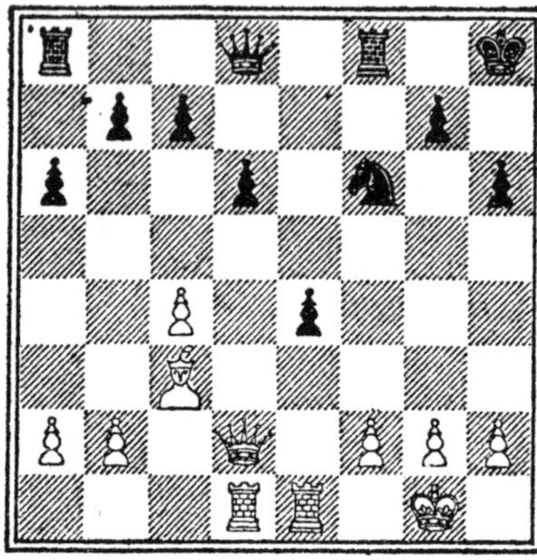

Eine sehr häufig vorkommende Wendung, die man sich gut einprägen muß, um sie bei Gelegenheit schon einige Züge vorher zu sehen: 1. Te1×e4! Sf6×e4? 2. Dd2×h6†! Kh8—g8 3. Dh6×g7‡.

Dergleichen Fälle haben wir schon mehrfach in dem Kapitel Fesselung gebracht. Hier wollen wir noch den am häufigsten vorkommenden zur Warnung abbilden.

Nr. 204

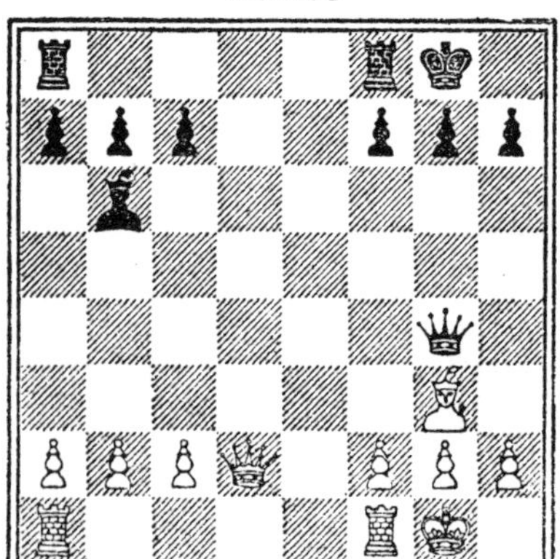

Schwarz zieht achtlos 1. . . . h2—h3?, worauf die schwarze Dame den Läufer g3 schlägt, da ihn der von dem Läufer b6 gefesselte Bauer f2 nicht deckt. Wie gesagt, ein sehr oft vorkommender Fehler!

Aufgedeckte (Abzugs-)Angriffe

Wenn die Angriffslinie einer Figur durch einen Stein derselben Partei versperrt ist und durch Abzug dieses Steines aufgedeckt wird, so spricht man von einem Abzugs- oder aufgedeckten Angriff bzw. von einem Abzugs- oder aufgedeckten Schach. Diese Art von Angriffen ist außerordentlich gefährlich, denn der abziehende Stein kann selbst wieder etwas angreifen oder schlagen. Gibt bei einem Abzugsschach der abziehende Stein selbst Schach, so entsteht ein Doppelschach. Dies haben wir schon in den Anfangsgründen erörtert. Typus:

Nr. 205

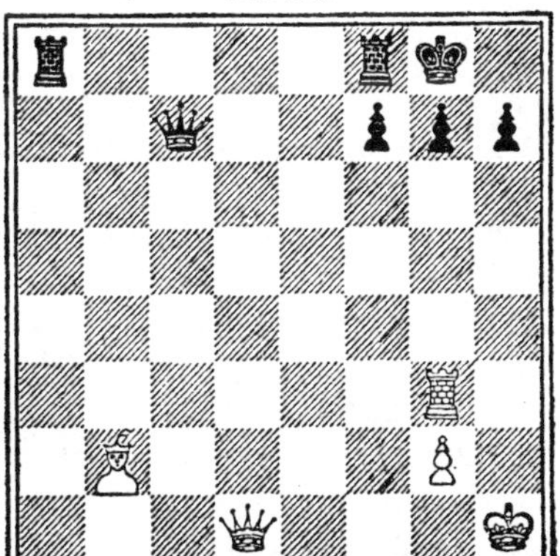

1. Tg3×g7† Kg8—h8. Nun wird durch Abzug des Turmes die Angriffslinie des Läufers aufgedeckt. Zieht der Turm z. B. nach g4, so steht der schwarze König

im Schach von dem Läufer b2. Dieses Schach kann Schwarz aber mit f7—f6 decken, und Weiß hat nichts Besonderes erreicht. Viel besser kann der abziehende Turm den Bauern f7 schlagen und dadurch die Dame erobern, da Schwarz vor allem den Angriff auf seinen König abwehren muß. Am stärksten aber opfert sich der Turm auf g8 mit Doppelschach, der König muß schlagen, worauf die weiße Dame auf g4 mattsetzt.

Im folgenden einige kompliziertere Wendungen:

Nr. 206

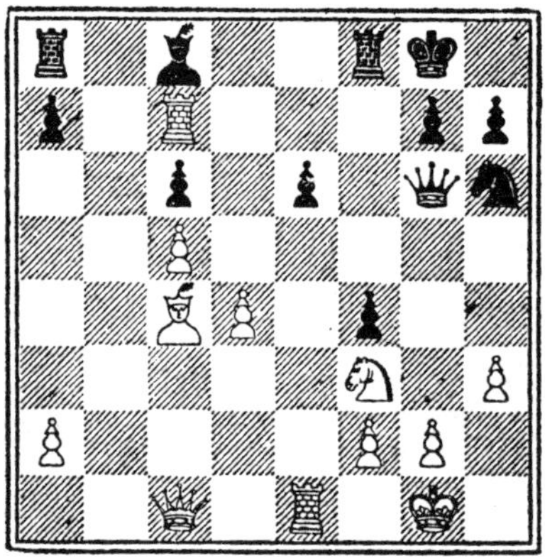

Es liegt nahe, daß Weiß hier auf c8 die Qualität opfert, um sie danach durch Le6† zurückzugewinnen. Aber weit stärker, raffinierter ist statt des direkten Angriffs Le6† der hinterhältige, die Vorbereitung eines Abzugsschachs. Demnach geschieht: 1. Tc7×c8 Ta8×c8 2. Te1×e6!. Dieser Vorbereitungszug ist hier um so stärker, als gleichzeitig die Dame angegriffen ist. Und die geht jetzt überall verloren; bei 2. . . . Dg6—f7 durch 3. Te6—e1 (oder beliebig); bei 2. . . . Dg6—f5 durch 3. Te6—e5† oder 3. Te6—f6†; bei 2. . . . Dg6—h5 durch 3. Te6×h6† oder 3. Te6—e5†. Bei 2. . . . Tf8—f6 könnte sie durch 3. Te6×f6†? verlorengehen. Noch stärker aber ist 3. Te6—e8, Doppelschach und Matt. —

Nr. 207

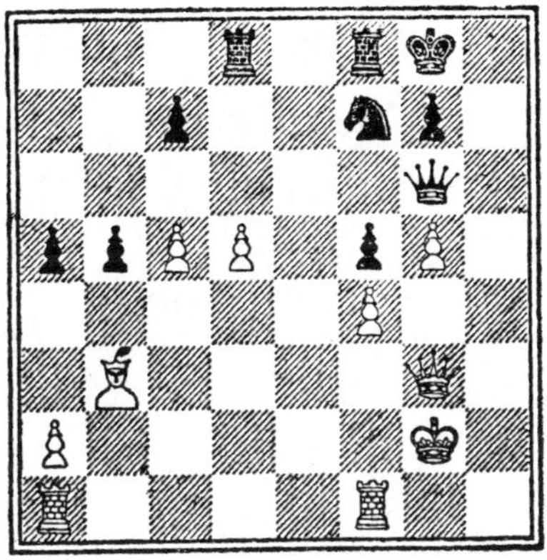

In dieser Stellung zog Weiß 1. Ta1—e1 mit der Drohung, durch 2. Te6 Dh5 3. Ld1 (nicht Th1 wegen Dg4) Dh7 4. Th1 die Dame ins Gedränge zu bringen und mindestens (bei Sh6) den Springer zu gewinnen. Schwarz zog 1. ... Tf8—e8, mußte aber nach 2. Te1—e6 Te8×e6 3. d5×e6 den Springer mit 3. ... Kg8—f8 aufgeben, um den Gefahren des Abzugsschachs zu entgehen, nämlich 3. ... Sh8 4. e6—e7† mit Angriff auf den Turm; oder 3. ... Td8—d2† 4. Tf1—f2 Td2×f2† 5. Kg2×f2 Sf7—h8 6. e6—e7† Sh6—f7 7. e7—e8D†; oder 6. ... Kg8—h7 7. Dg3—h4 (oder h3, h2)† und Weiß gewinnt.

Nicht nur auf den König, sondern auch auf die Dame und andere Steine sind aufgedeckte Angriffe gefährlich.

Nr. 208

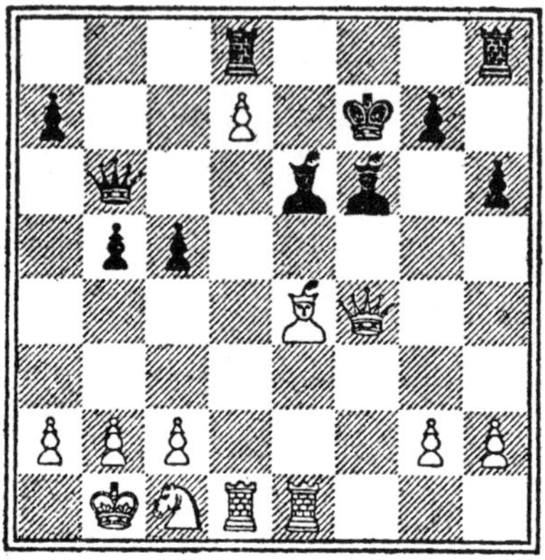

In dieser Stellung geschah: 1. Td1—d6 Db6—c7?. Hier ist die Dame nicht gedeckt und indirekt von der feindlichen Dame bedroht. Weiß gewinnt durch 2. Le4—d5!, denn auf 2. ... Le6×d5 geht durch 3. Td6×f6† g7×f6 Df4×c7 die Dame verloren.

Öfters gipfelt ein Opfer in einem aufgedeckten Schach:

Nr. 209

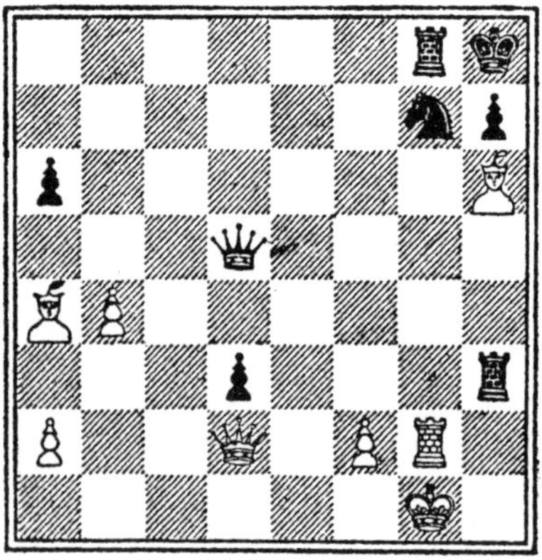

In dieser Stellung zog Weiß 1. Dd2—f4, um auf den verführerischen Mattangriff 1. ... Dd5—h5? mit 2. Lg7†

Tg7: Df8† das Matt zu erzwingen. Schwarz zog aber 1. . . . Th3×h6! und auf 2. Df4×h6 gewann er durch 2. . . . Dd5×g2†! 3. Kg1×g2 Sg7—f5† die Dame zurück.

Ein sehr häufig vorkommender Fall ist der folgende:

Nr. 210

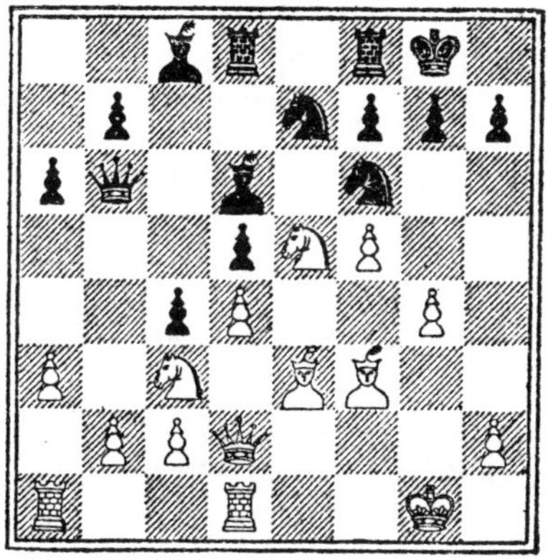

Schwarz zog unvorsichtigerweise mit 1. . . . Db6—a5? die Dame in die Angriffslinie der weißen Dame hinein, die durch 2. Sc3×d5! plötzlich demaskiert wurde. Schlägt Schwarz die Dame (den Springer kann er nicht schlagen, ohne die Dame zu verlieren), so tauscht Weiß zunächst mit Se7† seinen eingestellten Springer ab, um nach Le7: die Dame mit dem Turm wiederzunehmen, womit er den wichtigsten Bauern erobert hat. In der Partie lehnte Schwarz mit 2. . . . Da5—b5 den Damentausch ab, worauf er durch 3. a3—a4 Db5—e8 (auf Db2: geht durch Tdb1 die Dame verloren) 4. Sd5×f6† g7×f6 5. Se5×c4 einen zweiten Bauern verlor. *Ein vis-à-vis von Dame und Dame auf einer Linie oder Diagonale ist also immer sehr gefährlich.* So auch in den folgenden typischen Fällen:

Nr. 211

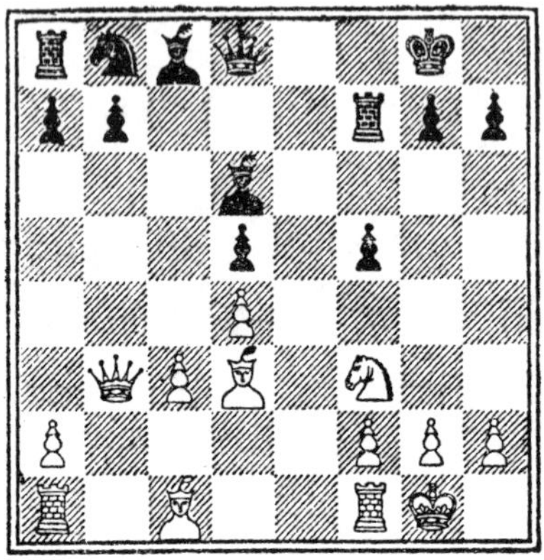

1. Db3×d5 wäre ein schwerer Fehler, weil die Dame durch den Abzug 1. . . . Ld6×h2† verloren wäre. Das Richtige ist es, durch 1. Sf3—g5 den Turm f7 zu vertreiben und danach den Bauern d5 *mit Schach* zu schlagen.

Nr. 212

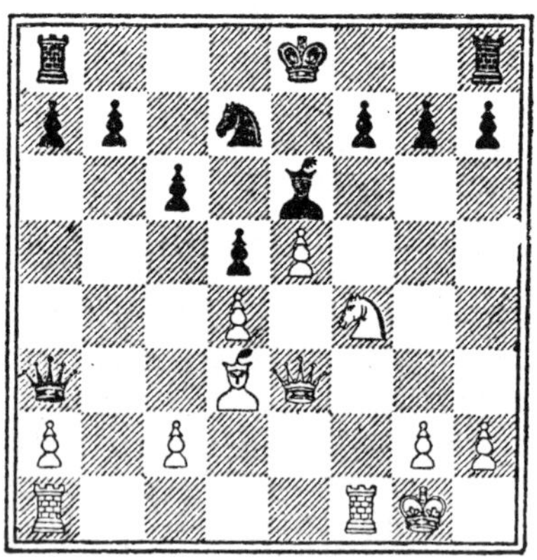

Hier gewinnt Weiß durch 1. Sf4×e6 f7×e6? 2. Ld3—g6† h7×g6 3. De3×a3 die Dame.

Auch in dem folgenden Spiel begibt sich die weiße Dame in ein vis-à-vis zu der schwarzen und geht verloren:

Nr. 213

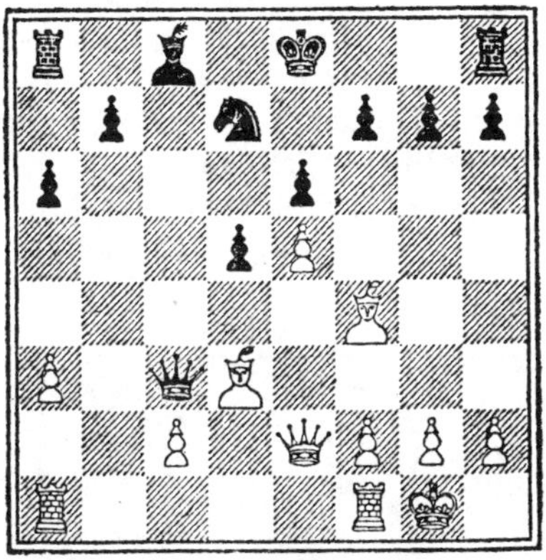

Es geschah: 1. De2—g4? Sd7×e5! 2. Dg4×g7? Se5—f3† und Schwarz gewann die Dame.

Ebenso illustriert das folgende Spiel die Gefährlichkeit des vis-à-vis der Damen.

Nr. 214

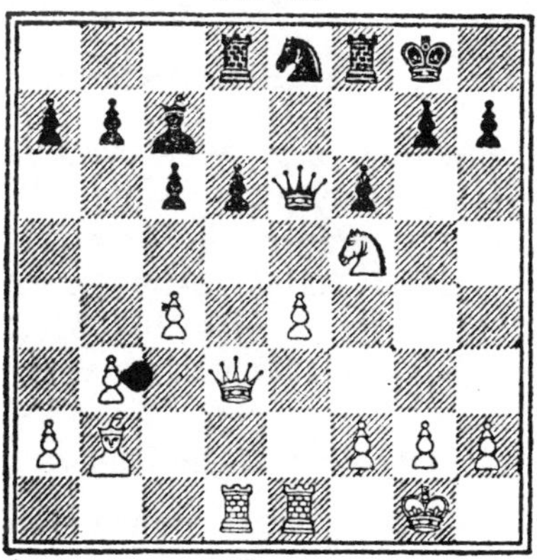

Es geschah: 1. . . . Tf8—f7, worauf Weiß mit 2. Dd3—h3 die Dame durch die Drohung, den Springer nach h6 mit Schach abzuziehen, indirekt angriff. Schwarz glaubte nun, genügend gesichert zu sein, wenn er mit 2. ... Kg8—h8? dem Springerschach aus dem Wege ginge. (Er hätte die Dame nach c8 zurückziehen sollen.) Aber Weiß griff jetzt mit 3. Sf5—h6! Dame und Turm an; deckt der Turm auf e7 die Dame, so tauscht Weiß die Damen und erobert durch Sh6—f7† auf d8 die Qualität. Schwarz zog 3. ... De6×h3, worauf Weiß durch 4. Sh6×f7† ebenfalls die Qualität gewann und dann die Dame wiederschlug.

Nr. 215

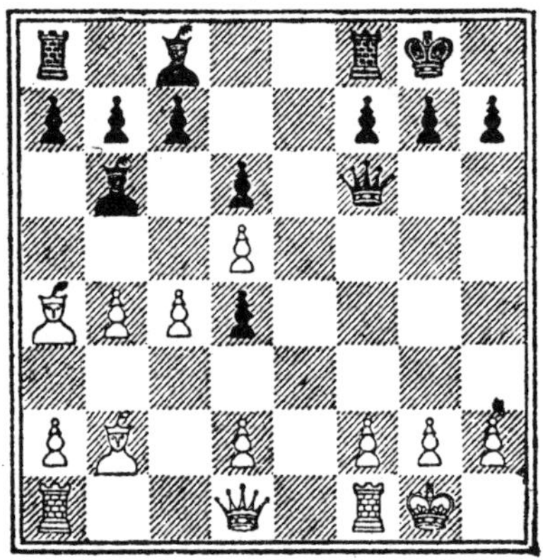

In dieser Stellung zog Weiß unvorsichtigerweise 1. Dd1—e2, worauf er durch 1. ... d4—d3 (Aufdeckung der Angriffslinie der schwarzen Dame) sofort in entscheidenden Nachteil geriet. Dame und Läufer sind angegriffen; und auf 2. Lb2×f6 d3×e2 sind zwei Figuren angegriffen, von denen eine verlorengeht.

Einsperrung eines Läufers

Keine Figur kann so leicht einmal von Bauern eingesperrt und sogar erobert werden wie ein Läufer. Die typische Stellung ist die folgende, sehr häufig wiederkehrende:

Nr. 216

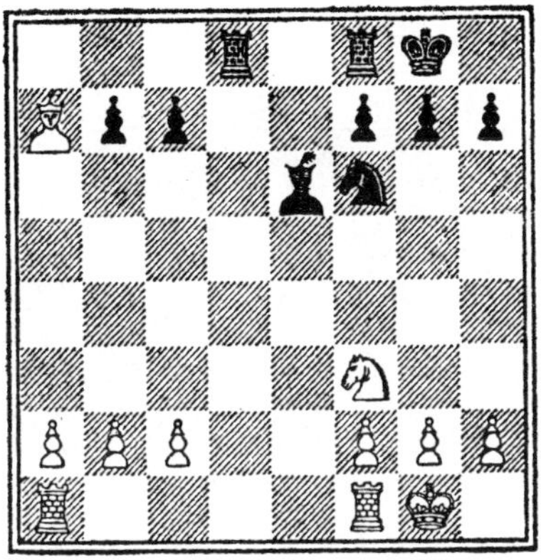

Der Läufer hat den Bauern a7 geschlagen; Schwarz verlegt ihm durch b7—b6 den Rückzug und erobert ihn durch Td8—a8.

Nr. 217

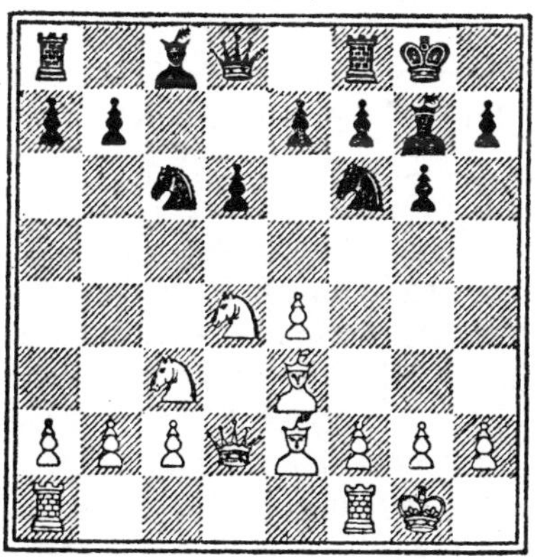

In dieser Stellung zog Schwarz 1. ... Sf6—g4 und versäumte es, nach 2. Le2×g4 Lc8×g4 3. f2—f4, den Läufer sofort nach d7 zurückzuziehen. Es geschah 3. ... a7—a6? und nun sperrte ihm Weiß mit 4. f4—f5! den Rückzug und drohte, ihn durch h2—h3 Lg4—

h5 g2—g4 zu erobern, eine Drohung, die schlecht ohne anderweitigen Nachteil zu parieren war.

Nr. 218

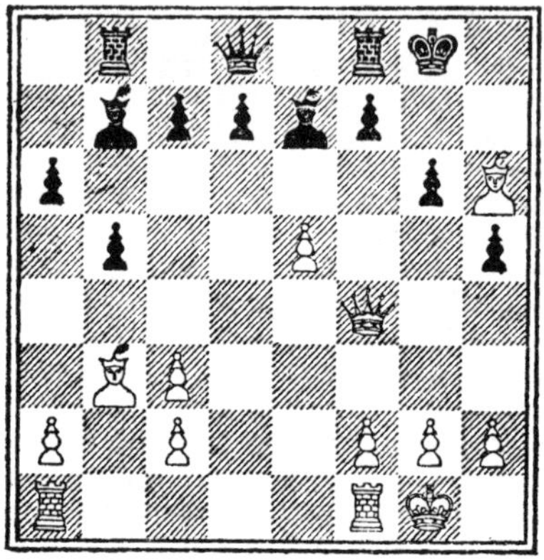

In dieser Stellung kann Schwarz den angegriffenen Turm nicht ziehen, da Weiß mit Df7† nebst Dg7‡ mattsetzen würde. Er zieht 1. ... d7—d5 und nun würde Weiß einen schweren Fehler begehen, wenn er den Turm schlüge. Schwarz würde mit Dame oder Läufer zurückschlagen, und dann bestände die schlecht zu parierende Drohung, daß der Läufer b3 durch Vorgehen des Bauern c7—c5—c4 dauernd eingesperrt würde. Er geht zwar zunächst nicht verloren, da Weiß ihm mittels a2—a3 das Feld a2 öffnen kann, aber er spielt nicht mehr mit, da er völlig eingeschlossen ist. c3—c4 (auf c7—c5) verbietet sich wegen d5×c4 mit Gewinn des Läufers. Hier zeigt sich ein schwerer Nachteil des Doppelbauern; stände der Bauer auf b2 statt auf c3, so würde der einfache Zug c2—c3 dem Läufer den Rückzug nach c2 öffnen. Die Möglichkeit dieser Läufereinsperrung kommt in der sogenannten Spanischen Partie (1. e2—e4 e7—e5 2. Sg1—f3 Sb8—c6 3. Lf1—b5) häufig vor; auf ihr beruht die Stärke der Verteidigung mit 3. ... a7—a6. — Auf 1. ... d7—d5 muß Weiß also zunächst diesen Bauern mit dem

Bauern e5 schlagen, und erst auf 2. ... Dd8×d6 (2. ... Le7×d6 wäre fehlerhaft wegen des schlecht zu parierenden Angriffs 3. Df4—d4, der Matt auf g7 droht) und Damentausch kann er die Qualität mit Vorteil nehmen.

Nr. 219

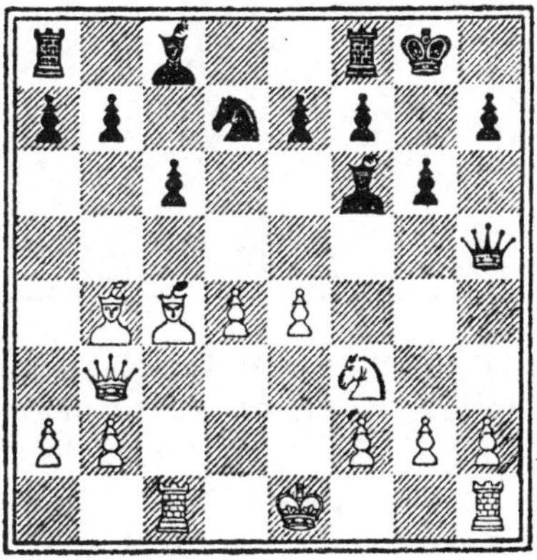

In dieser Stellung zog Schwarz 1. ... a7—a5 und nun wäre es ein schwerer Fehler gewesen, den Läufer nach a3 zurückzuziehen, denn er wäre durch 2. ... b7—b5 3. Lc4—d3 b5—b4 eingesperrt und erobert worden.

Man sieht, ein Läufer kann immer nur nach einem schweren Fehlzug eingesperrt werden.

Damenfang nach Hineinschlagen auf b2 (b7)

Wenn die Dame ins feindliche Lager eingedrungen ist, kann es leicht vorkommen, daß sie vielfach angegriffen wird und verlorengeht. Wir haben oben in Nr. 128 ein solches Beispiel gegeben und lassen noch zwei typische Fälle, die nach Schlagen des b-Bauern eingetreten sind, folgen.

Nr. 220

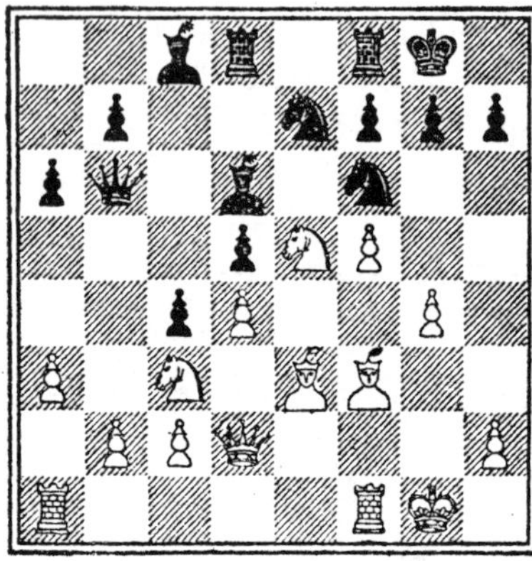

Weiß zieht 1. Ta1—d1 und legt damit eine Falle, die bei 1. Tf1—d1 zu plump wäre, denn dann würde auf 1. . . . Db6×b2? die Dame sofort durch 2. Td1—b1 verloren sein. So aber glaubt Schwarz den Bauern ungestraft schlagen zu können, wird aber nach 1. . . . Db6×b2? durch 2. Td1—b1 Db2×a3 3. Tb1—a1 Da3—b4 4. Tf1—b1 eines Besseren belehrt; die Dame ist verloren.

Ebenso im folgenden Spiel:

Nr. 221

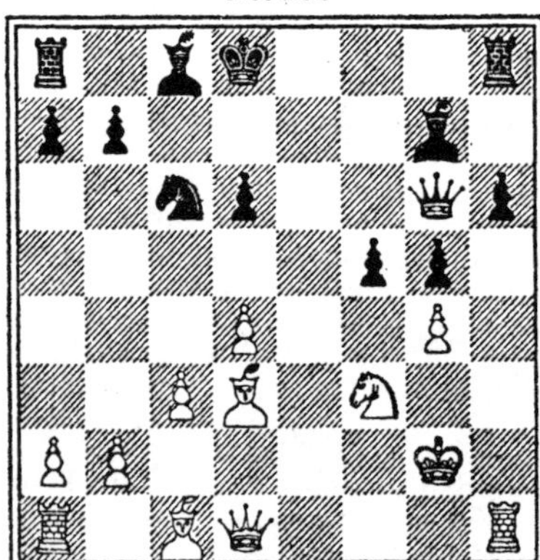

Hier geschah 1. Dd1—b3 Th8—f8 2. g4×f5? (Weiß hält den Zug für stark, weil doch der Läufer c8 den Bauern b7 gedeckt halten müsse) 2. ... Lc8×f5! 3. Db3×b7? (mit Angriff auf Turm und Springer!) 3. ... Lf5×d3 4. Db7×a8† Kd8—c7! und die Dame ist verloren. Auf 4. Db7×c6 gewinnt 4. ... Ld3—e4 zunächst den Springer f3.

Also immer sich über den sicheren Rückzug vergewissern, ehe man sich bei vollem Brett mit der Dame tief ins feindliche Lager hineinwagt!

Gewaltsame Entblößung des Königs

Eine sehr einfache und häufige Form des Mattangriffs wird durch das Opfer eines Läufers auf g6 oder h6 (bzw. g3 oder h3) gegen zwei Bauern eingeleitet. Dadurch wird der König seines Bauernschutzes beraubt und erliegt sehr oft dem Angriff der Dame, wenn zu ihrer Unterstützung weitere Figuren bereitstehen. So in den folgenden Beispielen:

Nr. 222

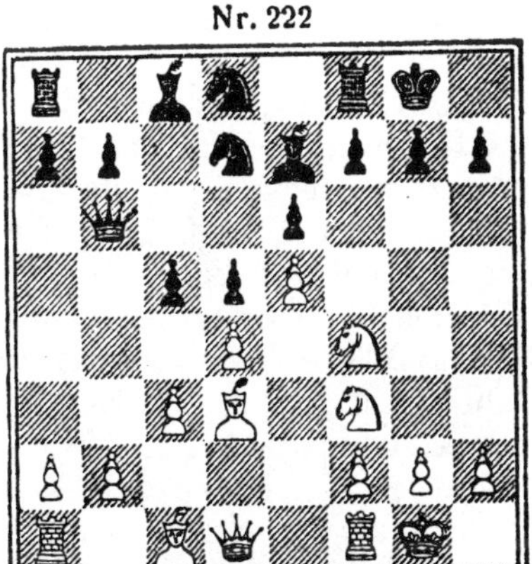

In dieser Stellung geschah: 1. Dd1—c2 f7—f5 (besser noch g7—g6) 2. e5×f6 Sd7×f6 3. Sf3—g5

g7—g6 (es drohte Lh7† Kh8 Sg6‡, was natürlich auch auf h7—h6 gefolgt wäre) 4. Ld3×g6! h7×g6 5. Dc2×g6† Kg8—h8 6. Dg6—h6† Kh8—g8 7. Sf4—g6 (droht Dh8‡ und Se7‡) Sd8—f7 8. Sg6×e7‡.

Ähnlich ist das folgende Spiel:

Nr. 223

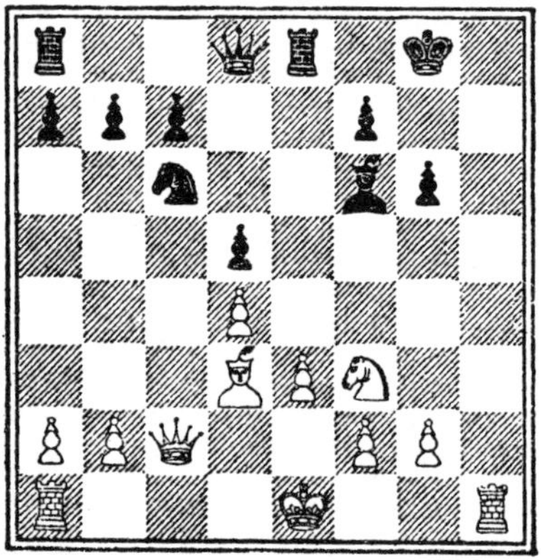

Es geschah 1. Ld3×g6 f7×g6 2. Dc2×g6† Kg8—f8! Nun ist der König zahlreichen Angriffen ausgesetzt, vor denen ihn der Bauernwall geschützt hätte. Weiß gewinnt durch 3. Th1—h7, wonach das durch Dame oder Turm auf f7 drohende Matt nur durch Einstellen der Dame auf e7 zu decken ist, da Te7 Df6† Ke8! (oder König g8? D oder T h8‡) Th8† die Dame unter noch ungünstigeren Umständen verliert. Noch stärker ist 3. Sf3—g5!. Deckt Schwarz das auf f7 drohende Matt durch 3. ... Dd8—e7, so verliert er durch 4. Sg5—h7† die Dame. Auf 3. ... Te8—e7 gewinnt Weiß Läufer und Dame, und auf 3. ... Lf6×g5 wird durch 4. Th1—h8† Kf8—e7 5. Th8—h7† Ke7—f8 6. D oder Tf7‡ das Matt erzwungen. Auf 3. ... Kf8—e7 endlich erobert 4. Th1—h7† Ke7—d6 5. Sg5—f7† die Dame. Noch rascher geht es auf den scheinbar besseren Zug 2. ... Lf6—g7. Weiß greift wieder mit 3. Sf3—g5 an, und wenn Schwarz nicht die Dame gegen den Springer opfert, sondern das auf f7 drohende Matt durch 3. ... Dd8—f6 oder e7 deckt, so setzt Weiß in zwei Zügen matt durch 4. Th1—h8†! Kg8×h8 5. Dg6—h7‡.

Nr. 224

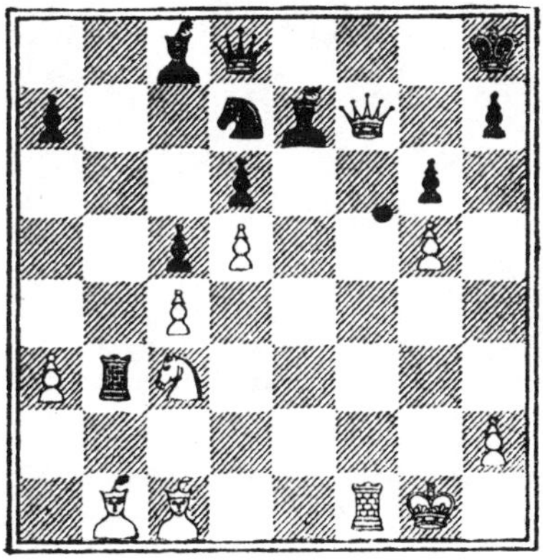

Auch in dieser Stellung erfolgt das typische Läuferopfer mit folgendem Mattangriff:

1. Lb1×g6! h7×g6 2. Df7×g6. Jetzt ist der schwarze König ganz entblößt. Es droht Tf7. Es folgte 2. ... Dd8—g8 3. Dg6—h5†! (Ja nicht Dh6†?, denn nach Dh7 hätte Weiß keine Fortsetzung. In solchen Stellungen muß alles womöglich mit Schach gehen!) 3. ... Dg8—h7 4. Dh5—e8† Sd7—f8! (oder Dg8? De7: Tc3:? Lb2 und gewinnt) 5. Tf1—f7! (stärker als Dc8:) 5. ... Dh7—c2 6. De8×e7 Dc2×c1† 7. Tf7—f1 (jetzt muß Schwarz die Dame geben, denn zieht sie z. B. nach d2, so folgt Tf8‡) 7. ... Tb3×c3 (um nach Tc1:? Tc1‡ drei Figuren für die Dame zu haben) 8. De7×f8† Kh8—h7 9. Tf1×c1, und Weiß gewinnt mit seinem bedeutenden Übergewicht ganz leicht.

Nr. 225

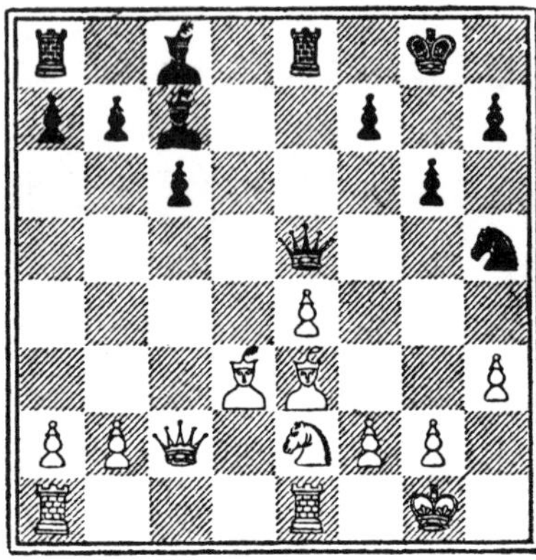

Ebenso geschah hier 1. . . . De5—h2† 2. Kg1—f1 Lc8×h3! (mit Dh1†? Sg1 würde Schwarz nicht viel erreichen) 3. g2×h3 Dh2×h3† 4. Kf1—g1 Lc7—h2† 5. Kg1—h1. Stände jetzt der Läufer nicht auf e3, sondern auf d2, wäre also der Punkt f2 nicht gedeckt, so würde die *typische* Mattsetzung, die überaus häufig ist, folgen: Lg3† Kg1 Dh2† Kf1 Df2‡. 5. . . . Sh5—f4 6. Se2×f4 (auf Lf4: erfolgt jetzt nach Lg3†! dieses typische Matt) 6. . . . Lh2×f4† 7. Kh1—g1 Lf4—h2† 8. Kg1—h1 Dh3—f3†! 9. Kh1×h2 Te8—e5 (droht Th5† nebst Matt auf h1 durch Turm oder Dame; auf Kg1 wird dieses Matt durch Th5 erzwungen. Weiß muß die Dame opfern) 10. Dc2—c5 Te5×c5 11. Le3×c5. Schwarz gewinnt nun durch Dh5† nebst Dc5: oder durch Dd3: noch einen Läufer und behält ein erdrückendes Übergewicht.

In dem folgenden Spiel muß das Läuferopfer noch durch ein Turmopfer ergänzt werden, um die Bresche vollständig zu machen.

Nr. 226

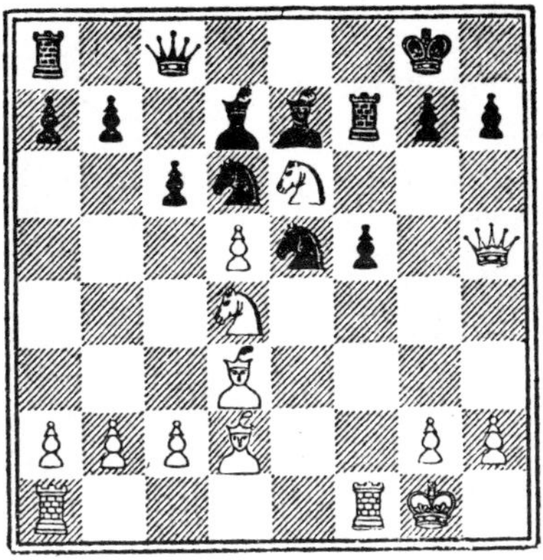

Es geschah:
1. Sd4×f5 Sd6×f5
2. Ld3×f5 g7—g6
3. Lf5×g6! Tf7×f1† (oder h7×g6 Dh5×e5)
4. Ta1×f1 Se5×g6
5. Tf1—f7! Le7—c5†
6. Kg1—h1 Kg8×f7
7. Dh5×h7† Kf7—e8! (oder Kf6 Lc3† Kf5 Dh5† Ke4 Df3‡ bzw. Lc3† Se5 Dg7† Kf5 Dg5† Ke4 De5‡)
8. Dh7×g6† Ke8—e7
9. Ld2—g5† Ke7—d6
10. Lg5—f4† Kd6—e7 (oder Kd5: Df5† Kc4 Dc5‡)
11. d5—d6†! Lc5×d6
12. Lf4—g5‡.

Nr. 227

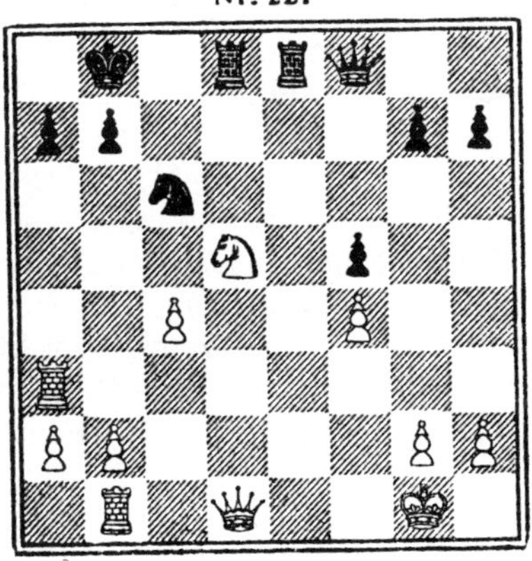

In Nr. 227 macht nicht ein Läuferopfer, sondern in überaus glänzender Weise ein doppeltes Turmopfer die entscheidende Bresche.

Es geschah:

1. b2—b4 Sc6×b4?
2. Dd1—d4 Sb4—c6
3. Tb1×b7†! Kb8×b7 (oder Kc8 Tc7† Kb8 Tb3† Ka8 Ta7‡! Sa7: Sc7‡)
4. Ta3×a7†!! Sc6×a7
5. Dd4—b6† Kb7—a8 oder c8
6. Sd5—c7‡ bzw. Db6—c7‡.

Der Angriff mit dem f-Bauern

Auf f4 (bzw. für Schwarz auf f5) hat der f-Bauer noch wenig Wirkung, im Gegenteil, wenn er für sich allein steht, bietet er einen ziemlich unästhetischen Anblick dar und ist eher ein Moment der Auflockerung und Schwäche als des Angriffs. Anders, wenn neben ihm noch der e-Bauer steht. Diese beiden Bauern zusammen sind sehr stark, sie beherrschen viele Zentrumsfelder und drohen beständig weiter vorzugehen zum Angriff, der dann ebenso dem Zentrum wie dem König (nach der kurzen Rochade) gilt. Direkt gefährlich wird das Vordringen des f-Bauern nach f5 (bzw. für den schwarzen nach f4), denn dort engt der Bauer das feindliche Spiel bedenklich ein. Sowie der f-Bauer nach f5 vorzudringen droht, verhindert man dies am besten, wenn es irgend angeht, durch das Entgegenstemmen von f7—f5 (bzw. f2—f4). Diesen Gegenstoß, der meist das Gleichgewicht herstellt, muß man eben schon einige Züge vorher vorbereitet haben. Ein weiteres Vordringen des f-Bauern nach f6 (f3) ist sehr oft katastrophal; dort wirkt der Bauer direkt erstickend, wenn er stehenbleibt; er unterstützt allerlei Mattangriffe, und wird er geschlagen, so ist damit die Königsstellung aufgerissen.

Nr. 228

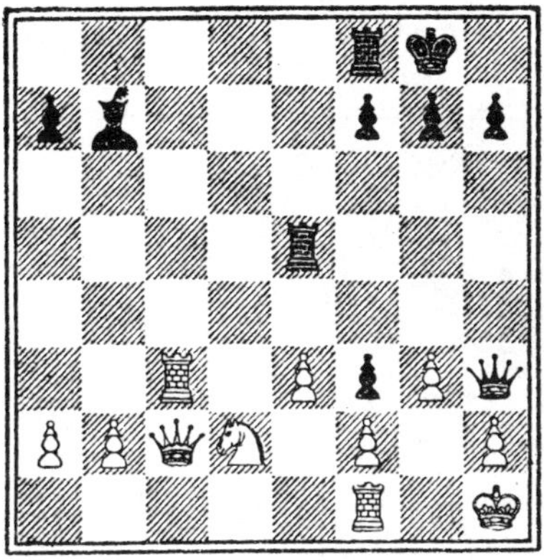

Hier geschah: 1. Tf1—g1, und nun folgte das in solchen (durch Bauer f3 und Tg1 charakterisierten) Stellungen *typische* Damenopfer 1. ... Dh3×h2† 2. Kh1 ×h2 Te5—h5‡.

Ganz derselbe Fall liegt in der folgenden Stellung vor:

Nr. 229

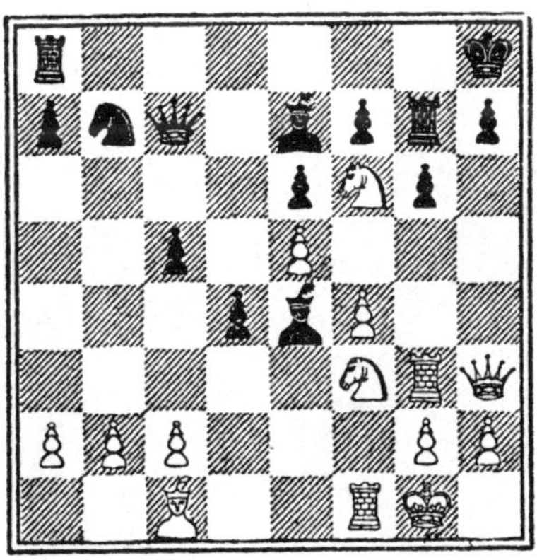

Auf 1. ... Le7×f6? folgt 2. e5×f6 Tg7—g8. 3. Dh3× h7† Kh8×h7 4. Tg3—h3‡. In der Partie vermied Schwarz den Fehlzug; es geschah 1. ... Le4—f5 2. Dh3—h6 Dc7—d8 3. Dh6—g5 Sb7—d6!!, womit Schwarz das Spiel zu seinen Gunsten entschied, da er

damit — es folgte wegen der Drohung Se4 oder Se8 e5×d6 Lf6: — den strategischen Punkt f6 eroberte.

Nr. 230

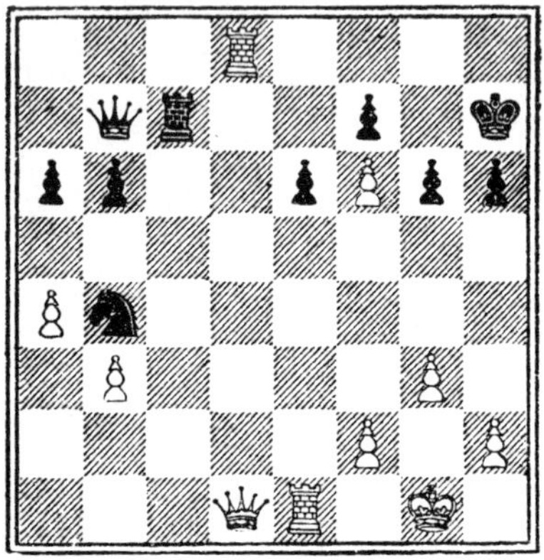

Hier gestattet der Bauer f6 ein Turmopfer mit sofortiger Mattsetzung:

1. Td8—h8†! Kh7×h8 2. Dd1—d8† Kh8—h7 3. Dd8—f8, und das Matt auf g7 ist nicht zu decken.

Auch im folgenden Spiel ist der Bauer f3 ein sehr wesentliches Moment bei der Mattführung.

Nr. 231

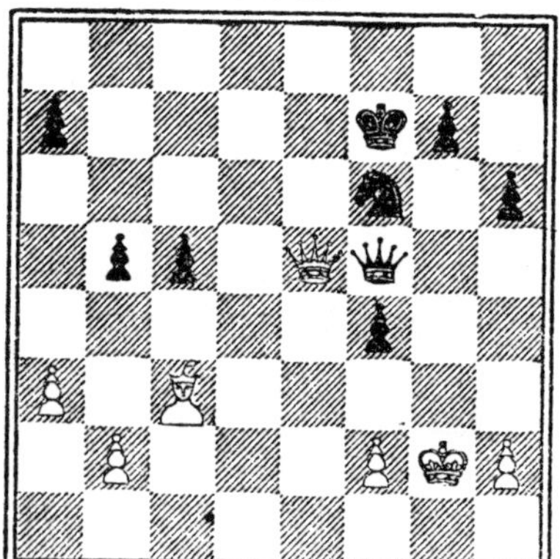

Es geschah: 1. ... f4—f3† 2. Kg2—f1! (Kg1 Db1† Le1! [De1? Dg6† nebst Dg2‡] Dg6† Dg3 De4 führt zu derselben Stellung, nur früher) 2. . . . Df5—b1† 3. Lc3—e1 (De1? Dd3† Kg1 Dg6† nebst Dg2‡) 3. . . . Db1—d3† 4. Kf1—g1 Dd3—g6† 5. De5—g3 Dg6—e4, und Schwarz gewinnt, denn auf einen Läuferzug führt Db1† zum Matt, auf Kf1 folgt De2† nebst De1‡ und Dc7† hilft nichts wegen Kg6 Dg3† Kh7.

Der Angriff auf der f-Linie

Die Öffnung der f-Linie für die Türme ist bei weitem nicht so gefährlich wie die der g- oder gar der h-Linie, bedeutet aber immerhin einen nicht zu unterschätzenden Vorteil. Meist kommt sie durch Läufertausch auf e3 (bzw. e6) zustande. Steinitz hat diesen Abtausch aufs wärmste empfohlen wegen des dabei entstehenden Doppelbauern auf e3 und e4 (bzw. e6 und e5). Im schärfsten Widerspruch zu diesem wie zu so vielen anderen Theoremen des großen Schachdenkers habe ich von jeher die Ansicht vertreten, daß dieser geringe und dabei noch fragliche Nachteil — denn der Doppelbauer beherrscht das ganze Zentrum — durch den Vorteil der offenen f-Linie für den Turm überkompensiert wird und bin mit dieser Ansicht so durchgedrungen, daß man heutzutage unter guten Spielern diesen Abtausch höchst selten sieht. Die folgenden Spiele bieten gute Erläuterungen dieser Verhältnisse.

Nr. 232

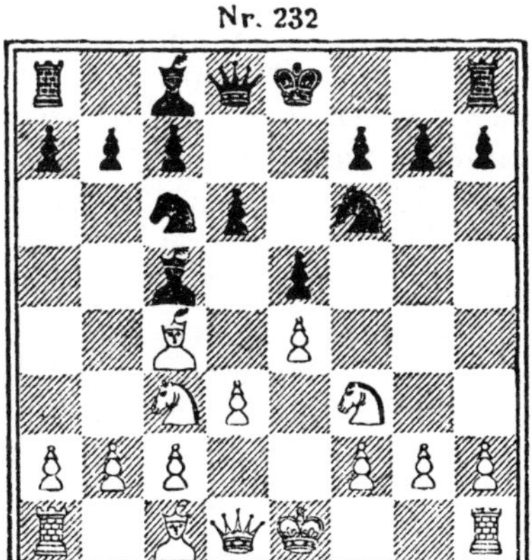

In dieser symmetrischen Stellung (die durch die Züge 1. e2—e4 e7—e5 2. Sg1—f3 Sb8—c6 3. Lf1—c4 Sg8—f6 4. d2—d3 Lf8—c5 5. Sb1—c3 d7—d6 entstanden ist) geschah: 6. Lc1—e3 Lc5×e3? 7. f2×e3 Sc6—a5 (diesen zweiten Fehler, der dem Weißen eine zweite Turmlinie öffnet, ließ Steinitz immer gleich dem ersten folgen. Natürlich! Ein Fehler zieht immer mit Notwendigkeit andere nach sich. „Das eben ist der Fluch der bösen Tat, daß sie fortzeugend immer Böses muß gebären!" Der Läufer könnte in Verbindung mit den Türmen auf der f-Linie eine dauernde Bedrohung des Punktes f7 bilden, also ist es wünschenswert, ihn abzutauschen). 8. Lc4—b3 Sa5×b3 9. a2×b3 (auf den beiden offenen Linien kommen die Türme trefflich zur Geltung). 9. ... Sf6—g4 (so pflegte Steinitz immer zu spielen, um danach den kommenden Druck auf der f-Linie durch f7—f6 zu erleichtern) 10. Dd1—d2 f7—f5 (diesen Zug habe ich in derartigen Stellungen als die einzige Möglichkeit empfohlen, vielleicht Ausgleich zu erzielen, indem Schwarz sich ebenfalls die f-Linie öffnet. Allein hier genügt auch dies Manöver nicht) 11. e4×f5 Lc8×f5 12. 0—0. (Man sieht, daß Weiß vollständig und schön entwickelt ist, während Schwarz erst zwei Figuren entwickelt hat, von denen die eine, der Läufer, durch den Turm bedroht ist [Se5: nebst Tf5: kann geschehen], während die andere, der Springer, nach h6 deplaciert wird. Weiß steht entschieden besser, während Schwarz schon in Schwierigkeiten verwickelt ist, deren Grundursache der Läufertausch auf e3 ist.) Es folgte 12. ... 0—0 13. h2—h3 Sg4—h6! (Sf6? Se5:! nebst Tf5:) 14. e3—e4 Lf5—d7 14. d3—d4 Sh6—f7 (besser wäre noch ed Dd4: b7—b6) 16. d4×e5 d6×e5 17. Tf1—d1 (erzwingt den Gewinn des a- oder e-Bauern, denn auf einen Läuferzug erfolgt doppelter Abtausch auf d8) 17. ... Sf7—d6 18. Sf3×e5. Weiß hat nun bei guter Stellung einen starken Freibauern mehr und muß deshalb gewinnen.

Nr. 233

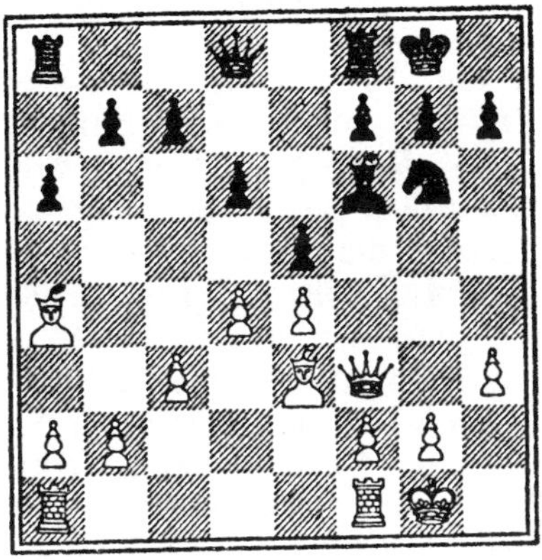

Hier geschah: 1. . . . Lf6—g5 2. g2—g3 (um Sf4 zu verhindern 2. . . . Lg5×e3? 3. f2×e3! Kg8—h8 4. Tf1—f2 (20 Züge lang dauert nun der Druck auf der f-Linie an. Man sieht, daß Weiß das viel freiere Spiel hat, eben wegen des Besitzes der (halb)offenen Linie. Schwarz hat keine solche Linie zur Verfügung, und deshalb sind seine Türme zur Passivität verurteilt.) 4. . . . c7—c6 5. La4—b3 f7—f6 (nach Steinitz' Rezept) 6. Lb3—e6 (um auf De7 den Läufer durch d4—d5 zu befestigen) 6. . . . Tf8—e8 (hierauf wäre d4—d5 schlecht, denn nach Sf8! hätte der Läufer keinen Rückzug [Lf5 g7—g6 Lg4 h7—h5]. Aber jetzt ist etwas anderes möglich). 7. Le6—f7 Te8—e7 8. Lf7×g6 h7×g6 (jetzt gibt der Bauer g6 eine Marke zum Angriff mit [h3—] h4—h5, und wenn darauf, um die h-Linie nicht für einen weißen Turm zu öffnen, g6—g5 folgt, so führt h5—h6 zur Aufrollung des ganzen Königsflügels, da dann der Bauer f6 unhaltbar wird.) 9. h3—h4! (sonst könnte Schwarz mit g6—g5 seine Bauern wieder in Reih und Glied bringen) 9. . . . Dd8—e8 10. Ta1—e1 (der Bauer e4 bedurfte der Deckung) 10. . . . Kh8—g8 11. Tf2—d2! (Weiß will das Zentrum mit d4—d5 abschließen, um unbekümmert um seine Königsbauern den Hauptangriff wieder aufnehmen zu können) 11. . . .

De8—f7 12. d4—d5 c6—c5 (sonst kann sich Weiß mit dc die d-Linie zum Angriff auf den Bauern d6 öffnen. Natürlich ist die Abschließung für Weiß angenehm) 13. Te1—f1 Df7—e8 14. Td2—h2 (nun soll der Angriff mit h4—h5 g6—g5 h5—h6 g7×h6 Df6: oder Th6: weitergeführt werden, aber so leicht geht das noch nicht. Weiß muß die guten Verteidigungszüge des Gegners in Rechnung ziehen) 14. ... Ta8—d8 (Schwarz kann nichts Wirksames unternehmen, eben weil er keine offene Linie für die Türme besitzt) 15. Df3—g4! (h4—h5 wäre noch verfrüht, weil sich Schwarz darauf mit g6×h5 Th5: Dg6! gut verteidigen könnte) 15. ... b7—b5 (Versuch einer Gegenaktion auf dem Damenflügel, die aber im Embryonalstadium stecken bleibt) 16. Kg1—g2! (Weiß führt den schwierigen Angriff mit größter Umsicht. Er bereitet h4—h5 g6—g5 Df5! [nicht h5—h6 wegen Dg6! mit guter Deckung] Dd7 Dg6 De8? Tf6: vor, der jetzt noch den Gegenangriff Dg4 [statt De8?] zulassen würde) 16. ... b5—b4 17. c3—c4 (sonst bekommt Schwarz für seine Türme die b-Linie) 17. ... De8—a4 (ein verzweifelter Ausfall; aber auch bei rein passiver Verteidigung mußte der geplante Angriff durchdringen) 18. h4—h5! (weit stärker als Dg6:) 18. ... g6—g5 19. h5—h6 (so wird der Bauer f6 unterminiert, und der Angriff auf der f-Linie dringt nun leicht durch) 19. ... Da4—c2† 20. Tf1—f2 Dc2×c4 21. h6×g7 Kg8×g7 22. Dg4—f5 (auch das Turmopfer auf f6 schlug durch, der Damenzug aber droht sowohl auf f6 wie auf h7) 22. ... Kg7—g8 23. Df5×f6 Dc4×e4† 24. Kg2—g1, und Schwarz gab auf.

Der Angriff auf den Punkt f7 (f2)

Dieser Angriff durch die Dame, unterstützt von einer leichten Figur, meist vom Königsläufer oder Königsspringer, oder auch vom Königsläufer, unterstützt vom Königsspringer, kommt vor wie nach der Rochade sehr häufig vor. Nach der Rochade ist es immer der Aufzug des f-Bauern, der diesen Angriff provoziert. Bevor man diesen Bauern zieht, muß man sich stets die Frage vorlegen, ob nicht auf der Diagonale a7—g1 (bzw. a2—g8) ein gefährlicher Angriff droht, wie in den folgenden Spielen:

Nr. 234

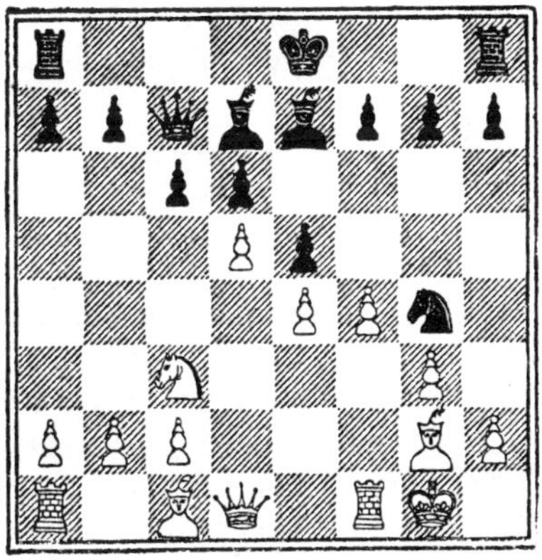

Hier droht 1. ... Dc7—b6† 2. Kg1—h1 Sg4—f2†, und Weiß muß die Qualität opfern, schon um nicht die Dame zu verlieren, tatsächlich aber, weil auf Kg1? (statt Tf2:) Schwarz mit Sh3† Kh1 Dg1†! Tg1: Sf2‡ das Erstickungsmatt herbeiführen könnte. Weiß sieht scheinbar die Drohung nicht und zieht 1. Dd1—d3!. Wenn Schwarz jetzt mit 1. ... Dc7—b6† 2. Kg1—h1 Sg4—f2†? 3. Tf1×f2 Db6×f2 die Qualität erobert, so hat er die Arglosigkeit seines Gegners überschätzt, der jetzt mit 4. Lc1—e3! die Dame fängt. Also Vorsicht, wenn sich die Dame in das dickste Kampfgewühl hineinbegibt! Immer — wie auch bei anderen Figuren — den sicheren Rückzug vorausberechnen! Und niemals die Züge des Gegners wie diesen selbst unterschätzen!

In Nr. 235 konnte Schwarz mit 1. ... Lf8—c5† 2. Kg1—h1 (Sd4 Ld4‡ cd Dd4‡ verschlimmert die Lage, denn nach Kh1 Sf2† erzwingt Schwarz das Matt; bei Kg1 das Erstickungsmatt, bei Tf2: Dd1† das Randmatt). 2. ... Sg4—f2† 3. Tf1×f2 die Qualität gewinnen. Er

Nr. 235

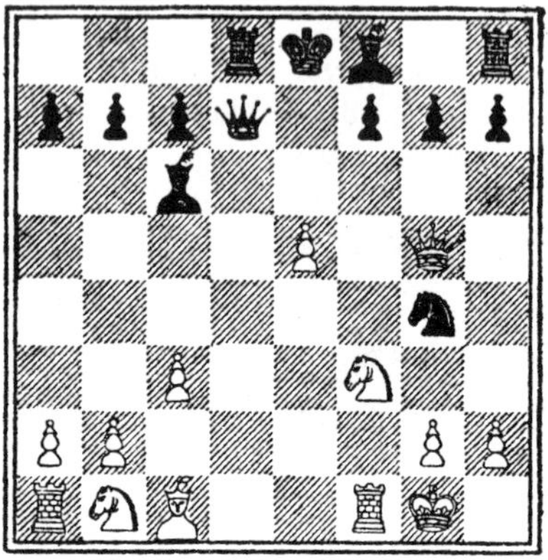

überlegte sich aber, ob er nicht mit 3. ... Dd7—d1† mehr erreichen könnte und fand auf diese Weise das entzückende Problemmatt (4. Sf3—g1) Dd1×g1†! 5. Kh1×g1 Td8—d1‡. Also immer bei einem vorteilhaften Zuge überlegen, ob sich nicht etwas noch Besseres findet!

Nr. 236

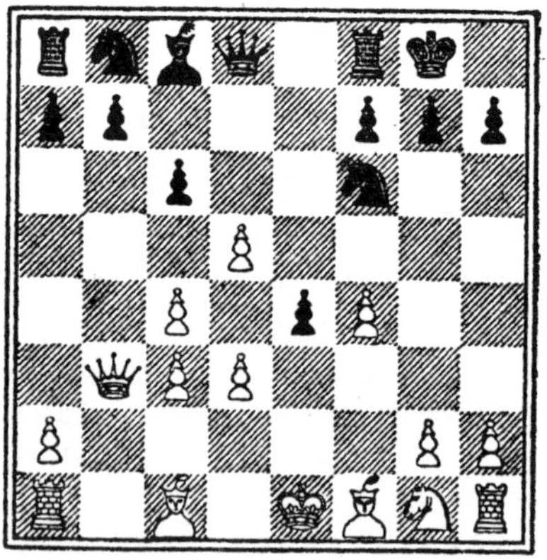

In dieser Stellung geschah: 1. d3×e4 Sf6×e4, und nun übersah Weiß das drohende Schach auf h4, das bald zu einer Katastrophe führte, und zog 2. Lf1—d3? (richtig war Sg1—f3). Es folgte 2. ... Dd8×h4†. Nun verbietet sich Kf1 natürlich wegen Df2‡; auf Ke2 kann

Schwarz durch Df2† Kd1 Dg2: den Turm erobern, und auf Kd1 geht er durch Sf2† verloren. Deshalb geschah: 3. g2—g3 und nach 3. ... Se4×g3 konnte Weiß mit 4. h2×g3 Dh4×h1 mit dem Verlust der Qualität davonkommen. Er zog aber 4. Sg1—f3, und nun hätte Schwarz mit 4. ... Dh4—e7† 5. Ke1—f2 Sg3×h1† zwar den Turm erobert, aber nach 6. Kf2—g2 wäre der Springer verloren gewesen. Schwarz hoffte deshalb mit 4. ... Dh4—h5 bei der entblößten Stellung des Königs mehr herauszuschlagen. Es folgte: 5. Th1—g1 Dh5×f3 6. Tg1×g3 Tf8—e8† 7. Ke1—d2 Df3—f2† 8. Kd2—d1 Te8—e1‡.

Aufgerissene Rochadestellung

Hierunter ist diejenige Rochadestellung zu verstehen, in der der g-Bauer nach der f-, seltener nach der h-Linie geschlagen hat oder ganz fehlt. Dann ist der König seines wichtigsten Schutzbauern beraubt und vielen Angriffen ausgesetzt. Der ganze Königsflügel ist geschwächt, besonders schwach sind die Punkte f3, f4, h3, h4 und h2 (bzw. f6, f5, h6, h5 und h7). Häufig werden Opfer gebracht, um die feindliche Königsstellung derart zu zertrümmern und dann durch raschen Mattangriff zu stürmen. Hier einige Beispiele:

Nr. 237

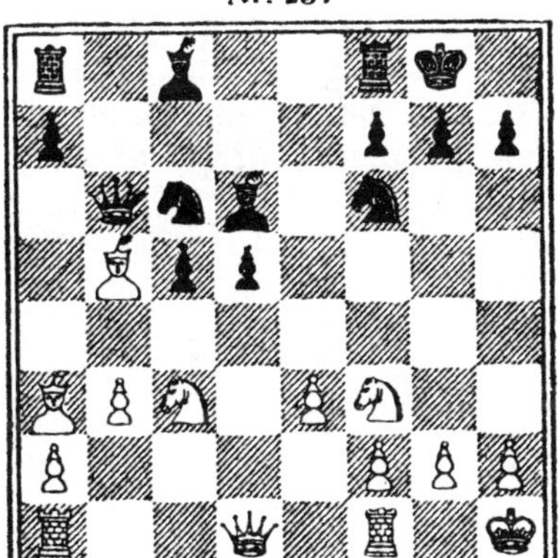

In dieser Stellung geschah: 1. Sc3×d5 Db6×b5 2. Sd5×f6† g7×f6 3. Dd1×d6 Lc8—e6 4. Dd6—g3† Kg8—h8 5. La3—b2 (hier zeigt sich die Schwäche des Punktes f6). 5. ... Sc6—e5 6. Sf3×e5 f6×e5. 7. Dg3×e5† f7—f6 8. De5×e6, und Weiß hat eine Figur erobert. Der Punkt f6 wäre unhaltbar, selbst wenn die Dame auf b6 stände und ihn nach 5. La3—b2 durch 5. ... Db6—d8 decken könnte. Weiß würde dann auf folgende Weise den Angriff siegreich durchführen: 6. Dg3—g5! (nicht Dh4, wonach Schwarz bei Se5 Se5: fe Le5‡ mit dem Verlust eines zweiten Bauern davonkäme) 6. ... Sc6—e5 7. Sf3×e5!! f6×g5 (oder f6×e5! De5‡ f7—f6 De6:) 8. Se5×f7† Kh8—g8 9. Sf7—h6‡. Auch diese Mattführung kehrt häufig wieder. Oder 6. ... Sc6—d4 7. Dg5—h6, und Weiß erobert mindestens den Springer, der wegen Lf6‡ nicht ziehen darf, zum Beispiel 7. ... Sd4—f5 8. Lb2×f6† Kh8—g8 9. Dh6—g5† Sf5—g7 10. Dg5×g7‡. Stände der weiße König aber noch auf g1, so wäre für Schwarz noch eine sogar sehr wirkungsvolle Verteidigung möglich, nämlich (6. ... Sc6—d4 7. Dg5—h6) 7. ... Sd4×f3† 8. g2×f3 (oder Kh1 Se5) 8. ... Tf8—g8†! 9. Kg1—h1 Tg8—g6 und alles ist gedeckt. Diese Besetzung der offenen Linie, mit der Schwarz aus der Not eine Tugend macht, ist immer sehr wirksam und neutralisiert sehr oft den Nachteil der aufgerissenen Königsstellung. Dies ist, wenn angängig, die beste Verteidigung in dergleichen Stellungen, die Aussicht auf Gegenangriff gewährt.

Nr. 238

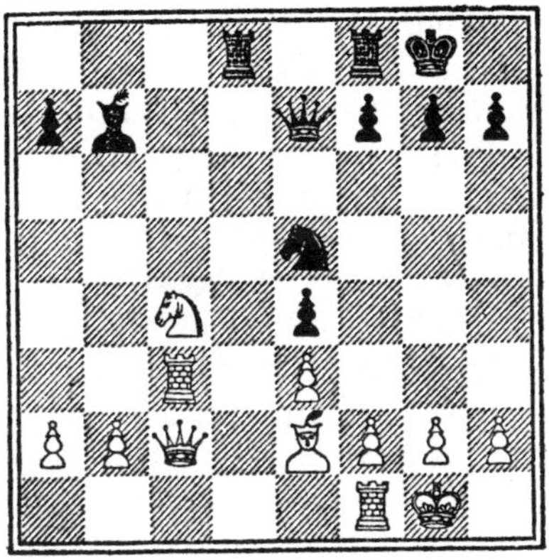

In dieser Stellung opferte Schwarz den Springer, um die weiße Rochadestellung aufzureißen. Es geschah: 1. ... Se5—f3† 2. g2×f3 (besser Kh1) 2. ... De7—g5† 3. Kg1—h1 e4×f3 (droht Matt auf g2 und greift den Läufer an) 4. Tf1—g1 f3×e2† 5. e3—e4 Dg5×g1† 6. Kh1×g1 e2—e1D†, und Schwarz hat zunächst einen Turm erobert.

Nr. 239

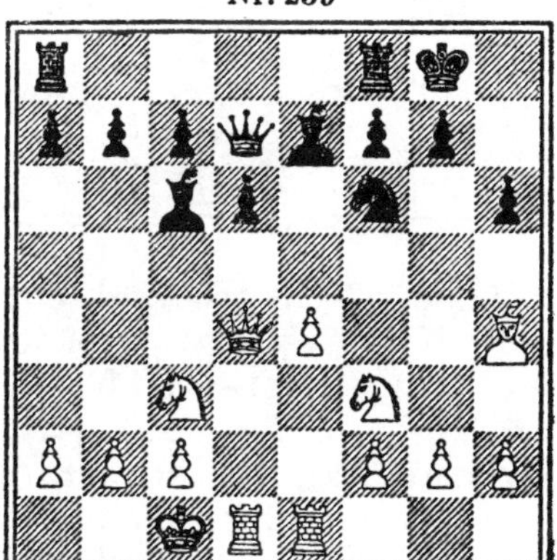

Hier geschah: 1. e4—e5 Lc6×f3? (besser Se8. Natürlich darf Schwarz den Bauern nicht schlagen, da er durch Dd7: einen Läufer verlieren würde.) 2. e5×f6!. Damit opfert Weiß die Qualität, um die feindliche Rochadestellung aufzureißen. 2. ... Le7×f6 (nach Ld1: fe bleibt Weiß mit zwei Figuren für einen Turm im Vorteil) 3. Lh4×f6 Lf3×d1 4. Te1×d1! (Te7 oder Lg7: würde durch Dg4 pariert werden) 4. ... g7×f6. Nun dringt der Königsangriff sehr rasch durch. Es folgte 5. Sc3—d5 Dd7—d8 6. Td1—d3 Kg8—h8 7. Dd4—h4 Kh8—h7 8. Td3—h3, und das Matt ist nicht zu decken, z. B. Kg6 Dh5† Kg7 Dh6† Kg8 Dh7 oder h8‡.

In der folgenden Stellung opferte Schwarz (Morphy) sogar die Dame, um die feindliche Königsstellung aufzureißen:

Nr. 240

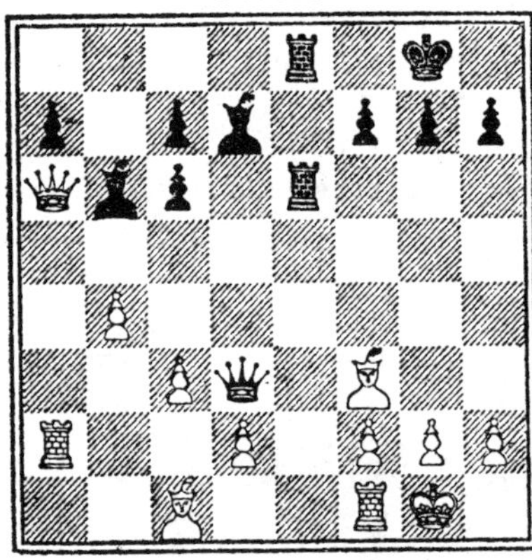

1. ... Dd3×f3!! 2. g2×f3 Te6—g6† 3. Kg1—h1 Ld7—h3 (droht Lg2† Kg1 Lf3‡. Tg1 verbietet sich wegen Tg1†, Te1† und Matt). 4. Tf1—d1 Lh3—g2† 5. Kh1—g1 Lg2×f3† 6. Kg1—f1 Tg6—g2!! (viel stärker als Lg2† Kg1 Lh3† Kh1 Lf2:, was Schwarz in der Partie zog und was die Dame zurückeroberte, da das auf g2 drohende Matt nur durch Df1 zu decken war. Dagegen führte [statt 6. ... Tg2] auch 6. ... Lg2† 7. Kg1 Le4†!! 8. Kf1 Lf5 [droht Lh3‡] 9. De2 Lh3† 10. Ke1 Tg1‡ zum Matt, wenn auch einen Zug später) 7. Da6—d3

(es drohte Th2: nebst Th1‡) 7. ... Tg2×f2† 8. Kf1—g1 Tf2—g2† 9. Kg1—f1 oder h1 Tg2—g1‡.

Nach dem stillen Läuferzug von Schwarz 3. ... Ld7—h3 hätte Weiß am besten mit 4. Da6—d3! den Turm angegriffen mit der Absicht, ihn auf Lg2† Kg1 Lf3† zu schlagen. Diesen Plan konnte Schwarz mit 4. ... f7—f5! durchkreuzen. Dann mußte folgen: 5. Dd3—c4† Kg8—f8! (um Df7 zu verhindern) 6. Dc4—h4 Lh3×f1! 7. Dh4×h7 Lf1—g2† 8. Kh1—g1 Te8—e1‡ oder 6. Dc4—f4! Lh3×f1 7. Df4×f5† Tg6—f6 8. Df5×h7 Te8—e1 und Schwarz gewinnt.

Die folgende Stellung illustriert ebenfalls vortrefflich die Gefährlichkeit der aufgerissenen Rochadestellung:

Nr. 241

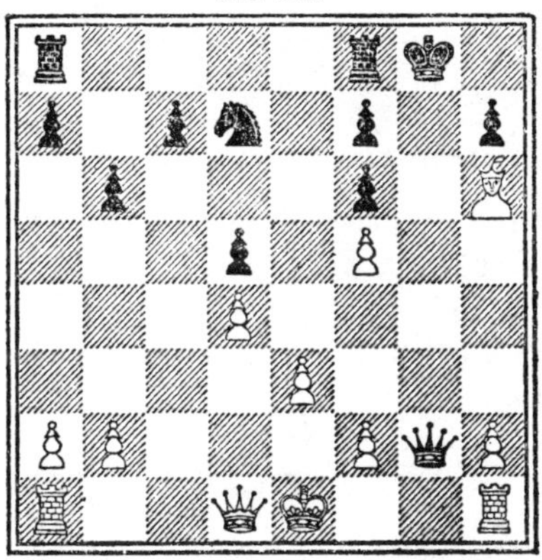

Schwarz hat eben auf g2 hineingeschlagen. Weiß deckt den angegriffenen Turm durch den glänzenden Zug 1. Dd1—f3!!. Auf 1. ... Dg2×f3 folgt 2. Th1—g1† Kg8—h8 3. Lh6—g7† Kh8—g8 4. Lg7×f6† nebst Matt im nächsten Zuge.

Der Angriff auf der g- (bzw. b-) Linie

Dieser Angriff ist fast ebenso stark wie der auf der offenen h-Linie. Wenn genügend Figuren zum Angriff zur Verfügung stehen, spielt er sich meist ziemlich leicht. Die beste Verteidigung gegen den Turm auf der offenen g-Linie ist der Zug g7—g6, wenn die Bauern f7 und h7 den Punkt g6 decken. Gegen dieses Bauerndreieck beißen die Türme auf Granit.

Nr. 242

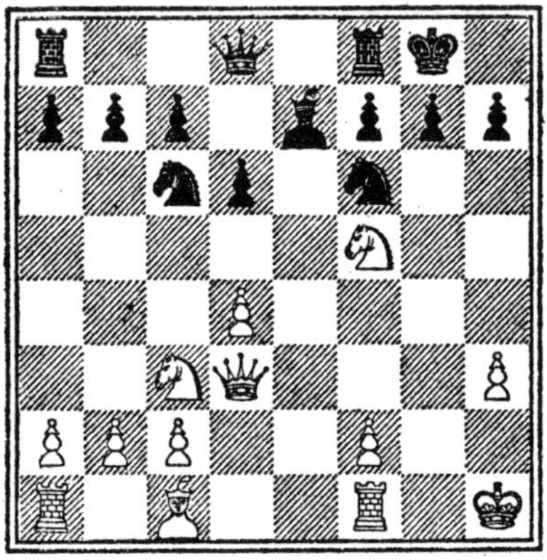

Hier geschah 1. Tf1—g1 Sf6—e8. Statt dieser ungenügenden Deckung war g7—g6 notwendig. 2. Sf5×g7! Se8×g7 3. Lc1—h6 Le7—f6 4. Dd3—g3 oder Sc3—d5 und Weiß gewinnt auf g7 die geopferte Figur mit Vorteil zurück.

Nr. 243

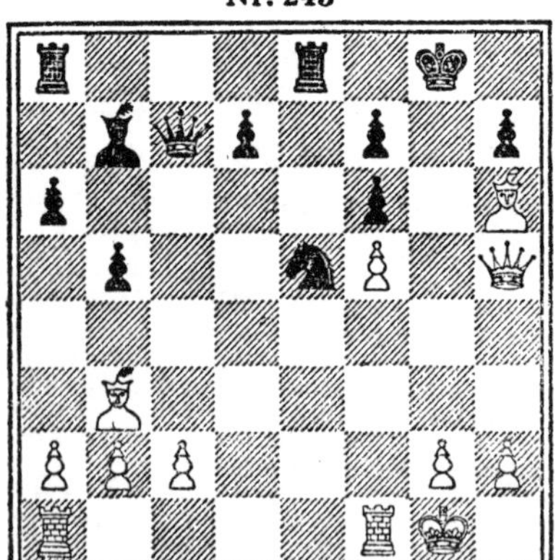

Hier verteidigte Schwarz seine aufgerissene Königsstellung in glänzendster Weise durch Gegenangriff auf der g-Linie, wie wir das oben (siehe Nr. 237) als beste Verteidigung empfohlen haben. Die treffliche Stellung seines Läufers lädt dazu ein. Es geschah: 1. . . . Kg8—h8! 2. Lb3×f7 Te8—g8! 3. Lf7×g8 Ta8×g8 4. Tf1—f2 (oder g2—g3 Dc6) 4. . . . Dc7—c6. Deckt Weiß den Punkt g2 jetzt durch Dh3, so gewinnt Sg4 Tf3 Sh6: Dh6: Tg2†! (ja nicht Df3:? wegen Df6† Tg7 Dg7†! nebst g2×f3) Kg2: Df3† Kg1 Dg2‡. Es folgte deshalb 5. Kg1—f1 Tg8×g2 6. Dh5—h4 (oder Tg2: Dg2† Ke1 Sf3† Kd1? Df1‡) 6. . . . Tg2—g1†! 7. Kf1—e2 (der Turm darf wegen Dh1‡ nicht geschlagen werden) 7. . . . Dc6×c2† 8. Ke2—e3! Dc2—d3† 9. Ke3—f4 Dd3—e4‡.

Nr. 244

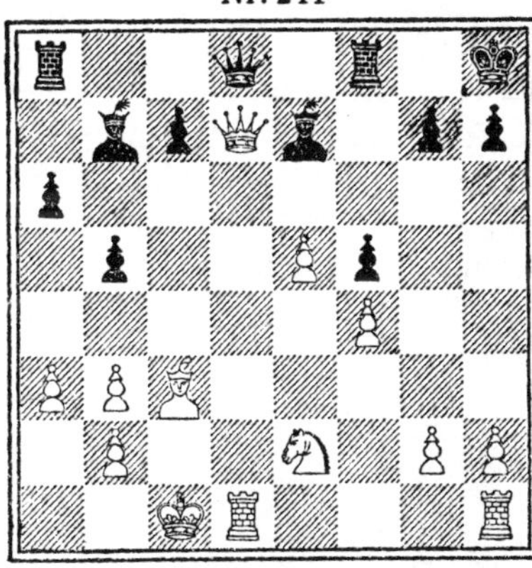

In dieser Stellung wollte Schwarz den soeben verlorenen Bauern durch 1. . . . Lb7×g2 zurückgewinnen, kam aber durch die Öffnung der g-Linie vom Regen in die Traufe. Es folgte 2. Th1—g1 Lg2—f3 (auf diesen Angriff hatte sich Schwarz verlassen) 3. e5—e6! (auf Le2: erlangt Weiß nun durch Lg7† Kg8 Lf6† Lg4 Le7: Dd7: ed entscheidendes Übergewicht) 3. . . . Le7—f6 (bei Tg8 kommt Weiß durch Tg7: Tg7: Tg1

Lg4 h2—h3 in Vorteil) 4. Dd7×g7†! Lf6×g7 5. Lc3×g7† Kh8—g8 6. Lg7—f6† Lf3—g4 7. Td1×d8 Tf8×d8 (auf Tad8: folgt e6—e7!) 8. Lf6×d8 Ta8×d8 9. h2—h3 und Weiß behält eine Figur mehr.

Nr. 245

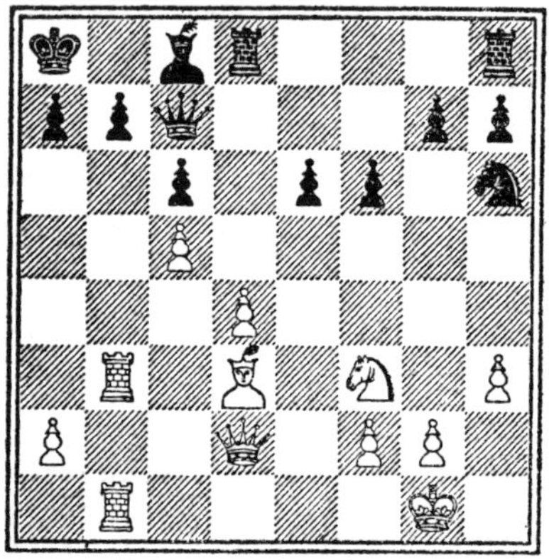

Hier ist die überraschende Kombination 1. Ld3—a6 möglich. Auf 1. ... b7×a6 folgt 2. Dd2—a5!. Die Dame darf wegen des auf b8 drohenden Matts nicht geschlagen werden, und geht sie nach f4, so wird sie durch 3. g2—g3 weiter angegriffen und muß sich opfern, damit das Matt gedeckt werden kann.

Nr. 246

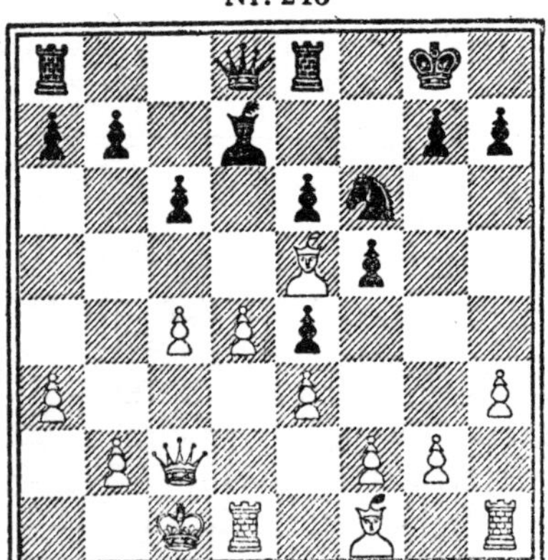

Die Stellung bietet ein sehr schönes, typisches Beispiel des Angriffs auf der g-Linie mit den schweren Figuren und dem Damenläufer. Es geschah: 1. f2—f3! e4×f3 (sonst verliert Schwarz nach Tausch auf f6 den Bauern e4) 2. g2×f3 b7—b5 3. Th1—g1 Te8—f8 (um g7 durch Tf7 zu decken) 4. Td1—d2! Tf8—f7 5. Td2—g2 a7—a5 6. Dc2—f2 (die Dame strebt nach h4 und h6) 6. . . . Sf6—e8 7. Tg2—g5 (um Dh4 durchzusetzen; verhindert Schwarz dies durch 7. . . . h7—h6, so gibt er sich eine neue Blöße, die nach 8. Tg5—g6 [droht Th6:] 8. . . . Kg8—h7 9. Df2—g3 Dd8—e7 durch das in solcher Stellung *typische Turmopfer auf h6* ausgenützt wird: 10. Tg6×h6†! g7×h6? 11. Dg3—g6 oder g8‡ bzw. 10. . . . Kh7×h6? 11. Dg3—g6‡. Auf 10. . . . Kg8 führt 11. Dg6 bald zum Matt, wenn Schwarz nicht mit 11. Sf6 den Springer direkt einstellt) 7. . . . Dd8—e7 8. Df2—h4 (droht Dh6 nebst Th5 und der Bauer h7 ist nicht zu decken) 8. . . . Se8—f6 9. Dh4—h6 (droht Lf6: Df6! Df6:! Tf6: Tg7† mit Läufergewinn; nicht etwa Lf6: Df6: Tg7†?, denn danach erobert Schwarz mit Tg7: Df6: Tg1: noch den Läufer und bekäme somit drei Figuren für die Dame. Nur nicht für eine Dame einen zu hohen Preis zahlen!) 9. . . . g7—g6 (die beste Deckung gegen den Turmangriff auf der g-Linie, aber nur, wenn die Nachbarbauern noch auf f7 und h7 stehen, so daß gegen das Bauerndreieck f7 g6 h7 die Türme auf Granit beißen) 10. Tg5×g6†! h7×g6 11. Tg1×g6† Tf7—g7 12. Le5×f6 und Schwarz muß die Dame opfern, um nicht mattgesetzt zu werden (Tg6: Dg6†).

Statt der systematischen Verdopplung und sogar Triplierung auf der g-Linie kann man mitunter sogar ganz brüsk einen Turm auf g7 (bzw. g2) opfern, wenn Ersatz gleich zur Stelle ist und der Angriff mit Schach — Schach — Schach weitergeführt werden kann. So in dem folgenden schönen Spiel:

Nr. 247

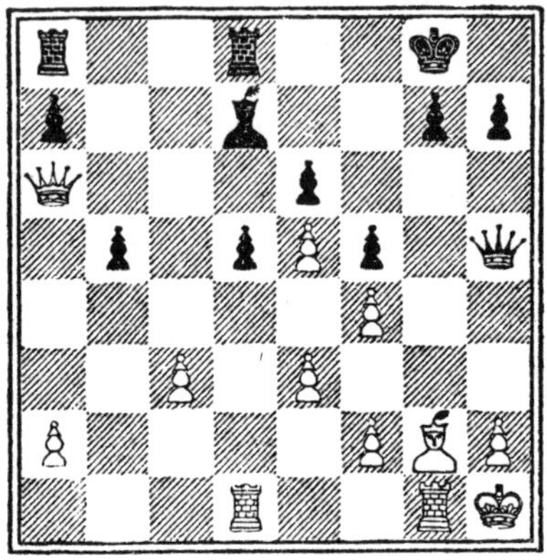

Es geschah: 1. Lg2×d5!! (doppelter Räumungszug, einmal für den Turm und sodann für die Dame!) 1. ... e6×d5 2. Tg1×g7†! Kg8×g7 (oder Kh8 Df6 Dd1‡ Tg1‡ bzw. Df3† Tg2‡) 3. Da6—f6† Kg7—g8 4. Td1—g1† Dh5—g4 5. Tg1×g4† f5×g4 (Weiß hat die Dame erobert, aber für den zu teuren Preis von drei Figuren. Doch jetzt gewinnen die verbundenen Freibauern). Es folgte 6. f4—f5 Td8—c8 7. e5—e6 Ld7—c6. 8. Df6—f7† Kg8—h8 9. f5—f6 (droht Matt auf g7) 9. ... Tc8—g8 10. Df7—c7! (in Verbindung mit dem folgenden Zuge die einzig richtige Fortsetzung des Angriffs) 10. ... Ta8—c8 11. Dc7—e5 d5—d4† 12. Kh1—g1 d4—d3 13. f6—f7† Tg8—g7 14. e6—e7 h7—h6 15. f7—f8D† Tc8×f8 16. e7×f8D† Kh8—h7 17. Dg7‡. — Im 4. Zuge konnte Schwarz die Dame auch auf g6 opfern, was das Entstehen der verbundenen Freibauern noch hinausgeschoben oder ganz verhindert hätte. Es wäre gefolgt: 5. Tg1×g6† h7×g6 6. Df6×g6† Kg8—h8 7. e5—e6 Ld7×e6 (auf Lc6 oder e8 verschafft sich Weiß mit Df5: wieder die verbundenen Freibauern) 8. Dg6—h6†! (nicht sofort De6:, denn dann deckt Schwarz durch Tf8 den Bauern f5) 8. ... Kh8—g8 9. Dh6×e6† Kg8—g7 10. De6×f5 und Weiß gewinnt ebenfalls durch seine Bauernmacht.

Eine sehr wirksame Unterstützung der schweren Figuren beim Angriff auf der g-Linie bildet der Damenläufer, wie wir schon gesehen haben. Gelangt er nach f6 (bzw. f3), so ergeben sich wieder typische Opferwendungen mit Matt. So in dem folgenden sehr schönen Spiel:

Nr. 248

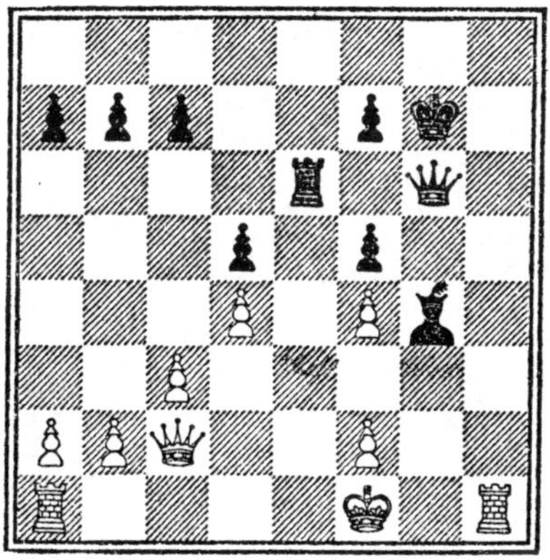

Es geschah: 1. ... Lg4—f3 2. Th1—g1? Dg6×g1†! 3. Kf1×g1 Te6—h6 und das Matt durch Th6—h1 ist nicht zu verhindern. Besser 2. Th1—h2! Dg6—g4 (droht Le2† Ke1 Ld3† mit Damengewinn oder [statt Ld3†] Dg1† mit Turmgewinn) 3. Ta1—e1? Dg4—g1†! 4. Kf1×g1 Te6×e1‡. Oder 3. Dc2—d2 Te6—g6 (auch Le2†, worauf Weiß die Dame opfern muß, würde genügen; jetzt aber droht Dg1‡) 4. Th2—h1 Dg4—g2† 5. Kf1—e1 Dg2×h1‡.

Neben dem Damenläufer ist ein weißer Springer auf f5 (bzw. ein schwarzer auf f4), bei der langen Rochade entsprechend auf c5 bzw. c4 eine äußerst wirksame Figur beim Angriff gegen den Punkt g7 und g2, bzw. b7 und b2. Ein Springer auf diesem Feld bildet eine beständige ernste Bedrohung des Königs; nur die Dame braucht hinzuzukommen und es droht Matt auf g7 (bzw. g2). Und vertreibt man ihn durch g7—g6 (bzw. g2—g3), so bedeutet dies eine wesentliche Lockerung der Königsstellung. Sehr oft kann sich der Springer auf g7 (bzw. g2) opfern, wobei nach Aufreißung der Königsstellung ein Mattangriff folgt oder mindestens die Figur vorteilhaft wiedergewonnen wird.

Nr. 249

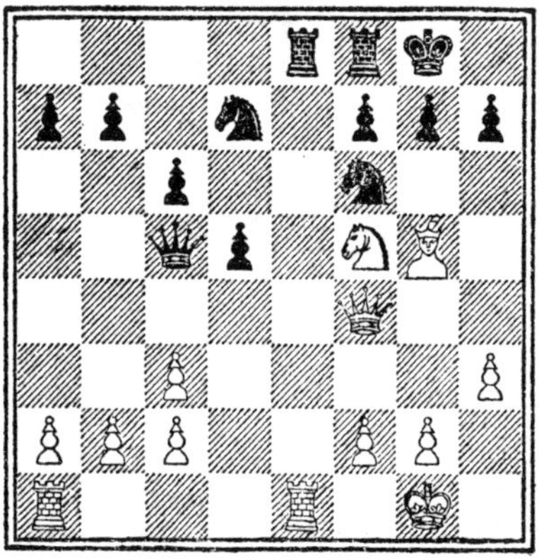

Hier geschieht 1. Sf5×g7! Kg8×g7 2. Lg5×f6† (nicht Lh6†, denn der König geht nicht nach g8, worauf Dg5† nebst Dg7‡ folgt, sondern nach h8, worauf Schwarz im Vorteil bleibt) 2. ... Sd7×f6 3. Df4—g5† Kg7—h8 4. Dg5×f6† und Weiß hat zunächst einen Bauern erobert.

Dasselbe Opfer droht in der folgenden Stellung,

Nr. 250

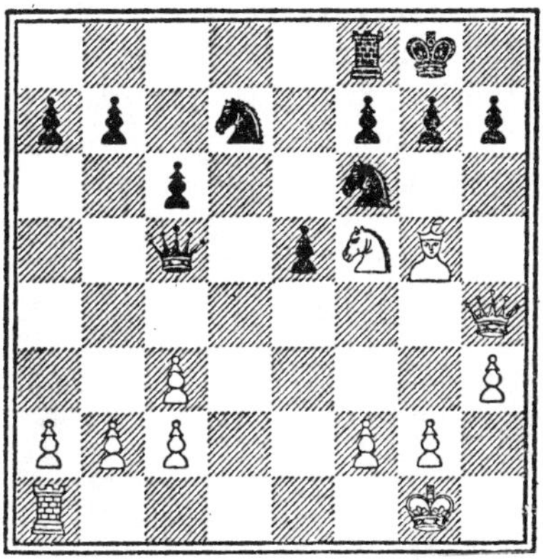

nämlich 1. Sf5×g7 Kg8×g7 2. Lg5×f6† Sd7×f6 3. Dh4—g5† nebst 4. Dg5×f6† oder 2. Dh4—h6† Kg7—g8 3. Lg5×f6. Schwarz war aber am Zuge und parierte die Drohung durch 1. ... Sf6—d5. Darauf kommt Weiß durch den schönen Zug 2. Lg5—h6! in Vorteil. Der Bauer g7 ist doppelt angegriffen. Schlägt Schwarz den eingestellten Läufer, so folgt Matt in zwei Zügen durch 3. Dh4—g4 oder g3† nebst 4. Dg7‡. Auf 2. ... g7—g6 aber gewinnt Weiß durch 3. Lh6×f8 die Qualität. Noch schlimmer kommt es, wenn Schwarz, statt 1. ... Sf6—d5 zu spielen, durch 1. ... g7—g6? den weißen Springer zu vertreiben sucht. Dann könnte Weiß durch Lf6: Sf6:! (gf? Dg5 oder g3‡) Df6: gf Df5: einen Bauern erobern. Die Auflockerung der schwarzen Rochadestellung ist aber so bedenklich und die Angriffsstellung der weißen Figuren so stark, daß ein Mattangriff möglich ist, sobald man mit dem Springer auf e7 Schach geben kann. Also ist das richtige, scharfe und schöne Spiel (1. ... g7—g6?) 2. b2—b4! Dc5×c3. 3. Sf5—e7† Kg8—g7 (Kh8? Lf6† Sf6: Df6‡) 4. Dh4—h6† Kg7—h8 5. Dh6×f8†! Sd7×f8 6. Lg5×f6‡ (präziser als 5. Lf6† Sf6: 6. Df8† Sg8 7. Dg8‡).

Unnötig hervorzuheben, daß die wichtigste Figur bei allen diesen Mattangriffen die Dame ist. In Verbindung mit einer leichten Figur, ja schon mit einem Bauern auf h6 oder f6 kann sie auf g7 mattsetzen.

Auch ein Läufer kann sich mitunter, wenn auch seltener als ein Springer, auf g7 (bzw. g2) opfern und so die Königsstellung demolieren. So in dem folgenden Spiel:

Nr. 251

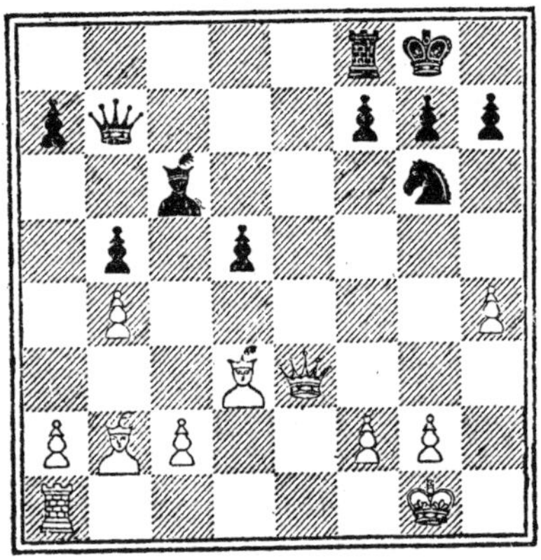

Es geschah: 1. h4—h5 Sg6—e7. 2. Lb2×g7! Kg8×g7 3. De3—g5† Kg7—h8 4. Dg5—f6† Kh8—g8 5. h5—h6 Se7—f5 6. Ld3×f5 und das auf g7 drohende Matt ist nicht zu decken. Oder 3. ... Se7—g6 4. h5—h6† Kg7—g8 5. Dg5—f6 nebst 6. Df6—g7‡. Stände die schwarze Dame auf b8 oder c7, dann könnte sie durch De5 das Matt decken. Die Unmöglichkeit, den Punkt g7 zu decken, muß man eben ganz genau berechnen, ehe man sich zu dem Opferspiel entschließt, denn wenn es nicht Matt wird, dann verliert der Opfernde meist die Partie.

Die Angriffsmarke h3 (h6)

Nr. 252

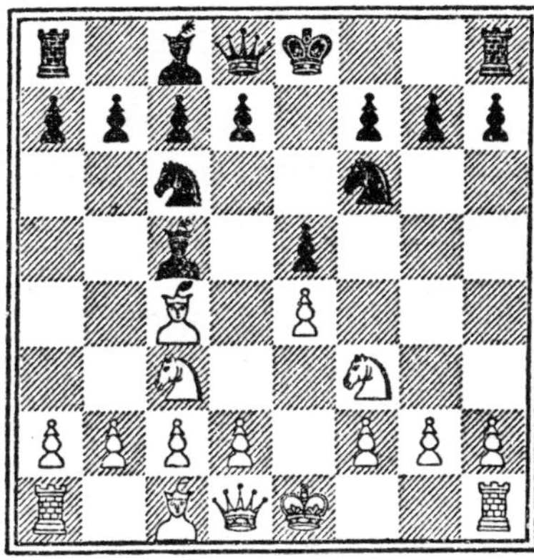

Ein Stratagem, das sehr oft vorkommt, oft schon in der Eröffnung, wie bei dem vorliegenden Beispiel. Noch sind die Stellungen völlig identisch (vorangegangen sind die Züge: 1. e2—e4 e7—e5 2. Sg1—f3 Sb8—c6 3. Lf1—c4 Lf8—c5 4. Sb1—c3 Sg8—f6). Weiß rochiert nun, was hier etwas verfrüht ist. Die Entwicklung durch d2—d3 und Lc1—e3 oder g5 ist vorzuziehen. Wenn Schwarz nun ebenfalls rochiert, dann stehen die Spiele wieder symmetrisch. Aber Schwarz nützt den kleinen Fehler des Gegners durch 5. ... d7—d6! aus, womit er den lästigen Fesselungszug Lg4 droht. Weiß verhindert diesen auf die naivste Weise durch 6. h2—h3, ohne zu ahnen, daß dieser anscheinend so harmlose Zug nach der kurzen Rochade, wenn der Gegner noch nicht kurz rochiert hat, ein entscheidender Fehler ist. Schwarz zieht nämlich 6. ... h7—h6!. Duo si faciunt idem, non est idem! Was bei dem einen der entscheidende Fehler, ist bei dem andern der entscheidende gute Zug! Es folgt g7—g5 mit der Absicht, durch g5—g4 die g-Linie zu öffnen. Schwarz erlangt einen sehr heftigen, meist unwiderstehlichen Angriff, zu dem ihm der Gegner durch h2—h3 die Marke gegeben hat. *Vor diesem Zuge nach der kurzen Rochade muß man sich hüten, wenn der Gegner noch nicht kurz rochiert hat.* Überhaupt soll man die Rochadebauern ohne Not oder Vorteil nicht ziehen, denn jeder Bauernzug lockert die Stellung.

Mitunter aber gibt der Bauer h3 (h6) auch nach beiderseitiger kurzer Rochade eine Marke zum Angriff, wie in dem folgenden Spiel.

Nr. 253

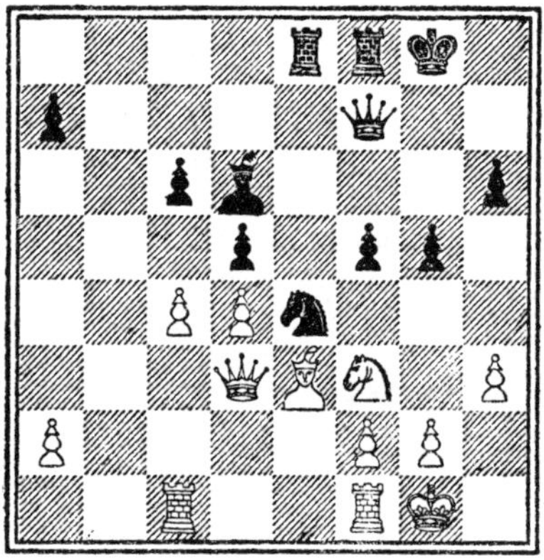

Es geschah 1. ... g5—g4 2. h3×g4 (besser wäre es noch, diesen Tausch, der den Schutzbauern h3 beseitigt und dem Schwarzen die f-Linie öffnet, zu unterlassen und sofort Se5 zu spielen) 2. ... f5×g4 3. Sf3—e5 Df7—h5! (deckt den Bauern h6, greift nochmals e5 an und droht das weitere Vorgehen des g-Bauern, das nur durch den weiteren Lockerungszug g2—g3 zu verhindern war) 4. c4×d5 Ld6×e5 5. d4×e5 g4—g3! (droht Matt auf h2) 6. f2×g3 Se4×g3 (nun droht Dh1‡ und außerdem Se2† mit Damengewinn) 7. Tf1—f3! (pariert beides) 7. ... Tf8×f3 8. g2×f3 Te8—f8! (droht Dh1† Kf2 Tf3‡. Mit Dh1† Kf2 Dh2† Ke1 wäre nichts erreicht. Ein grobes Versehen wäre Df3: wegen Dg6† usw.) 9. f3—f4 (der einzige Zug, denn auf Ld2 folgt Tf3: mit Angriff auf die Dame und Mattdrohung auf h1) 9. ... Sg3—e2† 10. Kg1—f2 Se2×f4 (viel stärker als die Qualität zu nehmen, denn jetzt ist der König völlig entblößt) 11. Tc1—g1† (oder Lf4: Tf4† Ke1 De5† De2 Te4 oder Kg2 [statt Ke1] Dg5† Dg3 [Kh2 Th4†] Tg4, in allen Fällen mit Damengewinn) 11. ... Kg8—h8 12. Le3×f4 Tf8×f4† 13. Kf2—e1 (oder Kg3 Dh4†! Kg2 Tf2‡) 13. ... Dh5×e5† und Schwarz erobert bei De2 durch Te4 und bei Kd2 durch Td4 die Dame.

Der Angriff auf der h- (bzw. a-) Linie

Nr. 254

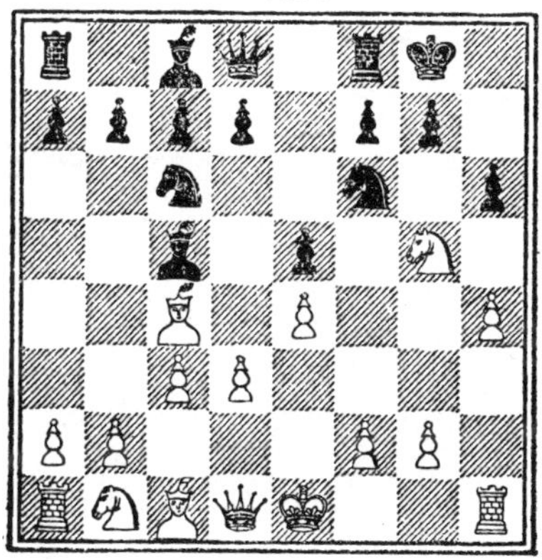

Die Öffnung der h-Linie für den Turm gibt meist einen noch gefährlicheren Angriff als die der g-Linie. Den Typus zeigt die obige Stellung (Nr. 254), die, allerdings bei schwachem Gegenspiel, aus der „Italienischen Partie" (1. e2—e4 e7—e5 2. Sg1—f3 Sb8—c6 3. Lf1—c4 Lf8—c5) hervorgehen kann durch die Fortsetzung 4. c2—c3 Sg8—f6 5. Sf3—g5 (ein ganz voreiliger Angriff auf den Punkt f7) 5. ... 0—0 6. d2—d3 h7—h6. Weiß opfert den Springer mittels 7. h2—h4, um dafür die offene h-Linie für den Turm zu bekommen. Der Angriff wird dabei so heftig, daß er ganz rasch zu einer Katastrophe führt: auf 7. ... h6×g5?

8. h4×g5 Sf6—h7 9. Dd1—h5 droht Weiß nun, den Springer mit Matt zu schlagen; Schwarz ist verloren. Auf 9. ... Tf8—e8 schlägt Weiß aber den Springer nicht, weil der König über f8 nach e7 entkommt, sondern setzt in drei Zügen matt durch 10. Dh5×f7†! Kg8—h8 11. Th1×h7†! Kh8×h7 12. Df7—h5‡.

Schwarz durfte eben das Springeropfer, das in ähnlichen Stellungen sehr oft angeboten wird, nicht annehmen, die Öffnung der Turmlinie war zu gefährlich.

So auch in dem folgenden Spiel.

Nr. 255

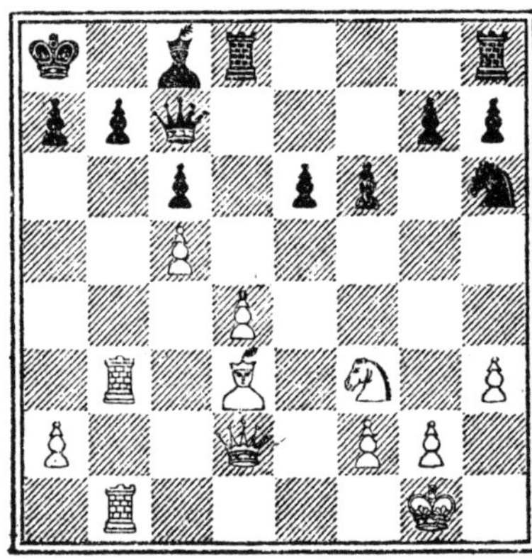

Hier geschah 1. Tb3—b6. Schwarz darf den Turm nicht schlagen, denn auf 1. ... a7×b6 folgt 2. c5×b6 Dc7—d6 3. Dd2—a5† Ka8—b8 4. Da5—a7‡. Deshalb zog Schwarz 1. ... e6—e5. Auch nach 2. Tb1—b4 wäre es immer noch verfehlt, das Turmopfer anzunehmen, denn nach Beseitigung des Bauern a7 durch 2. ... a7×b6 3. c5×b6 Dc7—d6 ist der König schutzlos dem Angriff der schweren Offiziere ausgesetzt. Es folgt 4. Tb4—a4† Ka8—b8 5. Dd2—a5 nebst Matt im nächsten Zuge durch 6. Da5—a8‡. (Dies ist präziser, wenn auch nicht so schön wie das oft wiederkehrende Turmopfer 5. Ta4—a8† Kb8×a8 6. Dd2—a5† Ka8—b8 7. Da5—a7‡.)

Geradezu identisch ist die folgende Kombination, wo die Turmlinie bereits geöffnet ist:

Nr. 256

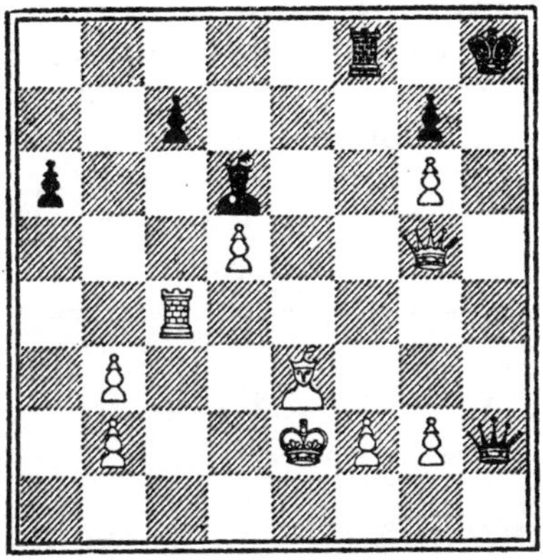

Hier droht Damenverlust durch Th4†. Es geschah 1. . . . Kh8—g8 2. Tc4—h4 Dh2—e5 3. Th4—h8† Kg8 ×h8 4. Dg5—h4† Kh8—g8 5. Dh4—h7‡. Die typische Mattsetzung mit Dame und Bauer g6. (Durch Dazwischenziehen der Dame auf h5 konnte Schwarz natürlich das Matt um einen Zug aufschieben.)

Ganz ähnlich ist die folgende, kompliziertere Kombination:

Nr. 257

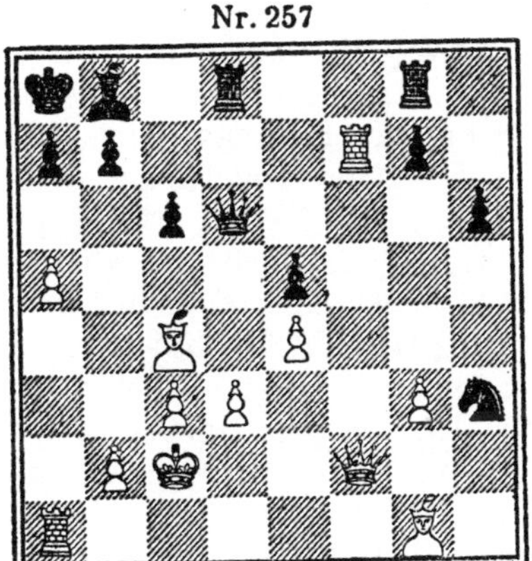

Weiß zog seine angegriffene Dame zum Angriff nach b6, wo sie Matt auf b7 droht, ein glänzender Zug! Auf 1. ... a7×b6 folgt 2. a5×b6† Lb8—a7 3. Ta1×a7† Ka8—b8 4. Tf7×b7† Kb8—c8. Durch das Damenopfer hat Weiß die furchtbare Turmverdoppelung auf der vorletzten Reihe erzielt, die er durch 5. Lc4—a6! weiter verstärkt. Es droht Ta8† nebst Matt im nächsten Zuge. Und wenn Schwarz dies durch 5. ... Dd6—b8 verhindern will, so folgt 6. Tb7—c7‡.

Nr. 258

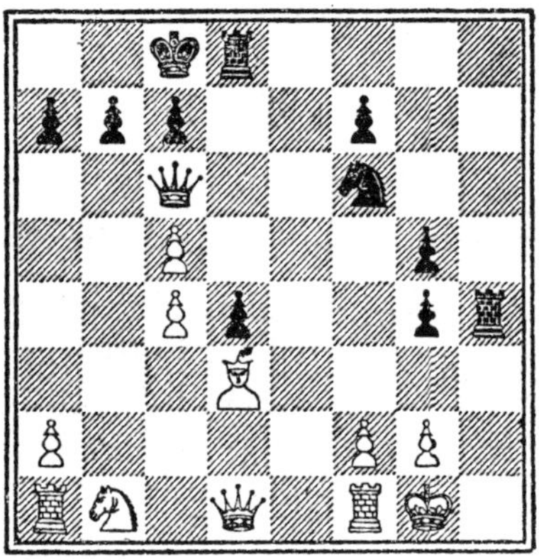

Hier geschieht 1. ... Td8—h8 2. f2—f3 (um dem König einen Ausweg zu schaffen, der aber sofort versperrt wird) 2. ... g4—g3!. Nun wäre das Matt noch durch Versperrung der h-Linie mittels Lf5† nebst Lh3 zu verhindern. Aber die undeckbare Mattdrohung gestattet dem Schwarzen, auf 3. Ld3—f5† mit dem generösen Zuge 3. ... Dc6—e6! zu antworten. Schlägt Weiß die Dame, so ist nach f7×e6 gegen Th1‡ nichts mehr zu machen. Auf 4. Lf5—h3! aber folgt natürlich 4. ... Th4×h3 g2×h3 De6×h3 nebst Dh1‡.

Während in den vorigen Spielen neben der Dame die Türme das wesentlichste Moment im Angriff auf der h- (bzw. a-) Linie bildeten, ist es in den folgenden eine leichte Figur, besonders der Königsläufer, der dem

Angriff die Richtung weist und die Dame bei der Mattsetzung unterstützt. Diese Angriffe von Dame und Königsläufer gegen den Punkt h7 (bzw. h2) kommen überaus häufig vor.

Nr. 259

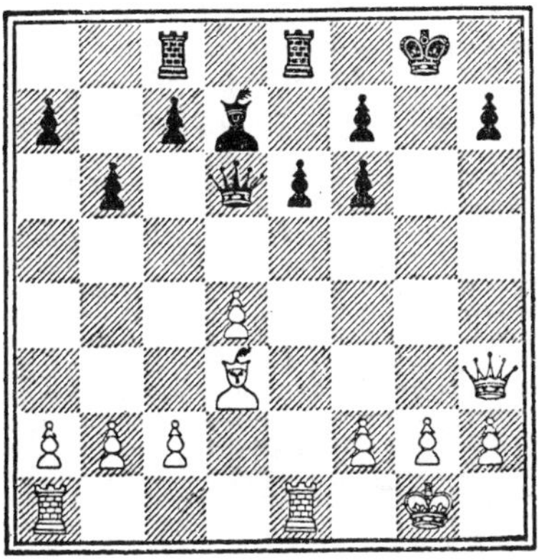

In dieser Stellung wäre die naheliegende Fortsetzung 1. Dh7† nicht gut, denn der König entweicht über f8 auf Dh8† nach e7, wo er ganz sicher steht, und dann droht Schwarz durch Th8 selbst zum Angriff auf der h-Linie zu gelangen. Das Richtige ist es, die Flucht des Königs durch 1. Dh3—h6! zu verhindern. Damit droht das *typische Matt in vier Zügen auf f7*, nämlich 2. Ld3 ×h7† Kg8—h8 3. Lh7—g6†! Kh8—g8 4. Dh6—h7† Kg8—f8 5. Dh7×f7‡. Schwarz darf den Punkt f7 nicht durch D oder Te7 decken, denn damit verstellt er dem König ein Fluchtfeld, so daß Dh7† nebst Dh8‡ erfolgt. Selbstverständlich wäre die Deckung durch T oder Df8 noch ungünstiger wegen Dh7‡. Die einzig richtige Deckung ist 1. ... f6—f5. Damit ist das Spiel von Dame und Läufer aus. Nun ist aber ein Turmangriff sofort entscheidend: 2. Te1—e3!, womit das typische Matt Tg3† Kh8 Dg7‡ (bzw. Damengewinn) droht. Auf 2. ... Df8 folgt die ebenfalls typische Mattführung

3. Tg3† Kh8 4. Df6† nebst 5. Dg7‡. Auf 2. ... Kh8 gewinnt 3. Th3 Kg8! 4. Tg3†! usw. (nicht Dh7†, weil der König wieder entwischt). Auch 2. ... f7—f6 hilft nichts wegen 3. Tg3† Kf7 4. Dg7‡.

In der Partie suchte Schwarz den Punkt g7 durch 2. ... Dd6×d4 zu decken. Aber Weiß verdrängte durch 3. c2—c3! die Dame von der Linie d4—g7 (Dh8? Tg3† nebst Matt), so daß Schwarz nur die Wahl zwischen Damenverlust oder Matt hatte und aufgab. (Weniger präzis wäre die Zugumstellung 3. Tg3† Kh8 4. c2—c3 De5 5. f2—f4 Dc5† 6. Kh1 gewesen, worauf Schwarz ebenfalls verloren ist: 6. ... Tg8 7. Df6† nebst Matt auf g7.)

Das folgende Spiel zeigt die typische Mattführung mit Dame und Läufer auf h7, nur etwas maskiert.

Nr. 260

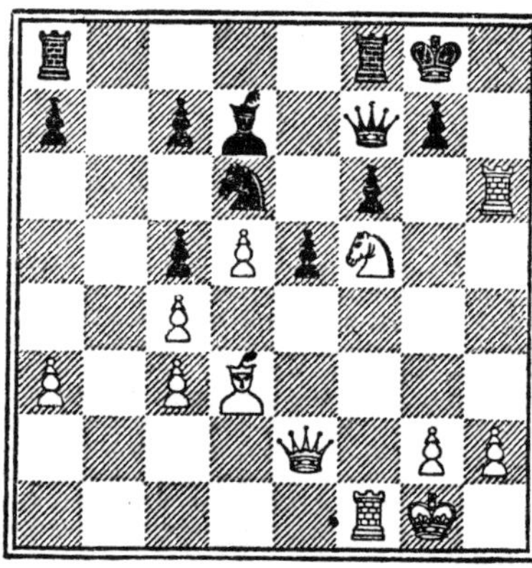

Es geschieht: 1. Sf5—e7†! Df7×e7 2. Th6—h8†! Kg8×h8 (oder Kf7 Dh5† g7—g6 Dg6‡) 3. De2—h5† Kh8—g8 4. Dh5—h7†! Kg8—f7 5. Ld3—g6‡. Diese Mattführung ist hier präziser als die typische; diese besteht in 4. Ld3—h7† Kg8—h8 5. Lh7—g6†! Kh8—g8 6. Dh5—h7‡.

Wenn man sich mit den *typischen Mattführungen* vertraut gemacht hat, erscheinen einem die schwierigsten

Opferkombinationen, die schließlich in einer solchen gipfeln, gar nicht einmal schwierig, sondern fast selbstverständlich. So in dem folgenden Spiel:

Nr. 261

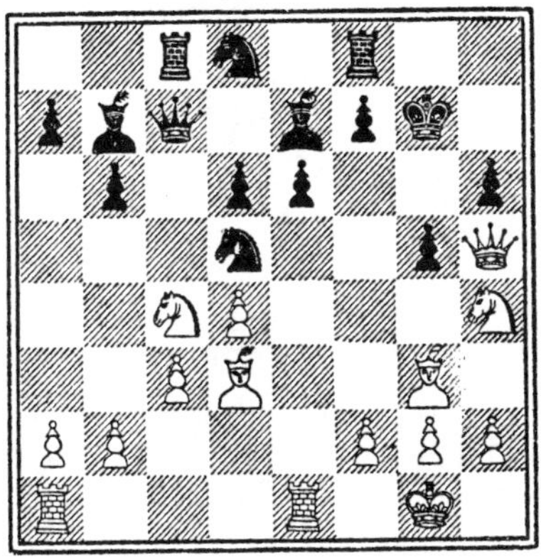

Hier geschah 1. Te1×e6!. Der Zug ist imposant, aber doch eigentlich selbstverständlich. Allerdings muß man ihn *sehen!* Auf 1. ... g5×h4 folgt natürlich 2. Dh5×h6† Kg7—g8 3. Dh6—h7‡. Auf 1. ... f7×e6 gibt es das typische Matt: 2. Dh5—g6† Kg7—h8 3. Dg6—h7‡. Und auf 1. ... Sd8×e6 führt 2. Sh4—f5† zum Schluß, der sich folgendermaßen abspielt: 2. ... Kg7—f6? 3. Dh5×h6‡. Oder 2. ... Kg7—h8? 3. Dh5×h6† Kh8—g8 4. Sf5×e7† Dc7×e7 5. Dh6—h7‡. Endlich 2. ... Kg7—g8! 3. Sf5×h6† Kg8—g7! (Kh8? Sg4† Kg7 Dh7‡) 4. Sh6—f5† Kg7—g8! 5. Sf5×e7†. Auf 5. ... D oder Se7: folgt wieder 6. Dh5—h7‡; auf 5. ... Kg8—g7 aber hat Weiß eine Figur erobert bei fortdauerndem Mattangriff, den er z. B. mit 6. Lg3×d6 fortsetzen kann.

Einer der häufigsten typischen Angriffe ist das Läuferopfer auf h7 (bzw. h2). Es wirkt immer wie ein Donnerschlag, ist aber eigentlich schematisch, etwa wie das Erstickungsmatt (s. Seite 256).

Nr. 262

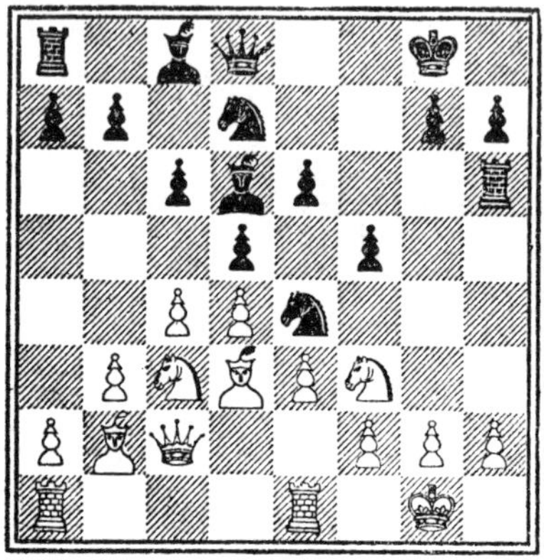

Der Bauer h2 ist zweimal angegriffen, vom Läufer d6 und vom Turm h6, aber auch zweimal, also anscheinend genügend, gedeckt, vom Springer f3 und vom König. Aber in ähnlichen Stellungen kann sich der Läufer immer auf h2 (h7) opfern, wenn die Dame zur Hilfe da ist. Nach 1. ... Ld6×h2†! 2. Sf3×h2 Dd8—h4 kann der Springer h2 nicht ziehen wegen Dh4—h1‡. Schwarz gewinnt also den Springer zurück und hat einen Bauern erobert.

Ebenso ist das Läuferopfer im folgenden Spiel entscheidend.

Nr. 263

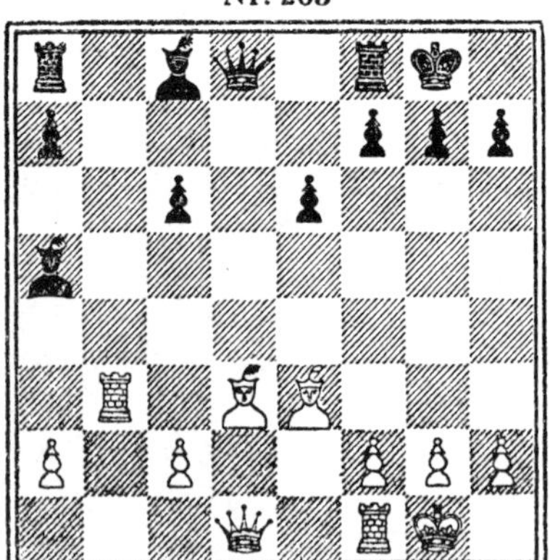

Es geschah: 1. Le3—c5 Tf8—e8 2. Ld3×h7†! Kg8×h7 3. Dd1—h5† Kh7—g8 4. Tb3—h3 (droht Matt auf h8) 4. ... f7—f6. Nun würde schon 5. Tf1—d1 zum Siege genügen. Denn auf 5. ... Lc8—d7 (die Dame muß den Turm e8 gedeckt halten) folgt 6. Th3—d3 und Weiß erobert den Läufer zurück. Oder noch stärker (statt Td3) 6. Dh5—h7† Kg8—f7 7. Th3—g3 (droht Matt auf g7) 7. ... e6—e5 (auf Tg8 folgt Dg6‡) 8. Dh7—g6† Kf7—e6! 9. Td1—d6† Ke6—e7 10. Td6×c6 oder f6‡ oder Dg6×g7‡. Oder 8. Dg7† Ke6 9. Td6† Kf5 10. Dg4‡.

In der Partie geschah statt 5. Td1, worauf Schwarz die Dame hätte opfern müssen, noch stärker 5. Dh5—g6 Lc8—a6 6. Th3—h7 Dd8—d7 7. Dg6—h5 und das auf h8 drohende Matt war nur durch 7. ... g7—g5 oder g6 zu decken, worauf 8. Th7—h8† Kg8—g7 9. Dh5—h7‡ folgte.

Ebenso typisch, aber noch viel häufiger, ist das Läuferopfer auf h7 (bzw. h2), das mit Sf3—g5† (bzw. Sf6—g4†) und Dd1—h5 (bzw. Dd8—h4) fortgesetzt wird und das sich sehr häufig in der „französischen Partie“ (1. e2—e4 e7—e6) ergibt, z. B. nach den Zügen 1. e2—e4 e7—e6 2. d2—d4 d7—d5 3. Sb1—c3 Sg8—f6 4. Lc1—g5 Lf8—e7 5. Lg5×f6 (nicht gut, wenn auch

Nr. 264

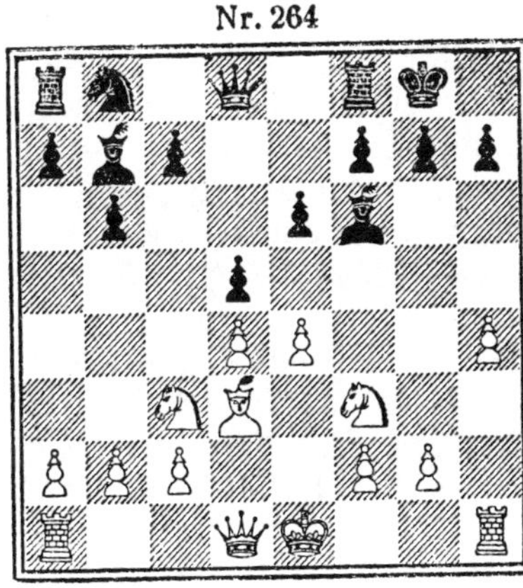

hier erfolgreich) 5. . . . Le7×f6 6. Sg1—f3 0—0 7. Lf1—d3 b7—b6? (statt dessen war c7—c5 der richtige Gegenstoß) 8. h2—h4 Lc8—b7? (viel besser Lc8—a6). Jetzt ist die Stellung des typischen Opferangriffs entstanden (s. Nr. 264).

Es folgte: 9. e4—e5 Lf6—e7 10. Ld3×h7†! Kg8×h7 (schlägt Schwarz nicht, so hat er eben einen Bauern verloren) 11. Sf3—g5† Kh7—g6 (auf Kg8 folgt natürlich Dh5 [droht Matt auf h7] Lg5: hg f7—f5 g5—g6 nebst Dh8‡. Geht der König auf das Springerschach nach h6, so wird er durch 12. Dd2 [droht Damengewinn durch Se6†] doch nach g6 getrieben. Natürlich verbietet sich die Öffnung der h-Linie durch 11. . . . Lg5: wegen 12. hg† Kg6 13. Dh5† Kf5 14. Th1—h3! Dd8×g5 oder beliebig anders 15. Th3—f3‡.) In der Partie geschah nun Sc3—e2—f4†, was gut genug war. Stärker und typisch ist die Fortsetzung des Angriffs mit 12. Dd1—d3† f7—f5 (Kh6? Dh7‡) 13. e5×f6†! (auch Se6: wäre gut genug, der Textzug hält aber den Königsangriff besser fest) 13. . . . Kg6×f6 14. Dd3—f3† Kf6—g6 15. h4—h5†! Kg6—h6! (Kg5:? Dg3† Kf5 Dg6† Kf4 Se2‡) 16. Sg5—f7† Tf8×f7 (auf Kh7 sichert Weiß erst seine Dame durch Dd3† und schlägt dann die schwarze) 17. Df3×f7 (droht Matt auf g6) 17. . . . Kh6—h7 18. h5—h6 und nun droht sowohl durch h6×g7† wie durch Dg7‡ die Katastrophe.

Ein anderes Beispiel dieser ungemein häufig vorkommenden Opferkombination, die von den Kritikern meist als glänzend, genial usw. gepriesen wird, während sie sich eigentlich nach einem bekannten Schema abwickelt, etwa wie das Matt mit Läufer und Springer (s. Nr. 265):

Hier geschah: 1. Lf1—d3 Sf5—e7? 2. Ld3×h7†! Kg8×h7 3. Sf3—g5† Kh7—g6 (auf Kg8 natürlich wieder Dh5 usw.; auf Kh6 kann hier Dg4 [droht Dh4†] Sf5 Lc1 folgen mit der Drohung, durch Se6† die Dame zu gewinnen) 4. Dd1—g4 f7—f5 5. Dg4—g3 Dc7—c8 6. Tc5—c3 (mit Se6† Kf7! Sf8: würde Weiß Turm

Nr. 265

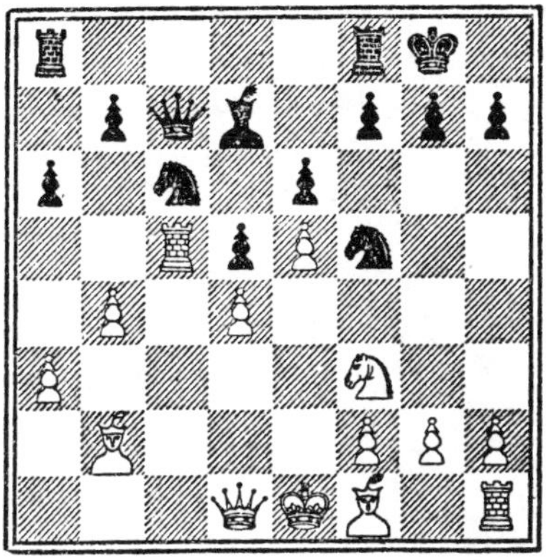

und zwei Bauern für zwei leichte Figuren behalten, aber der Angriff wäre zu Ende. Deshalb sucht er lieber noch mehr Figuren zum Angriff zu konzentrieren, was er um so leichter tun kann, als Schwarz in seiner bedrängten Stellung keinen starken Zug zur Verfügung hat) 6. ... f5—f4 (um sich durch den folgenden Zug etwas zu befreien) 7. Dg3—g4 Se7—f5 8. Tc3—h3! (wieder stärker als das sofortige Losschlagen mittels Se6†, das Schwarz ja doch nicht hindern kann. Jetzt droht Dh5‡) 8. ... Tf8—h8 9. Sg5×e6† Kg6—f7 10. Dg4×f5† Kf7—e7 (oder Kg8 Th8† Kh8: Dh5† Kg8 Sg5 Lf5 Df7† Kh8 e5—e6 und Weiß gewinnt leicht) 11. Df5—g5†! Ke7×e6 12. Dg5—g6† Ke6—e7 13. Dg6×g7†. Auf Ke6 folgt nun Df6‡ und auf Kd8 geht der Turm verloren bei fortdauerndem Angriff.

Bei diesen Opferangriffen auf h7 (h2) muß sich der Angreifer nur in acht nehmen, eine Deckung des Punktes h7 nicht zu übersehen. Nicht so selten geschieht es, daß jemand brillant den Läufer auf h7 opfert und nach Sg5† Kg8 Dh5 plötzlich die Deckung durch Sf6 oder Lf5 möglich ist, die natürlich dem Angriff ein Ende mit Schrecken bereitet.

Typisch sind auch die Damen- oder Turmopfer auf h7 (h2), wenn das Feld g8 (g1) dem König genommen ist, entweder durch einen Läufer, der die Diagonale a2—g8 (a7—g1) beherrscht, oder durch einen Springer auf e7 (e2), oder durch einen verteidigenden Turm auf g8 (g1). Hier einige einfachere und auch kompliziertere Fälle:

Nr. 266

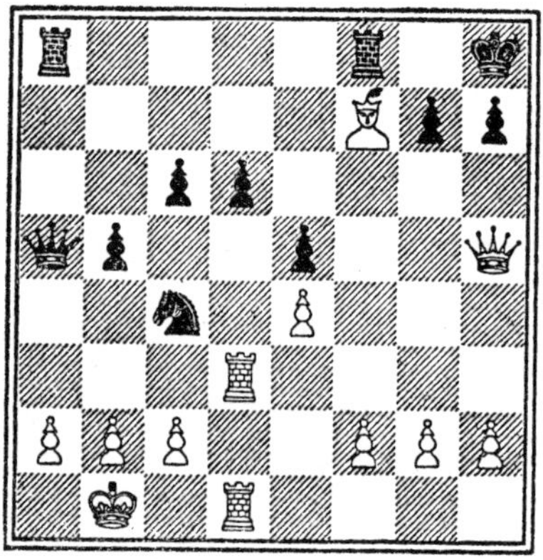

In dieser Stellung geschieht „natürlich" (wenn man es *sieht*) 1. Dh5×h7†! Kh8×h7 2. Td3—h3‡.

Nr. 267

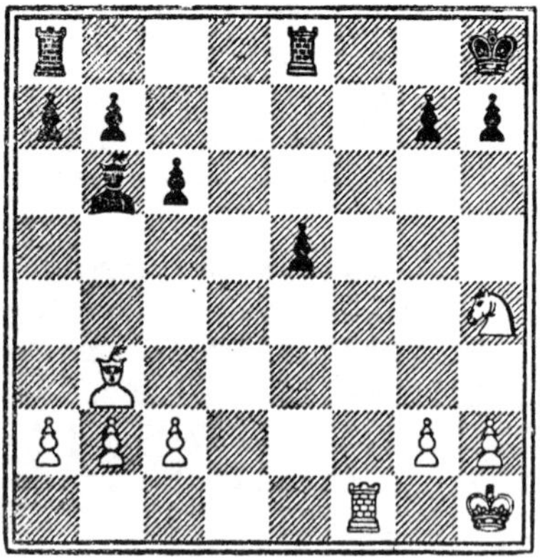

Hier wird die völlige Entblößung des schwarzen Königs durch ein ebenfalls sehr häufig vorkommendes Springeropfer herbeigeführt: 1. Sh4—g6† h7×g6 2. Tf1—f3 und das auf h3 drohende Matt kann nur durch zwei nutzlose Opfer, nämlich Lb6—e3 (um auf h6 dazwischenzuziehen) und Te8—e6 aufgehalten werden. Beide Steine werden geschlagen und dann erfolgt das Matt.

Natürlich muß man bei dem Opfer haarscharf berechnen, ob nicht doch vielleicht ein Rettungszug für den Gegner möglich ist, wie in der folgenden Stellung:

Nr. 268

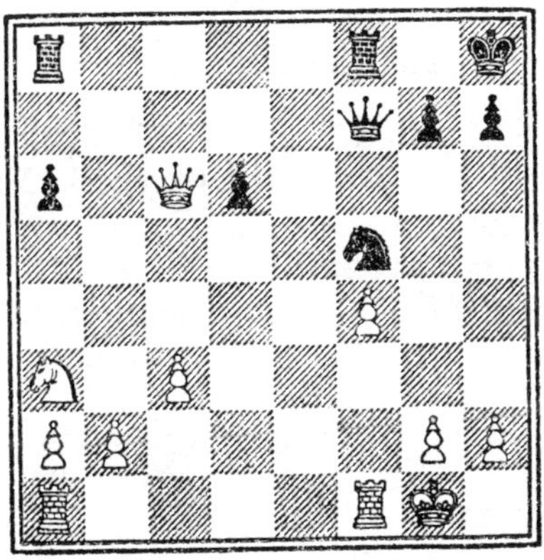

Hier brachte Schwarz (Anderssen) nach 1. . . . Df7—a7† 2. Kg1—h1 mit 2. . . . Sf5—g3† das typische Springeropfer, in der sicheren Erwartung, daß sein Gegner (Louis Paulsen) nach 3. h2×g3 Tf8—f6 wegen des undeckbaren Matts auf h6 die Partie aufgeben werde. Der aber fand den glänzenden Deckungszug 4. Tf1—f2!!. Schlägt Schwarz den Turm, so setzt Weiß nach Dc6×a8† matt. Die Opferkombination war damit widerlegt und Weiß gewann.

Eine Abart bildet die folgende Mattführung:

Nr. 269

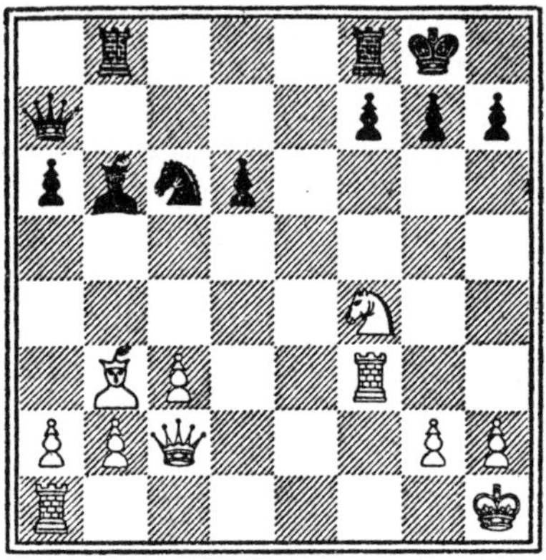

1. Dc2×h7†! Kg8×h7 2. Tf3—h3† Kh7—g8 3. Sf4—g6 und das durch 4. Th3—h8‡ drohende Matt ist durch nichts zu verhindern. Obwohl diese Mattführung ganz typisch ist, wurde sie doch in einer Partie von einem hervorragenden Meister übersehen. Man muß eben *sehen*, auch das, was nicht gerade auf der Hand liegt!

Nr. 270

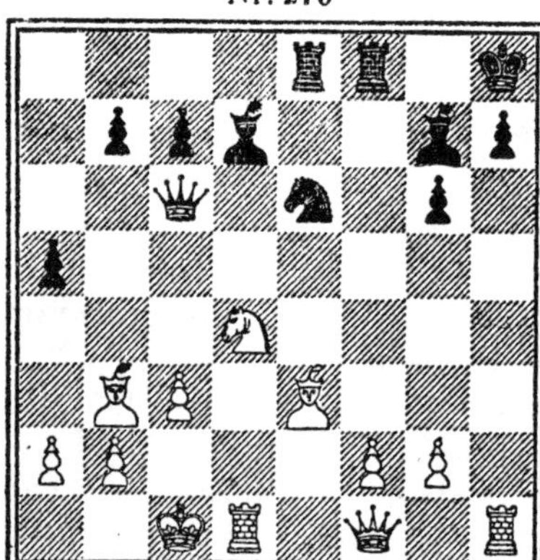

Hier demaskierte der Verteidiger selbst durch 1. ... Se6×d4? die Linie des Läufers b3. „Natürlich" folgte das Turmopfer auf h7 nebst 2. Dd1—h1† Lg7—h6 3. Dh1×h6‡.

Ebenso typisch ist die Mattführung, wenn das Feld neben dem König durch einen Springer gedeckt ist.

Nr. 271

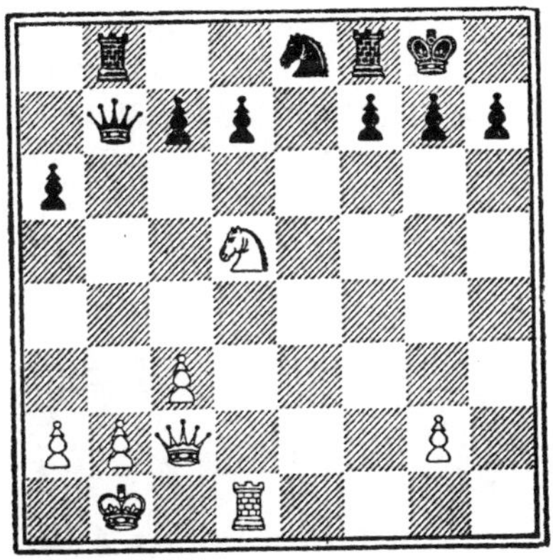

Es geschieht: 1. Sd5—e7† Kg8—h8 2. Dc2×h7†! Kh8×h7 3. Td1—h1‡.

Komplizierter:

Nr. 272

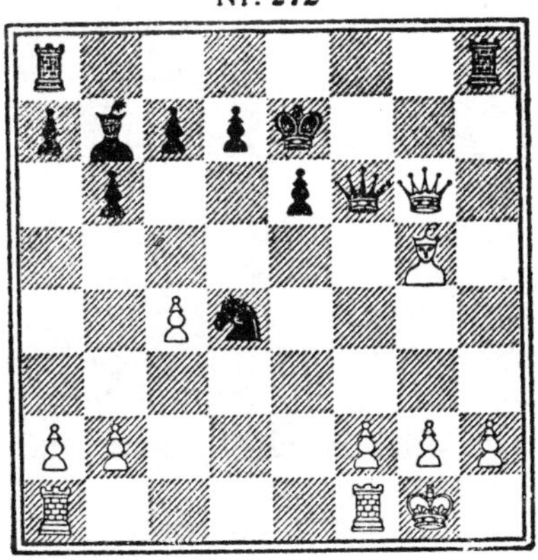

Weiß hatte auf Eroberung der Dame gespielt und soeben sein Ziel durch Lc1—g5 erreicht, als er durch die typische Mattführung 1. ... Sd4—e2† 2. Kg1—h1 Th8×h2†! 3. Kh1×h2 Ta8—h8† 4. Dg6—h6 (oder Lh6 Dh4‡) 4. ... Th8×h6† 5. Lg5×h6 Df6—h4 oder ×h6‡ überrumpelt wurde.

Wie oben schon bemerkt, kann das Feld g8 (g1), anstatt von einem Läufer oder Springer des Angreifers bedroht zu sein, auch von einem Turm des Verteidigers eingenommen sein. Immer liegt dann ein Damenopfer auf h7 (h2) in der Luft. So in dem folgenden Spiel, das ebenfalls eine ganz typisch sich wiederholende Mattführung erläutert.

Nr. 273

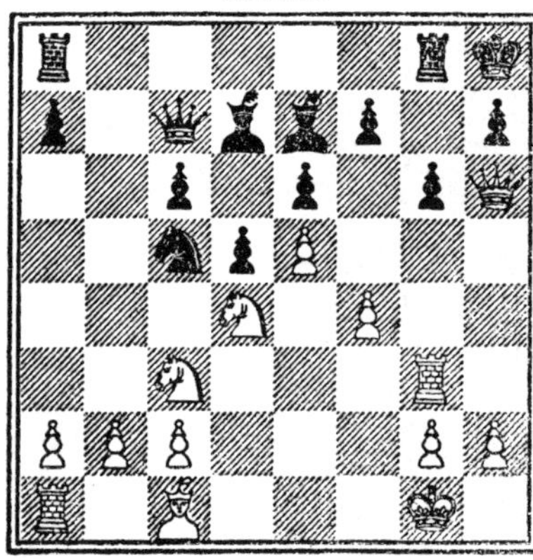

1. f4—f5! e6×f5? 2. Dh6×h7†! Kh8×h7 3. Tg3—h3† Kh7—g7 4. Lc1—h6† Kg7—h7 5. Lh6—f8†! Le7—h4 6. Th3×h4‡.

Man sieht leicht ein, daß alle diese Rochadeangriffe, besonders die auf den Punkt h7 (h2), nur dadurch möglich sind, daß der Königsspringer auf f6 (f3) fehlt, sei es, daß er durch e4—e5 (e5—e4) vertrieben wurde, sei es, daß er ungünstig entwickelt, deplaziert oder abgetauscht wurde. *Der Königsspringer auf f3 (bzw. f6) ist die beste Deckungsfigur für die kurze Rochade.* Hierfür noch einige drastische Beispiele.

Nr. 274

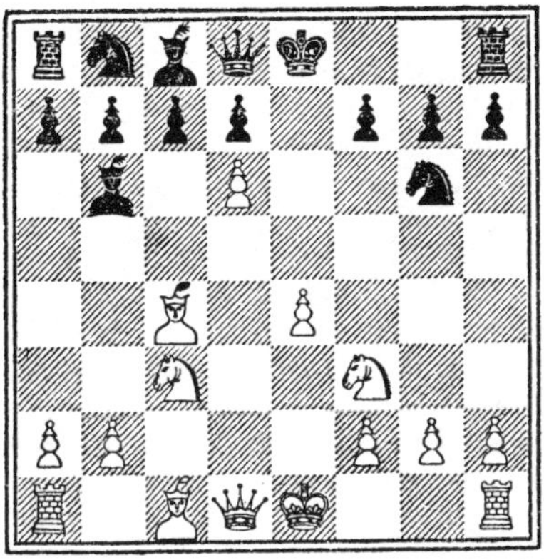

1. Sf3—g5 0—0 2. Dd1—h5 h7—h6 3. Dh5×g6 h6×g5 4. Lc1×g5 Dd8—e8 5. Lg5—f6 und die Dame setzt auf g7 matt.

Nach den Zügen 1. e2—e4 e7—e5 2. Sg1—f3 Sb8—c6 3. Lf1—c4 Lf8—c5 4. 0—0 Sg8—e7? (Sf6!) 5. Sf3—g5 0—0? 6. Dd1—h5 h7—h6 entsteht folgende Stellung:

Nr. 275

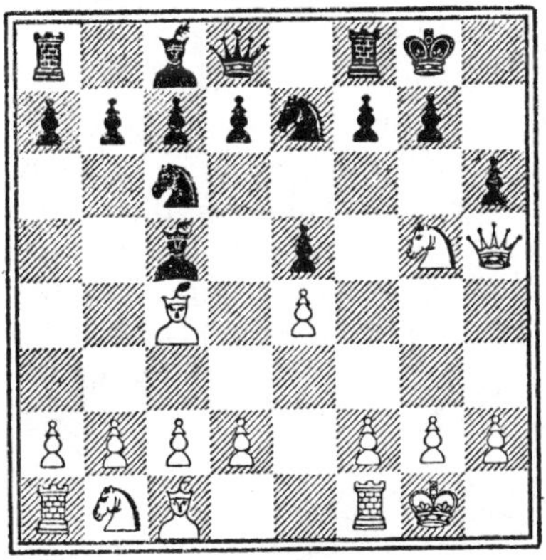

Hier erzwingt Weiß ein typisches Matt, falls Schwarz nicht auf f7 die Qualität opfert: 7. Sg5×f7 Dd8—e8? 8. Sf7×h6†! Kg8—h8 oder h7 9. Sh6—f7†! Kh8 bzw. h7—g8 10. Dh5—h8‡.

Eine nicht ganz so günstige, aber ebenfalls recht gute Deckung für den Punkt h7 (h2) bietet der Springer statt auf f6 (f3) auf f8 (f1).

Beide Läufer gegen die Rochade

Diese Formation ist äußerst wirksam. Sie gestattet ein typisches Damenopfer auf f6 (bzw. f3).

Nr. 276

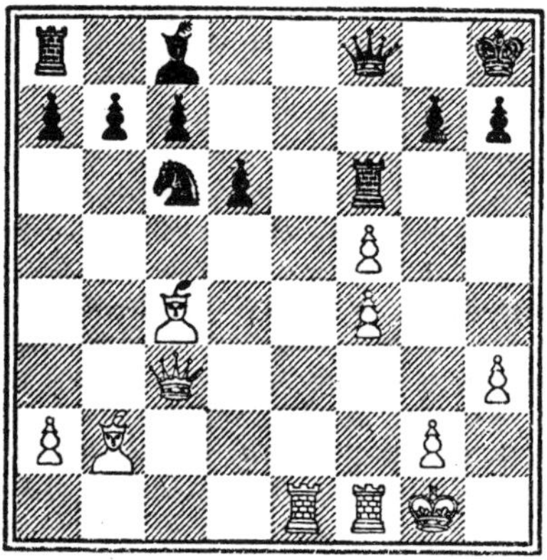

Hier geschieht: 1. Te1—e8! (Vorbereitung des typischen Opfers) 1. ... Df8×e8 2. Dc3×f6! De8—e7 (auf die Annahme des Damenopfers folgt natürlich 3. Lc3×f6‡) 3. Df6×e7 Sc6×e7 4. Tf1—e1 (auch f5—f6 entscheidet) Se7—g8 5. Te1—e8 und gewinnt. In der Partie zog Weiß (Morphy) noch viel eleganter 3. Df6×g7†!! De7×g7 4. f5—f6. Damit droht f6×g7‡. Auf 4. ... Dg7—f8 folgt 5. f6—f7† Df8—g7? und nun ja nicht Lb2×g7†, sondern f7—f8 D oder T‡, eine sehr oft vorkommende Wendung. Aber besser 5. ... Sc6—e5 6. f4×e5 h7—h5 (oder Ld7 e5—e6† oder ed† Dg7 f8D†! Tf8: Tf8‡) 7. e5—e6† Kh8—h7. Jetzt könnte Weiß einfach mit e6—e7 De7: f7—f8D den Mehrbesitz einer Figur behaupten; er kann jedoch noch stärker den isolierten König heraustreiben und mattsetzen: 8. Lc4—d3† Kh7—h6 9. Tf1—f6† Kh6—g5 (oder Kg7 Tg6† Kh7 Tg8† Kh6 Lc1‡) 10. Tf6—g6†

Kg5—f4 (Kh4 Lf6‡) 11. Kg1—f2! (droht g2—g3‡) 11. ... h5—h4 12. Tg6—g4‡.

Gefahren der langen Rochade

Bei der langen Rochade sind einige Gefahren zu beachten, die bei der kurzen fehlen. Erstens ist der a-Bauer nicht gedeckt und kann unter Umständen trotz drohender Einsperrung des schlagenden Läufers geschlagen werden.

Nr. 277

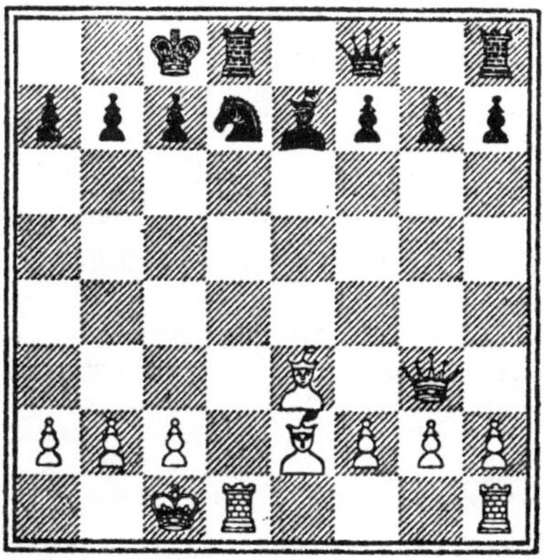

So geschieht hier 1. Le3×a7, denn auf den gewohnten Einsperrungszug 1. ... b7—b6? folgt 2. Le2—a6‡.

Nr. 278

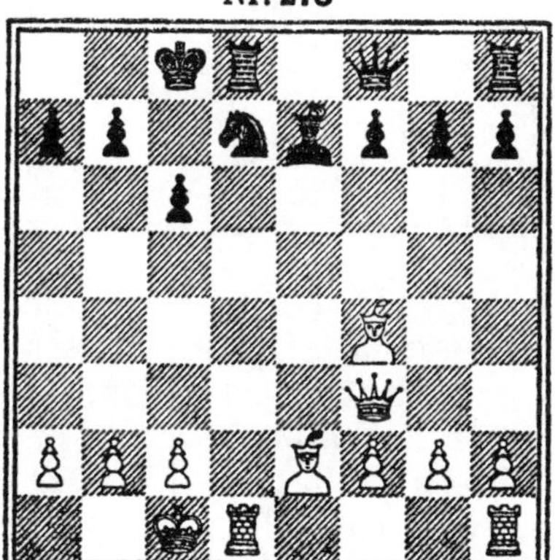

Ferner besteht eine besondere Gefahr für den König nach der langen Rochade, wenn ein feindlicher Läufer auf f4 (f5) steht, wie in Nr. 278.

Dann ist nämlich der König häufig dem typischen Überfall 1. Df3×c6†! b7×c6 2. Le2—a6‡ ausgesetzt.

Im übrigen sind die Rochadeangriffe ganz dieselben wie bei der kurzen Rochade, natürlich entsprechen die Linien c, b, a den Linien f, g, h.

Das Erstickungsmatt

Das Erstickungsmatt (früher „erstickte Matt" genannt) ist eine ziemlich häufig vorkommende oder wenigstens drohende, äußerst kunstvolle Art der Mattführung. Den Urtypus zeigt etwa folgende Stellung:

Nr. 279

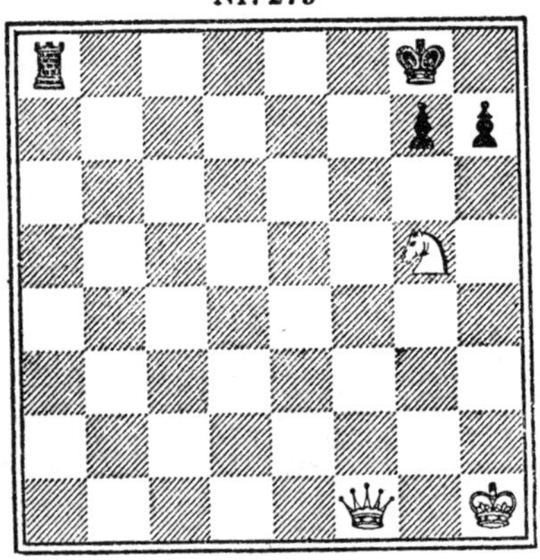

1. Df1—c4† Kg8—h8 (Kf8 ist schlecht wegen Df7‡) 2. Sg5—f7† Kh8—g8 3. Sf7—h6†. Dieses Doppelschach ist, wie fast immer, sehr gefährlich; hier bereitet es die wunderschöne Schlußpointe vor: 3. ... Kg8—h8 4. Dc4—g8†!! Ta8×g8 5. Sh6—f7‡. Der König ist von seinen eigenen Steinen völlig eingeschlossen, so daß der Mattzug in der Tat wie ein Ersticken wirkt.

Hier noch einige kompliziertere Fälle:

Nr. 280

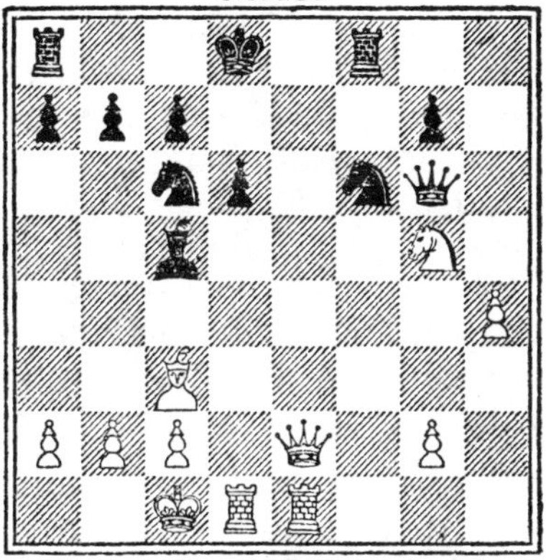

Es geschah: 1. Sg5—e6† Kd8—d7 (um nicht bei Kc8 den ganzen Turm oder bei Ke7 durch Sf4† De4 Dd3 die Dame zu verlieren) 2. Se6×c5† Kd7—c8 (geht der König nach d8, so gewinnt Weiß durch Se6† Kd7 Sf8‡ Tf8: zunächst noch die Qualität) 3. De2—e6† Kc8—b8 (auf Kd8 folgt Sb7‡) 4. Sc5—d7† Kb8—c8 (bei Sd7: steht die schwarze Dame ein) 5. Sd7×f6† (dies ist jetzt noch stärker als Damengewinn durch Sf8‡) 5. . . . Kc8—b8 (oder Kd8 Dd7‡) 6. Sf6—d7† Kb8—c8 7. Sd7—b6† Kc8—b8 8. De6—c8† Tf8×c8 9. Sb6—d7‡.

Nr. 281

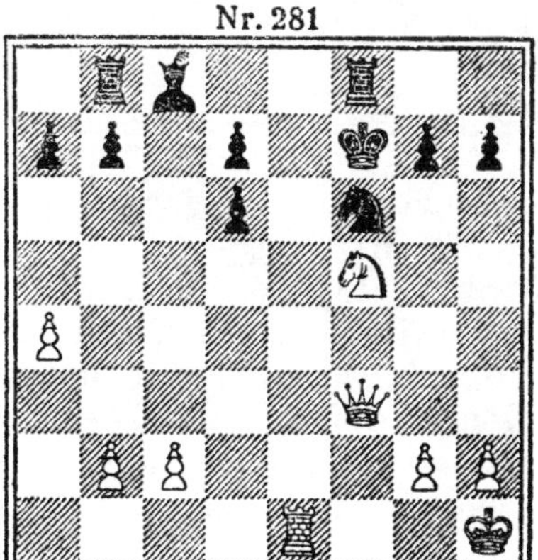

In Nr. 281 konnte Weiß seinen Angriff natürlich auch mit Te7† nebst Tg7‡ fortsetzen. Es geschah aber 1. Sf5×d6† Kf7—g8 2. Df3—b3† Kg8—h8 3. Sd6—f7† (wenn Schwarz jetzt den Springer schlägt, so ist er nach Df7: nebst Te7 ebenfalls hilflos) 3. ... Kh8—g8 4. Sf7—h6† Kg8—h8 (nun wäre Dg8† ein grober Fehler, denn nicht der Turm, sondern der Springer würde schlagen, so daß der Springer h6 nicht auf f7 mattsetzen könnte) 5. Te1—e8 (jetzt soll das Erstickungsmatt auf Te8: oder Se8: durch Dg8† usw. herbeigeführt werden. Auf g7×h6 folgt Tf8‡ Kg7 Df7‡ bzw. Sg8 D oder Tg8‡) 5. ... g7—g6 6. Db3—f7 (stärker als den Turm zu schlagen) 6. ... Tf8×e8 7. Df7×f6‡.

Nr. 282

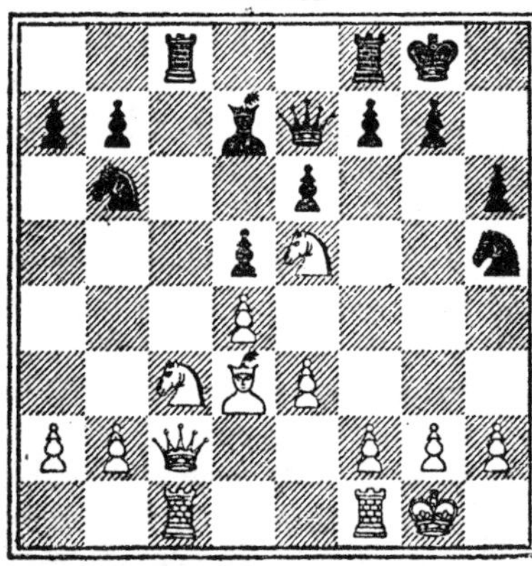

Hier nützte Weiß die ungünstige Stellung des Springers h5 durch 1. Ld3—h7† Kg8—h8 2. Lh7—g6! sehr schön aus. Wird der Läufer geschlagen, so geht durch Sg6‡ die schwarze Dame verloren. Auf 2. ... Sh5—f6 folgte 3. Lg6×f7!, wiederum mit der Drohung, die Dame zu gewinnen. Auf 3. ... De7—d6 erzwang Weiß nun ein prachtvolles Erstickungsmatt: 4. Se5—g6† Kh8—h7 5. Sg6×f8‡ Kh7—h8 6. Dc2—h7†! Sf6×h7 7. Sf8—g6‡.

Randmatt. Ungenügender Schutz der Basis

So kunstvoll das Erstickungsmatt ist, so plump ist das überaus häufige Matt am Rande, das bei ungenügender Sicherung der letzten bzw. ersten Reihe möglich ist und auch eine Art von Erstickung darstellt. Aber die Art und Weise, wie es vorbereitet wird, ist oft äußerst fein und reizvoll und die schönsten Kombinationen gipfeln oft in einem Randmatt. Der Typus ist ungemein einfach:

Nr. 283

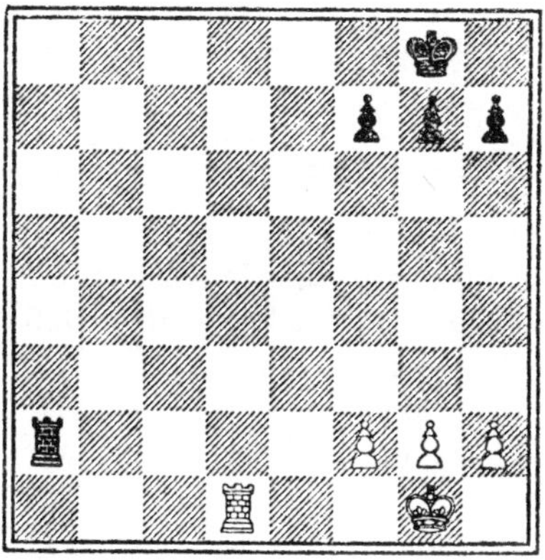

Td1—d8‡. Oder

Nr. 284

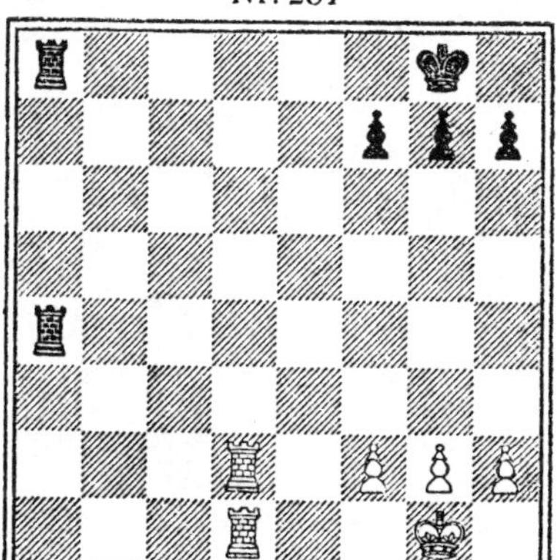

1. Td2—d8† Ta8×d8 2. Td1×d8‡.

Nr. 285

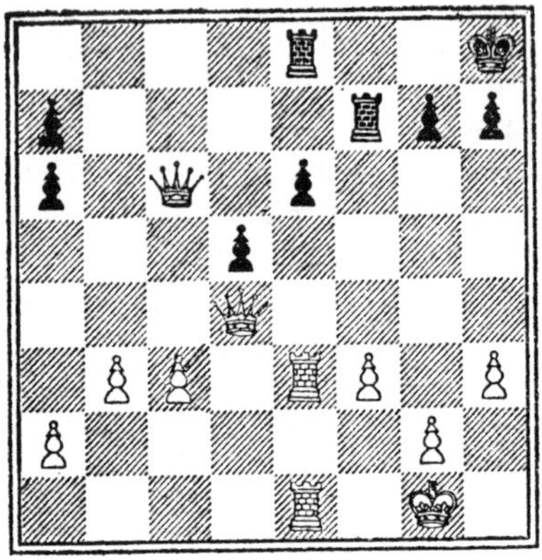

In dieser Stellung geschah: 1. c3—c4! d5×c4? 2. Te3×e6!. Dame und Turm des Schwarzen sind angegriffen; auf 2. ... Te8×e6 folgt 3. Dd4—d8† Dc6 oder Te6—e8 4. Dd8×e8† Te6 bzw. Dc6×e8 5. Te1×e8† Tf7—f8 6. Te8×f8‡. Aber das muß man *sehen!*

Noch versteckter ist der Weg zum Siege in der folgenden Stellung:

Nr. 286

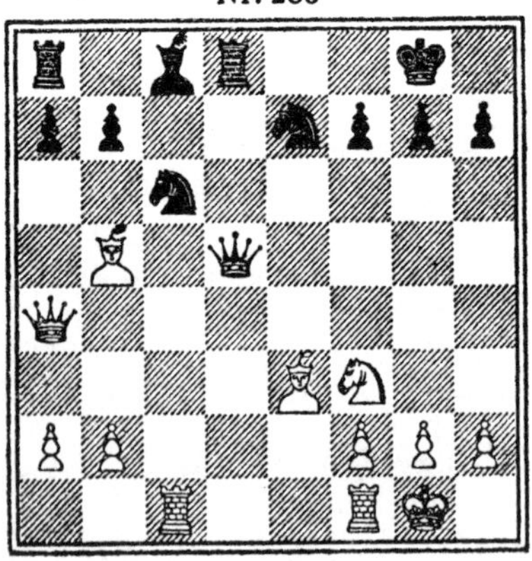

1. Tf1—d1 Dd5—e6 (nun beseitigt Weiß ganz einfach die Deckung des Turmes d8) 2. Lb5×c6 Se7×c6

3. Da4×c6! Td8×d1† (am besten geschieht Ld7, womit Weiß eine Figur erobert hat) 4. Tc1×d1 De6×c6 oder b7×c6 5. Td1—d8† Dc6—e8 6. Td8×e8‡. Oder 1. ... Dd5—f5 2. Lb5×c6 Se7×c6 3. Td1×d8† (jetzt noch stärker als das Damenopfer auf c6) 3. ... Sc6×d8 4. Da4—e8‡.

Bei der folgenden Stellung

Nr. 287

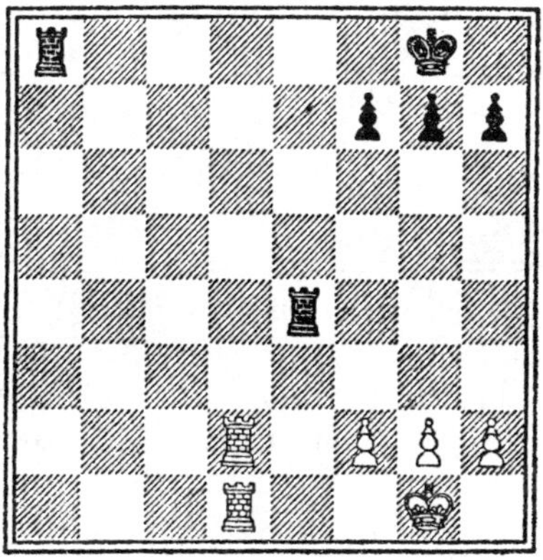

muß sich der Anfänger ja nicht einbilden, daß er mit 1. Td2—d8† das Matt erzwingen kann. Schwarz ist nicht gezwungen, den Turm zu schlagen, was ein grober Fehler wäre, sondern er zieht 1. ... Te4—e8!, womit alles gedeckt ist — eine triviale, aber sehr schöne Wendung, die man sich genau einprägen muß, weil sie sich unendlich häufig wiederholt.

Noch einige feinere Beispiele:

Nr. 288

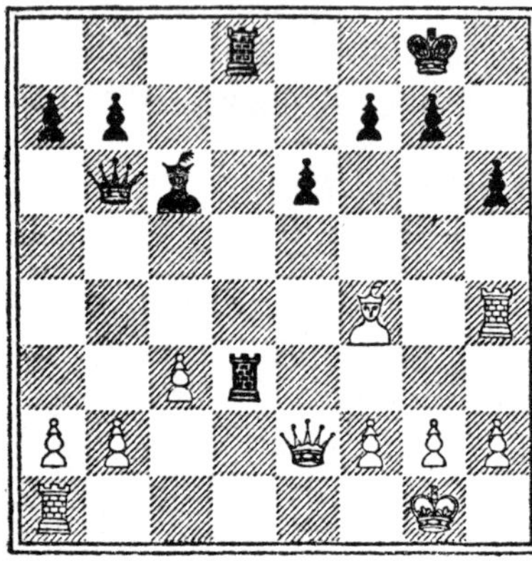

Hier gewinnt Schwarz sofort durch 1. ... Db6×b2!. Wird die Dame geschlagen, so folgt 2. ... Td3—d1† 3. Ta1×d1 Td8×d1‡. Aber die weiße Dame und der Turm a1 sind angegriffen. Deckt der Turm die Dame, 2. Ta1—e1, so tauscht Schwarz die Damen und setzt, wenn Weiß wiederschlägt, durch Td3—d1† usw. matt. Und deckt die Dame den Turm, auf e1 oder f1, so schlägt Schwarz den Turm und setzt danach wieder mit Td3—d1† usw. matt.

Nr. 289

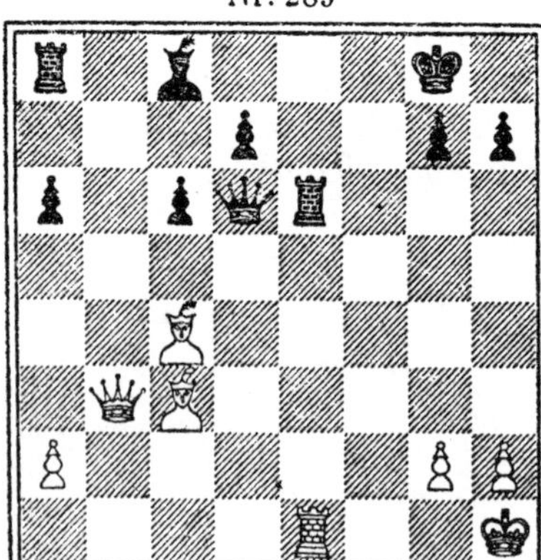

Ganz problemartig ist der Gewinn in der vorstehenden Stellung (s. Nr. 289).

Es geschah: 1. ... Kg8—h8? 2. Lc4×e6 d7×e6 3. Te1—d1 Dd6—c7 4. Lc3—a5! Dc7×a5 (auf De7 5. Td8† muß sich die Dame gegen den Turm opfern) 5. Db3—b4!! und die schwarze Dame ist verloren, denn auf 5. ... Da5×b4 folgt 6. Td1—d8† Db4—f8 7. Td8×f8‡ und auf 5. ... Da5—c7 setzt die weiße Dame auf f8 matt. Geht die Dame im 3. Zuge nach e7 statt nach c7, so folgt: 4. Db3—b4 c6—c5 5. Db4×c5 De7—e8 (die eingestellte Dame war natürlich wegen des nach Td8† drohenden Matts nicht zu schlagen) 6. Dc5—d4! (nicht nach e5, denn sonst deckt Schwarz das auf g7 drohende Matt durch Ta8—a7!) 6. ... e6—e5 7. Dd4×e5 De8—f8 oder g8 8. De5×g7†! Df8 bzw. g8×g7 9. Td1—d8‡. Lauter reizvolle Wendungen!

Nr. 290

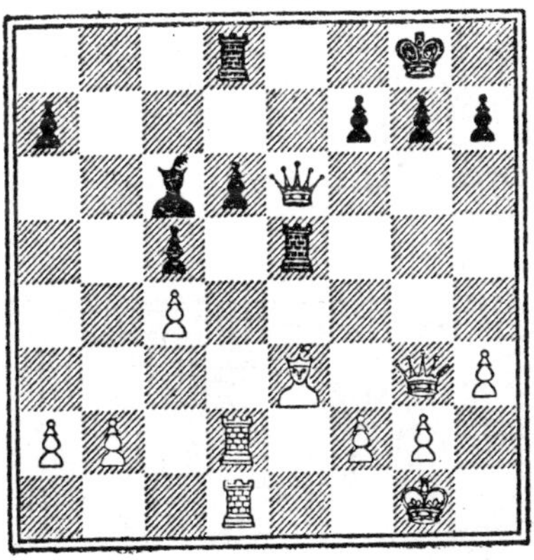

In dieser Stellung droht Weiß mit 1. Le3—h6! Matt auf g7. Der Läufer darf nicht geschlagen werden, denn auf 1. ... De6×h6? gewinnt Weiß durch 2. Dg3 ×e5! mindestens die Qualität, denn schlägt Schwarz die Dame, so setzt Weiß durch 3. Td2×d8† Lc6—e8 4. Td8×e8 matt.

Im folgenden Spiel erweist sich wegen des drohenden Randmatts eine Kombination des Schwarzen als fehlerhaft.

Nr. 291

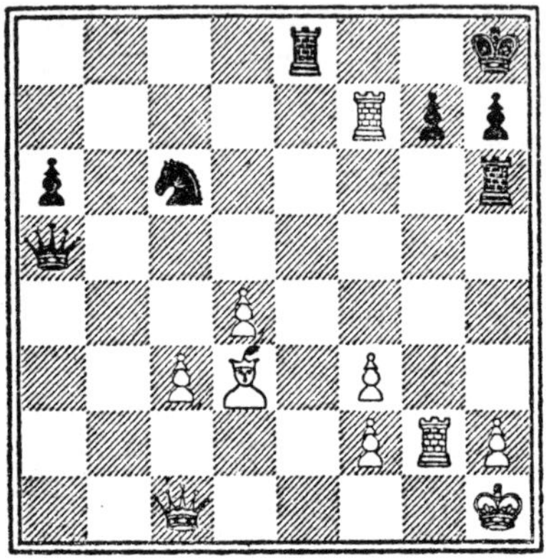

Es geschah: 1. ... Sc6×d4? 2. c3×d4! Te8—e1†. Schwarz hatte nun auf 3. Dc1×e1? gerechnet. Es folgt aber 3. Ld3—f1!, und wenn der Turm die Dame schlägt, setzt Tf7—f8 matt.

Das folgende Spiel illustriert einen häufig vorkommenden Fehler.

Nr. 292

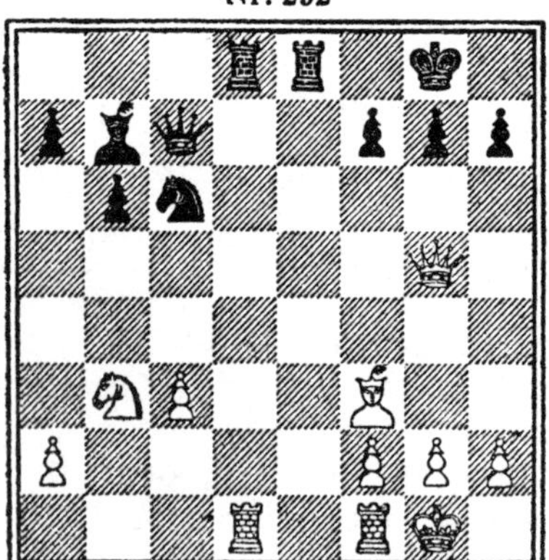

Es geschah: 1. ... Sc6—e5 (hier sollte Schwarz zunächst mit h7—h6 seinem König einen Ausweg öffnen) 2. Lf3×b7 Td8×d1? (mit 2. ... f7—f6! [Ld5† Td5:] nebst Db7: konnte Schwarz seinen Fehler noch korrigieren) 3. Tf1×d1 Dc7×b7 4. Dh5×e5 und der Turm darf wegen des nach Td8† drohenden Matts nicht wiederschlagen.

Hier noch einige kompliziertere Fälle von Randmatt.

Nr. 293

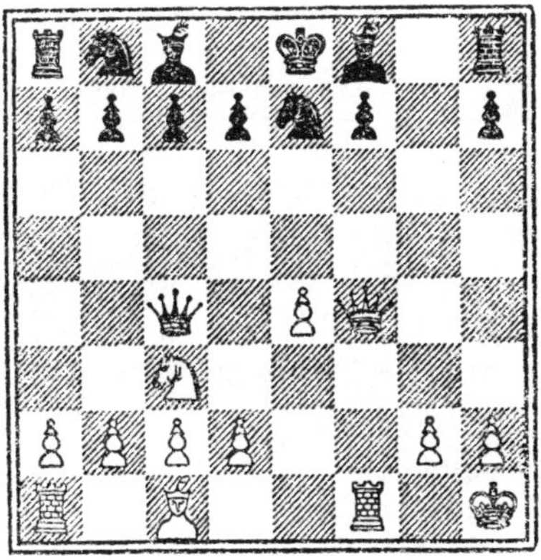

Es geschah: 1. Sc3—d5 (schneidet die Dame von der Deckung des Punktes f7 ab; Schwarz sollte nun seine Dame gegen den Turm opfern) 1. ... Se7×d5 2. Df4×f7† Ke8—d8 3. d2—d3 Dc4—c6 4. Lc1—g5† Lf8—e7 (zieht der Springer nach e7, so erfolgt ebenfalls Matt auf f8) 5. Df7—f8† Th8×f8 6. Tf1×f8‡.

Nr. 294

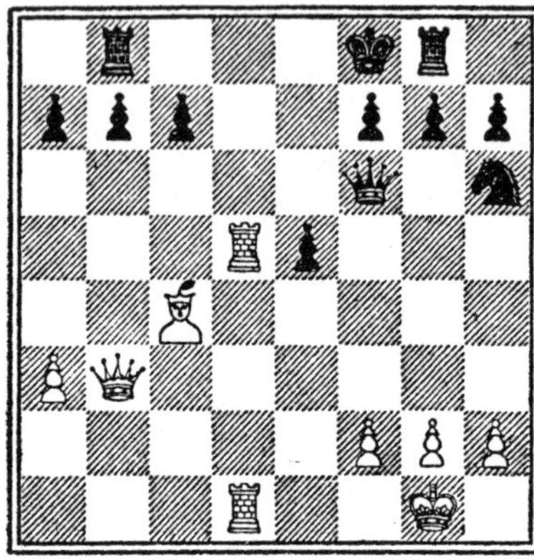

Hier geschah: 1. Db3—b4† Df6—e7? 2. Td5—d8† Tb8×d8 3. Td1×d8‡. Besser war 1. ... Kf8—e8 mit der Folge 2. Lc4—b5† c7—c6 3. Lb5×c6† Df6×c6 (oder bc Db8‡) 4. Td5×e5† Dc6—e6 5. Db4—d6 (stärker als sofort die Dame zu schlagen) und Schwarz ist verloren.

Vor dem folgenden, nicht selten vorkommenden Überfall muß man auf der Hut sein:

Nr. 295

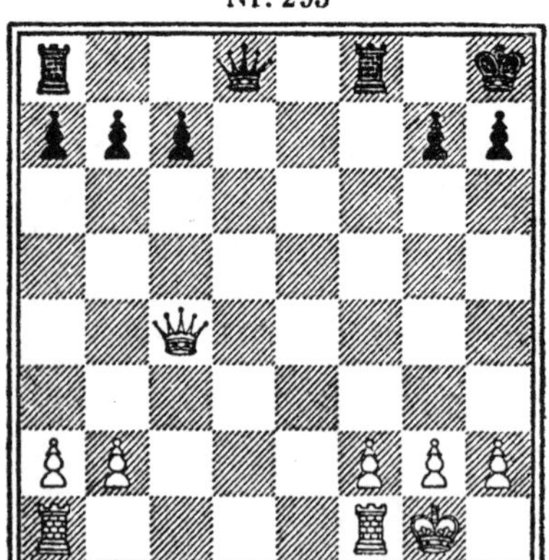

Es geschah: 1. Ta1—d1 Dd8—f6 2. Dc4×c7 Df6×b2 3. Td1—d7 Ta8—c8 4. Dc7×b7? (die Dame konnte nach g3 gehen, um den Punkt f2 zu decken; noch stärker war der Gegenangriff 4. Td7—f7!, worauf die Dame wegen 5. Tf7×f8‡ nicht geschlagen werden durfte) 4. ... Db2×f2†! 5. Tf1×f2 Tc8—c1† 6. Tf2—f1 Tc1×f1 oder Tf8×f1‡.

Nr. 296

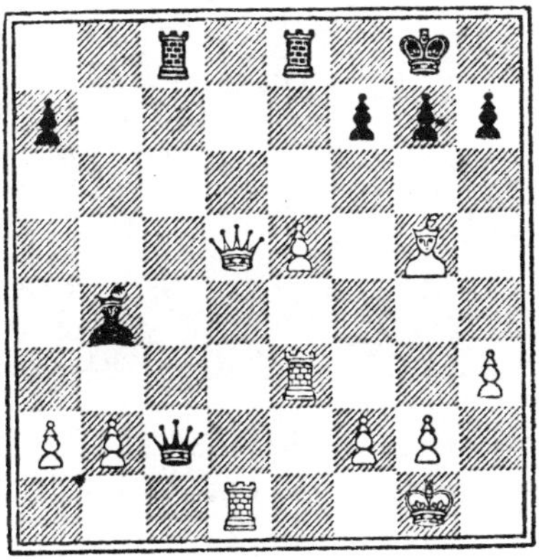

In dieser Stellung geschah: 1. ... Tc8—c5 2. Dd5—d7 Tc5×e5? 3. Dd7×e8†! Te5×e8 4. Te3×e8† Lb4—f8 5. Te8×f8† Kg8×f8 6. Td1—d8‡. Schwarz hat nicht gesehen, daß nach dem Schlagen des Bauern e5 der Turm e8 *doppelt* angegriffen war, einmal von der Dame und sodann *über den Turm e5 hinweg* vom Turm e3. Eine sehr schöne Wendung!

Ewiges Schach

Wir bringen im folgenden einige der häufigsten Wendungen dieser Art.

Nr. 297

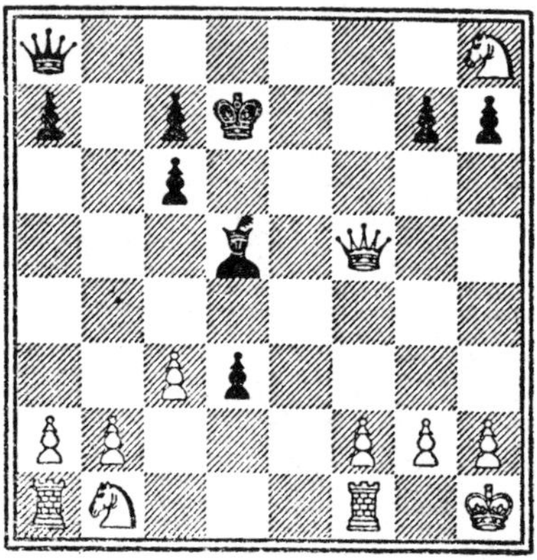

Hier geschah: 1. ... Ld5×g2† 2. Kh1×g2 und die schwarze Dame gab auf g4 und f3 ewiges Schach.

Nr. 298

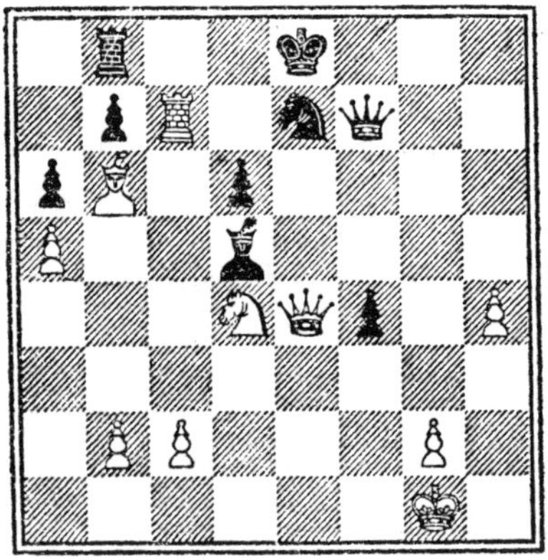

Wenn Weiß in dieser Stellung mit 1. Tc7×e7† Df7×e7 2. De4×d5 zwei Figuren für den Turm erobert, so gibt die schwarze Dame auf e1 und h4 ewiges Schach.

Nr. 299

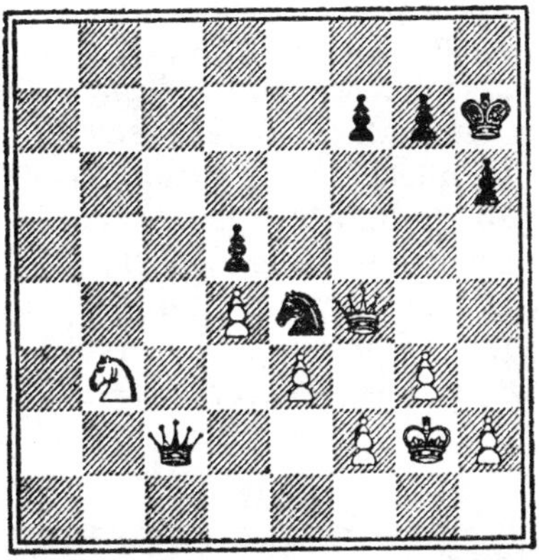

Schwarz schlägt den Springer b3, worauf die weiße Dame ewiges Schach gibt, nämlich 2. Df4—f5† Kh7—h8 oder g8 3. Df5—c8† Kh8 bzw. g8—h7 4. Dc8—f5† g7—g6 5. Df5×f7† Kh7—h8 6. Df7—f8† usw.

Turm auf der offenen Linie und auf der vorletzten (bzw. zweiten) Reihe

Die Beherrschung einer offenen Linie durch einen Turm oder gar durch beide Türme bedeutet einen großen Vorteil, besonders wenn es die einzige offene Linie ist und der Gegner sie nicht ebenfalls mit einem Turm besetzen kann. Hat man eine offene Linie besetzt, dann sucht man natürlich die Opposition des feindlichen Turmes zu verhindern, indem man noch eine schwere Figur auf die Linie bringt. Haben beide Parteien eine offene Linie besetzt, dann tauscht man die Türme nicht selbst, wenn ein feindlicher Turm wiedernehmen kann, sondern läßt den Gegner tauschen, so daß der zurückschlagende Turm wieder die offene Linie beherrscht. Der Kampf um die offene Linie ist nicht selten entscheidend für den Ausgang der Partie. Der Hauptwert des Besitzes der offenen Linie liegt darin, daß der Turm auf die vorletzte bzw. zweite Reihe eindringen kann.

Das Eindringen eines Turmes auf diese Reihe bedeutet im Mittelspiel wie im Endspiel einen gewaltigen Vorteil. Denn einmal greift er rechts wie links die Bauern an, vor allem aber bedroht er den feindlichen König. Noch einige Kräfte, die den Turm unterstützen, vielfach nur noch eine einzige leichte Figur, und eine Mattdrohung ist da. Deshalb muß der Verteidiger sobald wie möglich ihm einen Turm auf der von dem Gegner besetzten Reihe entgegenzustellen suchen. Hier ein typisches Beispiel:

Nr. 300

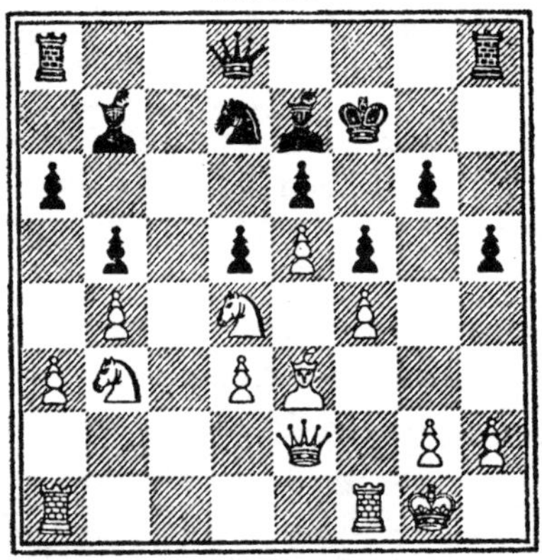

Es geschah: 1. Ta1—c1 Ta8—c8 2. Sb3—a5 Lb7—a8 3. Tc1×c8. Weiß tauscht hier die Türme, um sofort die offene Linie mit dem andern Turm zu besetzen. 3. . . . Dd8×c8 4. Tf1—c1 Dc8—b8 5. De2—c2! Damit verhindert Weiß die Opposition des feindlichen Turmes und beherrscht nun die offene Linie unumschränkt. Schon droht er auf die vorletzte Reihe einzudringen, was Schwarz auf die Dauer nicht verhindern kann. 5. . . . Le7—d8 6. Sa5—c6 Db8—b7 7. Sc6

×d8† Th8×d8 8. Dc2—c7. Damit ist Weiß Herr der Partie. Hier steht zwar auf der vorletzten Reihe (ausnahmsweise!) nicht ein einziger Bauer, aber der Druck, den die eingedrungene Dame und bald der Turm auf c7 ausübt, ist geradezu lähmend. 8. ... Db7—b8. Schwarz vermeidet zunächst den Tausch, denn ein Turm auf der vorletzten Reihe ist noch unangenehmer als die Dame. 9. Le3—f2. Damit bringt Weiß seine einzige schlecht postierte Figur gut ins Spiel. Man muß immer auf das Zusammenspiel *aller* Figuren bedacht sein und die abseits oder schlecht stehende besser zu postieren suchen. 9. ... Db8—b6. Um Lh4 mit Dd4† zu beantworten. 10. Sd4—f3 Db6×c7. Wegen der Drohung Lh4 ist der Tausch jetzt erzwungen. 11. Tc1×c7. Nun beginnen bald die Mattangriffe. 11. ... Kf7—e8. Der Springer bedurfte der Deckung. 12. Lf2—h4. Auch Sg5 Sf8 Lc5 war stark genug. 12. ... Td8—b8 13. Sf3—g5 Sd7—f8 14. Sg5—f7. Droht Matt durch Sd6‡ wie durch Te7‡. 14. ... Sf8—d7. 15. Sf7—d6† und Weiß erobert den Springer.

In dem folgenden Spiel

Nr. 301

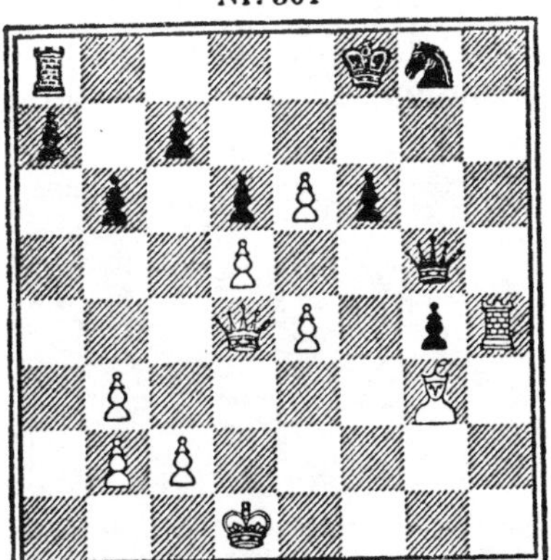

zieht Weiß 1. Th4—h7 und damit ist die Mattdrohung durch Tf7† Ke8 Da4† und Dd7‡ schon fertig. Es folgte 1. ... b6—b5 2. Dd4—b4 (droht Läuferopfer auf d6) 2. . . . Sg8—e7 3. Th7—f7† Kf8—e8 4. Db4× b5† c7—c6 5. Db5—b7 und das auf d7 und e7 drohende Matt ist nicht zu decken.

Ebenso stellt in dem folgenden Spiel

Nr. 302

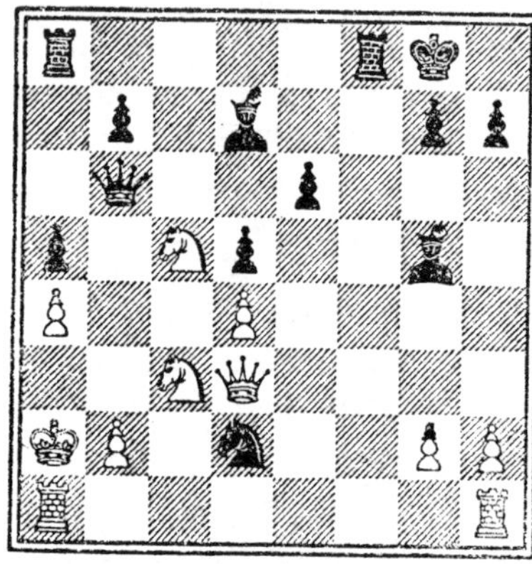

Schwarz durch 1. . . . Tf8—f2 sofort eine Mattdrohung her: es droht Damenopfer auf b2, Doppelschach durch Sc4 und Tb2‡. Weiß parierte durch 2. Sc3—d1 und es folgte 2. . . . Sd2—c4 3. Ta1—b1 Tf2—d2 4. Dd3—g3 Db6—b4 5. Dg3×g5? (natürlich ist Weiß auch auf andere Züge verloren) 5. . . . Db4—a3‡.

Nr. 303

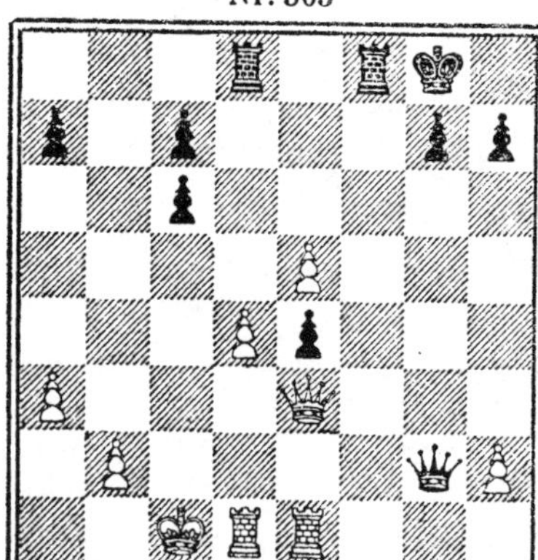

Hier kommt der schwarze Turm mit 1. ... Tf8—f2 der bereits eingedrungenen Dame zu Hilfe, so daß baldiges Matt durch Tc2†, Tb2†, Ta2† und Db2‡ droht. Weiß deckte durch 2. De3×e4 und es folgte 2. ... Dg2×h2 (stärker als mit Damentausch und Th2: in ein wegen der zwei verbundenen Freibauern sehr günstiges Endspiel einzulenken); auf 3. Th1 kann Schwarz immer noch auf f4 die Dame tauschen. 3. De4×c6? Tf2×b2 (droht wieder ein Matt durch Turmopfer auf b1, Tb8† und Db2‡) 4. Dc6—c3 Td8—b8 (droht Tb1‡) 5. Dc3—d3 Dh2—h6† und Weiß gab auf, denn auf 6. De3 folgt 6. ... Dc6† nebst Matt im nächsten Zuge; auf 6. Te3 geht durch 6. ... Tb3 (am einfachsten) 7. Dc4† Kh8 der Turm verloren und auf 6. Td2 durch 6. ... Td2: 7. Dd2: Tb1†! 8. Kc2 Tb2† die Dame.

Nr. 304

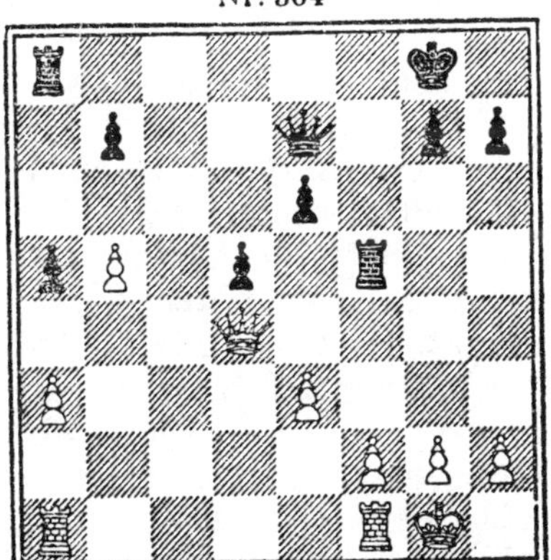

Hier besetzt Schwarz zunächst mit 1. ... Ta8—c8 die einzige offene Linie, auf der Weiß keinen Turm opponieren kann, ohne durch Turmtausch nebst Da3: einen wichtigen Bauern zu verlieren. Weiß griff mit 2. Dd4—b6 den Bauern a5 an. Schwarz kümmerte sich aber nicht um ihn und spielte mit 2. ... Tc8—c2! auf Angriff. Auf 3. Db6×a5 griff Schwarz mit 3. ...

De7—f6 den Bauern f2 zum drittenmal an. Deckt ihn Weiß durch den häßlichen Zug De1, so schlägt Schwarz zweimal mit einem Turm auf f2, um danach den Turm a1 und den Bauern a3 zu nehmen und so das Übergewicht eines Bauern zu erlangen. Weiß zog deshalb 4. Da5—a8†, schlug nach 4. ... Kg8—f7 noch den Bauern b7 mit Schach, trieb so den König nach g6 und deckte danach den f-Bauern, indem er ihn nach f4 zog. Aber darauf übertrug Schwarz den Angriff mit 6. ... Df6—b2 auf die Punkte g2 und h2, die schlecht zu decken waren. Weiß fand eine feine Parade durch 7. Kg1—h1 Tc2×g2 8. Tf1—g1 und glaubte sich durch die Fesselung des Turmes gerettet. Aber Schwarz machte einen noch feineren, problemartigen Gegenzug: 8. ... Tf5—g5!!, womit er den anderen Turm aus der Fesselung befreite und das Matt erzwang. Auf 9. f4×g5 folgt 9. ... Tg2×h2‡ und auf 9. Tg1×g2 erfolgt das Matt durch 9. ... Db2×g2. Lauter wunderschöne Kombinationen, die sich aus dem Eindringen des schwarzen Turmes auf die zweite Reihe ergaben. — Besser verteidigte sich Weiß im 3. Zuge mit 3. Ta1—c1, allein darauf folgt 3. ... Tf5×f2!, worauf Weiß am besten den Turm c2 schlägt, denn auf 4. Tf2: behält Schwarz durch 4. ... Tc1† 5. Tf1 einen Bauern mehr. Nach 4. Tc1×c2! Tf2×c2 5. Db6 ×a5 (droht nach Da8† mattzusetzen) 5. ... h7—h6 hat Weiß zwar das materielle Gleichgewicht hergestellt, bleibt aber durch die starke Stellung des schwarzen Turmes bedroht; es droht Dg5 mit Angriff auf g2 und e3. Deshalb opponiert Weiß mit 6. Tf1—f2 seinen Turm; aber nach 6. ... Tc2—c1† 7. Tf2—f1 De7—c5! (um auf Tc1: mit De3† nebst Dc1† zwei verbundene Freibauern zu erlangen) 8. Da5—d2 Tc1—c3! (noch stärker als der Bauerngewinn durch Turmtausch nebst Da3:) 9. Dd2—d4 landete Schwarz mit 9. ... Dc5×d4 10. e3×d4 Tc3×a3 ein gewonnenes Endspiel, da noch der Bauer d4 oder b5 verlorengeht (Tb1 Ta4 Td1 Tb4).

Nun noch einige Beispiele aus dem Übergange des Mittelspiels ins Endspiel sowie aus dem Endspiel selbst:

Nr. 305

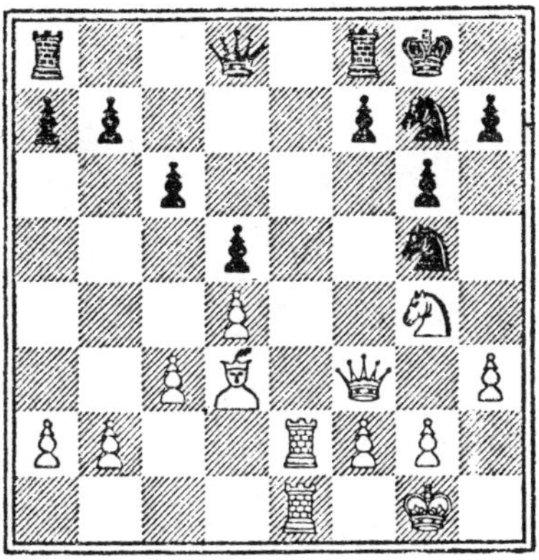

Hier geschah: 1. Df3—f6 Dd8×f6 (der Tausch ist so ziemlich erzwungen, denn sonst verstärkt Weiß mit Te7 seinen Angriff) 2. Sg4×f6† Kg8—h8 3. Te2—e7 (damit erobert Weiß einen Bauern, denn auf Tab8 gewinnt Sd7 die Qualität, auf Tfb8 ist der f-Bauer nach h3—h4 verloren und nach b7—b6 Tc7 muß Schwarz ebenfalls den a-, c- oder f-Bauern aufgeben) 3. ... Sg5—e6 4. Te7×b7 Ta8—b8 (auf Tfb8 gewinnt Weiß durch Tf7: Tb2:? Te6: Se6:? Th7‡. Hier sieht man, wie der so stark postierte Turm nicht nur die Bauern, sondern auch den König bedroht.) 5. Tb7×a7 (eine so gut postierte Figur darf man nicht ohne zwingende Gründe abtauschen) 5. ... Tb8×b2 (jetzt ist auch der schwarze Turm eingedrungen, aber im weißen Lager ist alles gedeckt) 6. Sf6—d7 Tf8—c8 7. Sd7—e5 (erobert einen zweiten Bauern, denn auf f7—f6 folgt Sc6: Tc6:? Ta8† mit Gewinn der beiden Springer) 7. ... Tb2—b8 8. Se5×f7† Kh8—g8 9. Sf7—h6† (ein Versuch, auf Kf8? durch Tf7† nebst Tg7: beide Springer zu erobern) 9. ... Kg8—h8 10. Sh6—f7† Kh8—g8 11. Sf7—e5 (in der Absicht, mit Sd7 nebst Sf6† den

Angriff fortzusetzen) 11. . . . Tb8—a8 12. Ta7×a8 (jetzt kann Weiß dem Tausch nicht mehr gut ausweichen, außerdem geht dadurch noch ein dritter Bauer verloren) 12. . . . Tc8×a8 13. Se5×c6 Ta8×a2 14. Sc6—e7† Kg8—f8 15. Se7×d5 und Weiß gewann.

Nr. 306

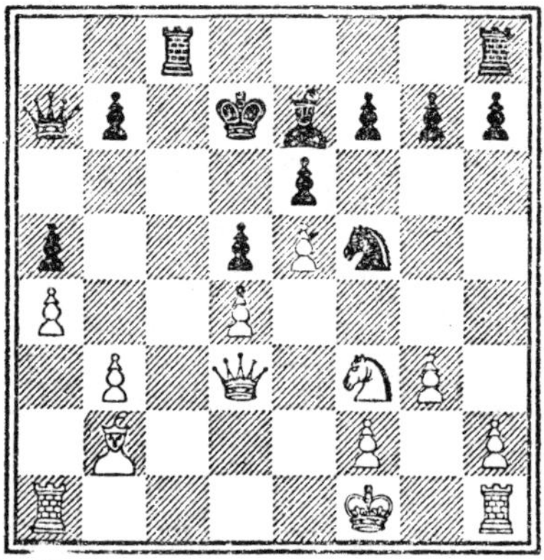

In dieser Stellung ist der wegen des isolierten Doppelbauern schlecht aussehende Zug 1. . . . Da7—a6! entscheidend. Denn damit sichert sich Schwarz das Eindringen des Turmes nach c2, da Ke2 wegen Tc2† mit Gewinn des Läufers nicht geschehen darf, und sodann gestattet die Öffnung der b-Linie den Frontalangriff auf den rückständigen Bauern b3. *Ein rückständiger Bauer auf einer für den Gegner offenen Linie ist ein schwerer Nachteil und meist so gut wie verloren.* 2. Dd3×a6 b7×a6. (Opponiert Weiß nun den Turm auf c1, so tauscht Schwarz und besetzt mit dem anderen die c- oder b-Linie. Und wenn Weiß mit Se1 das Eindringen des Turmes nach c2 verhindert, so gewinnt Schwarz mit Tb8 [Lc3 Tb3: La5: Sd4:] einen Bauern.) 3. Kf1—g2 Tc8—c2 4. Lb2—c1 Th8—b8 5. Ta1—b1 Tc2—c3 6. Lc1—d2 Tc3×b3 7. Tb1×b3 Tb8×b3 8. Ld2×a5. (Schwarz könnte nun mit Ta3 den Bauern a4 erobern. Aber dann besetzt der weiße Turm eine der offenen Linien und dringt seinerseits sehr wirksam auf die siebente Reihe ein. Dies muß Schwarz verhindern.) 8. . . . Tb3—b2! (auf Tc1 schließt Schwarz die c-Linie durch Se3† nebst Sc4 mit Tempogewinn ab) 9. La5—d2 (hierauf wäre Sd4: mit der Absicht, beim Wiederschlagen mit Td2: den Läufer zurückzugewinnen, ein schwerer Fehler, weil Weiß auf Sd4: durch Lc3 beide Figuren angreifen und so mindestens [bei Sf3:] die Qualität erobern würde) 9. . . . Le7—b4 (mit Ta2 konnte Schwarz wieder einen Bauern gewinnen, aber Weiß würde mit Tb1 etwas Gegenspiel bekommen) 10. Ld2—f4 Tb2—a2 und Schwarz erobert den Bauern a4 ohne jede Gefahr, da der weiße Turm weder auf der c- noch auf der b-Linie eindringen kann.

Nr. 307

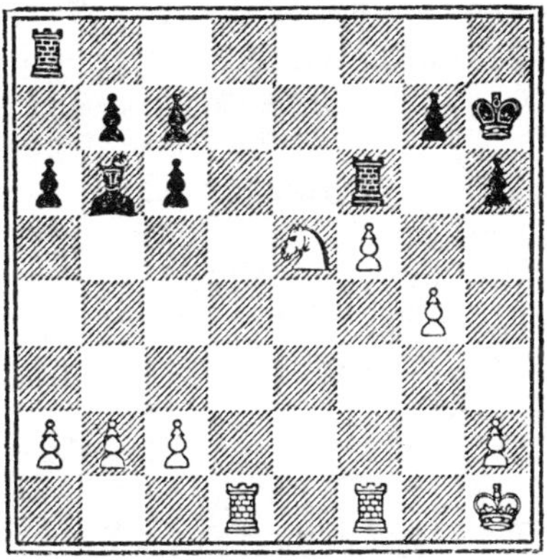

In dieser Position ist nach 1. . . . Ta8—e8 2. Se5—g6 das Eindringen des schwarzen Turmes so wirksam, daß Schwarz die Qualität opfern kann. Es folgt: 2. . . . Te8—e2 3. Td1—d8 (droht Th8‡) 3. . . . Tf6×g6 4. f5×g6† Kh7×g6 und nun sind auf der einen Seite die weißen Bauern, auf der andern Seite der weiße König bedroht (der letztere durch Herankommen des schwarzen Königs bis h3, wonach Matt durch Th2: droht). Deckt Weiß die Bauern durch Tc1 — an sich schon keine würdige Funktion für die gewaltige Kraft eines Turmes —, so greift ihn Schwarz nicht etwa mit

Le3? an, denn nach der Antwort Te8! würde eine böse Fesselung entstehen, sondern der schwarze König setzt sich in Bewegung. Weiß entschloß sich deshalb zu dem Gegenangriff 5. Td8—d7 Te2×c2 6. Tf1—f7, der stark genug aussieht; *im allgemeinen wirken beide Türme, auf der vorletzten (bzw. zweiten) Reihe verdoppelt, geradezu verheerend.* Hier aber wird der Angriff auf den Punkt g7 durch den hübschen Zug 6. ... Lb6—d4! völlig pariert (der Läufer darf nicht geschlagen werden, weil der Turm f7 einsteht). Nach der Folge 7. Td7×c7 Tc2×b2 8. Tc7×b7 Tb2×a2 hat Schwarz mit Läufer und zwei Freibauern für einen Turm ein kleines Übergewicht erlangt. Durch schlechtes Spiel von seiten des Weißen, der den schwarzen König direkt zum Angriff trieb, kam es aber noch zur Vollendung des Mattangriffs; es folgte: 9. h2—h4 a6—a5 10. h4—h5† (besser Tf5) 10. ... Kg6—g5 11. Tf7×g7† (um den Gegner durch ein Opfer zu versöhnen; Schwarz nimmt es aber gar nicht an, sondern spielt auf Matt) 11. ... Kg5—h4 12. Tg7—e7 a5—a4! (nimmt dem Turm b7 das Feld b3, wo er den vordringenden schwarzen König zurücktreiben könnte). Jetzt ist Kh3 oder g3 nebst Th2‡ nicht mehr gut zu verhindern und Weiß gab auf.

Ganz ähnlich ist das folgende Beispiel:

Nr. 308

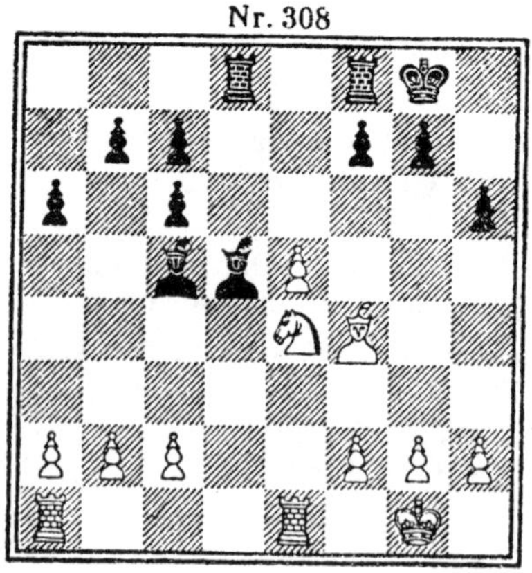

Schwarz tauschte mit 1. ... Ld5×e4 2. Te1×e4 den einen Läufer gegen den Springer ab, um nach 2. ... g7—g5! 3. Lf4—g3 mit dem Turm auf die zweite Reihe einzudringen. (Eine bessere Verteidigung wäre 3. Le3 Le3: 4. Te3: Td2 5. Tc3 gewesen.) Nach 3. ... Td8—d2 4. Ta1—c1 (besser noch Tc4, weil dort der Turm noch mehr Spielraum hat als auf c1, wo er gar zu passiv steht) erzwang Schwarz durch 4. ... f7—f5 mit der Drohung, durch f5—f4 den Läufer zu erobern, die Öffnung der f-Linie, 5. e5×f6 Tf8×f6 und damit war der Bauer f2 oder c2 verloren. Es folgte: 6. h2—h4 Lc5×f2† 7. Lg3×f2 Tf6×f2 und weiterer Bauernverlust war unvermeidlich. Es geschah 8. h4×g5? Tf2×g2† 9. Kg1—f1? (besser nach h1, denn jetzt wird der König mattgesetzt) 9. ... h6×g5 10. Te4—e7 g5—g4 11. Te7×c7? g4—g3 mit der unparierbaren Drohung Td2—f2† und Tg2—g1‡.

Nr. 309

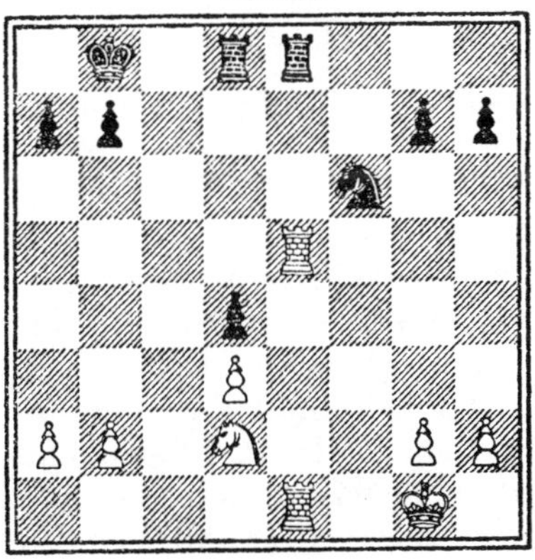

In dieser Stellung geschah 1. Te5×e8 Sf6×e8 (der Turm konnte nicht wiederschlagen, weil Weiß nach Te8‡ durch Sb3 oder f3 sofort den Bauern d4 erobert hätte) 2. Te1—e7, womit das schwarze Spiel völlig gelähmt war. Es folgte 2. ... a7—a6 3. Sd2—b3 b7—b6 (der Bauer war ohne anderweitigen Nachteil nicht zu decken) 4. Sb3×d4 Td8×d4 5. Te7×e8† Kb8—c7 6. Te8—e3 und Weiß gewann durch seinen Mehrbauern. (Bei 6. Te7† Kc6 7. Tg7: Td3: 8. Th7: Td1† 9. Kf2 Td2† nebst Tb2: hätte Schwarz noch einige Gegenchancen.) — In der folgenden Stellung

Nr. 310

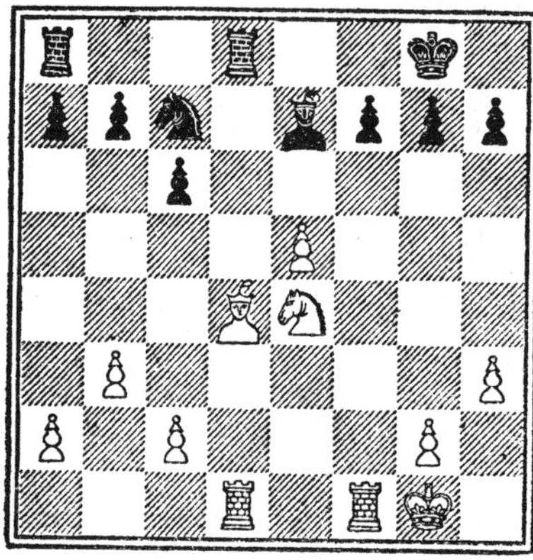

mußte sich Weiß das Eindringen des Turmes auf die siebente Reihe erst mühsam erkämpfen. Es geschah: 1. Ld4—c5! Le7×c5† (oder Kf8 Sd6 mit Angriff auf f7 und b7) 2. Se4×c5 b7—b6 3. Sc5—b7. Auf 3. . . . Td8—b8? gewinnt Weiß nun durch 4. Td1—d7! Tb8 ×b7 5. Tf1×f7 Ta8—c8 zunächst die Bauern des Königsflügels und danach durch e5—e6 mindestens die Qualität; nämlich 6. Tg7† Kf8 7. Th7: (droht Th8‡) Kg8 8. Tdg7† Kf8 9. e5—e6 und der Springer muß den Bauern schlagen, denn sonst folgt e6—e7† Ke8 Th8† oder Tg8† Kd7 und der Bauer wird mit Doppelschach zur Dame. — Schwarz zog 3. . . . Td8×d1, womit er dem Gegner die offene Linie überließ; nach 4. Tf1×d1 Kg8—f8 (auch auf Tb8 dringt der Turm nach d7 ein, da der Springer b7 wegen Td8‡ nicht geschlagen werden darf) 5. Td1—d7 war die dominierende Stellung des Turmes erreicht; es geschah: 5. . . . Sc7—d5 6. Sb7—d6 Sd5—e7 und nun geriet Schwarz bald in Zugzwang, da seine Figuren gebunden sind und die Bauernzüge sich erschöpfen. Es folgte 7. Kg1—f2 a7—a5 8. a2—a4 Ta8—b8 9. c2—c4 g7—g6 10. Kf2—f3 h7—h6 11. h3—h4 c6—c5 12. Kf3—e4 g6—g5 13. h4—h5 Tb8—a8 14. Td7—b7 Ta8—a6 15. g2—g3 Ta6—a8 16. Tb7×b6 und Weiß gewann leicht. — Aber Schwarz hatte in der kritischen Stellung des Kampfes um die offene Linie einen viel stärkeren Zug, nämlich 3. ... Td8—d5. Dann kann Weiß zwar mit 4. c2—c4 doch die offene Linie erobern, muß aber dabei seinen besten Bauern opfern. Indes hat er nach 4. ... Td5×e5 5. Td1—d7 Sc7—e6 6. Tf1×f7 eine so starke Druckstellung erreicht — beide Türme auf der vorletzten Reihe —, daß er das weitaus überlegene Spiel hat.

Wirkung von Linienfiguren über einen feindlichen Stein hinweg

Ein seltsames Phänomen, mit dessen Wesen man sich genau bekannt machen muß: eine Linienfigur wirkt unter Umständen aggressiv oder defensiv über eine feindliche Figur hinweg, ähnlich wie ein Springer. Das folgende Beispiel wird dieses Phänomen klarmachen.

Nr. 311

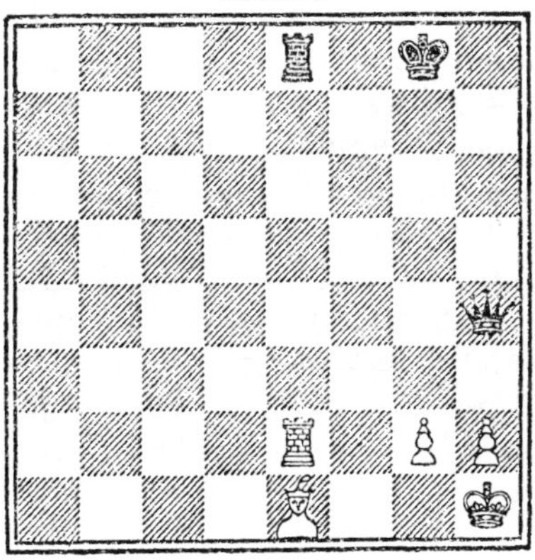

In dieser Stellung wirkt sozusagen der Turm e8 über den Turm e2 hinweg auf den Läufer e1, so daß dieser eigentlich doppelt angegriffen ist, von der Dame h4 und vom Turm e8 und Schwarz zweimal auf e1 schlagen kann. Somit ist 1. . . . Dh4×e1†! 2. Te2×e1 Te8×e1‡ möglich.

In der folgenden Stellung

Nr. 312

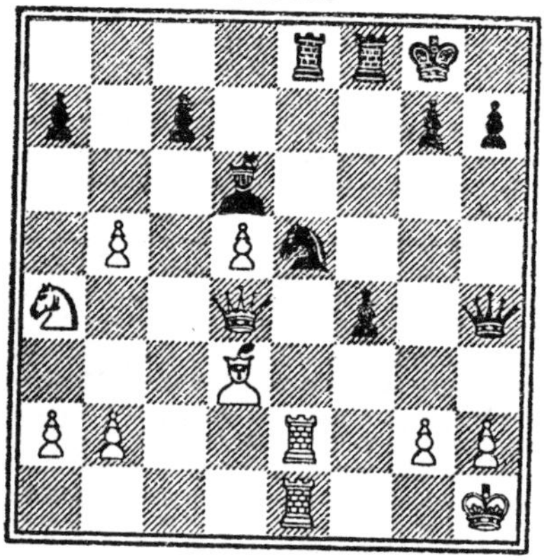

steht zwischen dem Turm e1 und dem Turm e8 außer dem Turm e2 noch der Springer; sowie dieser zieht, ist der Turm e1 sozusagen doppelt angegriffen und Schwarz kann zweimal auf e1 schlagen. Nun aber ist in der obigen Stellung nicht Schwarz, sondern Weiß am Zuge. Er sieht nicht ein, warum er den dreimal angegriffenen und nur zweimal gedeckten Springer e5 nicht schlagen sollte und zieht 1. Te2×e5. Damit aber ist das oben bedingungsweise angedeutete Verhältnis hergestellt, der Turm e1 wieder doppelt angegriffen und Schwarz kann zweimal auf e1 schlagen. Es geschieht also 1. . . . Dh4×e1†! 2. Te5×e1 Te8×e1† 3. Dd4—g1 Te1×g1† und Schwarz hat die Qualität erobert.

Ein ähnliches Beispiel zeigt das folgende Spiel:

Nr. 313

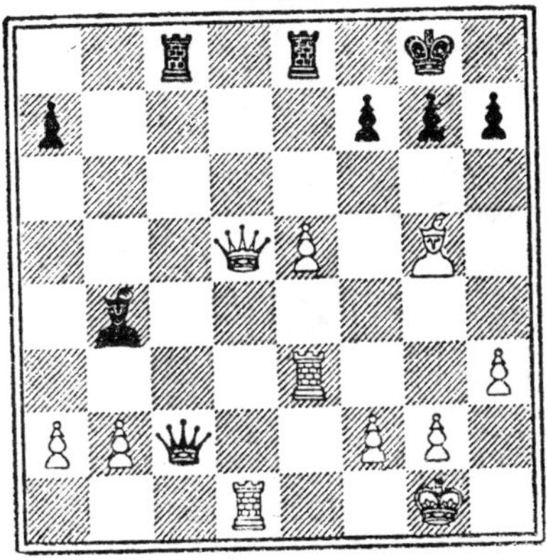

Es geschah: 1. ... Tc8—c5 2. Dd5—d7 Tc5×e5?. Damit ist der Turm e8 wieder doppelt angegriffen und 3. Dd7×e8†! Te5×e8 4. Te3×e8† führt zum Matt, da 4. ... Lb4—f8 das Opfer 5. Te8×f8†! Kg8×f8 6. Td1—d8‡ zuläßt. Das muß man *sehen!*

Ganz ähnlich ist das bei schräg schlagenden Steinen, der Dame, dem Läufer und dem Bauern.

So ist in der folgenden Stellung

Nr. 314

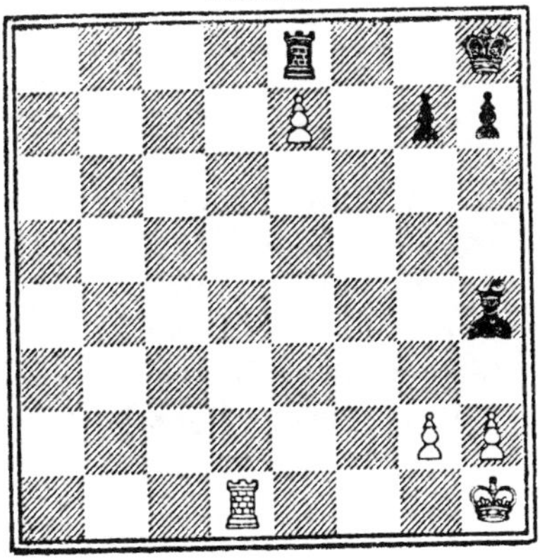

das Feld d8 doppelt gedeckt, vom Turm e8 und, über den feindlichen Bauern hinüber, vom Läufer. Auf 1. Td1—d8 schlägt Schwarz zweimal auf d8 und erobert so den Bauern.

Ähnlich im folgenden Spiel:

Nr. 315

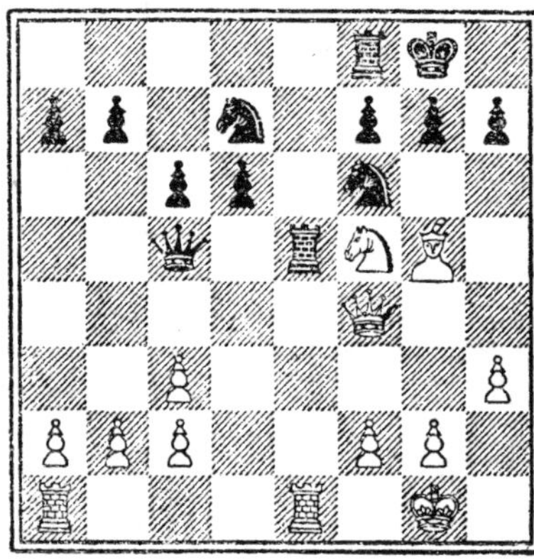

Wenn Schwarz auf 1. Te1×e5 mit der Dame zurückschlägt, so ist der Bauer d6 nicht nur vom Springer f5, sondern auch, über die Dame e5 hinweg, von der weißen Dame angegriffen und kann geschlagen werden.

Der Freibauer

Ein Freibauer ist immer eine Macht, nicht nur im Endspiel, sondern auch schon im Mittelspiel, besonders, wenn er schon einigermaßen weit vorgedrungen ist. Der Gegner muß ihn daher, wenn irgend möglich, stoppen, und zwar womöglich mit der geringwertigsten Figur, dem Springer, wie im folgenden Beispiel.

Nr. 316

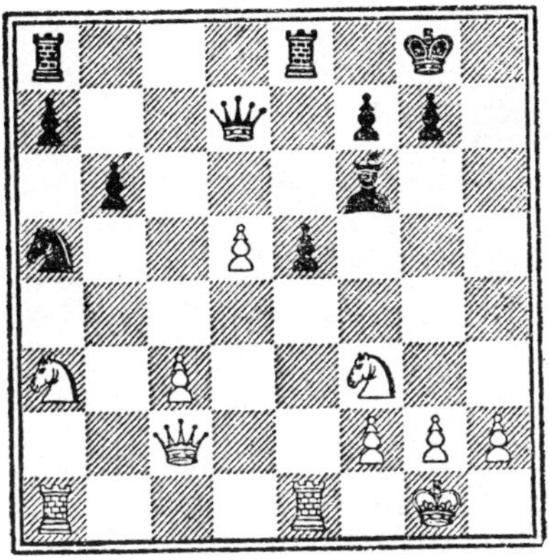

Es geschah: 1. Ta1—d1 Ta8—c8 2. c3—c4 Sa5—b7! 3. Te1—e3 Sb7—d6! (eine klassische Stellung des Springers: er stoppt den Freibauern, greift den rückständigen an und deckt den vorgehenden) 4. Td1—e1 e5—e4 5. Sf3—d2 Lf6—d4 mit großem Stellungsvorteil für Schwarz. Von dem Freibauern d5 droht in absehbarer Zeit keine Gefahr mehr. *Besser daher eine mobile Bauernmajorität auf einem Flügel, als ein gestoppter Freibauer im Zentrum,* ein sehr wichtiger, von dem Verfasser aufgestellter Lehrsatz.

Ein schon weit vorgedrungener Freibauer kann das ganze Spiel des Gegners in Unordnung bringen. Ist er gar bis auf die sechste (bzw. dritte) Reihe gelangt, dann ist er so stark, daß er in Verbindung mit zwei Figuren, besonders wenn sich unter diesen ein Turm befindet, der Dame überlegen ist — ein sehr wichtiger, von Steinitz herrührender Lehrsatz.

Zwei verbundene Freibauern kommen im Mittelspiel selten, im Endspiel häufig vor. Sie sind in beiden Phasen der Partie im allgemeinen unwiderstehlich.

Nr. 317

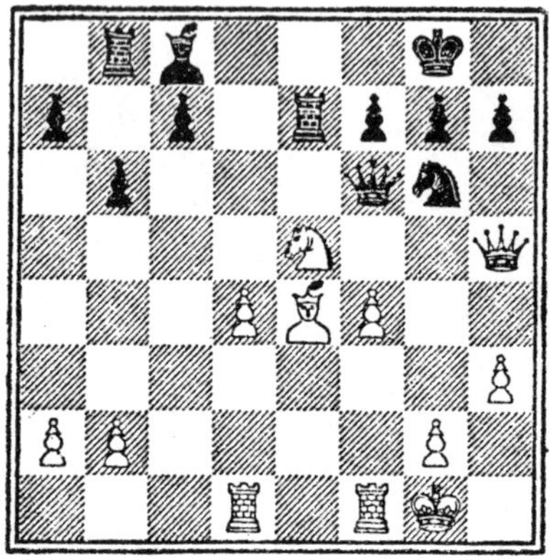

Weiß hat in dieser Stellung den berüchtigten isolierten Damenbauern, dessen Schicksal es gar nicht so selten ist, in die Dame zu gehen oder wenigstens die Partie zu gewinnen. Das folgende Mittelspiel bietet hierfür ein schönes Paradigma. Es geschah: 1. g2—g4 Lc8—b7 (hierauf wird das Freiwerden des Damenbauern beinahe erzwungen) 2. g4—g5 Df6—d6 3. Le4 ×b7 Tb8×b7 4. Dh5—f3 (geht jetzt der Turm nach b8 zurück, so gewinnt Se5—c6 die Qualität) 4. ... c7—c5 5. Se5—c4 Dd6—c7 6. d4—d5 (droht den Gabelangriff d5—d6. Man sieht hier und im folgenden, wie der Freibauer das schwarze Spiel in Unordnung bringt) 6. ... Dc7—d7 7. d5—d6 Te7—e8 8. f4—f5 (der Springer darf nun nicht nach e5 ziehen, denn dann tauscht Weiß die Springer, opfert seine Dame gegen den Turm b7 und macht nach d6—d7 eine neue Dame, wenn Schwarz nicht die seinige zurückopfert. Hier sieht man sehr schön die beständige furchtbare Gefahr, die der Freibauer bedeutet) 8. ... Sg6—f8 9. Df3—d5 (um mit Se5 das weitere Vorgehen des Bauern zu ermöglichen) 9. ... Tb7—b8 10. Sc4—e5 Dd7—b7 11. d6—d7 (doppelte Wirkung des Freibauern: erstens greift er den Turm an und droht bei Dd5: auf e8 zu einer neuen

Dame zu werden [11. ... Dd5: 12. deD Dd1:? Df7‡], und zweitens sperrt er die schwarze Dame von der Deckung des Königsflügels ab, der plötzlich gestürmt wird. Schwarz täte nun am besten, den Springer für den Bauern zu opfern, was natürlich gleichbedeutend mit Aufgeben wäre) 11. ... Te8—d8 12. Dd5×f7† Kg8—h8 13. f5—f6 (der Angriff auf den durch den isolierten Bauern isolierten König ist jetzt stärker als weitere Bemühungen um den Freibauern mittels De7 und Sf7†) 13. ... g7×f6 14. Df7×f6† Kh8—g8 15. Se5—f7 und Weiß erzwingt das Matt durch Dh8‡ oder Sh6‡.

Ganz ähnlich bringt in dem folgenden Beispiel der vorgehende Freibauer das feindliche Spiel in Unordnung:

Nr. 318

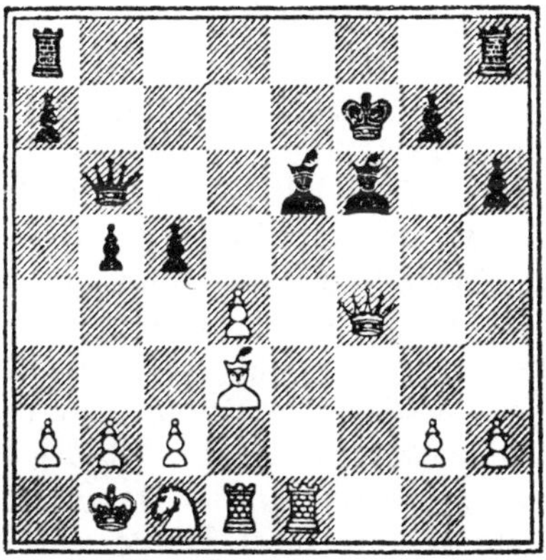

Es geschah: 1. Ld3—e4 Ta8—e8 2. d4—d5 Le6—d7 3. d5—d6 Ld7—e6 (um Ld5† zu verhindern) 4. d6—d7 Te8—d8 5. Td1—d6 Db6—c7? (besser ging die Dame noch nach a5 oder b8. Auf c7 ist sie dem maskierten Angriff durch die weiße Dame ausgesetzt) 6. Le4—d5! und gewinnt, denn auf 6. ... Le6×d5 geht durch 7. Td6×f6† g7×f6 8. Df4×c7 die Dame verloren.

Der weit vorgerückte Freibauer droht nicht nur in die Dame zu gehen, sondern gibt auch den Figuren

Nr. 319

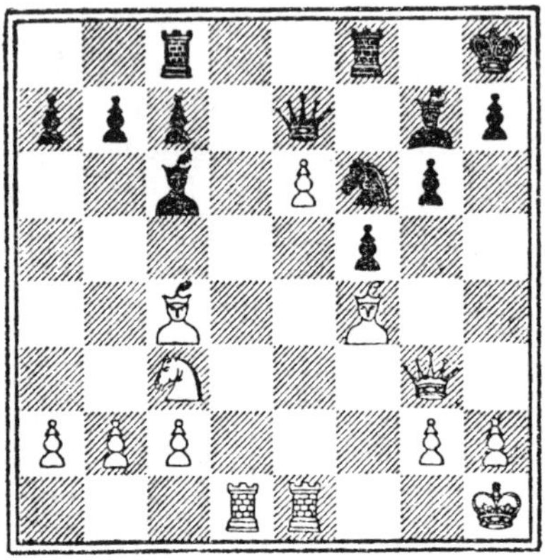

seiner Partei gute Stützpunkte im feindlichen Lager. So in den folgenden Beispielen:

Weiß zog 1. Sc3—d5, um womöglich schließlich mit dem Turm nach d7 vorzudringen. 1. ... Lc6×d5 2. Lc4×d5 Sf6×d5 3. Td1×d5 Lg7×b2 4. Lf4—e5† Lb2×e5 5. Dg3×e5† Kh8—g8 (oder Df6 e6—e7; oder Tf6 Td7 Df8 Tf7 und gewinnt) 6. Td5—d7 De7—f6 7. e6—e7 und Weiß gewinnt, denn auf Tf7 geht der Bauer zur Dame (ja nicht Td8†??, denn Schwarz kann auf d8 *zweimal* schlagen; diese Deckung des Punktes durch die schwarze Dame über den Bauern e7 hinweg kann der weniger geübte Spieler leicht übersehen!). Auf De5: aber schlägt der Bauer e7 den Turm f8, verwandelt sich in eine neue Dame und gibt Schach, wonach Weiß auf e5 wiederschlägt und einen Turm mehr hat.

In der obigen Partie geschah (1. Sd5 Ld5: 2. Ld5:) 2. ... Sf6—h5 3. Dg3—g5 Lg7—f6 (nach dem Damentausch hat der Bauer freie Bahn) 4. Lf4—e5! (ein pikantes Beispiel von Fesselung übers Kreuz) 4. ... c7—c6 5. Ld5—b3 Tf8—e8 (besser Tcd8, worauf Weiß nach De3 die überlegene Stellung behält) 6. Td1—d7 De7—f8 7. Td7—f7 Df8×f7 (Schwarz hat nichts Besseres) 8. e6×f7 Te8×e5 9. Te1×e5! und Schwarz gab auf, denn auf Lg5: gewinnt Te8†.

Nr. 320

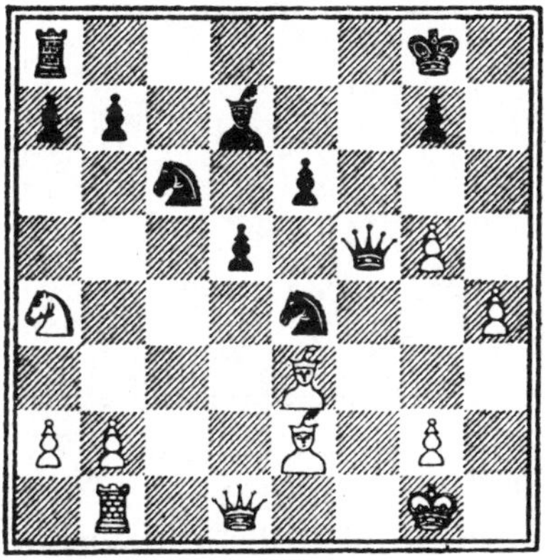

In dieser Stellung geschah: 1. Sa4—c5 d5—d4! (mit Doppelangriff auf den Springer c5) 2. Sc5×d7 (besser war noch Sc5×e4) 2. . . . d4×e3 (dieser Freibauer wird nun sehr stark; es droht schon Df2† nebst Dh4‡) 3. Le2—f3 (auf 3. Df1 gewinnt Schwarz durch 3. . . . Sg3! 4. Df5: Se2‡ 5. Kf1 Sg3† eine Figur) Se4—d2 4. Tb1—c1 Sc6—d4 5. Kg1—h2 (auf Lb7: führt Df2† nebst Se2 zu schönen Mattwendungen) 5. . . . Df5—f4† 6. Kh2—h3 Sd2×f3 7. g2×f3 e3—e2 8. Dd1—e1 Df4×f3† 9. De1—g3 (oder Kh2 Dg4 mit der Drohung, durch Sf3† die Dame zu gewinnen) 9. . . . Df3—f1† und gewinnt.

Ein schönes Beispiel für die Kraft des vorgerückten Freibauern gibt das folgende Spiel (s. Nr. 321):

Es geschah: 1. b2—b4 Dd5—d4 (greift beide Türme an, denn auch der Damenturm ist bedroht; Schwarz droht ihn zu schlagen und danach durch Vorrücken des Freibauern eine neue Dame zu machen und mattzusetzen; eine sehr häufig vorkommende Kombination) 2. Tf6—f7 (Gegenangriff auf den Punkt c7) 2. . . .

Nr. 321

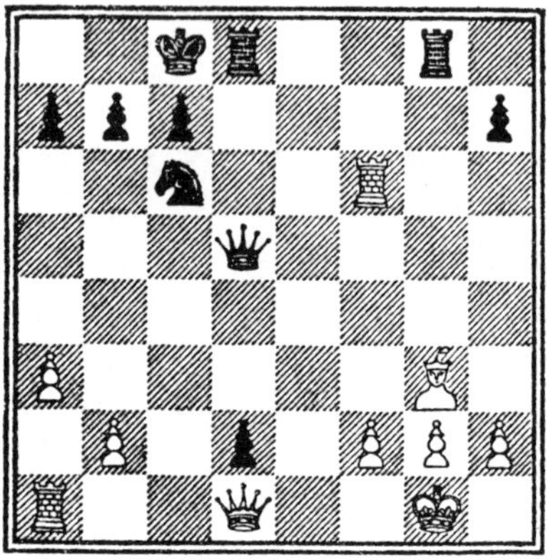

Dd4×a1 (einfacher wäre zunächst Tg3:) 3. Tf7×c7† Kc8—b8 4. Tc7—d7† Tg8×g3 5. Td7×d8† Sc6×d8 6. Dd1×a1 Tg3—c3! und gewinnt durch die Drohung Tc1†. Auf Dc3: wird der Bauer zur Dame und setzt im nächsten Zuge matt.

Kompliziertere Kombinationen bei dem Bestreben, den vorgerückten Freibauern zu verwerten, zeigt das folgende Beispiel:

Nr. 322

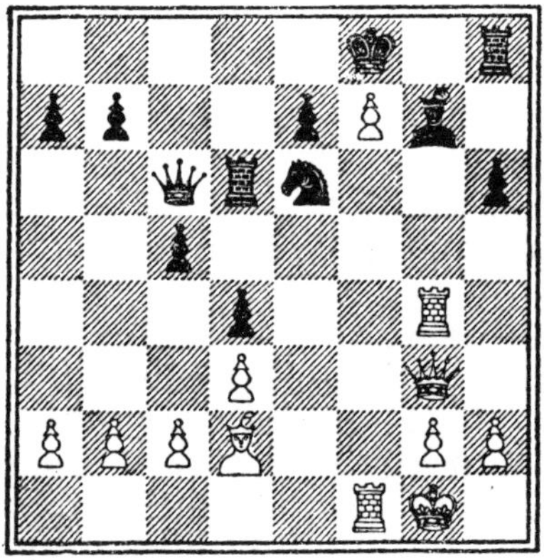

Es geschah: 1. Tg4×g7! Se6×g7 2. Ld2×h6! Th8×h6 (auf Td6×h6 folgt 3. Dg3—b8† Sg7—e8 4. f7×

e8D† usw.) 3. Dg3×g7† (die typische Wendung) 3. . . . Kf8×g7 4. f7—f8D† Kg7—g6 (oder Kh7 Tf7† nebst Tg7† usw.) 5. Df8—f7† Kg6—g5 6. Df7—f5† Kg5—h4 7. g2—g3‡.

Hier ein Beispiel, wo komplizierte Mattangriffe schließlich nichts anderes ergeben als einen entscheidenden Freibauern.

Nr. 323

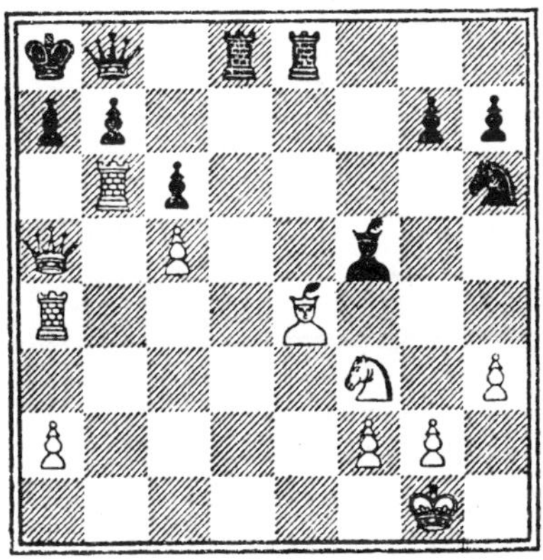

Es geschah: 1. Tb6—a6! (erzwingt die folgende Abwicklung; denn wird der Turm geschlagen, so gewinnt Lc6† zunächst die Dame; sonst aber ist das auf a7 drohende Matt nicht zu decken) 1. . . . Td8—d1† 2. Sf3—e1 Td1×e1† 3. Da5×e1 Lf5×e4 4. Ta4×e4 Te8×e4 5. De1×e4 b7×a6 6. De4×c6† Db8—b7 7. Dc6—e8† Db7—b8 8. De8—e4† Db8—b7 9. c5—c6 (durch die zwei letzten Schachgebote hat Weiß ein Tempo zum Vorrücken des Freibauern gewonnen) 9. . . . Db7—c7 (auf Dc8 folgt c6—c7† Dc8—b7 c7—c8D oder T‡) 10. De4—e8† Dc7—b8 11. De8—d7. Schwarz hat nun infolge seiner ungünstigen Springerstellung kein Mittel, das weitere Vorgehen des Bauern zu verhindern.

Steinitz hat einmal den paradoxen Satz aufgestellt: der beste Bauer ist der a-Bauer, denn er ist am weitesten vom feindlichen König entfernt. Die folgenden beiden Spiele liefern für diese Behauptung einleuchtende Beweise.

Nr. 324

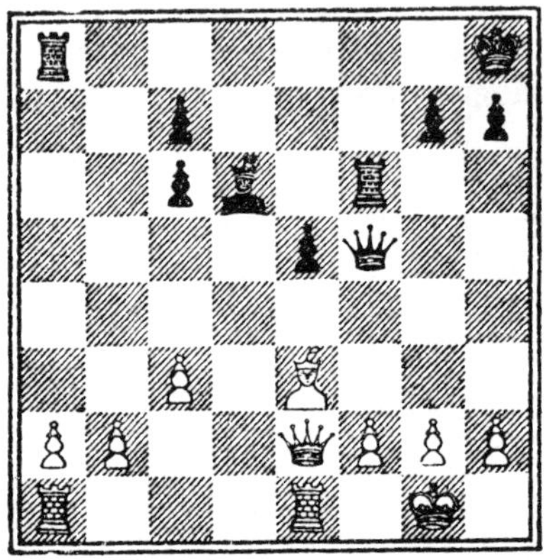

Es geschah: 1. a2—a4 (der Turm a1 steht gerade richtig zur Unterstützung des Bauern. Die Türme gehören *hinter* die Freibauern) 1. ... Tf6—g6 (Schwarz bemüht sich vergebens, eine Angriffsstellung herauszubringen) 2. a4—a5 c6—c5 3. a5—a6 Df5—e4 4. g2—g3 Ld6—e7 5. De2—b5 (droht Db7. Auf Tb6 käme Dd7 Ld6 b2—b4) 5. ... De4—c6 6. Db5×c6 Tg6×c6 7. a6—a7 Le7—d6 8. b2—b4 c5×b4 9. c3×b4 (dieser Bauer ist wegen [Lb4:] Teb1 Tc4 Ta4 c7—c5 Lc5: Tc5: Tab4: nebst Tb8 nicht zu schlagen) 9. ... Kh8—g8 10. b4—b5 Tc6—c2 11. Te1—b1 Kg8—f7 12. b5—b6 c7×b6 13. Tb1×b6 Ld6—c7 14. Tb6—b7 Tc2—c6 15. Ta1—b1 (oder auch Tc1. Der geschehene Zug ist systematischer; es soll Tb8 ermöglicht werden) 15. ... Kf7—e6 16. Tb7—b8 und Schwarz gab auf, denn nach Lb8: abD Tb8: Tb8: behält Weiß das Übergewicht des Läufers.

Mitunter ist ein vorgerückter Freibauer so stark, daß er einen anscheinend unwiderstehlichen Königsangriff des Gegners neutralisiert. Sehr schön zeigt dies das folgende Spiel:

Nr. 325

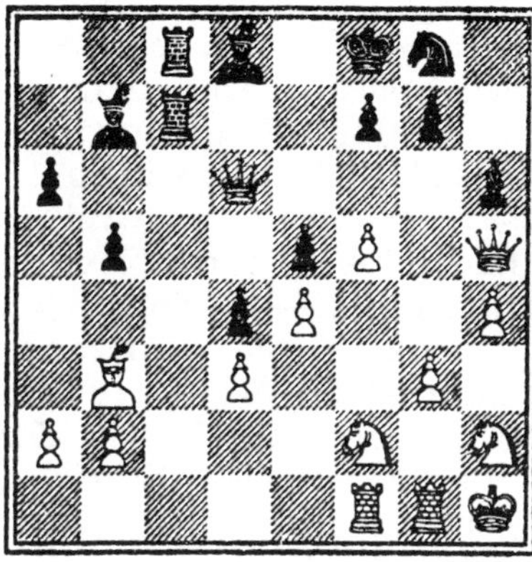

Der Plan des Weißen ist gegeben: Bauernsturm mit g3—g4—g5. Was Schwarz dagegen unternehmen kann, ist nicht leicht ersichtlich: er dringt mit den Türmen nach c2 ein und macht seinen a-Bauern frei. Es geschah: 1. Dh5—e2 (auf g3—g4 wird durch Sf6 die Dame gefangen) 1. ... a6—a5 2. Sh2—f3 a5—a4 3. Lb3—d1 Lb7—c6 (Beginn eines sehr feinen Manövers, das das Eindringen der Türme ermöglicht) 4. g3—g4 f7—f6 5. Sf2—h3 Lc6—e8 6. De2—h2 Le8—f7 7. a2—a3 Lf7—b3 8. Sh3—f2 (um den Bauern b2 zu decken) 8. ... Lb3×d1 9. Sf2×d1 Tc7—c2 10. Dh2—g3 b5—b4 (durch dieses überraschende Manöver, dessen Pointe im nächsten Zuge liegt, macht Schwarz seinen a-Bauern frei) 11. a3×b4 Dd6—a6! (Weiß muß den Bauern d3, den Schlüssel seiner Stellung, decken. Auf 12. Se1 erzwingt Schwarz durch 12. ... Td2 13. Df3 Tc1 doch den Abzug des Springers d1) 12. Sd1—f2 Tc2×b2 13. g4—g5 h6×g5 14. h4×g5 Tc8—c2 (diese Verdopplung der Türme auf der zweiten Reihe übt nun einen gewaltigen Gegendruck aus) 15. Sf2—g4 Da6—d6 (behufs nochmaliger Deckung des Bauern e5. Auf 16. gf Lf6: 17. Sf6: Df6: droht nun Dh6† sehr stark) 16. g5×f6 Ld8×f6 17. Dg3—h3 (damit droht Weiß mit 18. Sf6: Df6: 19. Tg6 De7 20. f5—f6 gf (oder

Sf6: Dh8†) 21. Tfg1 Df7 22. Dh8 seinen Angriff siegreich durchzuführen. Schwarz pariert die Drohung überhaupt nicht, sondern bringt seinen eigenen Angriff rücksichtslos weiter vorwärts) 17. ... a4—a3! 18. Sg4×f6 Dd6×f6 19. Tg1—g6 a3—a2! 20. Tg6×f6† g7×f6 (damit ist der Angriff von Weiß zu Ende und Schwarz hat infolge seiner furchtbaren Drohung Tb1 Gewinnstellung) 21. Tf1—d1 Tb2—b1 22. Dh3—f1 Tc2—b2 23. Sf3—d2 (es gibt nichts anderes zur Verhinderung von Td1: nebst Tb1) 23. ... Tb1×d1 24. Df1 ×d1 Tb2×d2! schlägt die Dame den Turm, so wird der Freibauer zur Dame) 25. Dd1—c1 Td2×d3 26. Kh1—g2 (gibt die Dame statt dessen Schach, so entweicht der schwarze König über g7 nach h8, wo er ganz sicher ist) 26. ... Td3—c3 27. Dc1—a1 (nicht nach b2 wegen Tc2†) 27. ... Tc3—c2† (auch Ta3 würde genügen) 28. Kg2—f3 d4—d3 29. Da1—d1 (oder Ke3 d3—d2 Ke2 Tc1 und ein Bauer wird zur Dame) 29. ... Tc2—b2 (noch stärker als d3—d2) 30. Dd1—a4 d3—d2 und Weiß gab auf, da Tb1 einen der Bauern zur Dame bringt.

Zum Schluß noch ein Beispiel von zwei verbundenen Freibauern.

Nr. 326

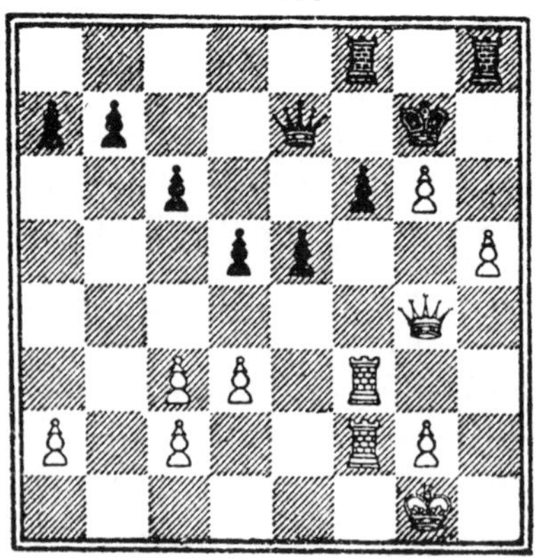

Es geschah: 1. Dg4—f5 De7—d6 2. g2—g4 Dd6—e7 (bei 2. ... Kg7—h6 folgt mit 3. g6—g7! Kh6×g7 4. Df5—g6‡ das sog. „Epaulettenmatt“) 3. g4—g5! f6×g5 4. Df5×f8† Th8×f8 5. Tf3—f8 (droht, falls die Dame z. B. nach a3 zieht, Matt durch 6. Tf2—f7† nebst 7. Tf8—h8‡. Auf 5. ... De7—c5 wird die Fesselung des Turmes durch 6. d3—d4 aufgehoben) 5. ... De7×f8 6. h5—h6†! Kg7—g8 7. h6—h7† Kg8—g7 8. Tf2×f8 und der h-Bauer wird zur Dame.

Vorgerückte Bauern

Der bis h6 (h3) oder a6 (a3) vorgerückte Turmbauer bildet im Mittelspiel eine beständige Drohung, wenn man nach dieser Seite rochiert hat. Er wirkt wie ein Offizier und unterstützt Mattangriffe, ja oft ermöglicht er allein im Verein mit der Dame einen Mattangriff. Sehr stark ist er besonders, wenn ein Läufer da ist, der ihn decken kann. Auch im Endspiel kann er noch sehr stark sein, denn wie leicht wird einmal der Turmbauer gegen einen andern abgetauscht. Geht aber der Bauer vor dem vorgerückten Turmbauern verloren oder wird er abgetauscht, dann ist der Freibauer eine furchtbare Macht. *Man darf daher niemals einen feindlichen Turmbauern bis auf die sechste* (*bzw. dritte*) *Reihe vordringen lassen*, sondern muß ihn vorher stoppen, indem man den eigenen Turmbauern einen oder zwei Schritte zieht. Dieser von dem Verfasser herrührende Satz ist der Lehre Steinitz’ diametral entgegengesetzt. Steinitz warnte in solchen Stellungen vor dem Zuge h2—h3, weil dadurch das Feld g3 geschwächt wird, und empfahl dringend, den Turmbauern bis h3 vorzulassen und dann g2—g3 zu ziehen. Der Turmbauer sei dann für das Endspiel schwach. Wie gesagt, habe ich in diesem Punkte wie in vielen andern die Lehre des großen Theoretikers bekämpfen müssen. Hier einige Beispiele, die die Richtigkeit des obigen Satzes dartun.

Nr. 327

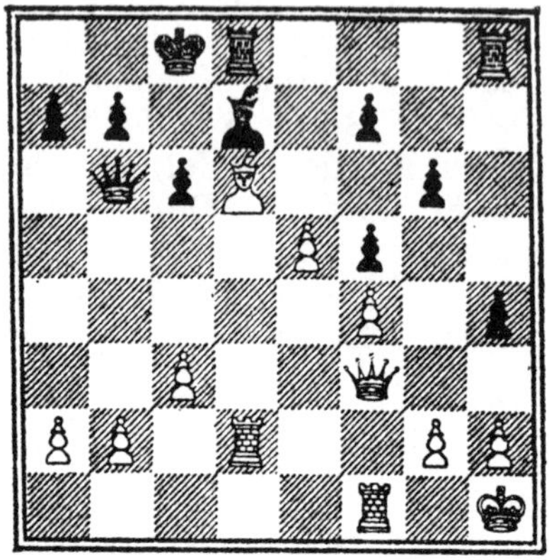

In dieser Stellung versäumte es Weiß (Morphy), den Bauern h4 durch h2—h3! zu stoppen. Der ganze Angriff, der später die Rettung des Schwarzen bildet, beruht auf dem Bauern h3. Es geschah: 1. c3—c4 h4—h3! 2. g2—g3 (es bedarf keiner großen Auseinandersetzung, daß es ganz verkehrt wäre, den Bauern zu schlagen. Die schwarzen Türme würden auf der h-Linie bequeme Angriffsobjekte haben) 2. . . . Ld7—e6 3. Df3—c3 Td8—d7 4. Tf1—d1 c6—c5 5. Kh1—g1 (die Öffnung der Diagonale c6—h1 macht sich schon bemerkbar — ebenfalls eine Folge von h4—h3) 5. . . . Th8—d8 (Übersieht den Verlust des Bauern c5, der mit Dc6 nebst evtl. b7—b6 zu vermeiden war) 6. Dc3—a3 a7—a6 (Lc4: wäre schlecht, denn nach Tc1 würde der Angriff auf der c-Linie vernichtend) 7. Ld6×c5 Db6—c6 8. Lc5—d6 (durchaus notwendig!) 8. . . . f7—f6 (der Bauer c4 darf natürlich wegen des nach b2—b3 einsetzenden Angriffs auf der c-Linie immer noch nicht geschlagen werden) 9. Td2—d5! (e5×f6 verbietet sich natürlich wegen der Antwort Td6:. Weiß ist durch die beständige Mattdrohung auf g2 so belästigt, daß er gar keine einigermaßen aussichtsvolle Fortsetzung hat als dieses Qualitätsopfer, das Damengewinn durch Tc5 droht) 9. . . . Le6×d5

10. Td1×d5 Td7×d6! 11. e5×d6 (Damengewinn durch Tc5? wäre ein schlechtes Geschäft, weil Schwarz durch Td1† Kf2 T8d2† Ke3 Td3† ebenfalls die Dame eroberte und mit einem Turm im Vorteil bliebe) 11. ... Kc8—b8 12. Da3—d3? (ein Versehen, das den wertvollsten Bauern kostet. Aber auch mit andern Zügen, z. B. b2—b3, kann Weiß nicht mehr gewinnen, da die schwarze Dame in Verbindung mit dem vorgeschobenen Bauern ihn zu stark bedroht, nämlich b2—b3 De8 Dc1 De4 [droht wieder Matt auf g2!] Dd2 Db1† Kf2 Dh1 Ke3 De4† Kf2 Dg2† [wieder der wirksame Bauer!] mit Remisschluß.) 12. ... Td8×d6! (der Turm darf natürlich wegen des auf g2 drohenden Matts nicht geschlagen werden. So etwas muß man *sehen!*) 13. Dd3—d2 Td6×d5 14. c4×d5 Dc6—c5† 15. Kg1—f1. Jetzt steht Schwarz sogar besser und konnte mit Kb8—c7—d6 auf Eroberung des Freibauern spielen. Er begnügte sich aber mit einem Remis durch ewiges Schach: 15. ... Dc5—c4† 16. Kf1—f2 Dc4—c5† usw.

Ganz ähnlich verlief das folgende Spiel:

Nr. 328

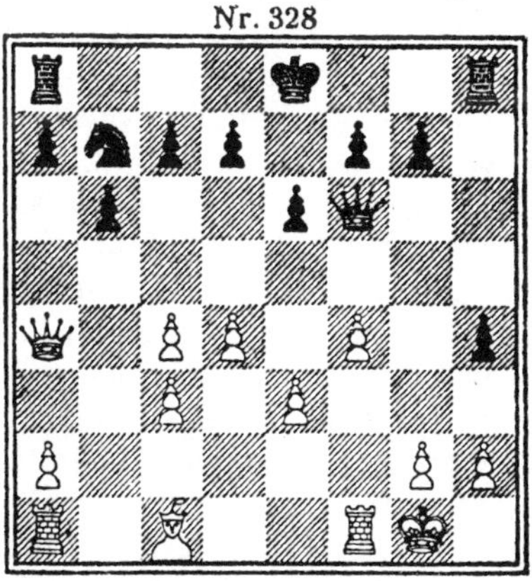

Nach 1. e3—e4 steht Weiß ausgezeichnet. Nur hat er versäumt, den Bauern h4 durch h2—h3 zu stoppen, und das benützte Schwarz zu einer Gegenaktion, durch die er das Gleichgewicht herstellte: 1. ... h4—h3! 2. g2—g3 Sb7—d6!! 3. e4—e5 Df6—g6 4. e5×d6 Dg6

—e4 (droht wieder Matt auf g2; der Bauer wirkt wie ein Offizier!) 5. Tf1—f2 De4—e1† 6. Tf2—f1 De1—e2 7. Tf1—f2 De2—e1† nebst Remis durch Wiederholung der Züge. Der Versuch, auf 4. ... De4 mit dem König zu fliehen, wäre sehr bedenklich gewesen, denn nach 5. Kf2 Dg2† 6. Ke1 Dh2: ist der vorgeschobene Bauer zu einem sehr gefährlichen Freibauern geworden.

Nicht nur der Turmbauer, sondern auch jeder andere Bauer, der bis auf die sechste (bzw. dritte) Reihe vorgedrungen ist, übt, auch ohne Freibauer zu sein, einen starken Druck auf den Gegner aus. Von dem Bauern auf f6 (f3) habe ich dies in dem Abschnitt „Der Angriff mit dem f-Bauern“ (Nr. 228—231) bereits gezeigt. Nur kommt der Turmbauer am häufigsten so weit vor. — Ähnlich, nur in viel geringerem Maße ist dies der Fall bei einem auf die fünfte (bzw. für Schwarz die vierte) Reihe vorgedrungenen Bauern. Die Bauern auf der fünften (bzw. vierten) Reihe — meist handelt es sich um die Mittel- und Läuferbauern — engen zwar das feindliche Spiel ein. Besonders gilt dies vom Königsbauern, dessen Hauptwirkung, wenn er nach e5 (bzw. e4) vorgedrungen ist, darin liegt, daß er den Königsspringer, die beste Schutzfigur der kurzen Rochade, von f6 (bzw. f3) vertreibt, so daß dann der König vielfachen Angriffen zugänglich ist. Aber andererseits provozieren die vorgerückten Bauern eine Gegenaktion der feindlichen Bauern. So wird z. B. der Bauer e5 durch f7—f6 angegriffen; kann er verteidigt werden — ein notwendiges Postulat für den Zug e4—e5 —, so ist es gut. Muß er sich hingegen gegen den Bauern f6 abtauschen, so gehen Tempi verloren, nämlich die Tempi, die die Etablierung des Bauern auf e5 gekostet hat, und dem feindlichen Turm wird eine Linie geöffnet. Ferner kann — und darin besteht eine sehr wirksame Gegenaktion — beim Vorgehen eines Bauern auf die fünfte (bzw. vierte) Reihe der ihn deckende Bauer angegriffen werden, und zwar in ganz typischer Weise. So ruft der Zug e4—e5 die Gegenaktion c7—c5 hervor, der

Zug d4—d5 das Gegenspiel f7—f5, der Zug f4—f5 den Gegenstoß d6 (bzw. d7) —d5, und auf c4—c5 folgt e6 (bzw. e7) —e5, immer mit großer Erleichterung des eingeengten Spiels und fühlbarem, oft sogar überwiegendem Gegendruck. Deshalb müssen beim Vorgehen eines Bauern auf die fünfte (bzw. vierte) Reihe alle in Betracht kommenden Momente sorgfältig gegeneinander abgewogen werden. Immer muß man des Steinitzschen Wortes eingedenk sein: „Ein Bauer kann nicht rückwärts ziehen". Oft genug hat man das Vorgehen eines Bauern zu bereuen.

Die Angriffsmarke c6 (bzw. c3)

Ein ganz typischer Angriff auf der Damenseite ist sehr häufig möglich, wenn der Gegner hierzu durch c7—c6 (bzw. c2—c3) eine Marke gegeben hat. Der c-Bauer geht vor bis c5 (bzw. c4), der b-Bauer bis b5 (b4) und schließlich der a-Bauer womöglich bis a6 (a3). Dann tauscht sich der a-Bauer gegen den Bauern b7 (b2), der b-Bauer gegen den Bauern c6 (c3) und damit ist der Bauer c5 zum Freibauern geworden und außerdem sind allerlei Angriffslinien geöffnet. Dieses Schema, das den Haupttypus der Angriffe auf der Damenseite darstellt, kommt in dem folgenden Spiel zur Anwendung.

Nr. 329

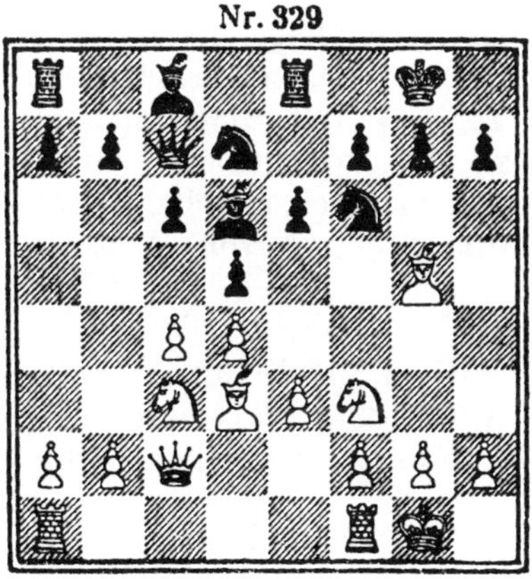

Es geschah: 1. c4—c5 Ld6—e7 2. Lg5—f4 Dc7—d8 3. b2—b4 Sd7—f8 4. h2—h3 (um den Läufer f4 gegen den Abtausch durch Sh5 zu sichern) 4. ... Lc8—d7 5. a2—a4 (noch besser als sofort b4—b5, worauf Schwarz auf b5 tauschen würde) 5. ... Dd8—c8 6. b4—b5 Sf6—h5 (nachdem h2—h3 geschehen, ist dieser Zug zwecklos. Aber Weiß hat bereits auf dem Damenflügel eine starke Angriffsstellung erzielt und Schwarz steht sehr beengt, so daß ihm gute Züge fehlen) 7. Lf4—h2 Le7—d8 8. a4—a5 Ld8—c7 (auf cb Sb5: Lb5: Lb5: Sd7 macht Weiß durch a5—a6 den c-Bauern frei) 9. Lh2×c7 Dc8×c7 10. a5—a6! b7—b6 (auf b7×a6 führt b5×c6! ebenfalls zur Freimachung des Bauern c5) 11. b5×c6 Ld7×c6! 12. c5×b6 Dc7×b6. Auf a7×b6 ist der a-Bauer frei geworden. Außerdem würde Weiß nach Sb5 Dc8 durch Sd6 die Qualität oder bei Dd7 durch Se5 den Läufer gewinnen. Der Angriff auf dem Damenflügel hat jetzt zwar nicht zur Freimachung eines Bauern geführt, aber zur Öffnung von Angriffslinien, ferner ist der Bauer a6 sehr stark und gibt den weißen Figuren einen sehr günstigen Stützpunkt. Weiß steht völlig überlegen. Es folgte: 13. Tf1—b1 Db6—d8 (Dc7? Sb5) 14. Sf3—e5 Lc6—d7 (auf Tc8 gewinnt Sc6: nebst Lb5 die Qualität. Jetzt geht ein Bauer verloren) 15. Se5×d7 Sf8×d7! 16. Ld3×h7† (auf dem Damenflügel greift Weiß an und auf dem Königsflügel gewinnt er einen Bauern!) 16. ... Kg8—h8 17. Lh7—d3 (um die Absperrung des Läufers durch g7—g6 zu vermeiden) 17. ... Sd7—b6 18. Sc3—a4! (um die b-Linie freizumachen) 18. ... Sb6×a4 19. Dc2×a4 (die Stellung von Weiß hat sich weiter verstärkt) 19. ... Te8—e7 20. Tb1—b7 Ta8—c8 21. Ta1—b1 Te7—c7 22. Tb7×c7 Dd8×c7 23. Tb1—b7 Dc7—c1† 24. Kg1—h2 Dc1—d2 25. Da4—d7 Tc8—f8? 26. Dd7×f7! (die Dame darf wegen des nach Tb8† drohenden Matts nicht geschlagen werden) und Weiß gewinnt. Auch auf 22. ... Tc8×c7! wäre Weiß durch 23. Da4—b4 (droht Db8) 23. ... Tc7—c8 24. Db4—b7

Tc8—c7 25. Db7—b8 Dd8—c8 26. Db8×c8† Tc7×c8 27. Tb1—b7 in entscheidenden Vorteil gekommen.

Die Angriffsmarke b6 (b3). Umgehung

Wie ein Bauer auf c6 (c3) eine Marke für den Angriff mit dem b-Bauern, auf f6 (f3) für den Angriff mit dem g-Bauern, auf h3 (h6) ebenfalls für den Angriff mit dem g-Bauern bildet, so auf b6 (b3) für einen Angriff mit dem a-Bauern. Dieser geht, falls dies nicht auf irgendeine Weise verhindert wird, bis a5 (a4) vor. Schlägt ihn dort der b-Bauer, so bleibt nach dem Wiederschlagen der Bauer a7 (a2) auf der für den Gegner offenen Linie isoliert und sehr schwach. Im andern Fall aber öffnet sich der Angreifer durch a5×b6 (a4×b3) die a-Linie für den Turm, aber erst, nachdem er sich vergewissert hat, daß er auch die volle Herrschaft über sie erlangen und behaupten wird. Zu diesem Zweck muß er, wenn der Verteidiger den Turm zu opponieren droht oder schon einen Turm auf a8 (a1) stehen hat, die Türme auf der zu öffnenden Linie verdoppeln, mitunter sogar erst die schweren Figuren auf der Linie triplieren, ehe er auf b6 (b3) losschlägt. Mit dieser Verdopplung und Triplierung bringt man meistens den feindlichen Turm, der dann indirekt zwei- bis dreimal angegriffen ist, zum Weichen. Nun geht es weiter nach dem Schema von der offenen Turmlinie (siehe Nr. 300ff.). Der Turm dringt ins feindliche Lager auf die siebente (zweite) Reihe ein. Kommt nun aber noch der andere Turm oder gab die Dame dazu, so kann sich daraus eine völlige Umgehung entwickeln, die äußerst gefährlich ist, zumal der Angreifer, wenn auch alles andere gedeckt ist, meist in dem Bauern b6 (b3) ein dankbares Angriffsobjekt finden wird. Verteidigen kann man sich dagegen nur durch Gegenangriff auf dem andern Flügel oder im Zentrum. Das folgende Beispiel ist für alle diese Verhältnisse äußerst lehrreich.

Nr. 330

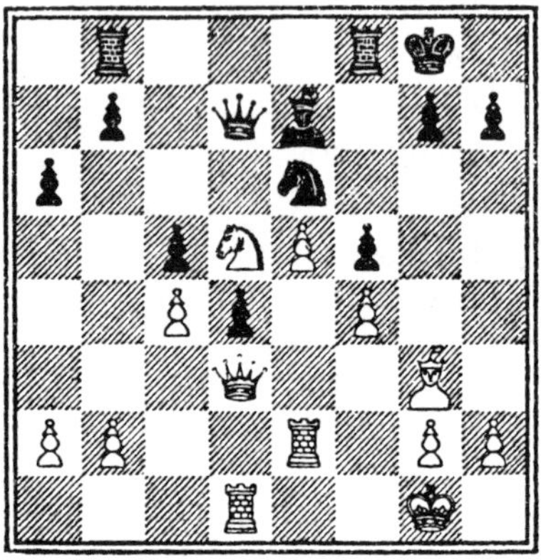

Hier geschah 1. . . . b7—b5 2. b2—b3?. Dies ist der sehr naheliegende, entscheidende Fehler, der den Angriff mit dem a-Bauern gestattet. Weiß sollte den b-Bauern gar nicht ziehen, sondern den Bauern c4 evtl. mit dem Turm d1 decken und den nach dem Bauerntausch gefährdeten Springer im Notfall gegen den Läufer tauschen. 2. . . . Tb8—b7. Schwarz zeigt hier und im folgenden eine gewisse Unschlüssigkeit und verliert einige Tempi. Zielbewußt wäre sofort b5—b4 nebst Vorgehen des Bauern a6. 3. h2—h3 Kg8—h8 4. Lg3—h2 Le7—d8 5. g2—g4. Weiß sieht das Unheil kommen und inszeniert einen Gegenangriff, der ganz korrekte Verteidigung erfordert. Sehr schlecht wäre f5×g4, denn nach h3×g4 kommen die weißen Bauern ins Rollen und gehen vernichtend vorwärts. (Diesen Fehler hat Weiß im 2. Zuge vermieden, indem er nicht c4×b5 zog.) Schlecht wäre g7—g6, denn damit würde Schwarz genau denselben Fehler begehen, den sich der Gegner soeben mit b2—b3 hat zuschulden kommen lassen. Weiß würde den Fehler mit g4—g5 und Vorgehen des h-Bauern bis h5, natürlich mit gehöriger Unterstützung durch die schweren Figuren, ausnützen, und das wäre hier um so schlimmer, als sich auf der zu öffnenden h-Linie der so äußerst empfindliche

König befindet. 5. ... Dd7—f7! Das ist die richtige Verteidigung. Schwarz behauptet den Punkt f5 mit einer Figur und gibt sich gar keine Blöße. *Jeder Bauernzug lockert die Stellung.* 6. Dd3—f3 Tb7—a7 7. g4—g5. Weiß kann auf dem Königsflügel nicht durchdringen und schließt ihn deshalb ab. Er sollte aber die Schwebestellung g4—f5 lieber unverändert lassen, da er damit den Gegner hier bindet und ihn verhindert, seine Kräfte vollständig dem Damenflügel zu widmen. 7. ... b5—b4. Endlich! 8. Lh2—g3 a6—a5 9. h3—h4 a5—a4. Man sieht, daß ohne den Zug b2—b3 der Angriff von Schwarz auf dem Damenflügel gerade so gegenstandslos wäre, wie der von Weiß auf dem Königsflügel, dem zum Gelingen, ja zum Entstehen der Zug g7—g6 fehlt. Geht jetzt der Bauer h4 bis h6 vor, so folgt g7—g6 und Weiß erlangt keine offene Linie für die schweren Figuren. 10. Te2—g2. Es ist klar, daß nach b3×a4 der Bauer a2 sehr schwach bliebe. Jetzt aber wird der Bauer b3 die Achillesferse des Weißen. 10. ... a4×b3. Mit diesem Tausch konnte Schwarz auch noch warten und zunächst die Türme auf der a-Linie verdoppeln. Er hätte damit warten *müssen*, wenn Weiß seine Türme auf a1 und d1 aufgestellt hätte, denn sonst wäre das Ergebnis des ganzen Angriffsmanövers nichts anderes gewesen als ein Turmtausch; bei ungeschicktem Spiel des Angreifers hätte sich vielleicht Weiß gar der offenen Linie bemächtigt und wäre damit in Vorteil gekommen. 11. a2 ×b3 Ta7—a3 12. Lg3—f2 Df7—a7 13. Td1—d3 Ta3 —a1† 14. Kg1—h2 Ta1—b1. Nun droht noch die Dame heranzukommen. Man sieht, wie die Stellung des Weißen vom Damenflügel aus förmlich umgangen wird. 15. Td3—d1 Tb1—b2 16. Lf2—e1. Um die entscheidenden Kräfte nach Möglichkeit abzutauschen. 16. ... Da7—a2 17. Tg2×b2 Da2×b2† 18. Kh2—g3 Tf8—f7. Schwarz zieht die letzte Reserve zur Umgehung heran. 19. Df3—d3. Weiß hat sich sehr gewandt auf die Verteidigung eingerichtet und zwingt hierdurch den Gegner, auch seine Königsstellung etwas zu schwächen, um den Turm freizubekommen. 19. ... g7—g6 20. Td1—d2 Db2—a1 21. Td2—d1 Da1—a8. Um den Turm voranzuschicken. 22. Le1—f2 Tf7—a7 23. Dd3—f3 Ta7—a2 24. Td1—d3 Ta2—b2 25. Lf2—g1 Da8—a1 26. Lg1—f2 Da1—c1. Schlecht wäre Tb1. Nicht der schwerfällige Turm muß zum Angriff vorangehen, sondern die bewegliche Dame und nicht die erste Reihe muß die Operationslinie bilden, sondern die zweite. Dabei muß die Hauptschwäche des Weißen, der Bauer b3, beständig bedroht werden. 27. Td3—d1. Es fehlt dem Verteidiger an Zügen. 27. ... Dc1—c2 28. Td1—d3. Jetzt ist die Umgehung vollendet und fast alle weißen Figuren sind gefesselt. Aber es ist auch alles verteidigt. Gegen eine solch zwangsvolle Stellung werden meist Mattangriffe möglich sein. Hier gewinnt Schwarz am einfachsten, indem er den Bauern b3 mit dem Springer auf a5 zum drittenmal angreift. Dazu muß Schwarz aber vorher den König an den weißen Freibauern heranbringen, denn ein Freibauer muß immer gestoppt sein. Damit aber der schwarze König sich derart ins Freie wagen kann, ist vorher Damentausch erwünscht. Schwarz zieht also De2 und tauscht die Damen, wenn Weiß nicht selbst tauscht. Im letzteren Fall geht der Turm sofort wieder nach b2 zurück, um den weißen Turm an den Bauern b3 gebunden zu halten. Danach geht der schwarze König nach f7 und endlich der schwarze Springer über f8, d7, b8, c6 nach a5. Dagegen ist gar nichts zu machen. Geht der Springer d5 nach f6, so wird er geschlagen. Die dabei nach gf entstehenden verbundenen Freibauern können nichts ausrichten, wenn der schwarze König auf f7 steht, und der Bauer b3 sowie schließlich auch c4 gehen verloren und damit die weiße Partie. Alles die Folge von b2—b3.

*

Die Schachpartie ist ein Bild des Krieges. Die Eröffnung entspricht ganz genau der Mobilmachung, dem strategischen Aufmarsch der Heere und den einleitenden Kämpfen. Das Mittelspiel aber gleicht der Schlacht, der Entscheidungsschlacht. Eine gute Schachpartie wird im Mittelspiel entschieden. Für die Behandlung des Mittelspiels, und zwar für die taktische wie für die strategische, haben wir in den typischen Kombinationen und Angriffen (Nr. 99—330) das Rohmaterial kennengelernt. Wer dieses kolossale Material öfters genau durchstudiert und sich zu eigen gemacht hat, der dürfte wohl jeder Lage gewachsen sein. Das wichtigste im Mittelspiel ist die Taktik. Hier gilt es, alles, was mehr oder weniger versteckt ist, zu *sehen*. Die Gelegenheiten zu Kombinationen, wo sie sich bieten, auszunützen! Da gibt es eine Scheindeckung, dort hat der Gegner eine ungedeckte Figur, hier ist eine Fesselung möglich oder ein Doppelangriff usw. Immer und immer kehren alle diese oben ausführlich erörterten taktischen Wendungen wieder, und häufig müssen diese Gelegenheiten durch ein Opfer *geschaffen* werden. Die Fehler, die der Gegner begeht, muß man als solche erkennen und ebenso diejenigen, die man selbst zu begehen im Begriff ist.

Die strategische Behandlung des Mittelspiels fließt meist aus der Eröffnung. Gewöhnlich hat einer der Spieler in der Eröffnung einen kleinen Vorteil erlangt. Diesen gilt es, im Mittelspiel weiter auszubauen. Häufig weist die Bauernformation die Richtung des Angriffs. Man hat etwa in der Eröffnung ein Bauernübergewicht auf dem Königsflügel erlangt. Dann gehen diese Bauern zum Angriff vor. Das ergibt, wenn weiße Bauern auf e5 und f5 stehen, entweder einen Freibauern auf e6, oder einen Keil in der feindlichen Stellung auf f6, oder Aufreißung der Rochade. Oder die Bauernübermacht befindet sich auf dem Damenflügel. Dann geht man hier mit den Bauern vor und erlangt einen Freibauern. Eindringlicher ist allerdings der Angriff auf den

Königsflügel, wie ich auch hier in ausgesprochenem Gegensatz zu Steinitz erklären muß. Denn wenn man den König angreift, kann man vielleicht mattsetzen; wenn man auf dem Damenflügel operiert, kann man im günstigsten Falle einen Freibauern und damit vielleicht eine neue Dame erlangen. Man bilde sich aber ja nicht ein, daß man da angreifen könne, wo man will. Man kann im Schachspiel überhaupt nicht tun, was man *will*, wenn man richtig spielen will, sondern man muß das tun, was man *muß*, was die Stellung verlangt. Das Spiel gemäß der Position, das Positionsspiel, ist das einzig richtige, die Kombinationen ergeben sich dabei ganz von selbst. Man muß da angreifen, wo man stark und der Gegner schwach ist. Die starken Punkte im eigenen, die schwachen im feindlichen Lager wird man zu besetzen, den Gegner aber an der Besetzung solcher Punkte zu hindern suchen. Jede Stellung muß man als ein Problem betrachten, bei dem es gilt, den richtigen Zug, den die Stellung erfordert und der fast immer ein einziger ist, zu finden. Nebenlösungen gibt es so gut wie gar nicht in der Schachpartie, mit Ausnahme der ersten Eröffnungszüge, wo die Wahl freisteht. Häufig, besonders wenn der eine Spieler bereits stark im Vorteil ist, sieht es so aus, als ob ihm mehrere gleich gute Züge zur Verfügung ständen. Bei näherer Untersuchung aber stellt es sich meist heraus, daß *ein* Zug der stärkste, der allerstärkste ist, und nur der ist der richtige. Ist der Vorteil noch nicht so groß, dann zeigt es sich meist, daß, wenn mehrere Züge in Betracht kommen, nicht nur der eine der stärkste ist, sondern daß die andern sogar nachteilig ausfallen, und nichts ist im Schach schwieriger, als von mehreren gleich gut erscheinenden Zügen den besten, den einzig richtigen herauszufinden.

Hat man im Mittelspiel einen materiellen Vorteil erlangt, so wird man bestrebt sein, sein Schäfchen ins trockene zu bringen. Man wird das Spiel durch Abtausch zu vereinfachen und in das Endspiel einzulenken suchen, denn dadurch tritt das Übergewicht immer deutlicher hervor. Häufig aber gibt ein im Mittelspiel errungener materieller Vorteil neuen Elan für den Angriff. Nur muß man dabei jedes Risiko ausschalten. Denn mit dem materiellen Vorteil ist — ceteris paribus — das Spiel schon entschieden, es wäre also dann sinnlos, den Sieg durch irgendwie zweifelhafte Kombinationen in Frage zu stellen.

Ist man mit etwas schlechterer Stellung aus der Eröffnung hervorgegangen, so muß man bestrebt sein, die Schäden der Stellung auszubessern. Hat z. B. Schwarz das Zentrum aufgeben müssen, so daß die Bauernstellung e4—d6 oder d4—e6 entstanden ist, so wird man bestrebt sein, den feindlichen Mittelbauern zu neutralisieren, entweder durch d6—d5 bzw. e6—e5, oder, wenn es angeht, durch f7—f5 bzw. c7—c5. Einen rückständigen Bauern wird man vorzubringen suchen, vor allem wird man die etwa rückständige Entwicklung der Figuren rasch nachholen. Ferner wird man eine schlecht stehende Figur, etwa einen Springer am Rande, besser postieren, sobald einem der Gegner dazu Zeit läßt.

Ist man, was nicht häufig der Fall ist, mit ausgeglichenem Spiel aus der Eröffnung hervorgegangen, so muß man sich darüber klar sein, daß es sehr schwer ist, eine solche Stellung zu gewinnen, aber äußerst leicht, sie zu verlieren. Man muß also in solcher Lage doppelt vorsichtig sein und sich keine Blöße geben, wozu besonders Bauernzüge geeignet sind. Jedoch wird es, im Gegensatz zur Eröffnung, im Mittelspiel, besonders gegen das Endspiel zu, meist nötig, dem König nach der Rochade einen Ausweg zu verschaffen („ein Ventil zu öffnen“, wie man sich scherzhaft ausdrückt). Man zieht dann h2—h3, wenn der Gegner einen weißen Läufer, z. B. auf b7 besitzt, und g2—g3, wenn ein feindlicher Läufer auf d6 steht (selbstverständlich unter Berücksichtigung der sonstigen Verhältnisse).

Wenn eine Stellung aber gleich steht, so ist sie damit noch lange nicht unentschieden! Man spiele nur ruhig weiter, sehr oft kommt der bessere Spieler auch in einer ausgeglichenen Stellung noch in Vorteil. Allerdings ist das nur mit Hilfe des Gegners möglich, aber es ist so leicht, Fehler zu machen! Und wenn es auch keine gröberen Fehler sind, gegenüber einem Meister genügen schon einige schwächere Züge, das Gleichgewicht zu seinen Gunsten zu verschieben.

DIE ERÖFFNUNG

I. ALLGEMEINER TEIL

Theorie des Schachspiels. Prinzipien der Spielführung
Allgemeine Eröffnungslehre

Drei Faktoren sind es, aus denen das Schachspiel besteht, Kraft, Raum und Zeit. Die Kraft, das sind die Streitkräfte, über die jeder Spieler verfügt, die Schachsteine, die ja Symbole für Kräfte sind. Der Raum, das ist das Brett, auf dem die Steine zweckmäßig zu gruppieren sind. Und die Zeit ist, da immer abwechselnd gezogen wird, die Ausnützung des Rechtes bzw. die Erfüllung der Pflicht zu ziehen. Jeder dieser drei Faktoren kann sich in jeden andern verwandeln; Zeit kann sich in Raum oder Kraft umsetzen oder umgekehrt. Man kann Kraft, z. B. einen Bauern opfern, um ein Tempo zu gewinnen oder um eine Linie zu öffnen, also Raum zu gewinnen. Und wenn man einen Bauern erobert hat, so geschieht dies meist auf Kosten eines oder mehrerer Tempi, man hat Kraft gewonnen, aber Zeit verloren, Zeit hat sich also in Kraft verwandelt. Wir wollen jetzt diese drei Faktoren genauer betrachten.

Die Kräfte

bestehen aus Figuren oder Offizieren und Bauern. Die Figuren sind viel stärker. Man schätzt eine leichte Figur ungefähr gleich drei Bauern. Ebenso kann man einen Bauern gleich drei Tempi schätzen. Ein Gambit, in dem man für einen geopferten Bauern einen Entwicklungsvorsprung von drei Tempi hat, ist sehr wohl spielbar.

Der König ist die wichtigste Figur, da mit seiner Gefangennahme, dem Schachmatt, das Spiel zu Ende ist. Auf seine Sicherheit ist deshalb sorgfältigst Bedacht zu nehmen. Da er nach Aufzug der Mittelbauern im Zentrum meist nicht mehr ganz sicher steht, bringt man ihn im allgemeinen möglichst frühzeitig durch die Rochade in Sicherheit. Verlust oder Unmöglichkeit der Rochade ist häufig ein großer Nachteil. Am häufigsten ist die kurze Rochade; mitunter ist jedoch die lange Rochade sehr nachdrücklich, besonders wenn die d-Linie offen ist, so daß der Damenturm gleich zu starker Wirkung gelangt, oder wenn man die kurze Rochade des Gegners mit den Bauern stürmen will, worin man sich viel weniger Reserve auferlegen muß, wenn der eigene König auf dem andern Flügel steht. Solange noch viele Steine auf dem Brett sind, in der Eröffnung und im Mittelspiel, spielt der König eine rein passive Rolle. Immerhin bildet er eine gute und bequeme Verteidigung der Rochadebauern. Im Endspiel entfaltet sich seine bedeutende Kraft, die größer als die einer leichten Figur ist, meist ganz frei, da muß man ihn, soweit sich dies mit seiner Sicherheit verträgt, möglichst weit ins feindliche Lager führen; dort erobert er Bauern, hält die feindlichen Bauern auf und führt die eigenen zur Dame.

Die Dame ist die bei weitem stärkste Figur. Auch sie soll man in der Eröffnung nicht frühzeitig ins Spiel bringen, denn sie wird von schwächeren Figuren angegriffen, zurückgetrieben und dabei entwickelt sich der Gegner und gewinnt Tempi. Sehr bedenklich ist es, mit ihr im Anfang des Spieles auf Beute auszugehen. Besonders die Eroberung des b-Bauern durch die Dame rächt sich häufig. Am besten macht die Dame in der Eröffnung nur einen einzigen Zug, sie entwickelt sich auf ein Feld, wo sie keinen (direkten oder indirekten) Angriffen ausgesetzt ist, so besonders nicht auf eine Linie, auf der ein feindlicher Turm steht, selbst wenn noch so viele Steine dazwischen sind; sehr oft wird sich die Stellung der Dame vis-à-vis einem feindlichen Turm als für sie ungünstig erweisen. So geht die Dame im

Damengambit am besten nach e2 bzw. e7. Das Ideal ist, daß, nachdem die andern Figuren den Angriff eingeleitet haben, die Dame zur Mattsetzung herbeieilt.

Der Turm tritt am besten dann in Tätigkeit, wenn sich für ihn eine Linie geöffnet hat. Kann er sie besetzen und behaupten, so ist dies ein großer Vorteil, denn schließlich dringt er einmal auf ihr auf die siebente (bzw. zweite) Reihe ein und bedroht dort nicht nur alle Bauern, sondern auch den König. Mitunter, aber seltener, sind auch Zickzackbewegungen des Turmes angebracht, die ihn vor die eigene Bauernfront zum Rochadeangriff führen, z. B. Tf1—f3—h3, oder — eine sehr wirksame, elegante und überraschende Entwicklung — Ta1—a3—h3, oder, sehr raffiniert, h7—h5, Th8—h6—g6.

Bei diesen Zickzackzügen des Turmes muß man sich aber immer überlegen, ob auch die erste (bzw. achte) Reihe genügend geschützt bleibt, denn wenn die Basis gefährdet ist, kann der Turm dann oft nicht rasch zu ihrem Schutze zurückkehren.

Die Türme sollen immer möglichst rasch miteinander in Verbindung, „verdoppelt" sein. Ein wesentlicher Nachteil des Verlustes der Rochade ist es, daß die Verbindung der Türme gestört ist. Eine Turmverdopplung auf der vorletzten (bzw. zweiten) Reihe wirkt fast stets mit vernichtender Wucht.

Türme wie Läufer, die ein Bauerndreieck angreifen, z. B. Tg1 oder Lb1 gegen Bf7, g6, h7 beißen auf Granit. Daher ist gegen einen solchen Angriff auf einer halb offenen Linie die Herstellung eines solchen Bauerndreiecks im allgemeinen die beste Verteidigung.

Der Läufer wird am leichtesten von allen Figuren von völliger Einsperrung und selbst Eroberung durch Bauern bedroht, worauf ich schon bei der Behandlung des Mittelspiels hingewiesen habe. Noch öfter kommt es vor, daß man einen Läufer freiwillig beengt oder einsperrt. Das ist natürlich kein gesundes Spiel. Man sollte meinen, daß es ein ganz selbstverständliches

Postulat sei, daß sich alle Figuren frei bewegen können. Und doch wird gegen dieses Prinzip sehr oft gesündigt. Der Typus einer solchen freiwilligen Einsperrung eines Läufers ist das sogenannte französische Springerspiel 1. e2—e4 e7—e5 2. Sg1—f3 d7—d6. Das ist nicht korrekt. Es führt nach den weiteren Zügen Sg8—f6, Le7 und 0—0 dazu, daß der Läufer überhaupt keinen Zug hat. Die Linienfiguren muß man auf offene Linien zu bringen suchen, anstatt, wie hier, die offene Diagonale des Läufers zu versperren. Im Gegenteil, man soll den Läufer so postieren, daß er womöglich zwei offene Diagonalen beherrscht, wie z. B. in der eben skizzierten Stellung der Damenläufer, wenn man ihn nach e6 zieht, nach beiden Seiten wirkt.

Der Königsläufer ist die beste Angriffsfigur. In der Eröffnung zielt er vielfach von c4 nach f7, dem Punkte der schwarzen Stellung, der zunächst der schwächste ist, weil er allein vom König gedeckt ist. Und nach der Rochade des Gegners bedroht er von d3 aus den Punkt h7 und liefert so häufig die Basis für einen Mattangriff. Auch in der Verteidigung ist er sehr stark. Läufer und Bauer, die sich gegenseitig decken, bilden ein sturmfreies Bollwerk. Hat man einen Läufer auf weißen Feldern, so muß man die Bauern nach Möglichkeit auf schwarze zu bringen suchen, denn auf weißen nehmen sie dem Läufer einen guten Teil seiner Wirksamkeit. Daß er im Endspiel Bauern viel leichter aufhält als der Springer, ist schon im Endspielteil ausgeführt worden. Der Läufer ist in der ganzen Partie meist stärker als drei Bauern, doch kommt es hierbei auf die Stellung an.

Der Springer ist hauptsächlich zum Angriff geschickt und muß deshalb soweit wie möglich ins oder wenigstens ans feindliche Lager vorgebracht werden, allerdings nicht in der Eröffnung. Da soll er womöglich nur *einen* Zug machen, und zwar auf die dritte bzw. sechste Reihe, weil er von dort schon ins feindliche Lager hineinschaut. Im Zentrum, auf e5 bzw. e4, von einem Bauern gedeckt, bildet er einen starken Vorposten. Am Rande hingegen steht er meist schlecht, weil er da zu wenig Felder beherrscht. Ebenso ist nach meiner Erfahrung ein weißer Springer auf b3, ein schwarzer auf b6 meist schlecht postiert. Zur Deckung eines bestimmten Punktes ist er weit weniger geeignet als der Läufer, wohl aber zur Deckung eines ganzen Terrainabschnittes. So bildet ein Springer auf f3 bzw. f6 die beste Deckung der kurzen Rochade. Daher kann man sagen, daß, wie der Königsläufer die beste Angriffsfigur, so der Königsspringer die beste Verteidigungsfigur ist. Im Endspiel hat er gegen Bauern einen schweren Stand. Drei Bauern sind dann meist stärker als ein Springer.

Die Bauern sind keineswegs gleichwertig. Im und am Zentrum sind sie am stärksten und werden um so weniger wertvoll, je näher sie dem seitlichen Rande stehen. Wenn man daher einen Stein mit zwei Bauern schlagen kann, so schlägt man zweckmäßig nach dem Zentrum zu. In der Eröffnung soll man nur wenige Bauern ziehen, grade soviel, wie zur Entwicklung der Figuren nötig ist, denn *jeder Bauernzug lockert die Stellung*. Auch im Mittelspiel wird durch nichts eine Stellung so leicht verdorben wie durch Bauernzüge. Scherzhaft habe ich das meinen Schülern gegenüber folgendermaßen ausgedrückt: „Ziehen Sie niemals einen Bauern, dann werden Sie niemals eine Partie verlieren!“

Notwendig ist in der Eröffnung der Aufzug der Mittelbauern, der der Dame und beiden Läufern den Ausweg öffnet. Den f-Bauern in der Eröffnung zu ziehen ist sehr gefährlich, weil dadurch der ganze Königsflügel zu stark entblößt wird. Dagegen ist es in den mit 1. d2—d4 eröffneten Partien meist wünschenswert, auch den c-Bauern zu ziehen. Die Springerbauern sind in ihrem Werte verschieden. Hat man mit der Dame den b-Bauern erobert, so ist dies häufig ein zweifelhafter Vorteil. Schlägt die Dame dagegen auf g7 bzw. g2 hinein, so tut sie dies meist mit starkem Angriffsspiel. Königsflügel und Damenflügel sind eben nicht von gleicher Bedeutung, der Königsflügel ist viel wichtiger. So bedeutet die Verdoppelung der Bauern nach 1. e2—e4 e7—e6 2. d2—d4 d7—d5 3. Sb1—c3 Sg8—f6 4. Lc1—g5 Lf8—b4 5. e4×d5 Dd8×d5 6. Lg5×f6 Lb4×c3† 7. b2×c3 g7×f6 für Weiß eine Verstärkung des Damenflügels, für Schwarz eine Aufreißung des Königsflügels. Der Aufzug der Königs-Springerbauern nebst Entwicklung des Königs-Läufers nach der Flanke, nach g2, das sog. Fianchetto (= Flankenspiel), das besonders von Louis Paulsen mit Vorliebe, aber auch von Steinitz oft angewandt wurde, ist seit einigen Jahren sehr modern. Er hat auch manches für sich, wenn die Diagonale g2—b7 offen ist; der Bauer b7 ist beständig bedroht. (Bei der Entwicklung des Läufers nach d3 ist es allerdings der Bauer h7 und mit ihm der feindliche König, was noch viel nachdrücklicher ist.) Ferner ist der König durch den Läufer gut geschützt, ein Rochadeangriff ist nicht so leicht durchzuführen. Die Fianchettierung des Damenläufers (b2—b3 nebst Lc1—b2 bzw. b7—b6 nebst Lc8—b7) war in den Damenbauernpartien schon immer gang und gäbe. In der Spanischen Partie (1. e2—e4 e7—e5 Sg1—f3 Sb8—c6 3. Lf1—b5) habe ich sie im Angriff gegen die Steinitzsche Verteidigung (3. ... d7—d6) eingeführt, wo sie sich ausgezeichnet bewährt hat; fast immer kommt es zu einem Mattangriff auf g7. — Den Zug g2—g4 bzw. g7—g5 pflege ich als den Harakiri-Zug zu bezeichnen; er bewirkt eine gewaltige Auflockerung des Königsflügels und läßt sich nur rechtfertigen, wenn man damit einen starken Angriff einleitet oder sonst direkt in Vorteil kommt. — Die Turmbauernzüge zur Verhinderung von Läufer oder Springer g4 bzw. g5 sind in der Eröffnung fast immer zu verwerfen. Über die Marke zum Angriff, die diese Züge abgeben, habe ich mich im Mittelspielteil ausführlich ausgesprochen. Im Mittelspiel und nach Abtausch mehrerer Figuren sind die Züge h2—h3 bzw. h7—h6 oder auch g2—g3 bzw. g7—g6 oft notwendig, damit kein Matt auf der ersten bzw. letzten Reihe droht.

Der Tauschwert der Steine

Hierüber muß man durchaus im klaren sein. Die Angaben, die ich über diesen Gegenstand bei den Anfangsgründen gemacht habe, sind für bessere Spieler ganz falsch.

Die Dame ist *nicht* so stark wie beide Türme oder drei leichte Figuren; die Figuren sind im allgemeinen — ceteris paribus (wenn alles andere gleich ist) — stärker. Zwei Türme können jeden Punkt doppelt angreifen und dadurch sind sie der Dame überlegen. Nur wenn der König der Turmpartei unsicher steht und vielen Schachs ausgesetzt ist, ist die Dame stärker. Dasselbe gilt erst recht für die leichten Figuren. Diese müssen immer gut, durch Bauern, gedeckt sein. Eine unsichere Stellung der Figuren im Kampfe gegen die Dame führt meist zum Verlust. Turm, eine leichte Figur und ein Freibauer auf der sechsten (bzw. dritten) Reihe sind stärker als die Dame. Die Qualität, der Unterschied zwischen Turm und einer leichten Figur beträgt nach meiner Berechnung 1½ Bauern. Ebensogroß ist der Unterschied zwischen zwei leichten Figuren und einem Turm. Turm und zwei Bauern sind stärker als zwei leichte Offiziere, und zwar um ½ Bauern. Dies gilt aber mehr für das Endspiel, nicht für die Eröffnung und den ersten Teil des Mittelspiels, denn da kommen die Bauern meist nicht zu erheblicher Geltung, während die leichten Offiziere in ihrer Bedeutung überwiegen. Zwei leichte Figuren sind um ½ Bauern stärker als Turm und ein Bauer. Wenn man also mit Läufer und Springer den Bauern f7 angegriffen hat, so wird dieser durch die Rochade vollgültig gedeckt. Ganz klar muß man sich über das Wertverhältnis von Läufer und Springer sein. *Sie sind keineswegs gleichwertig.* Der Läufer ist im allgemeinen durch die ganze Partie hindurch die stärkere Figur. Nur wenn ein Springer im Zentrum steht, auf den Linien c—f, auf der vierten bis sechsten bzw. für Schwarz auf der fünften bis dritten Reihe, womöglich gedeckt von einem Bauern und unangreifbar durch einen Bauern, dann ist er dem Läufer überlegen, da er das halbe Brett beherrscht, und beinahe so stark wie ein Turm. Dies ist ein äußerst wichtiger, von mir aufgestellter Satz, der der ganzen Spielführung von vornherein Klarheit und Sicherheit verleiht. Die leichten Figuren kann man sehr wohl *rechnerisch* als drei Bauern wert veranschlagen, man muß sich nur darüber klar sein, daß diese Schätzung in der praktischen Partie meist falsch ist. Ein Läufer ist meist mehr als drei Bauern wert, auch ein Springer in der Eröffnung und im Mittelspiel. Alles kommt aber hierbei auf die sonstige Stellung und auf die Stellung der Bauern an. Ist die Bauernmacht nicht verteilt, sondern auf einer Seite, sind die Bauern schon weit vorgerückt und verbunden, dann sind sie häufig mehr wert als selbst ein Läufer.

Daß die Bauern im Werte zunehmen, je mehr sie sich dem Zentrum nähern, habe ich schon erklärt. Hat der eine Spieler einen Mittelbauern gegen einen Springerbauern, so wird er etwas im Vorteil sein, denn der Mittelbauer entfaltet meist eine ganz andere Wirksamkeit im Mittelspiel als der b-Bauer; der Mittelbauer ist gut für den Angriff, der b-Bauer meist nur gut für das Endspiel. Und hat man einen Bauern erobert, so muß man sich fragen, *welchen* Bauern man nun tatsächlich mehr hat. Es kann sein, daß man den b-Bauern geschlagen, aber den d-Bauern mehr hat.

Der Raum

In der Anfangsstellung ist jeder Spieler auf zwei Reihen beschränkt, in der Tat gebührt jeder Partei aber die Herrschaft über vier Reihen, dem Weißen über die vier ersten, dem Schwarzen über die vier letzten. Mit Recht nimmt jeder Spieler sofort mit den ersten Zügen die ihm zukommenden vier Reihen in Beschlag, indem er Bauern und bald auch Figuren auf die vierte Reihe vorschickt, denn je mehr Raum einer beherrscht, um so freier, bequemer wird sein Spiel, um so leichter kann er sich entwickeln. Umgekehrt, wenn ein Spieler auf nur drei Reihen beschränkt wird, so ist dies für ihn ein Nachteil. Natürlich kann dies Mißverhältnis nur durch fehlerhaftes Spiel von ihm entstehen, z. B. nach den Zügen 1. e2—e4 e7—e5 2. Sg1—f3 d7—d6? 3. d2—d4 e5×d4? 4. Dd1×d4.

Nr. 331

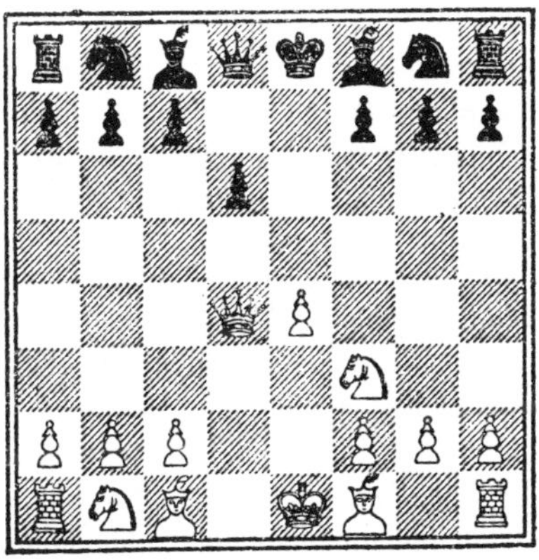

In dieser Stellung hat sich das räumliche Gleichgewicht zugunsten des Weißen verschoben: Weiß hat vier Reihen besetzt, Schwarz aber nur drei, während die fünfte frei ist. In allen solchen Stellungen ist — ceteris paribus natürlich — Weiß im Vorteil. Man muß eben auch in bezug auf den Raum das Gleichgewicht wahren, das Schwarz durch 3. . . . e5×d4 aufgegeben hat.

Innerhalb des zur Verfügung stehenden Raumes muß man nun die Figuren möglichst wirksam postieren, so daß man zum Angriff wie zur Verteidigung gleich geschickt ist und womöglich so, daß sie nicht angegriffen werden können, daß sie Dauerposten innehaben. Bei der Aufstellung der Bauern, die ja das Gerippe der Stellung bilden, muß man beim Fortschreiten der Partie nach Möglichkeit sehen, daß kein Bauer rückständig wird, besonders nicht auf einer (für den Gegner) offenen Linie, denn ein rückständiger Bauer auf einer offenen Linie ist ein schwerer Positionsnachteil. Es entstehen dann nämlich „schwache Punkte“, Lücken in der Stellung, in die früher oder später feindliche Figuren eindringen können, ohne daß man sie vertreiben kann (Steinitz). „Löcher“ nennt man nach Steinitz Felder auf der dritten oder vierten (bzw. für Schwarz auf der sechsten und fünften) Reihe vor einem Bauern, dessen Nachbarbauern gezogen oder geschlagen sind. Zieht man z. B. in der Anfangsstellung 1. e2—e4 e7—e5 2. c2—c4, so ist der Bauer d2 rückständig und die Punkte d3 und d4 schwach; feindliche Figuren, die sich dort niederlassen, kann Weiß nicht durch einen Bauern vertreiben.

Weniger von Bedeutung ist die Isolierung eines Bauern. Besonders die Isolierung des Damenbauern läßt sich meist nicht vermeiden. Z. B. nach 1. d2—d4 d7—d5 2. c2—c4 (das sog. Damengambit) d5×c4 3. e2—e3 e7—e5! 4. Lf1×c4! e5×d4 5. e3×d4 hat Weiß ganz einwandfreie Züge gemacht und doch ist sein Damenbauer isoliert. (Dafür hat Weiß den vorhin erwähnten Terrainvorteil und außerdem beherrscht er mit seinem Bauern das Zentrum.) Ich darf jedoch meinen Schülern nicht verschweigen, daß alle Welt, auch der große Lehrmeister Steinitz, den isolierten Damenbauern für einen schweren Nachteil hält. Meine Ansicht über den isolierten Damenbauern ist folgende: Schwach ist der isolierte Damenbauer nur, wenn er nicht von einem Läufer gedeckt ist und auch dann nicht immer. Sonst kann der Bauer meist recht gut gedeckt werden. Der Vorteil für den Gegner liegt darin, daß sich vor dem isolierten Bauern für ihn ein „starker Punkt“ bildet, der von keinem feindlichen Bauern angegriffen werden kann. Diesen Punkt kann er dann mit einer unvertreibbaren Figur, meist mit einem Springer, besetzen, der in der Tat dort vorzüglich steht. So ist nach den oben genannten Zügen des Damengambits 1. d2—d4 d7—d5 2. c2—c4 d5×c4 3. e2—e3 e7—e5! 4. Lf1×c4 e5×d4 5. e3×d4 das Feld vor dem isolierten Bauern, das Feld d5, für Schwarz ein starker Punkt, den er mit Sg8—f6—d5 oder mit Sb8—d7—b6 —d5 besetzen wird. Aber dafür hat Weiß einen Gegenvorteil: er wird den Springer g1 über f3 nach e5 bringen, wo er noch besser als der Springer d5 stehen wird und von wo er nur mit Auflockerung des Königsflügels durch f7—f6, also praktisch so gut wie gar nicht zu vertreiben ist. Hat man, wie es sehr oft der Fall ist, für die Isolierung des Bauern Tempo- oder Stellungsvorteile erlangt, so ist er ein Vorteil und ein wirksames Angriffsmoment. Ist man in der Entwicklung zurück, dann ist der isolierte Bauer ein Nachteil.

Die zweckmäßige Ausnützung des Raumes oder, anders gesagt, die zweckmäßige Aufstellung aller Steine ist das Wichtigste in der Schachpartie, sogar innerhalb gewisser Grenzen noch wichtiger als die Kräfte, als numerischer Vorteil. Sehr oft wird der Gewinn dadurch herbeigeführt, daß man die entscheidend bessere Stellung durch Aufopferung von Material erzwingt, ein Sieg des Geistes über die Materie.

Die Zeit

Von dem Recht, zu ziehen, muß man immer den *besten* Gebrauch machen. Man muß keinen Zug *verlieren*. Das täte z. B. Schwarz, kraß ausgedrückt, wenn er auf 1. e2—e4 Sb8—c6 2. d2—d4 mit 2. . . . Sc6—b8 antworten würde, womit er die zwei Tempi verloren hätte. Ganz so schlimm kommt es ja in der Partie nie, aber doch so ähnlich. Ähnlich wäre es, wenn Schwarz statt der Springerzüge die Bauernzüge a7—a6 und h7—h6 machte. Eigentlich wären das keine Tempoverluste, denn die Züge a6 und h6 sind ja auf dem Brett ersichtlich und nicht verschwunden, verloren wie die beiden Springerzüge. Aber für den Sinn der gegenwärtigen Spielphase, für den Sinn der Eröffnung sind diese Bauernzüge so gut wie wertlos, daher kann man sie praktisch als Tempoverluste bezeichnen. Sie leisten nämlich nichts für dasjenige, was das Ziel der Eröffnung ist, nämlich die Entwicklung der Figuren. Man muß in der Eröffnung *jedes* Tempo, wenn irgend möglich, zur Entwicklung ausnützen, so daß man möglichst rasch wenigstens die notwendigsten Bauern gezogen und die leichten Figuren entwickelt hat. Dabei muß man sich sorgfältig davor hüten, den Gegner zu entwickeln, denn damit schenkt man ihm ja ein oder mehrere Tempi. Wie in bezug auf Kraft und Raum, so muß man auch in bezug auf Zeit das Gleichgewicht wahren und womöglich das Übergewicht zu erlangen suchen. Tempi gewinnen oder den Gegner zwingen, Tempi zu verlieren, ist das Ideal. Einige Beispiele werden diese Verhältnisse, über die mitunter selbst ganz gute Spieler im unklaren sind, erläutern.

Nach 1. e2—e4 e7—e5 2. Sg1—f3 Sb8—c6 3. d2—d4 e5×d4 (die sog. „Schottische Partie") 4. Sf3×d4 findet sich in den Lehrbüchern auch der Zug 4. . . . Sc6×d4 ausgeführt. *Dieser Zug kommt überhaupt nicht in Betracht.* Denn er entwickelt nicht den Schwarzen, sondern den Weißen, der nach 5. Dd1×d4 schon ausgezeichnet steht. Schwarz hat ihm ja mit dem fehlerhaften Springertausch ein Tempo geschenkt. Zählen wir die Entwicklungszüge, die jetzt auf dem Brett ersichtlich sind: es sind für Weiß drei, nämlich die beiden Bauernzüge und der Damenzug. Demgegenüber hat Schwarz erst einen Entwicklungszug gemacht, nämlich den e-Bauern gezogen, und da er jetzt am Zuge ist, so kann er den zweiten Entwicklungszug machen. Um den dritten, der ihm doch gerade so gut gebührte wie dem Weißen, hat er sich selbst betrogen!

Nach den Zügen 1. e2—e4 d7—d5 (die „Skandinavische“ Eröffnung) 2. e4×d5 Dd8×d5 hat man immer gesagt, Schwarz verliere jetzt durch 3. Sb1—c3 ein Tempo. Aber das ist eine ganz falsche Auffassung! Der wahre Sachverhalt ist der: Weiß hat durch 2. e4×d5 ein Tempo verloren; er hat nicht sich entwickelt, sondern den Gegner und ihm so ein Tempo geschenkt. (e4×d5 ist, obwohl klarer Tempoverlust, hier der beste Zug, weil es eben für den angegriffenen Bauern keine günstige Deckung gibt. Wenn man *gezwungen* ist, dann muß man sich natürlich über alle Prinzipien hinwegsetzen). Aber mit 3. Sb1—c3 gewinnt Weiß das verlorene oder vielmehr verschenkte Tempo *zurück*. Allerdings nur, wenn die Dame nach a5 geht. Dann sind von beiden Parteien zwei Tempi ersichtlich; Weiß hat den Königsbauern und den Springer entwickelt, Schwarz den Damenbauern und die Dame. Also in bezug auf Tempi steht das Spiel gleich. Anders ist es, wenn Schwarz die Dame, was früher sehr oft gemacht wurde, nach d8 zurückzieht. Die Züge Dd8—d5 und Dd5—d8 sind gerade so verloren, wie vorhin bei dem grotesken Beispiel die Züge Sb8—c6 und Sc6—b8! Die Temporechnung steht nach dem Rückzug der Dame nach d8 also so: Schwarz hat im 2. Zuge ein Tempo gewonnen, aber im dritten zwei Tempi verloren. Er muß also dem Weißen gegenüber mit einem Tempo im Nachteil sein, was auch der Augenschein bestätigt: von Weiß sind zwei Entwicklungszüge ersichtlich, von Schwarz nur einer.

In dieser Weise ist es gut, jederzeit oder wenigstens von Zeit zu Zeit eine Bilanz über die auf dem Brett ersichtlichen Tempi aufzunehmen. Diese Tempoberechnung rührt von Alapin und mir her. Alapin hat allerdings sämtliche Züge, auch solche wie a2—a4, in seine Rechnung aufgenommen, was auch eigentlich ganz richtig ist, während ich nur die entwickelnden Züge rechne und die andern ignoriere, was nach meiner Ansicht und Erfahrung praktisch brauchbarere Resultate ergibt.

Hier noch ein Beispiel von Tempobilanz von einer vorgerückteren, komplizierteren Stellung:

Nr. 332

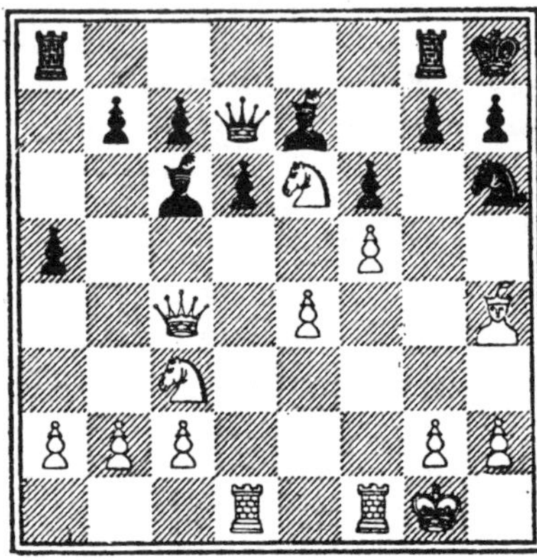

Weiß hat 1. rochiert = 1 Tempo; 2. die Dame entwickelt = 1 Tempo (wohin auch die Dame entwickelt ist, ich rechne ihre Entwicklung immer = 1 Tempo, selbst wenn sie, wie hier, nur in zwei Tempi nach ihrem Platze gelangt sein kann. Steht sie irgendwo auf der ersten bzw. achten Reihe, dann ist sie wohl gezogen, aber nicht entwickelt, und ich rechne ihre Stellung = 0 Tempo). 3. Der Damenturm auf einer halboffenen Linie = 1 Tempo. (Stände ein weißer Bauer auf d3 oder d2, so würde ich den Turm als nicht entwickelt nicht mitrechnen; ich rechne einen Turm nur als entwickelt, wenn er auf der Linie bereits einigen Spielraum hat.) 4. Der Turm f1 = 1 Tempo. 5. Der Läufer h4 = 1 Tempo. (Wo ein Läufer steht, selbst wenn er noch so viel Züge machen mußte, ich rechne seine Stellung = 1 Tempo.) 6. Der Springer c3 = 1 Tempo. (Ein weißer Springer irgendwo auf der zweiten oder dritten Reihe = 1 Tempo; auf der vierten oder fünften = 2 Tempi; auf der sechsten oder siebenten = 3 Tempi.) 7. Der Springer e6 = 3 Tempi. Die Bauernzüge rechne ich hier gar nicht, weil sie sich ausgleichen. Beide Spieler haben die Mittelbauern gezogen; die Züge f2—f4—f5 rechne ich nie als Entwicklungszüge. — Demgegenüber zählt für Schwarz die Rochade = 1 Tempo; die Dame, die beiden Läufer und der Springer = je 1 Tempo. Der Turm g8 ist gezogen, aber nicht entwickelt. Weiß hat also 9 Tempi gegen 5 Tempi, also den kolossalen Überschuß von 4 Tempi.

In der folgenden Stellung

Nr. 333

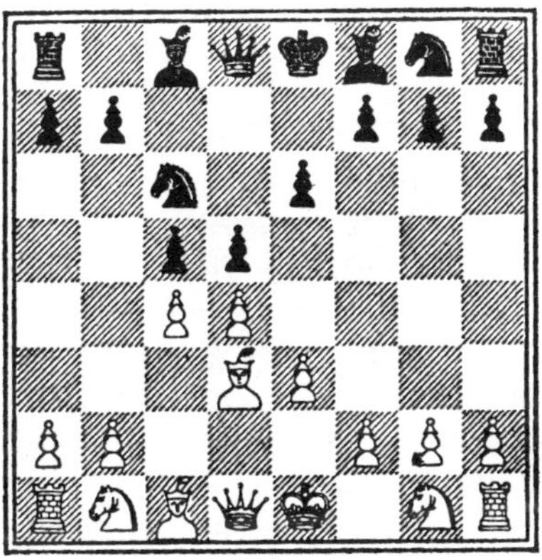

sind die Tempi gleich. Weiß begeht nun mit 1. Dd1—c2 einen nicht selten vorkommenden Fehler: durch 1. . . . Sc6—b4 zwingt Schwarz den Gegner, die bereits entwickelte Dame noch einmal zu ziehen und so ein Tempo zu verlieren. Nach 2. Dc2—e2 hat Weiß immer noch 2 Figurentempi, Schwarz ebenfalls 2 (Sb4) und kann, da er am Zuge ist, eine neue Figur entwickeln, er hat also ganz klar ein Tempo mehr als Weiß. Durch 2. . . . Sb4×d3† verliert er das gewonnene Tempo, er *opfert* es, indem zwei Figuren vom Brett verschwinden, von denen die eine 2, die andere nur 1 Tempo wert war, so daß nach 3. De2×d3 Sg8—f6 die Tempi wieder gleich sind. Aber Schwarz hat durch den Tausch des schwächeren Springers gegen den stärkeren Läufer einen kleinen materiellen oder wenigstens dynamischen Vorteil erlangt, er hat, wie ich mich scherzhaft auszudrücken pflege, die „kleine Qualität" gewonnen; sein im 1. Zuge errungener Tempovorteil hat sich in Kraft verwandelt. (Zeit = Kraft.)

Solche Tempobilanzen lassen sich sehr oft dazu verwerten, von zwei in Betracht kommenden Fortsetzungen die stärkere herauszufinden. So in der folgenden Partie.

Es geschah: 1. e2—e4 e7—e5 2. Sg1—f3 Sg8—f6 3. Sf3×e5 d7—d6 4. Se5—f3 Sf6×e4 5. Dd1—e2 Dd8—e7 (bezüglich dieser Variante der „Russischen Partie" beliebe man auf S. 345ff. nachzulesen) 6. d2—d3 Se4—f6 7. Lc1—g5 De7×e2†? (schenkt dem Gegner ein Tempo, indem er ihn entwickelt) 8. Lf1×e2 Lf8—e7 9. Sb1—c3 Sb8—c6 10. 0—0—0 h7—h6 (dieses Tempo mußte Schwarz, der bereits um ein Tempo zurück ist, zur weiteren Entwicklung verwenden).

Weiß hatte nun zwei gute Züge zur Verfügung, den einfachen und guten, sicheren Rückzug des Läufers nach h4, womit die Spannung aufrechterhalten und ein Abtausch des stärkeren Läufers gegen den Springer vermieden wird, und den Abtausch auf f6 nebst Sd5. Nach 11. Lg5×f6 Le7×f6 hat Weiß 4 Tempi gegen 2 (das zweite Tempo hat Schwarz dadurch verloren, daß er h7—h6 zog, anstatt sich zu entwickeln); mit 12. Sc3—d5 Lf6—d8 (so ziemlich erzwungen) gewinnt Weiß noch mehrere Tempi oder besser gesagt: mit Sd5 hat er ein neues Tempo auf dem Brett und zwingt den Schwarzen, durch den Rückzug des Läufers Zeit zu verlieren. Nach 12. ... Ld8 steht die Tempobilanz folgendermaßen: Weiß hat 5 Tempi auf dem Brett ersichtlich (Rochade, Le2, Sf3 je 1 Tempo und Sd5 = 2 Tempi), Schwarz — ein einziges, nämlich Sc6. Der Läufer d8 ist gerade so entwickelt wie sein Nachbarkollege auf c8, nämlich gar nicht. Weiß hat also ein Übergewicht von 4 Tempi! Kein Zweifel, dies muß die bessere Fortsetzung sein. Die Analyse zeigt die Richtigkeit dieser Annahme: es folgt 13. d3—d4 (womit Weiß nicht Gewinn von Zeit, sondern von Raum erstrebt, ein „Räumungszug“ für den Läufer). Auf 13. ... Le6 geschieht 14. Sf4 mit weiterem Angriff (Gabeldrohung!), auf 13. ... Se7? gar 14. The1 mit weit überlegenem Spiel für Weiß (14. ... Sd5:? 15. Lb5† Kf8 16. Te8‡.) Die Temporechnung hat den richtigen Weg gezeigt.

Wie man sieht, spielt die Zeit eine sehr wichtige Rolle im Schach. Bei gutem Spiel gehen einmal gewonnene Tempi nicht wieder verloren, sie setzen sich vielmehr schließlich um in Raum- oder Kräftegewinn, das Gesetz von der Erhaltung der Kraft auf den 64 Feldern! (Zeit = Kraft). Wer immer mit Tempogewinn arbeitet, gewinnt schließlich die Partie. Besonders im Endspiel ist sehr oft ein einziges Tempo entscheidend: der eine Spieler geht mit einem Bauern zur Dame, während der feindliche Bauer erst die vorletzte Reihe erreicht.

Diese drei Faktoren, Kraft, Raum und Zeit, wirken also bei jedem Zuge zusammen. Die Kunst der Eröffnung besteht nun darin, die zunächst eingesperrten Figuren wirksam zu machen, die Figuren durch einige wenige Bauernzüge zu befreien und sie an günstige Plätze zu bringen, und zwar so rasch wie möglich. Jedes Tempo muß man zur Entwicklung voll ausnützen, von Zug zu Zug muß man *vorwärts* kommen. Dabei entwickelt man die Steine am besten ihrem Werte nach: erst die Bauern oder wenigstens einen Bauern, dann die leichten Figuren, endlich die schweren. Ein Spiel ist schon so ziemlich entwickelt, wenn nach den notwendigen Bauernzügen die leichten Figuren heraus sind und die (kurze) Rochade vollzogen ist. Dabei muß man natürlich alle Angriffe und Drohungen des Gegners berücksichtigen und alle Fehler ausnützen.

Angriff mit Entwicklung ist das Ideal, ebenso Verteidigung mit Entwicklung. Typus: 1. e2—e4 e7—e5

2. Sg1—f3 Sb8—c6. Ausnützung grober Fehler, wie 1. f2—f3? e7—e5 2. g2—g4?? Dd8—h4‡ (das sogenannte Narrenmatt) ist selbstverständlich. Solche *Gelegenheiten* darf man natürlich über der planvollen Entwicklung nicht übersehen, ebensowenig wie Drohungen. Die erste Frage, wenn man am Zuge ist, muß sein: „was droht?" Und diese Drohungen muß man parieren, selbst wenn sie noch so naiv und stümperhaft sind, wie bei dem sogenannten Schäfermatt: 1. e2—e4 e7—e5 2. Lf1—c4 Lf8—c5 3. Dd1—h5 Sb8—c6?? 4. Dh5×f7‡. Ähnlich wirkt auf mich nach 1. e2—e4 e7—e5 2. Sg1—f3 Sb8—c6 3. Lf1—c4 Sg8—f6 der Angriff 4. Sf3—g5, der nach 4. ... d7—d5 5. e4×d5 Sc6—a5 in Rückzug und Verlust der Initiative endet, wie man bei der „Preußischen Partie" (S. 358) sehen wird. Nur keine verfrühten Angriffe bei unzureichender Entwicklung und auf Kosten der Entwicklung!

Mit besonderer Sorgfalt muß der Nachziehende, der ja immer um ein Tempo zurück ist, darauf bedacht sein, diesen Nachteil stets dadurch sofort auszugleichen, daß er immer einen *gleichwertigen* Gegenzug macht, der in bezug auf Kraft, Raum und Zeit das Gleichgewicht wahrt. Nur keine minderwertigen Züge und keine Einsperrungszüge! Damit begibt man sich schon auf die schiefe Ebene, die schließlich zum Verlust führt. Solch ein minderwertiger Zug, vor denen sich natürlich nicht nur der Nachziehende, sondern ebenso der Anziehende zu hüten hat, ist z. B. oft der Zug c2—c3 bzw. c7—c6, der dem Damenspringer sein bestes Entwicklungsfeld, c3 bzw. c6 nimmt, so daß er sich dann mühsam über d2 bzw. d7 entwickeln muß, wo er lange nicht so gut steht wie auf c3 bzw. c6. Eher geht der Zug c2—c3, wenn man sicher ist, daß dieser Sperrstein bald durch e5×d4 c3×d4 beseitigt und dadurch das Feld c3 wieder für den Damenspringer frei wird, z. B. in der „italienischen Partie" nach 1. e2—e4 e7—e5 2. Sg1—f3 Sb8—c6 3. Lf1—c4 Lf8—c5 4. c2—c3 Sg8—f6 5. d2—d4 e5×d4 6. c3×d4 Lc5—b4† 7. Sb1

—c3 (s. Seite 350). Wenn sich jedoch Schwarz mit 4. ... Dd8—e7! verteidigt und nach 5. d2—d4 sorgfältig den Weiß befreienden Zug e5×d4 vermeidet, vielmehr den Läufer sofort nach b6 zieht, dann sieht sich der weiße Damenspringer vergeblich nach einem günstigen Felde um. Weiß hat mit dem Sperrzuge c2—c3 Zeit und Raum verloren. Ein Sperrstein ist auch sehr oft der Bauer auf e6 bzw. e3, der von vornherein den Damenläufer zur Einsperrung verurteilt. Überhaupt alle Mittel- und Läuferbauern auf der dritten bzw. sechsten Reihe sind Sperrsteine, sie versperren Figuren die Aussicht.

Im sogenannten Damengambit (nach 1. d2—d4 d7—d5 2. c2—c4) hat der Nachziehende eigentlich nur die Wahl zwischen den Sperrzügen 2. ... c7—c6 und 2. ... e7—e6. Mit dem letzteren sperrt man aber den Damenläufer nur ganz vorübergehend ein, denn nach 3. Sb1—c3 kann man durch 3. ... c7—c5! entweder bewirken, daß Weiß mit 4. e2—e3! den seinigen ebenfalls einsperrt, oder mit dem gebräuchlichen Zuge 4. c4×d5 e6×d5 den schwarzen befreit. Somit liegt in dem Zuge 3. ... c7—c5 die Rechtfertigung des Einsperrungszuges 2. ... e7—e6.

Für den Typus einer schlechten Eröffnung halte ich das sogenannte englische Springerspiel. Nach den korrekten Zügen 1. e2—e4 e7—e5 2. Sg1—f3 Sb8—c6 steht das Spiel gleich. Nach 3. c2—c3? ist dies aber schon nicht mehr der Fall, Weiß hat das Tempo zu einem Sperrzuge mißbraucht, während Schwarz sich mit 3. ... d7—d5! kraftvoll entwickelt. Nun kommt die Pointe des Zuges 3. c2—c3: Weiß entwickelt (im 4. [!] Zuge) die Dame nach a4. Sapienti sat! Schwarz hat nicht eine, sondern mehrere Arten, wie er den bereits erlangten Vorteil weiter ausbauen kann (s. S. 393).

Die Eröffnung kann sich auf die bloße günstige Entwicklung der Figuren beschränken. So in der „italienischen Partie“. Nach 1. e2—e4 e7—e5 2. Sg1—f3 Sb8—c6 3. Lf1—c4 Lf8—c5 4. d2—d3 Sg8—f6 5. Sb1—

c3 d7—d6 6. Lc1—e3 Lc5—b6 (dies ist die gewöhnliche Antwort auf Le3; tauscht Weiß, so öffnet sich Schwarz mit a7×b6 die Turmlinie und seine Bauern haben sich etwas nach dem Zentrum konzentriert) 7. Dd1—d2 Lc8—e6 8. Lc4—b3 Dd8—d7 haben beide Teile ihre Figuren günstig entwickelt; das Spiel steht gleich und symmetrisch.

Aber man kann mit der Eröffnung neben der Entwicklung der Figuren, die immer das wichtigste Ziel der Eröffnung ist, auch den Zweck verbinden, das Zentrum zu erobern, es mit einem oder gar mit zwei Bauern allein zu besetzen. Dies ist deshalb wichtig, weil sich der Hauptkampf in der Eröffnung und im Mittelspiel, sobald es keinen Rochadeangriff gibt, im Zentrum abspielt. Wer dort Bauern stehen hat, der ist in diesem Kampfe — ceteris paribus — der Stärkere. Früher verstand man unter dem Begriff Bauernzentrum die Stellung *zweier* Bauern auf e4 und d4 bzw. e5 und d5. Ich habe aber schon vor vielen Jahrzehnten erklärt, daß es schon einen wesentlichen Vorteil bedeutet, *einen* Bauern im Zentrum zu haben. Deshalb zieht man im ersten Zuge einen Mittelbauern, den Königsbauern oder Damenbauern, zweckmäßig zwei Schritt und sucht, wenn der Gegner dasselbe tut, ihn zu veranlassen, seinen Mittelbauern abzutauschen, so daß man allein einen Bauern im Zentrum behält. Also nach 1. e2—e4 e7—e5 sucht man, sobald dies ohne Nachteil geht, durch d2—d4 den Gegner zu e5×d4 zu veranlassen; oder nach 1. d2—d4 d7—d5 durch c2—c4 oder (später) e2—e3—e4 zu d5×e4 zu verleiten. Aber es ist fehlerhaft, wenn man mit einem Bauern im Zentrum festen Fuß gefaßt hat, diesen ohne Not oder Vorteil abzutauschen; man verliert sofort den ganzen Halt im Zentrum und der Gegner, der einen Bauern im Zentrum behält, erlangt dort die Oberhand. Mit dem Bauern verliert man auch gleich Raum; man bleibt auf drei Reihen beschränkt, während der Gegner vier beherrscht. Der Bauer im Zentrum hält einen strategischen Punkt an der Grenze der beiden Heerlager, die zwischen der vierten und fünften Reihe verläuft, besetzt, den man, wenn er durch einen Bauern angegriffen wird, durch einen Bauern verteidigen muß, aber nicht kampflos aufgeben darf. Alle Eröffnungen, in denen der eine Spieler ohne Not das Zentrum aufgibt, sind für den Gegner vorteilhaft, das ganze Ziel und den ganzen Erfolg des Eröffnungsgeplänkels bildet die Eroberung des Zentrums. Ist der Verteidiger zur Aufgabe des Zentrums gezwungen, dann ergeben sich alle möglichen Angriffe von selbst; gelingt es ihm, das Zentrum zu behaupten, so erschwert er damit die Führung, ja überhaupt die Einleitung des Angriffs ganz ungemein. Deshalb sind die Züge e5×d4 und d5×e4 (bzw. e4×d5 und d4×e5), wenn sie nicht gezwungen sind, fast immer schlecht. Die Konfiguration: Bauer e4 gegen d6 und ebenso d4 gegen e6 ist für Weiß vorteilhaft; Ausgleich kann, wenn überhaupt, nur erfolgen, indem Schwarz durch d6—d5, allenfalls durch f7—f5, bzw. durch e6—e5 oder c7—c5 den Mittelbauern des Gegners neutralisiert. So muß z. B. Schwarz in dem sogenannten „Mittelspiel" nach den Zügen 1. e2—e4 e7—e5 2. d2—d4 e5×d4 (erzwungene Aufgabe des Zentrums) 3. Dd1×d4 Sb8—c6 4. Dd4—e3 zielbewußt den Zug d7—d5 anstreben und sich ja nicht mit d7—d6 begnügen. Mit d7—d5 gleicht er die Spiele nicht nur aus, sondern erlangt das bessere Spiel und widerlegt den Zug 2. d2—d4, der verfrüht war; so einfach kann Weiß das Zentrum ohne anderweiten Nachteil nicht erobern, s. Seite 397, wo die Widerlegung 4. ... Sf6 5. Sc3 Lb4 6. Ld2 0—0 7. 0—0—0 Te8! nebst d7—d5! ausgeführt wird.

Mitunter kann man das Zentrum aufgeben, um es sofort wieder zu besetzen; z. B. in der folgenden und ähnlichen Stellungen

Nr. 334

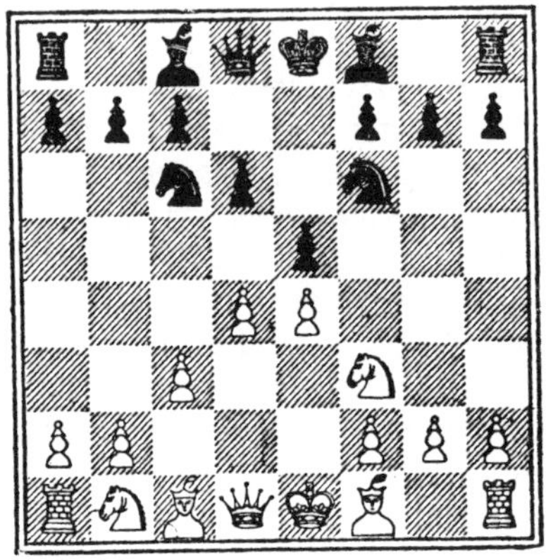

kann Schwarz den verpönten Zug e5×d4 machen und auf c3×d4 mit d6—d5 (nicht Se4:? wegen d4—d5 nebst Da4† mit Springergewinn, eine häufig wiederkehrende Falle!) e4—e5 Sf6—e4 wieder festen Fuß im Zentrum fassen, das er nun mit einem Bauern und einer Figur besetzt hält. Ein anderer Fall, wo man das Zentrum mit den Bauern aufgeben kann, um es mit Figuren zu besetzen, ist der folgende: In der „französischen Partie“ (1. e2—e4 e7—e6) hat zuerst Steinitz nach den Zügen 2. d2—d4 d7—d5 3. Sb1—c3 Sg8—f6 4. e4—e5 Sf6—d7 5. f2—f4 c7—c5 mittels 6. d4×c5 auf die völlige Behauptung des Bauernzentrums verzichtet und dafür den starken Punkt d4 mit einem Springer besetzt. Sehr bald danach habe ich diese Idee noch erweitert, indem ich nach (1. e4 e6 2. d4 d5 3. Sc3 Sf6) 4. Lc1—g5 Lf8—e7 5. e4—e5 Sf6—d7 6. Lg5×e7 Dd8×e7 7. Dd1—d2 0—0 8. f2—f4 c7—c5 9. Sg1—f3 (nicht d4×c5, um den schwarzen Springer nicht weiter zu befördern und so dem Gegner ein Tempo zu schenken) 9. . . . f7—f6 auf f6 schlug, auf De7×f6: den f-Bauern einfach mit g2—g3 deckte, später auch noch auf c5 schlug und den schwachen Punkt e5 wie den starken d4 mit den Springern zu besetzen suchte. Hier ist die völlige Aufgabe des Zentrums mit den Bauern berechtigt, weil sich im schwarzen Lager schwache Punkte, Lücken auf e5 und e6 gebildet haben. In diesem Falle kann man das Zentrum sehr gut mit Figuren besetzen. Diese Idee habe ich schon vor vielen Jahrzehnten in manchen Partien erfolgreich durchgeführt.

Der Anziehende soll danach streben, den Angriff oder mindestens die Initiative, die ihm gebühren, zu erlangen und festzuhalten, der Verteidiger danach, jede Gelegenheit zum Gegenangriff auszunützen. *Der Angriff als solcher ist ein Vorteil,* denn er diktiert dem Gegner das Gesetz, wie der militärtechnische Fachausdruck lautet. Der Angriff muß sich aber aus einer besseren Stellung entwickeln gegen irgendeine Schwäche des Gegners, und die bessere Stellung muß man durch besseres Spiel zu erlangen suchen, nicht, wie im Gambit, durch ein Geschenk, durch eine Konvention! Und besonders im Anzuge nicht das Erstgeburtsrecht des Angriffs für das Linsengericht eines Bauern hergeben! Immer selbst die Initiative behalten und deshalb womöglich Gambits, mit denen der Gegner ja immer ein Bein stellen, überlisten will, ablehnen! Im Nachzuge dagegen, da ist es angebracht, selbst Gambit zu spielen, um dem Gegner den Angriff zu entreißen. Mitunter ist es geradezu *notwendig,* einen Bauern zu opfern, um nicht die stärkste Fortsetzung auszulassen. Besser eine gute Stellung haben als materiellen Vorteil. Man darf in der Eröffnung mitunter einen Bauern weniger haben, aber es ist meist bedenklich, auf Kosten der Stellung und Entwicklung einen Bauern mehr zu haben.

Dies sind im wesentlichen die Sätze einer geradlinigen, auf meiner Erfahrung fußenden Strategie. Ausnahmen von diesen Regeln sind häufig, und oft wird eine mit der andern in Kollision geraten. So in dem Beispiel auf Seite 326. Es ist unvorteilhaft, einen Läufer gegen einen Springer abzutauschen. Aber nach dem Abtausch gewinnt man durch Sc3—d5 Tempi. — Nach Lc1—g5 h7—h6 Lg5—h4 g7—g5 Lh4—g3 hat Schwarz zwar seinen Königsflügel aufgelockert, aber den Läufer deplaziert und zunächst eingesperrt. So wird man meist mit einem „zwar, aber“ die Vorteile und Nachteile eines Zuges gegeneinander abwägen müssen, wobei das durch Erfahrung und Studium gereifte Urteil eine maßgebende Rolle spielt. Man kann auch eine gänzlich abweichende Strategie verfolgen, man kann fast sämtliche eben entwickelten Prinzipien auf den Kopf stellen und das Gegenteil als richtig proklamieren. Man kann den materiellen Vorteil über alles andere stellen, man kann sagen: „ich will einen Bauern mehr haben, dann verteidige ich mich mit Zähigkeit und Umsicht, und wenn ich taktisch sehr gut spiele, werde ich schon gewinnen“. Man kann sagen: „nur keinen Bauern im Zentrum haben, denn die Bauern können ja angegriffen werden und ich muß sie verteidigen. Lieber soll der Gegner das Bauernzentrum haben und ich will es angreifen“. Ich halte alle diese Lehren für Irrlehren, aber — das ist Sache des Temperaments und Charakters — manchem wird statt der geradlinigen Angriffsstrategie die entgegengesetzte mehr zusagen. Tatsächlich hat sich in der neuesten Zeit eine Schule gebildet, die die Zurückhaltung der Mittelbauern predigt. Es ist sehr bezeichnend, daß gerade die stärksten Spieler, der jetzige Weltmeister Dr. Aljechin und die früheren Weltmeister Capablanca und Dr. Lasker ihr nicht angehören, auch Bogoljubow nicht. Schon vor einem Jahrhundert hat man in dem sogenannten „Fianchetto“ diese angeblich neue Idee angewendet, man hat sie aber bald fallen lassen, weil die Mittelbauern des Gegners zu lästig waren. Und wenn der Gegner dieselbe kleinliche und feige Strategie befolgt und die Mittelbauern zurückhält, was dann? Dann kommt es überhaupt nicht zum Kampfe, weil sich die beiden Heerlager nicht berühren! Das möge die folgende, geradezu entsetzliche Partie demonstrieren, die im Turnier zu Mährisch-Ostrau 1923 gespielt worden ist. Die Namen der Spieler will ich schamhaft verschweigen. 1. Sg1—f3 Sg8—f6

2. c2—c4 c7—c5 3. g2—g3 g7—g6 4. Lf1—g2 Lf8—g7 5. Sb1—c3 Sb8—c6 6. d2—d3 0—0 7. Lc1—e3 d7—d6 8. Dd1—c1 Tf8—e8 9. h2—h3 Lc8—d7 10. 0—0 Ta8—c8 11. a2—a3 a7—a6 12. Ta1—b1 Tc8—b8 13. b2—b4 c5×b4 14. a3×b4 b7—b5 15. c4×b5 a6×b5. Diese Karikatur einer Partie wurde nach weiteren 15 Zügen als remis abgebrochen.

*

Wir kommen nun zu den einzelnen Eröffnungen. Man hat die Partien in offene und geschlossene eingeteilt, wobei man die mit e2—e4 e7—e5 eröffneten als offene, die mit e2—e4 e7—e6, c7—c6, c7—c5 oder d7—d5 als halboffene und die übrigen als geschlossene bezeichnete. Diese Einteilung ist ganz verfehlt. Die Eröffnung 1. e2—e4 e7—e6 2. d2—d4 d7—d5 3. e4×d5 e6×d5 z. B. ist so offen wie nur irgend möglich. Alle Partien sind zunächst geschlossen und werden früher oder später geöffnet durch einen Bauerntausch, der eben eine oder mehrere Linien öffnet.

*

Der Schüler, der den bisher vorgetragenen Lernstoff eifrig und mit vielen Wiederholungen studiert und sich assimiliert hat, ist bereits ein guter Schachspieler und kann jetzt, aber erst jetzt, daran gehen, selbst mit andern Spielern Partien zu spielen. Er wird bereits der Mehrzahl der Klubspieler überlegen sein. Ausdrücklich warne ich ihn davor, die jetzt folgenden einzelnen Eröffnungen etwa auswendig lernen zu wollen! Entsetzlicher Gedanke! Die *Prinzipien* muß er sich zu eigen machen und ihre Anwendung in den einzelnen Eröffnungen gelegentlich, wenn er eine einschlägige Partie gespielt hat, nachlesen, allenfalls durch Studium in den *Geist* der einzelnen Eröffnungen eindringen, das ist das Richtige. *Mit dem Gedächtnis kann man nicht Schach spielen,* sondern nur mit Urteilskraft und Kombinationsgabe. Beides kann geübt und gestärkt werden.

II. SPEZIELLE ERÖFFNUNGSLEHRE

Wenn beide Parteien mit dem Doppelschritt des Königsbauern eröffnen, so ist Entwicklung mit Angriff, Sg1—f3, die natürlichste und schärfste Fortsetzung. Hieraus, aus dem Königsspringerspiel, ergeben sich die lebhaftesten Partien.

Das Französische oder Philidors Springerspiel

Diese Eröffnung wird durch 1. e2—e4 e7—e5 2. Sg1—f3 d7—d6 charakterisiert. Durch die Einsperrung seines Königsläufers bekommt Schwarz ein beengtes Spiel. Der große französische Meister Philidor gedachte es durch 3. ... f7—f5 auf 3. d2—d4 zu befreien, aber dies ist, wie meistenteils in der Eröffnung, zu gewagt. In neuester Zeit hat der amerikanische Meister Hanham durch (1. e2—e4 e7—e5 2. Sg1—f3 d7—d6 3. d2—d4) 3. ... Sb8—d7 versucht, die Eröffnung zu stützen und manche Anhänger gefunden. Aber völlig kann auch dieser Versuch nicht befriedigen.

(1. e2—e4 e7—e5 2. Sg1—f3) d7—d6

3. d2—d4

Statt dessen kann auch Lc4 oder Sc3 geschehen, aber das sind einfache Entwicklungszüge ohne bestimmten Plan, während der Bauernzug konsequent die Eroberung des Zentrums betreibt.

3. ... e5×d4? Dieser früher häufigste Gegenzug räumt dem Gegner ohne jeden Widerstand das Zentrum ein und schenkt ihm ein Tempo; also ein doppelter Fehler. Schlecht ist auch 3. ... Lg4, denn

nach 4. de Lf3: 5. Df3: de hat Weiß ein Tempo gewonnen und einen günstigen Abtausch erzielt, so daß er erheblich besser steht.

4. Dd1×d4

Am stärksten. Die frühe Entwicklung der Dame ist hier deshalb ohne Nachteil, weil die Dame diesen Posten behaupten kann. Ebenfalls gut ist 4. Sd4:, aber schwächer als 4. Dd4:, weil es vorteilhafter ist, ein Entwicklungstempo mehr zu haben als ein Positionstempo.

4. . . . Sb8—c6

Auf 4. . . . Ld7 entwickelt Weiß seinen Damenläufer nach e3, f4 oder g5 und zieht dann auf 5. . . . Sc6 die Dame nach d2 zurück.

5. Lf1—b5 Lc8—d7
6. Lb5×c6

Um nicht durch Wegzug der Dame das gewonnene Tempo zurückzuverlieren.

6. . . . Ld7×c6
7. Sb1—c3 Sg8—f6
8. Lc1—g5 Lf8—e7
9. 0—0—0 0—0
10. Th1—e1

Weiß hat das weit bessere und freiere Spiel. Er ist glänzend entwickelt, hat das Zentrum erobert und somit alles erreicht, was man in der Eröffnung billigerweise erwarten kann.

Philidors Versuch (nach 1. e4 e5 2. Sf3 d6 3. d4) 3. . . . f7—f5 zu spielen, läßt sich auf mehrere Arten widerlegen. Die einfachste ist:

4. e4×f5 e5—e4
5. Sf3—g5 Lc8×f5
6. Sb1—c3 Sg8—f6

Deckt Schwarz mit d6—d5, so greift Weiß ebenfalls mit f2—f3 weiter an.

7. f2—f3 d6—d5

Auf 7. . . . ef 8. Df3: entwickelt sich Weiß mit Angriff (Lc2:? Db7:).

8. f3×e4 Lf5×e4
Oder 8. . . . de? 9. Lc4. Oder 8. . . . Se4: 9. Sce4: de 10. Lc4.
9. Sc3×e4 Sf6×e4
10. Sg5×e4 d5×e4
Jetzt steht das Spiel fast symmetrisch, aber nun rächt sich der Aufzug des Bauern f7, der die Königsstellung gefährdet.
11. Dd1—h5† g7—g6
Auf 11. . . . Kd7 geht durch 12. Df5† oder Dg4† der Königsbauer verloren.
12. Dh5—e5† Ke8—d7
Um auf 13. Dh8:? durch 13. . . . Lb4† die Dame zu gewinnen.
13. g2—g3! mit vernichtendem Angriff, da Lh3† droht. Z. B. 13. . . . Kc8 14. Lh3† Sd7 15. Lg5 Ld6 16. Ld8: Le5: 17. de Kd8: 18. 0—0—0 oder Td1 und gewinnt den Springer.

Verwickelter ist die folgende Widerlegung des Philidorschen Versuchs (1. e4 e5 2. Sf3 d6 3. d4 f5):
4. d4×e5 f5×e4
5. Sf3—g5 d6—d5
6. e5—e6 Sg8—h6. Oder 6. . . . Lc5 7. Se4: (nicht Sf7 wegen Df6) Le7! (7. . . . de? Dh5† nebst Dc5:) 8. Dg4 oder 8. Dh5† g6 9. De5 Sf6 10. Sg5 und Weiß ist im Vorteil.
7. Sb1—c3 c7—c6
8. Sg5×e4 d5×e4
Oder 8. . . . Le6: 9. Lh6: gh 10. Dh5† Kd7 (Lf7 De5†) 11. 0—0—0 De7 12. De5 Lg7 (Tg8 Sf6†) 13. Sc5† und Weiß gewinnt eine Figur.
9. Dd1—h5† g7—g6
10. Dh5—e5 Th8—g8
11. Lc1—g5 Lf8—g7
Oder 11. . . . Dd6? 12. Td1! De6: 13. Lc4! De5:? 14. Td8‡.
12. e6—e7! Dd8—d7
13. De5—f4 Dd7—f5!

Gibt Schwarz die Figur nicht auf, sondern zieht 13. ... Sf5, so entscheidet 14. Td1.

14. Lg5×h6 Lc8—e6!
15. 0—0—0 Df5×f4†
16. Lh6×f4 Lg7×c3
Um den Bauern e4 zu retten.
17. Lf4—g5!. Droht Td8†.
17. ... Sb8—d7
18. b2×c3 und Weiß steht überlegen.

Auch mit 4. Sb1—c3 und 4. Lf1—c4 ist 3. ... f7—f5 zu widerlegen.

Weit schwieriger ist dagegen die Widerlegung des Hanhamschen Springerspiels (1. e4 e5 2. Sf3 d6 3. d4) 3. ... Sb8—d7, und zwar deshalb, weil ihm das gesunde Prinzip zugrunde liegt, daß Schwarz das Zentrum, hier den Punkt e5, unter allen Umständen behaupten muß. *Der Zug e5×d4 ist fast immer schlecht;* nicht nur hier, sondern in allen Eröffnungen. Aber im Hanhamschen Springerspiel wird die Behauptung des Zentrums durch schädliche Mittel erkauft, nämlich durch Einsperrung beider Läufer. Und deshalb kann es, vom theoretischen Standpunkt aus betrachtet, nicht korrekt sein. Denn es ist doch wohl ein logisches Postulat, daß alle Figuren sich frei bewegen können, nur dann kann eine Verteidigung völlig befriedigen. Praktisch aber gewährt diese Verteidigung die Chance, daß der Gegner den richtigen Weg, in Vorteil zu gelangen, verfehlt und sich verirrt. Die für Weiß beste Angriffsweise ist folgende:

(1. e4 e5 2. Sf3 d6 3. d4 Sd7)
4. Lf1—c4 c7—c6
Notwendig. Auf 4. ... Le7 gewinnt Weiß durch 5. de de 6. Dd5 bzw. 5. ... Se5: 6. Se5: de 7. Dh5 mit Doppelangriff auf f7 und e5.
5. 0—0. Auch 5. Sc3 ist gut.
5. ... Lf8—e7. Statt dieses natürlichen Entwicklungszuges ist vielleicht 5. ... Dc7 etwas besser. Darauf ist die Verstärkung des Druckes auf das Zentrum

mittels Lc1—d2—c3 nachhaltiger als der Angriff Sg5 Sh6 c3 nebst f4.

6. d4×e5 d6×e5
7. Sf3—g5 Sg8—h6

   Oder 7. . . . Lg5: 8. Dh5 g6 9. Dg5: mit weit besserem Spiel für Weiß.
8. Sg5—e6! f7×e6
9. Lc1×h6 Sd7—b6!

   Oder 9. . . . gh? 10. Dh5† Kf8 11. Le6: De8 12. Dh6‡.
10. Dd1—h5† g7—g6

    Oder 10. . . . Kf8 11. f4! und der Angriff dringt durch.
11. Dh5—e2 und Weiß hat die überlegene Stellung und Entwicklung, wenn Schwarz auch durch 11. . . . Dd4? einen Bauern gewinnen kann.

Niemzowitsch hat versucht, durch den Zwischenzug (1. e4 e5 2. Sf3 d6 3. d4) 3. . . . Sg8—f6 die Hanhamsche Spielweise zu verstärken, aber das wird durch die von dem Verfasser angegebene Fortsetzung 4. d4×e5! widerlegt. Es folgt: 4. . . . Sf6×e4 und nun entweder 5. Lc4 oder 5. Dd5 Sc5 6. Lg5 Le7 7. ed zum Vorteil von Weiß.

Die russische Partie

Das russische Springerspiel, das durch die Züge 1. e2—e4 e7—e5 2. Sg1—f3 Sg8—f6 herbeigeführt wird, führt zum Ausgleich. Man hat immer geglaubt, für Weiß einen kleinen Vorteil herausschlagen zu können, aber immer hat sich diese Ansicht schließlich als trügerisch erwiesen: Weiß hat nur einen minimalen Vorteil, eben den Vorteil des Anzuges.

Der gebräuchlichste Angriff gegen die russische Partie ist (1. e4 e5 2. Sf3 Sf6):

3. Sf3×e5 d7—d6

   Fehlerhaft wäre 3. . . . Se4: wegen 4. De2 und der Springer darf wegen Damengewinns durch das Abzugsschach nicht ziehen, während andere Züge, wie 4. ... De7, ebenfalls für Schwarz ungünstig sind.

4. Se5—f3 Sf6×e4
5. d2—d4

5. d3 Sf6 führt zu symmetrischer Stellung und mit 6. d4 d5 zur Abtauschvariante der französischen Partie (1. e2—e4 e7—e6).

5. ... d6—d5

Sonst behält Schwarz infolge der Einsperrung seines Königsläufers ein beengtes Spiel. In der jetzt erreichten Stellung ist Schwarz um ein Tempo im Vorteil, da sein Springer um so viel mehr entwickelt ist als der weiße. Das ganze Spiel dreht sich nun darum, ob es dem Schwarzen gelingt, seinen Springer — und damit seinen momentanen Vorteil — zu behaupten oder nicht. Im letzteren Fall geht der Tempo- und schließlich auch Stellungsvorteil auf den Anziehenden über.

6. Lf1—d3 Lf8—d6!
7. 0—0 Lc8—g4
8. Tf1—e1 f7—f5
9. c2—c4 Sb8—d7!

Schwarz opfert lieber einen Bauern (und *muß* ihn opfern), anstatt den Bauern d5 mit c7—c6 zu verteidigen.

10. c4×d5 0—0

Um, wenn Weiß zweimal auf e4 schlägt, mit Lg4×f3: den weißen Königsflügel aufzureißen.

11. Sb1—c3 Sd7—f6

Schwarz hat einen Bauern weniger, aber ein recht befriedigendes Spiel. Dieses System rührt vom Verfasser her, der es zuerst im Jahre 1906 angewandt hat. Die Züge Ld6, Lg4, 0—0 können auch in anderer Reihenfolge geschehen. Die Hauptsache ist, daß Schwarz vor keinem Bauernopfer zurückschreckt, um den starken Vorposten auf e4 zu behaupten oder dafür Angriff zu erlangen. Später hat Marshall dieses System in zahlreichen Partien angewandt, fast immer mit Erfolg. Auch 8. c4 0—0 9. cd f5 10. Sc3 Sd7 11. h3 Lh5 12. Se4: fe 13. Le4: Sf6 14. Lf5 Kh8 15. Db3 gibt dem Weißen keinen Vorteil, es folgt 15. ... Sd5: 16. Lg5 Le7 17. Le7: Se7: 18. Le4 Lf3: 19. Lf3: Sf5 und der Vorteil von Weiß ist trügerisch, der Springer kommt nach d4 und diese dominierende Stellung wiegt das Bauernminus auf.

Die ältere, ebenfalls für Schwarz befriedigende Entwicklungsweise ist (1. e4 e5 2. Sf3 Sf6 3. Se5: d6 4. Sf3 Se4: 5. d4 d5 6. Ld3)

6. ... Sb8—c6 mit der gebräuchlichen Fortsetzung

7. 0—0 Lf8—e7

8. Tf1—e1 Lc8—g4

f7—f5 ist fast immer schlecht, wenn es den Damenläufer einsperrt. Hier würde Weiß darauf mit 9. c2—c4 in Vorteil kommen.

9. c2—c3

Dies ist nicht gut. Besser sofort 9. c4 mit der Folge 9. ... Sf6 (auf 9. ... Sd4:? gewinnt Weiß 10. Le4: de 11. Dd4: ef 12. Dg4: eine Figur; auch 9. ... Lf3: 10. Df3:! Sd4: 11. De3 Sf5 12. Df4 Sd6 13. cd ist für Weiß günstig) 10. cd Sd5: 11. Sc3 0—0 (nicht Sd4:? wegen Da4†) 12. Le4! Le6! und die Spiele stehen so ziemlich gleich. Auch 9. Le4: de 10. Te4: Lf3: 11. Df3: Sd4: 12. Dd3 Se6 ergibt gleiches Spiel.

9. ... f7—f5!

10. c3—c4 Le7—h4!

Dieser ausgezeichnete Zug widerlegt das gekünstelte Manöver c2—c3—c4. Weiß hat nichts Besseres als mit 11. Le4: de 12. d5 0—0 13. dc ef 14. Dd8: Tad8: die Spiele aufzulösen, wonach eher Schwarz etwas besser steht.

Da diese komplizierten Angriffe des Weißen keinen Erfolg hatten, versuchte man es in neuester Zeit mit einer sehr einfachen Spielweise, nämlich mit (1. e4 e5 2. Sf3 Sf6 3. Se5: d6 4. Sf3 Se4:)

5. Dd1—e2 mit der Folge

5. . . . Dd8—e7
6. d2—d3 Se4—f6
7. Lc1—g5

Bei dieser einfachen Entwicklungsweise hat Schwarz doch manche Schwierigkeiten zu überwinden, aber sie lassen sich eben überwinden. Vor allen Dingen darf er sich ja nicht vor der „drohenden“ Aufreißung durch Lg5×f6 fürchten; der Besitz des Läuferpaares — der Läufer f8 kommt gut nach h6 — wiegt hier, wie so oft, den Nachteil der schlechteren Bauernstellung auf. — Der Tausch auf e2 würde den Weißen entwickeln und somit ein Tempo kosten.

7. . . . Sb8—c6!
8. Sb1—c3 Lc8—e6
9. 0—0—0 0—0—0
10. d3—d4 d6—d5
11. Sf3—e5 De7—e8!

Damit löst Schwarz die Spannung.

12. De2—f3

Natürlich könnte Weiß 12. Lf6: gf 13. Sc6: Dc6: versuchen.

12. . . . Lf8—e7
13. Lf1—b5 Sc6×e5
14. d4×e5 Sf6—d7
15. Lb5×d7† De8×d7
16. Lg5×e7 Dd7×e7
17. Sc3×d5 De7—c5

mit völligem Ausgleich.

Ebenso führt der Versuch (1. e4 e5 2. Sf3 Sf6 3. Se5: d6 4. Sf3 Se4:)

5. Sb1—c3 mit 5. . . . Se4×c3
6. d2×c3 Lf8—e7
7. Lf1—d3 0—0
8. 0—0 Lc8—g4

zu gleichem Spiel.

Der zweite Angriff gegen die russische Partie (1. e4 e5 2. Sf3 Sf6) 3. d2—d4, ist besonders von Steinitz empfohlen worden, der sie damit sogar zu widerlegen glaubte. Allein Schwarz kann auch gegen diesen Angriff zum Ausgleich gelangen. Nur darf er nicht den Zug machen, der für den besten gilt, nämlich 3. ... e5×d4. Diesen Zug soll man ja nur machen, wenn er erzwungen ist! Nach 3. ... ed? 4. e5 Se4 5. Dd4: d5 6. ed Sd6: hat Schwarz von den sechs Zügen drei mit dem Springer ausgeführt, was nicht korrekt sein kann. Er hat ohne Ersatz 1 Tempo weniger. Weiß setzt mit 7. Lg5 f6 8. Lf4 Sc6 9. Dd2 fort und steht dann etwas besser. Ebenso nach 7. Sc3 Sc6 8. Df4 Lf5? 9. Lb5! Le7 10. Sd4 Ld7 11. Sc6:. Jedenfalls ist das kein Ausgleich.

Auch nach (1. e4 e5 2. Sf3 Sf6 3. d4)

3. ... Sf6×e4
4. Lf1—d3 d7—d5
5. Sf3×e5 Lf8—d6 (oder mit Zugumstellung: 3. ... d7—d5 4. Sf3×e5 Sf6×e4 5. Lf1—d3 Lf8—d6)
6. 0—0 0—0
7. c2—c4 hat Schwarz große Schwierigkeiten, die sich aber überwinden lassen. Der symmetrische Zug 7. ... c5 führt mit 8. cd cd 9. Le4: Le5: 10. Lh7† nebst Dh5† und De5: zu Bauernverlust. Bei 7. ... f6 8. cd fe 9. Le4: Dh4 10. de Le5: 11. f4 Lf4: 12. Lf4: Tf4: 13. Tf4: Df4: 14. Sc3 hat Weiß die etwas bessere Entwicklung (Collijn). Nach 7. ... c6 8. Sc3 Sc3: 9. bc oder 8. Dc2 Sf6 9. Lg5 hat Weiß die bessere Stellung. Hier empfehle ich als die beste Chance für Schwarz den Gegenangriff
7. ... Sb8—c6!, etwa mit der Folge
8. c4×d5 Sc6×d4
9. Ld3×e4 Ld6×e5. Jetzt darf Weiß nicht das Scheinopfer auf h7 bringen, da er später durch Sd4—c2 die Qualität verliert. Oder
8. Se5×c6 b7×c6
9. c4—c5 Ld6—e7
mit ziemlich gleichem Spiel.

Nach 1. e4 e5 2. Sf3 Sf6 3. d4 d5 kann Weiß den Angriff auch statt mit 4. Sf3×e5 mit 4. e4×d5 fortsetzen. Die Folge könnte sein:

4. e4×d5 e5×d4
5. Lf1—c4 Lf8—b4†
6. c2—c3 Dd8—e7†
7. Lc4—e2 d4×c3
8. b2×c3 Lb4—c5
9. 0—0 0—0
10. c3—c4 Tf8—e8
11. Le2—d3 Lc8—g4
12. Lc1—b2 Sf6—e4

und Schwarz hat ein gutes Spiel.

Oder (1. e4 e5 2. Sf3 Sf6 3. d4 d5 4. ed ed)

5. Lf1—b5† c7—c6
6. Dd1—e2†

6. dc wäre ein Fehler, der durch 6. ... Da5† 7. Sc3 bc! eine Figur kostet.

6. ... Lf8—e7
7. d5×c6 b7×c6
8. Lb5—d3 0—0
9. 0—0 Lc8—g4

mit gleichem Spiel.

Andere Angriffe gegen die russische Partie sind ungefährlich. 3. Sb1—c3 führt zum Drei- und bei der Antwort 3. ... Sg8—f6 zum Vierspringerspiel.

Die italienische Partie oder Giuoco piano (ruhiges Spiel)

Diese Eröffnung wird durch die Züge 1. e2—e4 e7—e5 2. Sg1—f3 Sb8—c6 3. Lf1—c4 Lf8—c5 charakterisiert. Weiß kann sich dann einfach auf die weitere Entwicklung seiner Figuren beschränken, ohne einen Versuch zu machen, das Zentrum zu erobern. Dann ist das Spiel zunächst in der Tat sehr ruhig:

4. Sb1—c3 Sg8—f6. (Das italienische Vierspringerspiel.)
5. d2—d3 d7—d6
6. Lc1—e3 Lc5—b6
   Ja nicht etwa mit Le3:, was Steinitz empfahl, dem Gegner die f-Linie für den Turm öffnen! (Vgl. Mittelspiel, Öffnung der f-Linie, S. 215ff.)
7. Dd1—d2 Lc8—e6
8. Lc4—b3 Dd8—d7
9. 0—0—0 0—0—0 mit völlig gleichem und symmetrischem Spiel.
   Dagegen auf 7. ... Lc8—g4 treten bereits erhebliche Spannungen auf. Nicht gut ist 8. Sg5 wegen 8. ... Lh5! nebst h7—h6. Richtig ist die Opferkombination:
8. 0—0—0! Sc6—d4
9. Le3×d4 Lb6×d4
10. Sf3×d4 Lg4×d1
11. Sd4—f5 Ld1—g4
12. Sf5×g7† Ke8—d7
13. d3—d4 e5×d4
14. Dd2×d4 mit starkem Angriff für die geopferte Qualität.

Natürlich sind auch andere Entwicklungsweisen statthaft. So können beide Teile oder der eine kurz rochieren. Es ist hier aber nicht rätlich, zu früh kurz zu rochieren, weil man dann durch die Fesselung des Königsspringers in Verlegenheit kommen kann. Ganz schlimm ist es, diese Fesselung durch h2—h3 zu verhüten, wenn man schon kurz rochiert hat, der Gegner aber nicht. Dieser kommt dann durch h7—h6 nebst g7—g5—g4 zu einem heftigen Angriff (vgl. Mittelspiel Nr. 252).

Statt der einfachen Entwicklung kann Weiß aber auch mit (1. e4 e5 2. Sf3 Sc6 3. Lc4 Lc5) 4. c2—c3 die Eroberung des Zentrums durch d2—d4 betreiben. Darauf geschieht gewöhnlich:

4. ... Sg8—f6

5. d2—d4. 5. d3 ist inkonsequent und ganz tendenzlos. 5. ... e5×d4
   Schwarz muß jetzt diesen Zug, vor dem ich immer warne, weil er das Zentrum aufgibt, machen, denn auf 6. ... Lb6? gewinnt 7. de Se4:? 8. Dd5 eine Figur.
6. c3×d4. Schwächer ist 6. e4—e5, denn darauf steht dem Schwarzen, wie meist in ähnlichen Stellungen, der starke Gegenstoß d7—d5! zur Verfügung. Nach 7. Lb5! Se4 steht dann eher Schwarz besser. 6. ... Lc5—b4†. Es ist klar, daß das mehrfache Herumziehen mit dem Läufer Zeitverlust bedeutet.
7. Lc1—d2. Weniger sicher ist es, mit 7. Sc3 den e-Bauern zu opfern. 7. ... Lb4×d2†.
   Oder 7. ... Se4: 8. Lb4: Sb4: 9. Lf7† Kf7: 10. Db3† d5 11. Db4: und Weiß steht besser, weil er mit dem Springer den schwachen Punkt e5 besetzen wird.
8. Sb1×d2. Bei dem Tausch hat Weiß schon wieder ein Tempo gewonnen.
8. ... d7—d5
   Damit sprengt Schwarz das Zentrum und erlangt den starken Punkt d5 für den Springer. Mehr Aussicht auf Ausgleich gewährt jedoch das Scheinopfer 8. ... Se4: mit der Folge 9. Se4: d5 10. Ld3! de 11. Le4: Ld7.
9. e4×d5 Sf6×d5
10. Dd1—b3! Sc6—e7
    Die gebräuchliche Verteidigung. Für schwächer gilt 10. ... Sa5 wegen 11. Da4† c6 12. Ld5:.
11. 0—0 0—0
12. Tf1—e1 c7—c6

Weiß ist um zwei Züge in der Entwicklung voraus und steht ausgezeichnet. Nur die starke Stellung des Springers d5 hält das schwarze Spiel.

Schwarz hat eben die starke Drohung, die Weiß mit 4. c2—c3 aufgestellt hat, nicht genügend berücksichtigt. Weiß drohte, mit d2—d4 den schlechten Zug e5×d4, mit dem Schwarz das Zentrum aufgibt, zu erzwingen und durch Angriffe auf den Königsläufer (erst durch d2—d4, dann durch c3×d4, endlich durch Lc1—d2) Schwarz zu Tempoverlusten zu nötigen. Mit der bisher gebräuchlichsten Verteidigung 4. ... Sg8—f6, die ich nicht für befriedigend halte, wird diese Drohung, wie wir gesehen haben, nicht pariert. Noch schlechter ist 4. ... d7—d6, worauf Weiß mit 5. d4 ed (erzwungen, denn auf Lb6 gewinnt Weiß durch Abtausch auf e5 und d8 den Bauern e5 oder f7) 6. cd Lb6 die (für Weiß günstige) Normalstellung des Evansgambits erreicht, nur daß er keinen Bauern weniger, dafür aber noch nicht rochiert hat. Pariert wird die Drohung des Zuges 4. c2—c3, und zwar vollständig, durch die älteste Verteidigung 4. ... Dd8—e7, die ich deshalb für die beste halte. Die Folge ist ein geschlossenes Spiel, in dem Weiß keinen Angriff erlangt, weil Schwarz das Zentrum behauptet und kein Tempo verloren hat:

(1. e4 e5 2. Sf3 Sc6 3. Lc4 Lc5 4. c3)

4. ... Dd8—e7!

5. d2—d4 Lc5—b6!

Ja nicht ed, worauf Weiß rochiert und besser steht.

6. 0—0 d7—d6

7. a2—a4

Droht Figurengewinn durch a5 La5: d5; bzw. Sa5: Ta5: La5: Da4†, eine in solchen Stellungen häufig wiederkehrende Wendung.

7. ... a7—a6

a5 ist weniger gut, weil es das Festsetzen des weißen Damenspringers auf b5 gestattet.

8. Lc1—e3

Droht (z. B. auf Sf6) durch de nebst Lb6: einen häßlichen Doppelbauern zu machen.

8. ... Lb6—a7

9. Sb1—d2

Dieser Springer steht schlecht, weil der Bauer c3 ihm sein bestes Feld nimmt. Ein Rösselsprung Sb1—a3—c2 ist wenig aussichtsvoll.

9. . . . Sg8—f6
10. Dd1—c2 0—0

Weiß hat keine Spur von Angriff, die Spiele stehen gleich.

Das nach (1. e4 e5 2. Sf3 Sc6 3. Lc4 Lc5) 4. 0—0 Sf6 5. d4 ed 6. e5 mögliche Gambitspiel (Max-Lange-Angriff) wird bei der Preußischen Partie behandelt.

Das Evansgambit

Das Evansgambit ist eine Variante der italienischen Partie, die dadurch entsteht, daß Weiß (nach 1. e4 e5 2. Sf3 Sc6 3. Lc4 Lc5) den seltsamen und eigentlich sinnlosen Zug 4. b2—b4 macht. Einen Sinn hat der Zug nur, wenn Schwarz den Bauern schlägt. Auf 4. . . . Lc5×b4 kann Weiß nämlich jetzt den in der italienischen Partie so wichtigen Zug c2—c3 mit Tempogewinn machen und dann die Aufstellung der Mittelbauern auf d4 und e4 durchsetzen. In der Folge kommt Weiß meist zu einem sehr starken und nachhaltigen Angriff, der das gebrachte Opfer mehr als aufwiegt. Ganz besonders ist dies in der sogenannten Normalstellung des Evansgambits der Fall, die bei der gebräuchlichsten, aber ganz fehlerhaften Verteidigung entsteht:

(1. e4 e5 2. Sf3 Sc6 3. Lc4 Lc5 4. b4 Lb4:)

5. c2—c3 Lb4—c5?

Dadurch verliert Schwarz schon wieder ein Tempo, weil der Läufer bald durch d2—d4 angegriffen wird. Viel besser ist der Rückzug nach a5. Daß ein solcher Fehler sich fast durch ein ganzes Jahrhundert fortschleppen konnte, liegt daran, daß man sich früher weniger nach allgemeinen Prinzipien richtete.

6. 0—0 d7—d6
7. d2—d4 e5×d4?

Hier ist die von Lasker empfohlene Rückgabe des Bauern durch 7. . . . Lb6 8. de de 9. Dd8† Sd8:, die zu annähernd gleichem Spiel führt, vorzuziehen.

8. c3×d4 Lc5—b6

In der jetzt erreichten „Normalstellung“ finde ich, daß Weiß besser steht. Er hat ein sehr starkes Zentrum bei schönem, freiem Spiel und guten Angriffschancen. Dagegen bildet der Mehrbauer des Schwarzen keinen genügenden Ersatz. Es kommt eben immer mehr auf gute Entwicklung und Stellung als auf das materielle Gleichgewicht an, denn im Schach triumphiert sehr häufig der Geist über die Materie. In der Normalstellung muß man allerdings den Angriff nicht nach dem Schema führen, das Anderssen immer und immer wieder angewendet hat, nämlich mit 9. d4—d5?, einem Zuge, der die Kraft des Zentrums frühzeitig verausgabt und die Linie des Königsläufers verstellt, sondern muß sich mit 9. Sb1—c3 ruhig weiterentwickeln. Auf den anerkannt besten Gegenzug

9. . . . Sc6—a5 folgt
10. Lc1—g5 f7—f6. Oder 10. . . . Se7 11. Sd5.
11. Lg5—f4 Sa5×c4
12. Dd1—a4† Dd8—d7
13. Da4×c4 Dd7—f7
14. Sc3—d5 mit ausgezeichnetem Spiel für Weiß. Tschigorin hat diese Spielweise fast regelmäßig zum Siege geführt.

Eine gebräuchliche und ebenfalls fehlerhafte Verteidigung ist auch die sogenannte kompromittierte:

(1. e4 e5 2. Sf3 Sc6 3. Lc4 Lc5 4. b4 Lb4: 5. c3)

5. . . . Lb4—a5!
6. d2—d4 e5×d4?
7. 0—0 d4×c3?. Es folgt:
8. Dd1—b3 Dd8—f6
9. e4—e5 Df6—g6

Der Bauer war natürlich wegen 10. Te1 d6 11. Db5† oder a4† mit Läufergewinn nicht zu schlagen.

10. Sb1×c3 Sg8—e7
11. Lc1—a3!

Anderssen setzte den Angriff regelmäßig mit dem weit schwächeren Zuge 11. Se2 fort mit der Folge 11. ... b5! 12. Ld3 De6 13. Db2 Sg6 14. Sf4 Sf4: 15. Lf4: a7—a6, wobei Schwarz recht gute Gegenchancen hat.

11. ... 0—0
12. Ta1—d1, und der kraftvolle Angriff von Weiß ist mehr wert als zwei Bauern.

Diese Verteidigungen berücksichtigen nicht das, worauf es — hier, wie so oft — ankommt, nämlich: *den Zug e5×d4 zu vermeiden,* der dem Weißen das Zentrum und das freiere Spiel einräumt. Diese Idee wird in der von Sanders herrührenden und von dem großen russischen Theoretiker Alapin ausgebauten Verteidigung durchgeführt, die ich jetzt folgen lasse. Sie ist die beste des angenommenen Evansgambits.

(1. e4 e5 2. Sf3 Sc6 3. Lc4 Lc5 4. b4 Lb4: 5. c3)

5. ... Lb4—a5!
6. d2—d4 d7—d6!
7. 0—0 Lc8—d7!

Die beiden letzten Züge von Weiß geschehen auch in umgekehrter Reihenfolge. Auf 7. de folgt zunächst 7. ... De7. Auf 7. Db3 muß Schwarz durch 7. ... Dd7 decken, denn auf De7 oder f6 geht durch d5 nebst Da4 oder b5† der Läufer a5 verloren. Auf 8. de opfert er dann den Bauern mit 8. ... Lb6! und bekommt durch die Drohung Sa5 ein gutes Spiel. (8. ... de? 9. La3 nebst 0—0 und Td1 gäbe einen zu starken Angriff.) Die beiden Züge d7—d6 und Lc8—d7! charakterisieren die Sanderssche Verteidigung. Der Läuferzug hat den Zweck, den Springer c6 zu decken, so daß auf 8. Db3 De7 9. Db7:? nicht nur keine Figur verlorengeht, sondern durch 9. ... Tb8 10. Da6 Tb6 die Dame (beinahe) erobert wird. (Nur durch Lf7† ist sie zu retten.) Vor allem aber behält Schwarz den Bauern e5 und Weiß — den Sperrstein c3. Weiß kann deshalb sehr schwer zum Angriff gelangen.

8. Dd1—b3 Dd8—e7 9. d4×e5 d6×e5
10. Tf1—d1. Droht durch das Scheinopfer auf f7 nebst Td7† den Bauern zurückzugewinnen, also eine ziemlich schwache Drohung.
10. ... 0—0—0!
Schwarz opfert den Bauern f7 und hat dann die bessere Entwicklung und Stellung.

Durch folgende Angriffsweise kann Weiß auch gegen diese stärkste Verteidigung allenfalls Ausgleich erzielen:

(1. e4 e5 2. Sf3 Sc6 3. Lc4 Lc5 4. b4 Lb4: 5. c3 La5! 6. 0—0 d6 7. d4 Ld7!)
8. d4×e5! d6×e5
9. Sb1—d2!
In der Absicht, mit Ld5 und Sc4 auf Gewinn des Bauern e5 zu spielen.
9. ... Dd8—e7
9. ... Lc3: wäre nicht günstig wegen 10. Lf7† nebst Db3†.

10. Lc4—d5 Sg8—f6?	12. Lc1—a3 Lb6—c5
11. Sd2—c4 La5—b6	13. La3×c5 De7×c5

14. Sc4×e5 0—0 mit gleichem Spiel.

Aber die Verteidigung läßt sich hier wohl noch verstärken. Schwarz muß sich auf den Plan des Gegners, mit Sc4 auf Eroberung des Bauern c5 zu spielen, rechtzeitig einstellen. Also 9. Sd2 Lb6 (anstatt De7) 10. Ld5 Sge7 11. Sc4 f6. Danach ist es sehr zweifelhaft, ob der Angriff den Bauern aufwiegt.

Jedenfalls ist die Sanders-Alapinsche Spielweise der Typus einer befriedigenden Verteidigung.

Die einfachste Verteidigung bildet natürlich die Ablehnung des Gambits durch 4. ... Lc5—b6. Schwarz hat dann keine Schwierigkeiten, im Gegenteil, Weiß kann durch die unmotivierte Auflockerung seines Damenflügels vielleicht einmal in Bedrängnis geraten. Die gebräuchliche Fortsetzung ist:

(1. e4 e5 2. Sf3 Sc6 3. Lc4 Lc5 4. b4 Lb6)
5. a2—a4 a7—a6

6. 0—0 d7—d6
7. a4—a5 Lb6—a7
8. b4—b5. Nach diesem Zuge kann der isolierte a-Bauer schwach werden. 8. ... a6×b5
9. Lc4×b5 Sg8—e7. Jetzt ist Schwarz in der Entwicklung voraus. Natürlich ist auch Ld7 gut.
10. d2—d4 e5×d4
   Mit den beiden letzten Zügen hat Schwarz das Zentrum aufgegeben, um weiter Tempi zu gewinnen, also *Zeit für Raum eingetauscht.*
11. Sf3×d4 0—0!
   Jetzt droht Schwarz, z. B. bei Le3, durch Ld4: nebst Ta5: den a-Bauern zu erobern. Weiß muß deshalb auf c6 tauschen und so Zeit verlieren.
12. Sd4×c6 b7×c6!
   Da der Freibauer hier nicht zu fürchten ist. Auf Sc6: könnte a5—a6 geschehen.
13. Lb5—d3 f7—f5
14. Sb1—c3 f5—f4! und Schwarz steht gut.

Weiß kann aber auch aus seinem einmal gezogenen b-Bauern Kapital zu schlagen versuchen, indem er ihn weiter vorrückt. Das Spiel wird dann sehr verwickelt, Schwarz muß aber schließlich in Vorteil kommen:
(1. e4 e5 2. Sf3 Sc6 3. Lc4 Lc5 4. b4 Lb6)

5. b4—b5 Sc6—a5
6. Sf3×e5. Auf 6. Le2 spielt Schwarz 6. ... d7—d5! mit Vorteil. Auf den Textzug aber geht eine Figur oder mindestens zwei Figuren für einen Turm verloren. Denn es droht Figurverlust erstens durch d7—d6 und sodann durch Ld4, was vor Sh6 wegen Sf7: nicht gut wäre. 6. ... Sg8—h6!
7. d2—d4 d7—d6
8. Lc1×h6 g7×h6!
   Und nicht 8. ... d6×e5, was für das Richtige gilt, denn nach 9. Lg7: Tg8 10. Lf7† Kf7: 11. Le5: hat Weiß vier Bauern für die Figur, während er nach 8. ... gh! Turm und zwei Bauern für zwei leichte Figuren bekommt, was in einem so frühzeitigen

Stadium der Partie im allgemeinen schon kein günstiges Geschäft ist, hier aber ganz besonders nicht, weil die schwarzen Figuren gute Angriffsstellungen erlangen.

9. Lc4×f7†
Außerdem kommen in dieser sehr verwickelten Stellung noch 9. Df3, 9. Dh5 und 9. Sf7: in Betracht. Auf 9. Df3 folgt 9. ... 0—0! 10. Sf7: Sc4: 11. Sd8: Tf3: 12. gf Ld4: 13. c3 Lf6 14. Sb7: Lb7: mit klarem Vorteil für Schwarz. Oder 10. Lf7‡ Kg7 und Weiß verliert eine Figur. Auf 9. Dh5 geschieht 9. ... 0—0! 10. Sf7: Df6 11. Sd6‡ (Sh6‡ Kg7) 11. ... Sc4: 12. Sc4: Df2‡ 13. Kd1 Dd4‡ und Schwarz gewinnt den Turm a1 oder den Springer c4. Auf 9. Sf7: folgt 9. ... Df6 10. Sh8: (oder wieder 10. ... Dh5 0—0! 11. Sh6‡ Kg7) 10. ... Sc4: 11. c3 Le6 ebenfalls zum Vorteil von Schwarz.

9. ... Ke8—e7

10. Sb1—c3! Auf 10. Df3 gewinnt 10. ... Ld4:. Der Springerzug legt noch eine feine Falle.

10. ... d6×e5

11. Dd1—f3! Damit droht Sd5† mit Vernichtung. Auf 11. ... c6? würde Weiß durch 12. de nebst Df6† gewinnen.

11. ... Lc8—g4! Diese glänzende Parade stellt den Vorteil von Schwarz klar. Auf 12. Dg4: Kf7: wie auf 12. Sd5† Dd5: 13. Ld5: Lf3: behält Schwarz eine Figur mehr gegen nur zwei Bauern.

Diese Spielweise scheint mir am zwingendsten und klarsten den fehlerhaften Angriff (1. e4 e5 2. Sf3 Sc6 3. Lc4 Lc5 4. b4 Lb6) 5. b4—b5 Sc6—a5 6. Sf3×e5 zu widerlegen.

Die preußische Partie
(Zweispringerspiel im Nachzug)

Wenn Schwarz im 3. Zuge der italienischen Partie (nach 1. e2—e4 e7—e5 2. Sg1—f3 Sb8—c6 3. Lf1—c4) den sehr natürlichen Gegenangriff 3. ... Sg8—f6 macht, anstatt sich mit 3. ... Lf8—c5 zu entwickeln, so entsteht das Zweispringerspiel im Nachzug, auch preußische Partie genannt. Diese Entwicklungsweise ist in sehr vielen Eröffnungen durchaus empfehlenswert und so auch an dieser Stelle. Freilich kann Weiß mit 4. Sf3—g5 den Punkt f7 angreifen, aber dieser Angriff, mit unzureichenden Kräften unternommen, endet bald in Rückzug und Gegenangriff, wenn Schwarz einen Bauern opfert: (1. e4 e5 2. Sf3 Sc6 3. Lc4 Sf6)

4. Sf3—g5

Der Typus eines Stümperzuges. Weiß hat zwei Figuren entwickelt und greift mit ihnen an, anstatt sich solide weiter zu entwickeln. Natürlich geht der Angriff bald auf Schwarz über, ein Beweis, daß der Zug fehlerhaft sein muß. Denn wenn der Anziehende beständig den besten Zug macht, kann er unmöglich nach wenigen Zügen in die seiner unwürdige Rolle des Verteidigers gedrängt werden.

4. ... d7—d5

5. e4×d5

Jetzt darf Schwarz allerdings den Bauern d5 nicht wiedernehmen, ohne das etwas schlechtere Spiel zu bekommen. Nämlich:

5. ... Sf6×d5?

6. d2—d4!

Klarer als das sehr interessante Springeropfer auf f7: 6. Sf7: Kf7: 7. Df3† Ke6 8. Sc3 Se7 9. d4 c6 10. Lg5 h6 11. Le7: Le7: 12. 0—0—0 Tf8 13. De4 Lg5† 14. Kb1 Tf4 15. De5† Kf7 16. Sd5: cd 17. Ld5† Kf8 18. Lb3 mit drei Bauern für die Figur bei starkem Angriff.

6. ... Lc8—e6!

Der einzige korrekte Gegenzug. Auf andere Züge, wie 6. ... Le7 oder 6. ... h6 könnte jetzt das Springeropfer auf f7 mit viel größerer Kraft erfolgen. 6. ... Sd4: verbietet sich wegen der Antwort 7. c3, die eine Figur gewinnt. Ganz schlecht ist auch 6. ... ed wegen der eleganten Fortsetzung

7. 0—0! Le6 8. Te1 Dd7 9. Sf7:! Kf7: (oder Df7: Ld5:) 10. Df3† Kg6? (oder 10. ... Ke8 11. Ld5:; oder 10. ... Kg8 11. Te6: De6:? 12. Ld5:) 11. Te6†! De6: 12. Ld3† nebst Matt.

7. Sg5×e6 f7×e6
8. d4×e5 Sc6×e5
9. Dd1—h5† Se5—f7 oder g6
Weiß ist wegen der Schwäche des Bauern e6 etwas im Vorteil.

Aber anstatt (nach 1. e4 e5 2. Sf3 Sc6 3. Lc4 Sf6 4. Sg5 d5 5. ed) auf d5 wiederzuschlagen, spielt Schwarz mit

5. ... Sc6—a5 Gambit und erlangt für den geopferten Bauern den Angriff und ein gutes Spiel. Die Hauptvarianten sind:
6. Lc4—b5†
Besser als 6. d2—d3, worauf Schwarz mit 6. ... h6 7. Sf3 e4 8. De2 Sc4: 9. dc Lc5 (auch Le7 ist gut) 10. Sfd2 0—0 11. Sb3 Lg4 12. Df1 Lb4†! (um den Punkt d3 zu schwächen, den der schwarze Springer später besetzen soll, und um dem weißen Springer das Feld c3 zu nehmen) 13. c3 Le7 das bessere Spiel erlangt.
6. ... c7—c6
7. d5×c6 b7×c6
8. Lb5—e2! h7—h6
9. Sg5—f3 e5—e4
10. Sf3—e5 Dd8—c7
Auch 10. ... Dd4 11. f4 Lc5 12. Tf1 gibt Schwarz ein gutes Spiel, denn das weiße Spiel ist nach 12. ... Dd6 13. c3 Sb7 14. Da4 Sd8 15. b4 Lb6 16. Sa3 Le6 auf beiden Flügeln aufgelockert und im Zentrum blockiert.
11. d2—d4 Lf8—d6 (oder vielleicht noch besser 11. ... e4×d3).
12. Lc1—d2!
Der beste Zug. Auf 12. f4 bekommt Schwarz sowohl mit 12. ... ef 13. Sf3: Sg4 wie mit 12. ... 0—0

13. 0—0 c5 14. c3 Tb8 nebst Td8 und Sc6 einen starken Angriff. Mit dem Läuferzug will Weiß den Bauern vorteilhaft zurückgeben: 12. ... Le5: 13. de De5: 14. Lc3, und Weiß steht besser.

12. ... Sa5—b7

13. Se5—c4. Oder 13. Lc3 Sd5.

13. ... Ld6×h2

14. Ld2—e3 (14. g3? Lg3:)

14. ... Lh2—f4

Schwarz hat seinen Bauern bei guter Stellung zurückgewonnen.

Statt mit dem verfrühten Angriff (1. e4 e5 2. Sf3 Sc6 3. Lc4 Sf6) 4. Sf3—g5 kann Weiß das Spiel viel besser mit 4. d2—d3, 4. Sb1—c3 oder 4. d2—d4 fortsetzen. 4. d2—d3 ist natürlich der einfachste und sicherste Zug, der mit 4. ... Lf8—c5 zur italienischen Partie führt. Wenn Schwarz jedoch statt dessen mit 4. ... d7—d5? das freiere Spiel zu erlangen trachtet, so gefährdet er den Bauern e5 und kommt dadurch in Nachteil (1. e4 e5 2. Sf3 Sc6 3. Lc4 Sf6 4. d3 d5?):

5. e4×d5 Sf6×d5

6. 0—0 Lc8—g4. Oder 6. ... Le7 7. Te1 f6 8. d4 mit besserem Spiel für Weiß.

7. h2—h3 Lg4×f3

Oder Schwarz muß den Bauern e5 auf 7. ... Lh5 8. g4 Lg6 9. Te1 aufgeben, was bei der Auflockerung des weißen Königsflügels nicht aussichtslos ist.

8. Dd1×f3 Sc6—d4

Bei Sf6 ist Weiß klar im Vorteil.

9. Df3—e4!

Eine vom Verfasser herrührende Verbesserung des Handbuches, das 9. Dd1 spielt. Auch die ganze Fortsetzung stammt aus einer Partie des Verfassers. Auf 9. Dd5: tauscht Schwarz und gewinnt durch Sc2:.

9. ... Sd4×c2

10. Lc4×d5 Sc2×a1

11. Ld5×b7 Ta8—b8

12. Lb7—c6† Ke8—e7
13. De4×e5‡. Ein spaßhafter Schluß!

Auf (1. e4 e5 2. Sf3 Sc6 3. Lc4 Sf6) 4. Sb1—c3 gewinnt Schwarz durch das folgende Scheinopfer ein Tempo:

4. ... Sf6×e4
5. Sc3×e4 d7—d5
6. Lc4—d3! d5×e4

Ungünstig für Schwarz wäre 6. ... f5 7. Sc3 e4 8. Lb5 ef 9. Df3:, weil Schwarz durch den Aufzug des f-Bauern, der jetzt ganz unmotiviert dasteht, seine Stellung gelockert hat.

7. Ld3×e4 Lf8—d6

In dieser Stellung hat Schwarz offensichtlich ein Tempo mehr, da er den Damenbauern bereits gezogen hat. Infolgedessen ist 4. Sc3 theoretisch nicht ganz korrekt. Praktisch gleicht sich das Spiel mit

8. d2—d4 e5×d4 (oder 8. ... Sd4: 9. Sd4: ed 10. Dd4: 0—0)
9. Le4×c6† b7×c6
10. Dd1×d4 0—0

so ziemlich aus. Weiß hat die bessere Bauernstellung, Schwarz das Läuferpaar.

Zu viel verwickelteren Spielen führt (1. e4 e5 2. Sf3 Sc6 3. Lc4 Sf6) 4. d2—d4. Es folgt

4. ... e5×d4!

Erzwungen, denn auf 4. ... Sd4: gewinnt Weiß durch 5. Lf7† Kf7: 6. Se5† nebst Dd4: einen Bauern, und auch 4. ... Se4: ist wegen 5. de mit der Drohung Dd5 nicht gut.

5. 0—0

Schlecht ist 5. e5 d5 6. Lb5 Se4 7. Sd4: Ld7 8. Sb3 Dh4! 9. 0—0 0—0—0!, und Schwarz hat die bedeutend bessere Entwicklung.

5. ... Sf6×e4!

Dieser Zug ist wahrscheinlich der beste, jedenfalls der sicherste und führt zu einem guten Spiel für Schwarz.

6. Tf1—e1 d7—d5
7. Lc4×d5! In Verbindung mit dem folgenden Zug ein sehr schönes, freilich in ähnlichen Stellungen sehr oft vorkommendes Scheinopfer.
7. ... Dd8×d5
8. Sb1—c3 Dd5—a5!
9. Sc3×e4 Lc8—e6!
10. Se4—g5 (10. Sd4:? 0—0—0!)
10. ... 0—0—0

Damit erlangt Schwarz die bessere Entwicklung.

11. Sg5×e6 f7×e6
12. Te1×e6

Schwarz ist wegen seines starken Mittelbauern eher etwas im Vorteil. Er kann das Spiel mit 12. ... Df5 13. De2 h6 (um Lg5 zu verhindern) nebst Ld6, ferner mit 12. ... Dd5 oder mit 12. ... Le7! fortsetzen.

Nach (1. e4 e5 2. Sf3 Sc6 3. Lc4 Sf6 4. d4 ed) 5. 0—0 kann Schwarz statt mit 5. ... Se4:! auch mit 5. ... Lf8—c5 fortfahren. Diese Stellung kann sich auch aus der italienischen, der schottischen Partie und dem Mittelgambit ergeben. Sie führt mit

6. e4—e5 d7—d5
7. e5×f6 d5×c4 zu dem sehr wilden, verwickelten und schwer zu beurteilenden Max-Lange-Angriff, über den die Akten immer noch nicht geschlossen sind. Nach der gebräuchlichen Fortsetzung
8. Tf1—e1† Lc8—e6
9. Sf3—g5 Dd8—d5!

   Nicht 9. ... Df6:? wegen Figurverlust durch Se6: nebst Dh5†.
10. Sb1—c3 Dd5—f5
11. Sc3—e4 gilt 11. ... Lc5—f8 für das Beste. Nun folgt
12. Sg5×f7! Ke8×f7
13. Se4—g5† Kf7—g8
14. g2—g4 und Schwarz bleibt heftigen Angriffen ausgesetzt, z. B. 14. ... Dg4:? 15. Dg4: Lg4: 16. f7‡. Oder 14. ... Df6:? 15. Te6: Dd8 16. Df3 Dd7

17. Te7!! De7: 18. Dd5† nebst ‡. Oder 14. ... Dg6! 15. Te6:! gf 16. Df3 Lg7 17. Dd5.

Um den Max-Lange-Angriff zu vermeiden, gab Steinitz (nach 1. e4 e5 2. Sf3 Sc6 3. Lc4 Sf6 4. d4 ed 5. 0—0 Lc5 6. e5) den Zug 6. ... Sf6—g4 an. Darauf führt 7. h3? zum Verlust: 7. ... Sge5: 8. Se5: Se5: 9. Te1 (eins der seltenen Beispiele, wo die Fesselung auf der e-Linie nicht verderblich wird) 9. ... d6 10. f4 d3† 11. Kh2 (Le3 Sc4:) 11. ... Dh4 12. fe Lf2 13. Tf1 Lh3: 14. Lf7† Kd7! 15. Tf2: Lg4† mit Damengewinn. Richtig ist

7. Lc1—f4! d7—d6 (um h3 Sh6 Lh6: zu vermeiden; Schwarz kann sich hier aber wahrscheinlich auf die Aufreißung einlassen und rochieren)
8. e5×d6 Lc5×d6
9. Tf1—e1† Ke8—f8

Auf 9. ... Le7 10. Lb5 geht der Bauer d4 verloren.

Es ist sehr unwahrscheinlich, daß der Mehrbauer, der hier allerdings ein starker Mittelbauer ist, für den Verlust der Rochade Ersatz bietet. Weiß wird etwa nach 10. Dd2, was allerdings den Damentausch nach 10. ... Lb4 gestattet, den Bauern durch c2—c3 beseitigen und sich rasch entwickeln.

Die schottische Partie

wird durch die Züge

1. e2—e4 e7—e5
2. Sg1—f3 Sb8—c6
3. d2—d4

charakterisiert. Sie hat einen lebhaften, flotten Charakter, aber auf Kosten der Solidität. In dieser Hinsicht steht sie der spanischen und auch der italienischen Partie nach. Indes gilt sie seit jeher allgemein als korrekt. Allein nach meinen Begriffen ist der Zug 3. d2—d4 bedenklich. Es wäre freilich sehr einfach, auf diese Weise so rasch das bessere Spiel zu bekommen. Denn Schwarz hat nichts Besseres als 3. ... e5×d4, also ein Tempo für die Entwicklung zu verlieren und zugleich das Zentrum aufzugeben. Dann hätte Weiß nach 4. Sf3×d4 alles erreicht, was ich als das Hauptziel jeder Eröffnung hingestellt habe: die Eroberung des Zentrums. Aber so einfach geht dies eben nicht. Schwarz greift mit 4. ... Sg8—f6! den e-Bauern an und nun zeigt es sich, daß Weiß sich zuviel zugemutet hat. Er kann die Punkte e4 und d4 nicht gleichzeitig bequem decken. Die Deckung durch 5. Sb1—c3 ist nur vorübergehend wegen der Antwort 5. ... Lf8—b4. Züge wie 5. f2—f3 oder 5. Dd1—d3 sind häßlich. Die Fesselung durch 5. Lc1—g5 führt nach 5. ... h7—h6! zu einem für Schwarz günstigen Tausch. Bleibt also nichts anderes übrig als die Deckung durch Lf1—d3, nachdem man vorher auf c6 getauscht hat. Mit diesem Tausch aber verliert Weiß das durch 3. ... e5×d4. 4. Sf3×d4 gewonnene Tempo zurück, indem er den Springer d4, der zwei Züge gemacht hat, gegen den Springer c6 tauscht, dessen Stellung nur ein Tempo wert ist; außerdem befördert er dabei den Bauern b7 nach c6. Und nicht genug damit: nach 4. ... Sg8—f6 5. Sd4×c6 b7×c6 6. Lf1—d3 oder nach 5. Sb1—c3 Lf8—b4 6. Sd4×c6 b7×c6. 7. Lf1—d3 greift Schwarz den Stolz der weißen Stellung, den Bauern e4, mit d7—d5 an. Mit dem besten Gegenzuge 7. bzw. 8. e4×d5 muß Weiß seinen wichtigen Königsbauern gegen den unbedeutenden Bauern b7 tauschen, der durch c6×d5 nach d5 avanciert und dort die Rolle spielt, die jedem Mittelbauern eigen ist: er bedeutet einen Positionsvorteil. Bauer d5 hat eine ganz andere Bedeutung als Bauer b2, den Weiß an seiner Stelle besitzt. Ein Mittelbauer ist ein Angriffsbauer, während ein Seitenbauer nur für das Endspiel in Betracht kommt und sonst nur für Verteidigungszwecke von Wert ist. Ich halte somit den Angriff der schottischen Partie nicht für ganz korrekt, muß aber nochmals betonen, daß es sich dabei nur um Nuancen handelt und daß sie nach der allgemeinen, oberflächlichen Ansicht zu gleichem Spiel führt.

Das Hauptspiel ist demnach:

1. e2—e4 e7—e5
2. Sg1—f3 Sb8—c6
3. d2—d4 e5×d4
4. Sf3×d4 Sg8—f6!
5. Sb1—c3

Die Stellung kann auch aus dem „Schottischen Vierspringerspiel“ entstehen: 1. e2—e4 e7—e5 2. Sg1—f3 Sb8—c6 3. Sb1—c3 Sg8—f6 4. d2—d4 e5×d4 5. Sf3×d4.

5. . . . Lf8—b4
6. Sd4×c6 b7×c6
7. Lf1—d3 d7—d5!
8. e4×d5 c6×d5. Mit 8. . . . De7†? 9. De2 könnte Schwarz den Damentausch und frühzeitigen Remisschluß herbeiführen.
9. 0—0 0—0

Schwarz ist wegen seines Mittelbauern bei sonst gleicher Entwicklung etwas im Vorteil. Das Spiel geht folgendermaßen weiter:

10. Lc1—g5 c7—c6
11. Dd1—f3 Lb4—e7

Diese beiden Züge von Schwarz sind natürlich die sichersten.

12. Ta1—e1 Lc8—e6

Statt dieses Zuges wäre 12. . . . h7—h6 ein Fehler, denn es folgt 13. Lh6: gh 14. De3 mit Doppelangriff auf e7 und h6. Weiß schlägt dann den Bauern h6 mit starkem Angriff. Nach 12. . . . Le6 stehen die Spiele ungefähr gleich, aber eben nur ungefähr. Weiß kann mit seiner etwas rascheren Entwicklung nicht viel anfangen. Es fehlt ihm an Angriffspunkten und vor allem fehlt ihm ein Zentrum. Schwarz steht für mein Gefühl etwas aussichtsvoller, eben wegen seines Mittelbauern, der im Verein mit dem c-Bauern später vorgehen wird.

Die Züge 10. . . . c7—c6 und 11. . . . Lb4—e7 sind zu bemängeln. Statt des Bauernzuges kann Schwarz durch

10. ... Lc8—e6 decken. Allerdings kann Weiß darauf den f-Bauern bis f5 vorstoßen. Aber dieser Vorstoß ist sehr zweischneidig. Erstens wird der weiße König etwas entblößt und das Zentrum, besonders die Punkte e3 und e5 geschwächt, und sodann versperrt der Bauer auf f5 die Angriffslinie des Läufers d3. Schwarz hat nach 10. ... Le6 11. f4 Te8 12. f5 Lc8 (oder auch d7) 13. Df3 (Lf6: Df6: Sd5:? Dd4† würde den Springer kosten) 13. ... Lb7 ein recht gutes Spiel. Der Läufer b4 kann später sehr gut nach d6 und e5 gehen.

Ferner der Angstzug 11. ... Lb4—e7. Ich betrachte den Abtausch auf f6 als keine sonderliche Drohung, denn nach Lf6: Df6:! (die Damen dürfen freilich nicht auf dem Brett bleiben, denn sonst könnte sich ein Mattangriff ergeben) Df6: gf hat Schwarz in seinem Läuferpaar einen vollgültigen Ersatz für seine zerrissene Bauernstellung. Ich empfehle deshalb, allerdings im direkten Gegensatz zu allen andern Autoritäten, 11. ... Ta8—b8. Das Spiel könnte sich dann etwa folgendermaßen weiter entwickeln: 10. Lg5 Le6 11. Df3 Tb8 12. Lf6: Df6: 13. Df6: gf 14. Se2 Ld6 15. b3 c5 16. Sg3 c4 mit gutem Angriff auf den Damenflügel, während die Königsbauern, wenn überhaupt angegriffen, leicht zu decken sind.

Statt mit 7. Lf1—d3, kann Weiß auch mit 7. Dd1—d4 fortfahren:

(1. e4 e5 2. Sf3 Sc6 3. d4 ed 4. Sd4: Sf6 5. Sc3 Lb4 6. Sc6: bc)

7. Dd1—d4 Dd8—e7
8. f2—f3 c6—c5!
9. Dd4—f2! 0—0
10. Lc1—d2 d7—d5
11. 0—0—0! d5—d4
12. Sc3—b1 Lb4×d2†
13. Sb1×d2 Lc8—e6
14. Lf1—c4

Weiß hat die bessere Bauernstellung, aber Schwarz hat Angriffschancen auf der b-Linie, während

Weiß gar keinen Angriff hat. Das schwarze Spiel verdient daher den Vorzug.

Der Versuch, im 8. Zuge mit dem Königsbauern vorzugehen, anstatt die Bauern zu tauschen, ist für Weiß ebenfalls nicht günstig.

(1. e4 e5 2. Sf3 Sc6 3. d4 ed 4. Sd4: Sf6 5. Sc3 Lb4 6. Sc6: bc 7. Ld3 d5)

8. e4—e5 Sf6—g4

9. 0—0 Lb4—c5. Eine andere, sehr positionsgemäße Spielweise ist 9. . . . 0—0 10. Lf4 f6!, wobei Schwarz das bessere Spiel hat, da Weiß seinen fehlerhaft vorgeschobenen Königsbauern abtauschen muß.

10. Lc1—f4

10. h2—h3? führt zu einer Katastrophe für Weiß: 10. . . . Sg4×e5! 11. Tf1—e1 Dd8—f6 12. Dd1—e2 0—0! 13. De2×e5 Df6×f2† 14. Kg1—h1! Lc8×h3! 15. g2×h3 Df2—f3† 16. Kh1—h2 Lc5—d6 und Schwarz gewinnt die Dame.

10. . . . g7—g5

11. Lf4—g3 h7—h5

12. h2—h3 h5—h4

13. Lg3—h2 Sg4×h2

14. Kg1×h2 g5—g4

15. h3×g4 Dd8—g5 mit gutem Angriff für Schwarz.

Weiß kann die Springer auch schon im 5. Zuge tauschen:

(1. e4 e5 2. Sf3 Sc6 3. d4 ed 4. Sd4: Sf6)

5. Sd4×c6 b7×c6, worauf der Vorstoß des Königsbauern zu schwierigen Spielen führt, aber schließlich Schwarz im Vorteil läßt:

6. e4—e5? Dd8—e7!

Steinitz verwirft diesen Zug und zieht 6. . . . Sf6—e4 7. Dd1—f3 Se4—g5 8. Df3—g3 Sg5—e6. Ich glaube aber, daß nach diesem Rösselsprung (vier Springerzüge von acht Zügen!) das weiße Spiel den Vorzug verdient. Es folgt 9. Lf1—d3 f7—f6 10. Dg3—h4! mit der Drohung Dh5† und Weiß steht besser. —

Auch auf 6. . . . Sf6—d5 erlangt Weiß mit 7. Lf1—d3 Lf8—c5 8. Dd1—g4 ein gutes Spiel.

7. Dd1—e2 Sf6—d5
8. Sb1—d2!

8. c2—c4, was früher hier gespielt wurde, ist wegen 8. . . . Lc8—a6 9. f2—f4 De7—b4† 10. Ke1—d1! (Dd2? Sf4:!) 10. . . . Lf8—c5! für Weiß ungünstig. Es könnte folgen 11. a2—a3 Db4—b3† 12. De2—c2 Sd5—e3† 13. Lc1×e3 Db3×e3 14. Dc2—d2 d7—d6! 15. e5×d6 0—0—0 und Schwarz hat das weit überlegene Spiel.

8. . . . Lc8—b7!
9. Sd2—b3 0—0—0! Um mit Te8 anzugreifen.
10. c2—c4 Sd5—b6
11. Lc1—d2 Td8—e8
12. f2—f4 f7—f6 und Schwarz steht im Zentrum überlegen. Der Angriff 13. a2—a4 wird mit 13. . . . Lb7—a6! 14. De2—e4 De7—f7! 15. c4—c5 La6×f1 16. c5×b6 a7×b6! 17. a4—a5 b6—b5 abgewiesen. Alle diese Spiele sind äußerst scharf und lebhaft.

Es kommt für Weiß noch in Betracht, den durch d7—d5 angegriffenen Königsbauern durch De2 zu decken, anstatt ihn abzutauschen oder vorzurücken. Darauf (nach 1. e4 e5 2. Sf3 Sc6 3. d4 ed 4. Sd4: Sf6 5. Sc6: bc 6. Ld3 d5 7. Dd1—e2) hat Schwarz zwei für ihn günstige Fortsetzungen, nämlich

I. 7. . . . d5×e4
8. Ld3×e4 Sf6×e4
9. De2×e4† Dd8—e7
10. De4×e7† Oder Sc3 Lf5.
10. . . . Lf8×e7.

Schwarz ist wegen seines Läuferpaares bei dem ganz offenen Spiel etwas im Vorteil, trotz seinen vereinzelten Bauern.

II. 7. . . . Lf8—e7
8. 0—0 0—0
9. Lc1—f4 Tf8—e8 und Schwarz steht gut.

Während der Gegenangriff 4. ... Sg8—f6! die schottische Partie nach meiner Auffassung theoretisch eigentlich widerlegt, ist die ältere Verteidigung 4. ... Lf8—c5 gut genug, läßt dem Weißen aber eher die Möglichkeit auszugleichen. Nach (1. e4 e5 2. Sf3 Sc6 3. d4 ed 4. Sd4:)

4. ... Lf8—c5
5. Lc1—e3 Dd8—f6 muß Weiß sich schon zu 6. c2—c3 verstehen, damit ein Tempo für die Entwicklung verlieren und seinem Damenspringer das beste Entwicklungsfeld nehmen.
6. ... Sg8—e7. Schwarz droht, sich mit d7—d5 kräftig zu entwickeln.
7. Lf1—b5

   Dieser von L. Paulsen herrührende Zug ist der beste und führt so ziemlich zum Ausgleich. Schlechter ist 7. Le2 d7—d5 8. Lf3 Ld4: 9. cd de 10. Le4: Lf5 und Schwarz hat die bessere Entwicklung, so daß der isolierte Damenbauer ein Moment der Schwäche bildet. Auch bei 7. Lc4 Se5 8. Le2 Dg6 9. 0—0 d7—d5! steht Schwarz besser. Auf 7. Dd2 zur Vorbereitung des Angriffs Sb5 erlangt Schwarz mit 7. ... d7—d5! 8. Sb5 Le3: 9. De3: 0—0 einen starken Angriff, falls Weiß den Bauern c7 schlägt. Ferner ist 7. Sc2 wegen 7. ... d6! 8. Lc5: dc 9. Se3 Le6 10. Sd2 0—0—0 für Schwarz günstig.
7. ... 0—0!
8. 0—0. Der sofortige Tausch auf c6 führt zu derselben Stellung.
8. ... d7—d6
9. Sd4×c6. Weiß hat nicht Besseres, weil er seinen Damenspringer nicht nach d2 entwickeln kann, ohne auf d4 einen Bauern zu verlieren.
9. ... b7×c6
10. Le3×c5 c6×b5
11. Lc5—d4 Df6—g6

   Schwarz hat die Initiative, aber sonst steht das Spiel ziemlich gleich. Der starke Bauer e4 wird durch f7—f5 neutralisiert.

Der geistreiche und äußerst prickelnde Blumenfeldsche Angriff (1. e4 e5 2. Sf3 Sc6 3. d4 ed 4. Sd4: Lc5 5. Le3 Df6) 6. Sd4—b5 (statt c2—c3) verdient noch besondere Erörterung. Es folgt 6. ... Lc5×e3 7. f2×e3 Df6—h4† 8. g2—g3 Dh4×e4! 9. Sb5×c7† Ke8—d8 10. Sc7×a8 De4×h1 11. Dd1—d6 (droht Df8‡) 11. ... Sg8—f6 12. Sb1—d2 (um Df3 zu verhindern. Spaßhaft wäre 12. Dc7†? Ke7 13. Sd2? Sd5 und die weiße Dame ist gefangen!) 12. ... Sf6—e8! 13. Dd6—f4 Dh1—d5 14. 0—0—0 (auf Lc4 folgt ebenfalls De5) 14. ... Dd5—e5 (Schwarz sucht die Damen zu tauschen, um danach den gefangenen Springer zu erobern) 15. Df4×f7 (andere Züge, wie Df3, sind kaum besser; Schwarz hat ungefähr ebensoviel Angriff wie Weiß, nämlich auf der e-Linie nach Sd6 oder Sf6 und der Springer a8 muß schließlich — wenn auch spät — verlorengehen) 15. ... De5×e3 16. Kc1—b1 De3—e7 und Schwarz muß in Vorteil kommen. Nur darf er den Bauern d7 nicht ziehen.

Eine andere, von Collijn und Lasker angegebene Widerlegung des Blumenfeldschen Angriffs sieht folgendermaßen aus: (1. e4 e5 2. Sf3 Sc6 3. d4 ed 4. Sd4: Lc5 5. Le3 Df6) 6. Sb5 Le3: 7. fe Dh4† 8. g3 Dd8. Also mit andern Worten: Schwarz zieht Dd8—f6, um auf Sb5 die Dame (nach zwei Zwischenzügen) nach Dd8 zurückzuziehen! Dieser doppelte Tempoverlust kann unmöglich das Richtige, geschweige denn eine Widerlegung sein! Collijn und Lasker führen den Angriff mit 9. Dg4 weiter. Aber dieser Angriff sieht viel stärker aus, als er ist und wird mit 9. ... Kf8! 10. Df4 d6 11. Lc4 Se5 12. 0—0 Sf6 13. Lb3 Lh3 nebst h7—h5 abgewiesen. Viel nachhaltiger ist 9. Sb1—c3, was Sd5 mit Angriff auf c7 droht. Es folgt etwa 9. ...Sf6 10. Sd5 Sd5: 11. ed a6 (Se5 d6!) 12. Sc3 (oder auch Sd4) 12. ... Se5 13. d5—d6 und Weiß steht gut. Oder 9. ... a6 10. Sd4 Se5 (um diesen starken Punkt mit dem Springer zu behaupten) 11. Sf3 (oder auch Lg2 nebst De2 und 0—0—0) und Weiß behauptet sowohl bei

11. . . . Df6 12. Se5: De5: 13. Dd4 wie bei 11. . . . Sf3† 12. Df3: d6 13. 0—0—0 einen Entwicklungsvorsprung und offene Turmlinien, wodurch seine schlechtere Bauernstellung mindestens aufgewogen wird.

Die früher oft, besonders von Steinitz viel gespielte Verteidigung 4. . . . Dd8—h4 kommt nach meinem Gefühl überhaupt nicht in Betracht, weil es unmöglich richtige Strategie sein kann, die Dame ohne Not oder klaren Vorteil so früh ins Spiel zu bringen. Weiß opfert den Bauern e4 und erlangt mit 5. Sb5 oder Sf3 einen heftigen Angriff.

Das schottische Gambit

entsteht dadurch, daß Weiß nach den Zügen 1. e2—e4 e7—e5 2. Sg1—f3 Sb8—c6 3. d2—d4 e5×d4 nicht wiederschlägt, sondern den Bauern im Interesse rascherer Entwicklung und des Angriffs opfert. Der Angriff wiegt aber den fehlenden Bauern nicht auf, da Weiß keinen genügenden Vorsprung in der Entwicklung hat — erst drei Tempi sind genügend, ein Gambit zu rechtfertigen. Weiß kann mit 4. Lf1—c4 oder mit 4. c2—c3 (Göring-Gambit) fortsetzen. Die Hauptvarianten sind folgende:

(1. e2—e4 e7—e5 2. Sg1—f3 Sb8—c6 3. d2—d4 e5×d4)

4. Lf1—c4 Lf8—c5

   Hier kann auch der Gegenangriff 4. . . . Sg8—f6 geschehen, der zur „Preußischen Partie" führt, wo er näher erörtert wird. Sehr gewagt wäre 4. . . . Lb4† 5. c2—c3 dc 6. 0—0! cb 7. Lb2: mit sehr heftigem Angriff.

5. 0—0. Der Vitzthumsche Angriff 5. Sg5 ist verfrüht und ohne Kraft. Mit 5. . . . Sh6 6. Sf7: Sf7: 7. Lf7† Kf7: 8. Dh5† g6 9. Dc5: gewinnt Weiß seinen Bauern zurück, verliert aber durch 9. . . . d6 oder noch stärker 9. . . . d5! (10. ed Te8† 11. Kd1 Te5) den Angriff. Auch die Fortsetzung des Vitzthum-

schen Angriffs mit 6. Dh5 De7! 7. 0—0 d6 8. h3 (um Lg4 zu verhindern) 8. ... Ld7 9. f4 0—0—0 ist für Weiß ungünstig.

5. ... d7—d6

6. c2—c3 Lc8—g4

Die gebräuchliche Spielweise, mit der Schwarz den Bauern für Gegenangriff zurückopfert. Will Schwarz den Bauern behaupten, so ist 6. ... Df6 der geeignete Zug, etwa mit der Folge 7. Lg5 Dg6 8. cd Sd4:! 9. Sd4: Dg5:. Dagegen ist 6. ... d4×c3, was den Weißen entwickelt und ihm also ein Tempo schenkt, weniger zu empfehlen, da die Angriffschancen des Weißen dadurch vergrößert werden.

7. Dd1—b3 Lg4×f3

8. Lc4×f7† Ke8—f8

9. Lf7×g8. Oder sofort 9. gf Sf6 10. Ld5 Dc8 11. Le6 De8 12. Lf5 Lb6 nebst Dh5 mit besserem Spiel für Schwarz.

9. ... Th8×g8

10. g2×f3 g7—g5

Statt dieses eigenartigen, aber sehr starken Zuges kann auch 9. ... Dd7 geschehen mit weit besserer Entwicklung des schwarzen Spiels. Infolge des starken Bauern d4 können sich die leichten Figuren von Weiß nicht bequem entwickeln.

Diese für Schwarz günstige Spielweise kann Weiß vermeiden, wenn er, statt zu rochieren, schon im 5. Zuge c2—c3! spielt. Dann muß Schwarz entweder mit 5. ... Sf6 6. cd Lb4† oder 6. e4—e5 d7—d5! in die italienische Partie einlenken, wo diese Fortsetzung erörtert wird, oder mit 5. ... d4—d3 den Bauern aufgeben, wobei er ganz gut steht, weil Weiß seinen Damenspringer nicht nach c3 entwickeln kann. Hingegen wäre 5. ... dc für Schwarz ungünstig, weil Weiß mit 6. Lf7† Kf7: 7. Dd5† Kf8 (Ke8? Dh5† g6 Dc5: ist noch schlechter für Schwarz) 8. Dc5† d7—d6 9. Dc3: seinen Bauern mit besserem Spiel zurückgewinnt.

Eine Abart des schottischen Gambits ist das

Göring-Gambit

(1. e2—e4 e7—e5 2. Sg1—f3 Sb8—c6 3. d2—d4 e5×d4)

4. c2—c3 d4×c3.
Schwarz kann das Gambit auch ablehnen durch 4. ... d7—d5.

5. Lf1—c4 Sg8—f6. Den dritten Bauern zu schlagen, ist nicht ratsam. Es ist viel besser, eine gute Stellung zu haben, als materielles Übergewicht.

6. Sb1×c3
Oder 6. 0—0 d7—d6. Weiß hat (außer dem Anzug) ein Tempo mehr und das ist zu wenig. Schwarz kommt zur Rochade (7. Sg5 Se5 nebst h7—h6; oder 7. Db3 Dd7 8. Sg5 Sd8) und Weiß kann den Angriff nicht genügend verstärken.

6. ... Lf8—b4. Um den Läufer nicht einzusperren.

7. 0—0 0—0!
Hier wäre der Tausch auf c3 nicht gut, weil der Läufer nach a3 kommt. Nämlich: 7. ... Lc3:? 8. bc d7—d6 9. e4—e5! d6×e5 (oder Se5: Se5: de Db3 0—0 La3 und Weiß gewinnt die Qualität) 10. Da4 0—0 11. La3 Te8 12. Tad1 Ld7 13. Sg5 und Weiß gewinnt.

8. e4—e5
Ein stärkerer Angriff ist nicht ersichtlich.

8. ... Lb4×c3

9. b2×c3 d7—d5!
Fehlerhaft wäre Se4, weil sich der Springer nach 10. Dd5! Sc3: 11. Dd3 nach a4 verirrt, was durch 12. Sg5 g7—g6 13. Sf7:! Tf7: 14. Lf7† Kf7 15. Dc4† nebst Da4: ausgenützt wird.

10. e5×f6. Oder 10. Lb3 Se4 11. Dd5: Dd5: 12. Ld5: Sc3: und Schwarz behauptet seinen Bauern mit gutem Spiel.

10. ... d5×c4

11. f6×g7 Kg8×g7 und Weiß hat nur schwache Remischancen.

Das abgelehnte Göring-Gambit

führt zu annähernd gleichem Spiel, nur erlangt Schwarz mindestens den Vorteil des Anzuges.

(1. e4 e5 2. Sf3 Sc6 3. d4 ed 4. c3)

4. ... d7—d5

Dieser Gegenzug ist auf c2—c3 immer sehr stark, weil nach ed Dd5: die Dame nicht sofort durch Sc3 angegriffen werden kann.

5. e4×d5

Weiß hat nichts Besseres, als mit diesem Abtausch Schwarz zu entwickeln und ihm so ein Tempo zu schenken. Schwarz erlangt so den Vorteil des Anzuges.

5. ... Dd8×d5

6. c3×d4. Daß der Bauer isoliert ist, ist hier von größerer Bedeutung, da Schwarz in der Entwicklung etwas voraus ist. So ist er ein dankbares Angriffsobjekt.

6. ... Lc8—g4

7. Lf1—e2

Eine oft vorkommende fehlerhafte Kombination wäre 7. Sc3 mit der Folge 7. ... Lf3:! 8. Sd5: Ld1: 9. Sc7† Kd7 10. Sa8: Lg4 oder h5 und Weiß hat die Qualität gewonnen. Da aber der Springer a8 keinen Rückzug hat und schließlich verlorengeht, so büßt Weiß für den Turm (und 1 Bauern) 2 leichte Figuren ein, was ein schlechtes Geschäft ist.

7. ... Sg8—f6

7. ... Lf3:? 8. Lf3: Dd4:? 9. Lc6† mit Damenverlust ist ebenfalls eine häufig mögliche Fehlkombination.

8. Sb1—c3 Dd5—a5

8. ... Lb4 ist nicht so gut, denn nach 9. 0—0 muß Weiß entweder auf c3 tauschen, worauf Weiß mit dem starken Mittelbauern und dem Läuferpaar gut stände, oder die Dame doch wegziehen. — Noch stärker als 8. ... Da5 ist vielleicht 8. ... Dh5. Die

mögliche Folge wäre ein beinahe erzwungenes, aber sehr starkes Opfer: 8. ... Dh5 9. 0—0 (besser Le3) 9. ... Ld6 10. h2—h3 0—0—0! 11. hg Sg4: 12. Te1 (oder g3 Dh3) 12. ... Lh2† 13. Kf1 (Sh2:? Dh2† Kf1 Dh1‡) 13. ... Le5! (droht Dh1† Sg1 Sh2‡) mit entscheidendem Angriff.

9. Lc1—e3 Lf8—d6

10. 0—0 0—0

Das Spiel steht gleich, aber Schwarz hat immer noch den Vorteil des Anzuges bewahrt.

Die spanische Partie

Diese Eröffnung besteht in den Zügen (1. e2—e4 e7—e5 2. Sg1—f3 Sb8—c6) 3. Lf1—b5. Sie führt den Angriff auf den Bauern e5 konsequent weiter und ist die stärkste und solideste Fortsetzung des Königspringerspiels. Es gibt dagegen zwei gute Verteidigungen, nämlich 3. ... Sg8—f6 und 3. ... a7—a6 4. Lb5—a4 Sg8—f6.

Die natürlichste Verteidigung ist, wie so oft, das Zweispringerspiel im Nachzuge, 3. ... Sg8—f6, die Berliner Verteidigung genannt. Hierauf ist (ebenso wie bei 3. ... a6 4. La4 Sf6) 4. 0—0 die stärkste Angriffsweise. Darauf folgt:

4. ... Sf6×e4!

Nicht so gut ist 4. ... Le7, weil Schwarz danach mit 5. ... d6 den Königsläufer einsperren muß und ein beengtes Spiel bekommt. *Alle Spielweisen, die zur Einsperrung eines Läufers führen, sind grundsätzlich zu verwerfen.*

5. d2—d4

5. Te1 Sd6 6. Se5: Le7 führt zu einem einfachen Spiel.

5. ... Se4—d6

Eine ganz einfache Verteidigung, die rasch zum Ausgleich führt. Sie ist zwar gegen die Theorie, die einen Rösselsprung in der Eröffnung verurteilt, aber hier ist der zweite Springerzug so gut wie erzwungen und der dritte geschieht mit Angriff auf einen Läufer, der sich — am besten — gegen den Springer c6 tauscht. Aus diesem Grunde ist hier der Rösselsprung ausnahmsweise gerechtfertigt.

6. Lb5×c6 d7×c6
7. d4×e5 Sd6—f5
8. Dd1×d8†

Oder 8. De2 Sd4! 9. Sd4: Dd4: 10. Sc3 Lg4 mit gutem Spiel für Schwarz.

8. ... Ke8×d8

Es ist ein Endspiel entstanden, das ziemlich gleiche Chancen bietet. Der weiße Bauer e5 steht nicht günstig und die beiden Läufer des Schwarzen sichern ihm ein gutes Spiel. In der Praxis hat Schwarz fast immer gewonnen oder Remis erzielt.

*

Natürlich sieht (1. e4 e5 2. Sf3 Sc6 3. Lb5 Sf6 4. 0—0 Se4: 5. d4)

5. ... Lf8—e7 aus. Darauf ist die gebräuchliche Fortsetzung:
6. Dd1—e2 Se4—d6
7. Lb5×c6 b7×c6

Nicht gebräuchlich, aber doch vielleicht spielbar, ist der natürliche Zug 7. ... dc, denn dann verliert Schwarz zwar einen Bauern, erlangt aber einigen Angriff: 8. de Sf5 9. Td1 Ld7 10. e6 fe 11. Se5 Ld6 12. Dh5† g6 13. Sg6: Sg7 14. Dh6 Sf5 15. Dh3 Tg8 16. Dh7: Tg7 17. Dh5 Df6 18. Se5† Ke7 19. Sg4! Dh4! 20. Dh4: Sh4: 21. h3 e5 22. f3 Lc5† nebst Lg4: und Th8. Ob der Angriff ausreicht, ist zweifelhaft.

8. d4×e5 Sd6—b7

Schlecht ist 8. ... Sf5 wegen 9. De4 g6 10. Sd4 mit besserem Spiel für Weiß.

9. Sb1—c3 0—0
10. Tf1—e1! Sb7—c5

11. Sf3—d4 Sc5—e6
12. Lc1—e3 Se6×d4
13. Le3×d4 c6—c5!

Nicht 13. ... d5 wegen 14. Sa4! mit Beherrschung des schwachen Punktes c5, auf dem sich eine weiße Figur festsetzt.

14. Ld4—e3 d7—d5
15. e5×d6 Le7×d6

Schwarz hat nun eine schlechte Bauernstellung, aber zwei furchtbare Läufer.

16. Sc3—e4! Lc8—b7!

Um auf 17. Sc5: mit 17. ... Lc5: 18. Lc5: Dg5 zu gewinnen.

17. Se4×d6 c7×d6
18. Ta1—d1 Dd8—f6 mit ungefähr gleichem Spiel.

Statt der Rochade (nach 1. e4 e5 2. Sf3 Sc6 3. Lb5 Sf6) kommen auch noch die Angriffe 4. d2—d4, 4. d2—d3 und 4. Sb1—c3 in Betracht.

4. d2—d4 Sf6×e4!.

Wie so häufig, ist auch hier der gebräuchliche Zug 4. ... e5×d4 schlecht. Nach 5. 0—0 Le7 6. Sd4:! 0—0 7. Sc3! steht Weiß besser.

5. Dd1—e2

Oder 5. de d5! mit gleichem Spiel. Mit 5. 0—0! Le7 gelangen wir zu dem vorigen Spiel. Auf 5. d5 Sd6 6. Sc3! folgt 6. ... Sb5: 7. Sb5: a6 8. Sc3 Sb8 9. Se5: d6 mit ziemlich gleichen Chancen.

5. ... Se4—d6
6. Lb5×c6 d7×c6
7. d4×e5 Sd6—f5
8. 0—0 Sf5—d4
9. Sf3×d4 Dd8×d4
10. Tf1—d1 Lc8—g4

und das schwarze Spiel verdient wegen des Läuferpaares etwas den Vorzug.

Der Angriff (1. e4 e5 2. Sf3 Sc6 3. Lb5 Sf6)

4. d2—d3, den Anderssen zeit seines Lebens ausschließlich pflegte, ist der schwächste aller hier in

Betracht kommenden Züge, weil er nichts zur Eroberung des Zentrums leistet. Der normale Gegenzug darauf ist 4. ... Lf8—c5 (Lc6:? dc Se5:? Dd4 oder Lf2† nebst Dd4†). Er hat nur das Bedenken, daß Weiß darauf mit

5. Lc1—e3! sowohl den Läufer wie den Bauern e5 angreift, den er jetzt nach Abtausch auf c6 zu schlagen droht. Schwarz darf nicht auf e3 tauschen, weil er damit dem Weißen die f-Linie für den Turm öffnen würde. Aber mit
5. ... Dd8—e7! kann er Ausgleich erzielen. Es folgt
6. Sb1—c3 0—0
7. 0—0 h7—h6. Um jetzt Lg5 nebst Sd5 zu verhindern.
8. Dd1—d2 Lc5—b6
Weiß ist etwas in der Entwicklung voraus, hat aber das Zentrum nicht erobert, und so wird er völligen Ausgleich mit d7—d6 nebst Lg4 oder d7 nicht verhindern können.

Aber da Weiß den schwachen Zug (1. e4 e5 2. Sf3 Sc6 3. Lb5 Sf6) 4. d2—d3 gemacht hat, so ist hier auch 4. ... d7—d6 eher zulässig als sonst. Es folgt:

5. Sb1—c3 g7—g6. Nach L. Paulsen. Mit der Entwicklung des Läufers nach g7 erhält Schwarz ein bequemeres Spiel als bei Le7.
6. h2—h3. Um Le3 zu spielen, ohne durch Sg4 belästigt zu werden.
6. ... Lf8—g7
7. Lc1—e3 0—0 mit gleichem Spiel.

Häufiger geschieht jetzt nach Steinitz' Vorgang statt 5. Sb1—c3 (nach 1. e4 e5 2. Sf3 Sc6 3. Lb5 Sf6 4. d3 d6) 5. c2—c3. Darauf entwickelt sich Schwarz in der eben angegebenen Weise und kommt häufig sogar eher zum Vorstoß des Damenbauern, wonach er, wenn er nicht mehr anstrebt, durch Abtausch des Damenbauern das Spiel leicht ausgleichen kann. —

Der Angriff (1. e4 e5 2. Sf3 Sc6 3. Lb5 Sf6) 4. Sb1—c3

führt zum (spanischen) Vierspringerspiel und wird dort behandelt.

Während diese Verteidigung (1. e4 e5 2. Sf3 Sc6 3. Lb5) 3. ... Sg8—f6 ganz befriedigend ist, ist die andere, die den Zwischenzug 3. ... a7—a6 einschaltet, noch stärker. Damit beabsichtigt Schwarz nämlich schon nichts Geringeres als die gelegentliche Einsperrung des weißen Königsläufers und in nicht wenig Varianten kommt es wirklich dazu.

Natürlich kann Weiß auf 3. ... a7—a6 auch auf c6 tauschen, aber dieser Tausch des Angriffsläufers gegen einen Springer ist für Weiß nicht günstig. Zwar ist (nach Lc6: dc d4 ed) das reine Endspiel — ohne Figuren — für ihn gewonnen: ein Bauer mehr auf dem Königsflügel, während das Bauernübergewicht, das Schwarz auf dem Damenflügel hat, wegen des Doppelbauern durch die drei weißen Bauern aufgewogen wird. Aber in dem Figurenspiel hat Schwarz infolge seines Läuferpaares die Oberhand. Z. B.

(1. e4 e5 2. Sf3 Sc6 3. Lb5 a6)

4. Lb5×c6 d7×c6
   Nach 4. ... bc 5. d4 ed 6. Dd4: Df6 7. Dd3 verdient das weiße Spiel etwas den Vorzug. Schwarz hat keine bequeme Entwicklung, und der Bauer e4 ist stark.
5. Sb1—c3. 5. Se5: wäre erfolglos wegen 5. ... Dd4.
5. ... f7—f6. Schwarz hat jetzt keine bessere Deckung des Bauern. Auf 5. ... Ld6 ist 6. d2—d4 noch stärker.
6. d2—d4 e5×d4
7. Dd1×d4 Dd8×d4
8. Sf3×d4 Lf8—d6
9. Lc1—e3 Sg8—e7
10. Sd4—b3 b7—b6
    Um Lc5 zu verhindern.
11. 0—0—0. Droht durch Lb6: nebst Td6: einen Bauern zu gewinnen.
11. ... c6—c5

12. Sb3—d2 Lc8—e6
13. f2—f4 0—0—0
14. Sd2—f3 Se7—c6
und Schwarz hat ein schönes Spiel.

Oder (1. e4 e5 2. Sf3 Sc6 3. Lb5 a6 4. Lc6: dc)

5. d2—d4 e5×d4
5. ... Sf6 kostet wegen 6. Se5: Se4:? 7. De2 Dd4: 8. Sf3 Dd5 9. Sg5 nebst f3 bzw. 8. ... Db4† 9. Sfd2! eine Figur.
6. Dd1×d4 Dd8×d4
7. Sf3×d4 Lc8—d7. Oder auch erst Ld6.
8. Lc1—e3 0—0—0
9. Sb1—d2 Sg8—e7
10. 0—0—0 c6—c5 und Schwarz steht gut.

Diese Abtauschvariante wird jetzt nur noch selten gespielt, weil man sich als Anziehender in der stärksten Angriffspartie doch mit größeren Hoffnungen trägt. Man zieht lieber den Läufer nach a4 und nach der besten Entgegnung (1. e4 e5 2. Sf3 Sc6 3. Lb5 a6 4. La4) 4. ... Sg8—f6 stellen sich nun erst die schwierigen Probleme der spanischen Partie. Der stärkste Angriff ist wieder 5. 0—0.

Darauf folgt am besten:

5. ... Sf6×e4!
Diese offene Behandlung der spanischen Partie gibt ein schönes, freies Figurenspiel, wobei allerdings der schwarze Damenflügel infolge des fast immer notwendigen Zuges b7—b5 eine deutliche Auflockerung aufweist.
6. d2—d4 b7—b5
7. La4—b3 d7—d5
8. d4×e5 Lc8—e6
Dies ist das Hauptspiel der spanischen Partie. In dieser Stellung leidet Weiß darunter, daß sein Königsläufer in eine Sackgasse geraten ist, aus der er nur durch c2—c3 zu befreien ist. Infolgedessen darf Weiß den natürlichsten Entwicklungszug, 9. Sb1—c3, gar nicht machen, denn nach 9. ... Sc3:

10. bc bleibt der Läufer hilflos eingesperrt und droht durch späteres Vorgehen des schwarzen c-Bauern bis c4 erobert zu werden. Also ist Weiß zu der ziemlich kümmerlichen Entwicklung des Springers nach d2 gezwungen. Schwarz hat sicherlich die überlegene Entwicklung und das bessere Figurenspiel und darin einen Ersatz für die deutliche Schwäche der Punkte c5 und c6, die aber mit einem Schlage aufgehoben ist, sowie er zu dem Zuge c7—c5 kommt.

Die weitere Folge ist demnach:

9. c2—c3

9. a4 ist nicht gut wegen 9. . . . b4! 10. a5 (um La4 zu spielen) Sc5.

9. . . . Lf8—e7

Auch 9. . . . Lc5 kann geschehen, führt aber nur zum Ausgleich, nämlich 9. . . . Lc5 10. Sbd2 0—0 11. Lc2 Sd2:! (besser als 11. . . . f5 12. Sb3 Lb6 13. Sbd4 Sd4: 14. Sd4: Ld4: 15. cd f4 16. f3 Sg3 17. Tf2 oder Te1. Dringt der Angriff nicht durch, so ist Schwarz wegen des rückständigen c-Bauern und des starken Freibauern verloren). 12. Dd2: f7—f6 13. ef (nach 13. Dd3 g6 droht Abtausch durch Lf5) 13. . . . Df6: 14. Dd3 g6 15. Lh6 Tfe8 16. Tae1 Lf7 mit ziemlich gleichem Spiel. Ebenso (1. e4 e5 2. Sf3 Sc6 3. Lb5 a6 4. La4 Sf6 5. 0—0 Se4: 6. d4 b5 7. Lb3 d5 8. de Le6 9. c3 Lc5) 10. Dd3 0—0 11. Sbd2 f5 12. ef Sf6: 13. Sg5 und nun ja nicht etwa 13. . . . Dd7? wegen der überraschenden Pointe 14. Se6: De6: 15. Se4!!, worauf Schwarz verloren ist, sondern 13. . . . Se5! mit Ausgleich.

10. Tf1—e1

Dieser starke Zug führt bei den plausibelsten Gegenzügen 10. . . . 0—0 11. Sd4 Dd7? zu der hübschen Doppelwendung 12. Se6: fe oder De6: 13. Te4:!, die in England „Tarraschs trap“ genannt wird. Aber durch eine von dem Verfasser herrührende Opferkombination wird der Turmzug — und damit der gefährlichste Angriff — völlig widerlegt, nämlich

10. ... 0—0!
11. Sf3—d4 Sc6×e5!
12. f2—f3 Le7—d6
13. f3×e4 Dd8—h4! und der Angriff ist unwiderstehlich. Die Fortsetzung war in einer Partie 14. Dd2 c5 15. Sf5 Lf5: 16. ef Tae8 17. Te2 Sc4 18. Lc4: Lh2† 19. Kf1 Lg3 20. Te3 dc 21. Tg3: Dg3: 22. Sa3 Te5 und Schwarz gewann.

Viel schwächer ist 13. ... Lg4?, die „Breslauer Variante", die zuerst von Herrn Bergmann in Breslau gespielt wurde und die dem Weißen manche Remischancen läßt.

Nach der Widerlegung des Turmzuges bleiben dem Weißen nur schwächere Angriffsversuche, nämlich 10. Sbd2 und 10. Le3.

10. Sb1—d2 0—0!
Einfach zum Ausgleich führt Abtausch auf d2, Sa5 und c7—c5, wie Schlechter in ähnlicher Stellung gegen Lasker spielte.
11. Lb3—c2 f7—f5
12. Sd2—b3 Dd8—d7
13. Sb3—d4 Sc6×d4
14. Sf3×d4 c7—c5
15. Sd4×e6 Dd7×e6 und Schwarz hat ein gutes Spiel.

Oder:

10. Lc1—e3 Sc6—a5
11. Sb1—d2 (11. Lc2 Sc4) 11. ... Sa5×b3
12. a2×b3 und Schwarz steht ganz befriedigend; er kann z. B. mit Sd2: nebst c7—c5 (gegen b3—b4 gerichtet) und 0—0 fortsetzen. Natürlicher ist aber (nach 1. e4 e5 2. Sf3 Sc6 3. Lb5 a6 4. La4 Sf6 5. 0—0 Se4: 6. d4 b5 7. Lb3 d5 8. de Le6 9. c3 Le7 10. Le3)
10. ... 0—0 mit der Folge
11. Sb1—d2. Nun wäre 11. ... f5 gefährlich wegen

12. ef! Sf6: 13. Sg5 mit der verschmitzten Drohung, z. B. auf 13. ... Lf5 oder 13. ... Dd7 durch 14. Sde4! mindestens den d-Bauern zu gewinnen. Schwarz müßte mit 13. ... Lf7 fortfahren und stände nach 14. Sf7: Tf7: 15. Sf3 Dd7 16. Dd3 Td8! 17. Tad1 etwas bedrängt. Der Bauer d5 ist gefährdet. Aber Schwarz kann ganz gut mit 11. ... Se4×d2 nebst 12. ... Sc6—a5 und c7—c5 die Spiele ausgleichen.

Auch der zunächst etwas sonderbar aussehende Zug:

11. ... Le6—g4 ist spielbar, mit der Folge
12. Sd2×e4 d5×e4
13. Dd1—d5! (13. Ld5? Se5:!)
13. ... e4×f3!
14. Dd5×c6 f3×g2
15. Dc6×g2 Dd8—d7 (droht Qualitätsgewinn durch Lh3)
16. Tf1—e1 (oder 16. Dg3 Tad8 17. f3 Lf5 18. Kh1 c5! 19. Tg1 g6!)
16. ... Dd7—f5! und Schwarz hat ein ganz befriedigendes Spiel.

Bei dieser stärksten Verteidigung der spanischen Partie kommt auch folgende gambitartige Spielweise in Betracht. Nach 1. e4 e5 2. Sf3 Sc6 3. Lb5 a6 4. La4 Sf6 5. 0—0 Se4: 6. d4 kann Schwarz

6. ... Lf8—e7 ziehen, um den anscheinend stärksten Zug
7. Tf1—e1 mit dem an dieser Stelle überraschenden Gegenangriff
7. ... b7—b5 zu beantworten. Darauf folgt
8. Te1×e4 d7—d5!
9. Sf3×e5!
(Oder 9. Te1 ba 10. de Le6 und Schwarz hat mit seinem Läuferpaar ein gutes Spiel)
9. ... Sc6×e5!
10. Te4×e5 b5×a4
11. Sb1—c3 c7—c6
12. Sc3×a4 0—0.

Schwarz hat einen Bauern weniger, droht aber mit Ld6 nebst Dh4 zum Angriff zu gelangen und der Springer steht schlecht. Zieht Weiß aber auf 7. ... b5 den Läufer zurück, so lenkt Schwarz mit 8. ... d7—d5 9. d4×e5 Lc8—e6 in das Hauptspiel ein mit dem Vorteil, daß Weiß den scheinbar starken, tatsächlich aber schwachen und durch meine Opferkombination widerlegten Turmzug gemacht hat.

Viel gebräuchlicher als die eben erörterte Verteidigung (1. e4 e5 2. Sf3 Sc6 3. Lb5 a6 4. La4 Sf6 5. 0—0 Se4:) ist die von Tschigorin herrührende eingeschränkte Verteidigung 5. ... Lf8—e7, die zur Einsperrung dieses Läufers führt und die ich deshalb nicht empfehlen kann. Schwarz bekommt immer ein gedrücktes Spiel, das allerdings fest ist, weil er sorgfältigst das Zentrum behauptet. Der Angriff von Weiß reift sehr langsam und die Partien sind meist sehr leblos. Folgendes ist die gewöhnliche Fortsetzung:

(1. e4 e5 2. Sf3 Sc6 3. Lb5 a6 4. La4 Sf6 5. 0—0 Le7)

6. Tf1—e1 b7—b5
7. La4—b3 d7—d6. Jetzt darf Weiß nicht mit 8. d2—d4 angreifen, weil mit 8. ... Sd4: 9. Sd4: ed 10. Dd4:? c5 nebst c4 die Einschließung und Eroberung des Läufers erfolgt, auf die Schwarz schon mit 3. ... a6 spekuliert.
8. c2—c3 Sc6—a5
9. Lb3—c2 c7—c5
10. d2—d4 Dd8—c7. Das ganze System Tschigorins ist sehr sinnreich und fein.
11. Sb1—d2 Sa5—c6
12. d4—d5 Sc6—d8
    Weiß entwickelt dann den Springer mühsam nach f1 und e3 oder g3 und hat auch kein schönes Spiel. Man kann halb scherzhaft sagen: beide Teile stehen nicht gut.

Verbessern läßt sich das weiße Spiel dadurch, daß man im 9. Zuge (nach 8. ... Sa5) den Läufer nicht wegzieht. Ich empfehle diese von mir herrührende Neuerung dringend, Weiß kommt dann leichter zum Angriff und die Partie bekommt eher „ein Gesicht". Die Fortsetzung in einer Partie war:

9. d2—d4! Sa5×b3
10. a2×b3 Lc8—b7!
11. Dd1—c2 0—0
    Hierauf darf Weiß noch nicht auf e5 losschlagen, weil Schwarz auf e4 opfern und schließlich nach Dd1† mattsetzen würde.
12. Sb1—d2 Sf6—d7
13. b3—b4 Le7—f6
14. Sd2—b3 nebst Sa5 und Weiß hat das bessere Spiel.

Bei weitem nicht so stark wie der Angriff 5. 0—0 (nach 1. e4 e5 2. Sf3 Sc6 3. Lb5 a6 4. La4 Sf6) ist 5. d2—d4. Darauf folgt gewöhnlich

5. . . . e5×d4
6. 0—0. Oder mit Zugumstellung 6. e5 Se4 7. 0—0 Le7.
6. . . . Lf8—e7
7. e4—e5. Auf 7. Te1 folgt 7. . . . b5! 8. Lb3 d6 und Weiß kann auf d4 wieder nicht schlagen. Oder 7. . . .b5! 8. e5 (von Dr. Krause empfohlen) 8. . . . Se5: 9. Se5: ba 10. Dd4: 0—0 11. Lg5 Te8! 12. Da4: Tb8 zum Vorteil für Schwarz.
7. . . . Sf6—e4
8. Sf3×d4 Se4—c5!
9. Sd4—f5 0—0!
9. . . . Sa4: wäre verderblich wegen 10. Sg7† Kf8 11. Lh6 Kg8 12. f4! (um Se5: zu verhindern) 12. . . . d5 13. e6 Le6: 14. Se6: nebst Dg4†.
10. Dd1—g4 g7—g6
11. La4×c6 d7×c6
12. Sf5×e7† Dd8×e7
13. Dg4—g5 (besser als 13. Dg3 Te8) mit gleichem Spiel.

Auch bei diesem Angriff (1. e4 e5 2. Sf3 Sc6 3. Lb5 a6 4. La4 Sf6 5. d4) empfehle ich aber, ebenso wie bei der entsprechenden Variante der Berliner Verteidigung,

5. ... Sf6×e4 an Stelle des gebräuchlichen Zuges
5. ... e5×d4. Es folgt (5. ... Sf6×e4)
6. Dd1—e2. Bei der Rochade geht die Eröffnung natürlich mit Zugumstellung in das Hauptspiel über.
6. ... b7—b5! Dieser neue Zug bedeutet eine wesentliche Verbesserung des schwarzen Spiels.
7. De2×e4. Oder 7. Lb3 d5 mit gutem Spiel für Schwarz.
7. ... d7—d5!
8. De4—e2 b5×a4 und Schwarz hat mit seinem Läuferpaar ein chancenreiches Spiel.

Schwach ist auch der Angriff (1. e4 e5 2. Sf3 Sc6 3. Lb5 a6 4. La4 Sf6) 5. d2—d3, genau wie bei der Berliner Verteidigung, wo die Fortsetzung behandelt wird. Hinzuzufügen ist lediglich die Variante

5. ... b7—b5 (statt der dort behandelten Spielweise d7—d6 nebst g7—g6).
6. La4—b3 Lf8—c5
7. Lc1—e3 d7—d6! mit gleichem Spiel.

Sehr gut hingegen ist der Angriff (1. e4 e5 2. Sf3 Sc6 3. Lb5 a6 4. La4 Sf6)

5. Sb1—c3. Die beste Verteidigung bildet der Normalzug.
5. ... Lf8—c5. Darauf folgt
6. Sf3×e5

Auf 6. d3 b5 7. Lb3 d6 wird das Spiel der italienischen Partie ähnlich.

6. ... Sc6×e5
7. d2—d4 Lc5—d6
8. f2—f4? Besser 8. de Le5: mit Ausgleich.
8. ... Se5—c4! Der einzige gute Zug. Auf Sc6 oder Sg6 kommt Weiß durch Vorgehen der Bauern in Vorteil.
9. e4—e5 0—0!
10. La4—b3 b7—b5!
11. 0—0 Lc8—b7. Schwarz entwickelt sich mit jedem Zuge!

12. e5×d6. Oder 12. ef Df6: ebenfalls zum Vorteil für Schwarz.
12. ... c7×d6!
13. Lb3×c4 b5×c4.
Schwarz steht trotz dem Doppelbauern erheblich besser, weil der Zug f2—f4 den weißen Königsflügel geschwächt hat, so daß Schwarz den Punkt e4 beherrscht und der Läufer b7 eine sehr bedrohliche Angriffslinie bestreicht.

Eine ungünstige, aber sehr häufig gespielte Verteidigung ist (1. e4 e5 2. Sf3 Sc6 3. Lb5) 3. ... d7—d6, die von Steinitz warm empfohlen wurde. Dieser den Königsläufer einsperrende Zug ist hier ebensowenig zu empfehlen wie im 2. Zuge. Weiß erobert regelmäßig das Zentrum und erlangt damit das bessere Spiel. Die wichtigsten Fortsetzungen sind:

4. d2—d4! Lc8—d7. Schwarz sucht natürlich das Zentrum so lange wie möglich zu behaupten.
5. Sb1—c3 Sg8—f6
6. 0—0 Lf8—e7
7. Tf1—e1 und Schwarz muß das Zentrum mit 7. ... e5×d4 aufgeben, denn auf 7. ... 0—0? verliert er zwangsläufig einen Bauern oder die Qualität durch 8. Lc6: Lc6: 9. de de 10. Td8: Tad8: 11. Se5: Le4: 12. Se4: Se4: 13. Sd3 f5 14. f3 Lc5† 15. Sc5:! Sc5: 16. Lg5 Td5 17. Le7 Te8 18. c4. (Partie Tarrasch-Marco, Turnier zu Dresden 1892.) Nach 7. ... ed 8. Sd4: 0—0 9. Lf1! behält Schwarz ein gedrängtes Spiel, das nur durch Fehler des Weißen zu befreien ist.

Noch zwingender ist folgende Angriffsweise: (1. e4 e5 2. Sf3 Sc6 3. Lb5 d6 4. d4 Ld7 5. Sc3 Sf6)

6. Lb5×c6. Dieser Tausch der stärkeren gegen die schwächere Figur wird durch die Fortsetzung gerechtfertigt.
6. ... Ld7×c6
7. Dd1—d3. Schwarz kann jetzt den Punkt e5 nicht mehr gut decken und gerät damit in Stellungs-

nachteil. Auf 7. ... ed 8. Sd4: steht Weiß erheblich besser. Schwarz setzt am besten mit 8. ... Le7 fort. Der Versuch, mit 7. ... Sd7 (8. d5? Sc5) das Zentrum zu halten, wird mit 8. Le3 (jetzt droht d5) widerlegt.

Andere, seltener gespielte Verteidigungen sind 3. ... Lf8—c5, 3. ... Sc6—d4 und 3. ... f7—f5.

Das Drei- und Vierspringerspiel

Das Dreispringerspiel entsteht, wenn Weiß nach 1. e2—e4 e7—e5 2. Sg1—f3 Sb8—c6 mit 3. Sb1—c3 fortsetzt. Schwarz antwortet darauf am besten mit 3. ... Sg8—f6, womit das Vierspringerspiel hergestellt ist. Direkt schlecht ist statt dessen 3. ... Lf8—c5 wegen des Scheinopfers auf e5:

4. Sf3×e5!
   Der eigentliche Sinn dieses sehr oft vorkommenden Scheinopfers ist, daß Weiß den Entwicklungszug d2—d4 mit Tempogewinn macht. Dadurch kommt er immer etwas in Vorteil.
4. ... Sc6×e5
5. d2—d4 Lc5—d6! Bei 5. ... Ld4: 6. Dd4: kommt noch der Vorteil des Läuferpaares dazu.
6. d4×e5 Ld6×e5
7. f2×f4 Le5×c3†
8. b2×c3. Weiß steht trotz den zersplitterten Bauern erheblich besser.

Noch schlechter ist (nach 1. e4 e5 2. Sf3 Sc6 3. Sc3 Lc5 4. Se5:)

4. ... Lc5×f2†?, denn nach
5. Ke1×f2 Sc6×e5 ist Weiß wegen der vollen Beherrschung des Zentrums (nach d2—d4) und wegen seines Läuferpaares in starkem Vorteil, wenn er auch die Rochade verloren hat und sein König zunächst einigen Angriffen ausgesetzt ist. Es folgt
6. d2—d4 Dd8—f6†

7. Kf2—g1 Se5—g4 (um nach 8. Dg4: Dd4† mattzusetzen)
8. Dd1—d2.

Der Angriff des Nachziehenden ist zu Ende, Weiß betreibt mit h3, Lc4, Kh2 nebst Tf1 die künstliche Rochade und steht vorzüglich.

Auch 3. ... g7—g6 (nach 1. e4 e5 2. Sf3 Sc6 3. Sc3) ist nicht zu empfehlen. Nach 4. d2—d4! e5×d4 schlägt Weiß nicht sofort wieder, sondern spielt zunächst 5. Sc3—d5 und erlangt nach 5. ... Lf8—g7 mit 6. Lc1—g5 f7—f6 (6. ... Sge7? 7. Lf6) 7. Lg5—f4 d7—d6 8. Sf3×d4 Stellungs- und Tempovorteil.

Das nach 3. ... Sg8—f6! entstehende Vierspringerspiel kann Weiß mit 4. Lf1—c4, 4. d2—d4 oder 4. Lf1 b5! fortsetzen, womit das italienische bzw. schottische und spanische Vierspringerspiel entsteht. Die beiden ersten Spielweisen sind bei der italienischen bzw. schottischen Partie behandelt. Gegen das spanische Vierspringerspiel, das die schwierigsten Probleme stellt, gibt es mehrere befriedigende Verteidigungen. Die einfachste ist: (1. e4 e5 2. Sf3 Sc6 3. Sc3 Sf6 4. Lb5)

4. ... a7—a6
5. Lb5×c6!. Die Fortsetzung 5. ... Lb5—a4 ist bei der spanischen Partie erörtert.
5. ... d7×c6
6. Sf3×e5 Sf6×e4
7. Sc3×e4 Dd8—d4 oder d5
8. 0—0 Dd4 (bzw. d5) ×e5!
9. d2—d4 De5—f5! Hier steht die Dame am besten. Weniger gut ist Dd5.
10. Tf1—e1 Lc8—e6. Weiß hat einen Vorsprung in der Entwicklung, den Schwarz aber durch die lange Rochade mit Entwicklung des Turmes einzuholen droht, z. B. 11. Sg5 0—0—0 12. Se6: fe und Schwarz, der e6—e5 oder c6—c5 droht, steht gut.
11. Lc1—g5 h7—h6!
    Nicht sofort 11. ... Ld6 wegen 12. g4! Dg6 13. f4 f5 14. Sd6† cd 15. d5! und Weiß gewinnt.

12. Dd1—d3! Auf 12. Lh4 folgt 12. . . . g5 nebst 0—0—0 oder 12. . . . Ld6. Mit dem Damenzuge droht Damengewinn durch Sd6†.
12. . . . Ke8—d7
13. Lg5—h4 Df5—b5! und die Spiele stehen ziemlich gleich.

Eine sehr gebräuchliche, aber etwas umständliche Verteidigung ist die symmetrische (1. e4 e5 2. Sf3 Sc6 3. Sc3 Sf6 4. Lb5)

4. . . . Lf8—b4 mit Beibehaltung der Symmetrie bis zu einem gewissen Punkte.
5. 0—0 0—0
6. d2—d3 d7—d6
7. Lc1—g5 Lb4×c3
8. b2×c3 Dd8—e7. Diese Verteidigung rührt von Metger her und gibt dem Schwarzen ein etwas beschwerliches, aber doch ziemlich gleiches Spiel. Weniger gut ist 8. . . . Se7, was man auch ohne den Tausch auf c3 spielen kann.
9. Tf1—e1 Sc6—d8
10. d3—d4 Lc8—g4!
11. h2—h3 Lg4—h5 nebst Sd8—e6 und die Chancen sind ziemlich gleich, da Schwarz das Zentrum behauptet. Das weitere Vorgehen mit g2—g4 ist für Weiß nicht ungefährlich.

Die von Dr. Svenonius empfohlene Verteidigung (1. e4 e5 2. Sf3 Sc6 3. Sc3 Sf6 4. Lb5 Lb4 5. 0—0 0—0 6. d3) 6. . . . Lb4×c3 7. b2×c3 d7—d5 (dies ist der charakteristische Zug der Spielweise) ist nicht zu empfehlen. Nach 8. Lc6:! bc 9. Se5: Dd6 10. Lf4 Te8 11. ed (11. Df3 führt mit 11. . . . de 12. de Te5: 13. Tad1! Lg4! 14. Td6: Lf3: 15. Tf6: gf eher zum Ausgleich) 11. . . . Te5: 12. d4 steht dem Nachziehenden zwar der glänzende Rettungszug 12. . . . Te1! zu Gebote, aber das Endspiel steht nach 13. Ld6: Td1: 14. Tfd1: cd 15. dc eher zugunsten von Weiß, z. B. 15. . . . Le6 16. Tab1 Tc8 17. d5 Ld5: 18. c7 und der Bauer c7 ist sehr gefährlich.

Ebenso ist 4. ... Lf8—c5 (nach 1. e4 e5 2. Sf3 Sc6 3. Sc3 Sf6 4. Lb5) für Schwarz ungünstig, weil nach 5. Se5: Se5: 6. d4 Ld6 7. 0—0 0—0 8. f4 dem Springer nicht wie bei der Einschaltung der Züge 3. ... a7—a6 und 4. Lb5—a4, das günstige Feld c4 zur Verfügung steht, so daß er nach c6 oder g6 ziehen muß, wo er nach 9. e5 Le7 mit 10. d5 bzw. 10. f5 weiter angegriffen wird.

Bei dieser letzten Verteidigung ist noch das Bauernopfer 5. ... Sd4 (nach 1. e4 e5 2. Sf3 Sc6 3. Sc3 Sf6 4. Lb5 Lc5 5. Se5:) bemerkenswert. Es wird durch 6. 0—0 0—0 7. Lc4 d6 8. Sf3 Lg4 (in dieser Fesselung liegt der Sinn des Opfers) 9. Le2! glatt widerlegt. Auch 5. ... 0—0 6. 0—0 Te8 7. Sf3! Se4: 8. d4 Sc3: 9. bc Lf8 10. d5 ist für Weiß günstig.

Die stärkste Verteidigung hat Rubinstein ausgearbeitet (1. e4 e5 2. Sf3 Sc6 3. Sc3 Sf6 4. Lb5) 4. ... Sc6—d4. Diese geistreiche Spielweise involviert ein chancenreiches Bauernopfer für Angriff. Darauf führt

5. Sf3×d4 e5×d4
6. e4—e5 d4×c3
7. e5×f6 Dd8×f6! (nicht 7. ... cd† 8. Ld2: Df6: 9. 0—0 Le7 10. Te1 oder 10. Lc3 mit starkem Angriff)
8. d2×c3 Lf8—c5
9. 0—0 0—0 zu völligem Ausgleich.

Auf (1. e4 e5 2. Sf3 Sc6 3. Sc3 Sf6 4. Lb5 Sd4)

5. Lb5—a4 Lf8—c5!
6. Sf3×e5 0—0
7. d2—d3 d7—d5!
8. Lc1—g5 c7—c6! hat Schwarz in seiner starken Angriffsstellung mindestens einen Ersatz für den geopferten Bauern, z. B. 9. 0—0 Te8 10. Sf3 Lg4. Oder 9. Dd2 Te8 10. f4 b5! 11. Lb3 h6 12. Lh4 Se4:! usw.

Einen noch stärkeren Angriff erlangt Schwarz bei (1. e4 e5 2. Sf3 Sc6 3. Sc3 Sf6 4. Lb5 Sd4)

5. Lb5—c4 Lf8—c5!

6. Sf3×e5 Dd8—e7!. Darauf bringt 7. Sf7: wegen 7. ... d5! und 7. Lf7† wegen 7. ... Kf8 Figurenverlust.
7. Se5—f3 d7—d5!
8. Lc4×d5 Lc8—g4!
9. d2—d3 c7—c6
10. Ld5—b3 Sf6—d7.

Die Annahme des Bauernopfers ist daher nicht zu empfehlen, höchstens in der folgenden Spielweise (1. e4 e5 2. Sf3 Sc6 3. Sc3 Sf6 4. Lb5 Sd4)

5. Sf3×e5 Dd8—e7
6. f2—f4 Sd4×b5
7. Sc3×b5 d7—d6
8. Se5—f3 c7—c6. Nach Rubinstein am besten. Die Fortsetzung 8. ... De4† 9. Kf2! Sg4† 10. Kg1 (nicht Kg3 wegen Dg6) ist für Schwarz nicht günstig, denn Weiß kommt durch die künstliche Rochade zu einer guten Entwicklung, z. B. 10. ... Dc6 11. De2† Le7 12. h3 Sf6 13. Kh2 nebst Te1.
9. Sb5—c3 Sf6×e4
10. 0—0 Se4×c3
11. d2×c3 De7—c7 mit ziemlich gleichem Spiel, das Weiß am besten mit 12. Sd4 nebst 13. Dh5 fortsetzt.

Die Fortsetzung (1. e4 e5 2. Sf3 Sc6 3. Sc3 Sf6 4. Lb5 Sd4)

5. 0—0 endlich führt mit 5. ... Sd4×b5
6. Sc3×b5 c7—c6
7. Sb5—c3 d7—d6
8. d2—d4 Dd8—c7 nur zum Ausgleich, da Weiß das Zentrum nicht erobert. Eher hat Schwarz wegen seines Läuferpaares die besseren Chancen.

Das englische Springerspiel

wird durch die Züge 1. e2—e4 e7—e5 2. Sg1—f3 Sb8—c6 3. c2—c3 charakterisiert. Der Zug 3. c2—c3 ist zu tadeln. Anstatt das Tempo irgendwie zur Entwicklung zu nützen, mißbraucht es Weiß, indem er dem Damenspringer sein bestes Feld, c3, nimmt. Diese Eröffnung wird jetzt auch sehr selten gespielt. Schwarz hat bequeme Verteidigungen. Die Gefahr für Schwarz liegt nur darin, daß er glauben könnte, auf den Zug 3. c2—c3 gleich gewinnen zu können.

Die beste Verteidigung ist 3. . . . d7—d5. Dieser Zug ist immer vorteilhaft, wenn dem weißen Damenspringer das Feld c3 zum Angriff auf die auf d5 wiederschlagende Dame genommen ist. Hier kommen nach der gebräuchlichsten Fortsetzung 4. Dd1—a4 (der Sinn des Zuges 3. c2—c3 ist also, im 4. Zuge die Dame zu entwickeln!) mehrere Gambits in Frage. Wer nicht den Mut hat, einen Bauern zu opfern, um so die Partieanlage des Gegners zu widerlegen, dem steht in 3. Sg8—f6 eine sichere und gute Verteidigung zu Gebote, die aber nicht so behandelt werden darf, wie es meistens geschieht.

(1. e4 e5 2. Sf3 Sc6 3. c3) 3. . . . d7—d5!

4. Dd1—a4

4. ed wäre schlecht, denn damit schenkt Weiß dem Gegner ein Tempo. Dagegen kommt 4. Lb5 in Betracht. Darauf folgt 4. . . . de 5. Se5: Ld7 (viel einfacher als 5. . . . Dd5 6. Da4 Se7 7. f4 [droht Lc4] 7. . . . Ld7. Also dann Ld7 lieber gleich im 5. Zuge!) 6. Sd7: Dd7: und Schwarz steht besser; er hat einen Vorsprung von zwei Zügen und ein schönes Spiel.

4. . . . Lc8—d7

Diese Gambitfortsetzung rührt von Caro und dem Verfasser her. Sie sucht den Damenzug gleich ad absurdum zu führen.

5. e4×d5 Sc6—d4

6. Da4—d1 Sd4×f3†

7. Dd1×f3 f7—f5!

Diese starke Fortsetzung des Angriffs rührt vom Verfasser her. Sie gibt einen nachhaltigeren Angriff als Sf6.

8. d2—d4! e5—e4

9. Df3—d1
   Auf g3 stände die Dame etwas exponierter.
9. ... Lf8—d6
10. c3—c4 b7—b6
   Um c4—c5 zu verhindern. Schwarz erlangt mit seinem Bauernübergewicht auf dem Königsflügel immer einen guten Angriff.

Ein anderes Gambitspiel ist von Leonhard angegeben und ebenfalls für Schwarz günstig: (1. e4 e5 2. Sf3 Sc6 3. c3—d5 4. Da4)

4. ... Sg8—f6
5. Sf3×e5 Lf8—d6!
   Opfert einen Bauern nach dem anderen für Entwicklung!
6. Se5×c6 (oder 6. ed De7! 7. dc De5† 8. Le2 0—0 mit gutem Angriff.)
6. ... b7×c6
7. d2—d3! 0—0
8. Lc1—g5 (oder 8. Le2 Sg4 9. h3 Dh4 mit überlegenem Spiel für Schwarz)
8. ... h7—h6
9. Lg5×f6 (auf Lh4 gewinnt Schwarz durch 9. ... g5 10. Lg3 de 11. de Se4: den Bauern mit besserer Entwicklung zurück)
9. ... Dd8×f6 mit schönem Angriffsspiel für den Bauern.

Nicht zu empfehlen an Stelle dieser Gambitspiele, die den Damenausfall nach a4 widerlegen wollen, ist es, (nach 1. e4 e5 2. Sf3 Sc6 3. c3 d5 4. Da4) 4. ... d5×e4 zu spielen, denn nach 5. Sf3×e5 sind die Punkte c6 und e4 angegriffen, Schwarz muß also 5. ... Dd5 ziehen und nach 6. Sc6: bc! (Dc6:? verliert durch Lb5 die Dame!) verliert er durch 7. Lc4 ein Tempo. Nach 7. ... Dd7 8. 0—0 Sf6 9. d3! ed 10. Ld3: (droht Lf5) 10. ... Lb7 11. Td1 hat Schwarz für seine zerrissene Bauernstellung kaum einen Ersatz.

Dagegen ist die von Steinitz herrührende Spielweise (1. e4 e5 2. Sf3 Sc6 3. c3 d5 4. Da4) 4. ... f7—f6 durchaus anwendbar. Der „häßliche Zug“ f7—f6 ist hier deshalb nicht zu verwerfen, weil sich Weiß ja denselben Zug auf der Damenseite geleistet hat. Das Spiel geht dann folgendermaßen weiter: 5. Lb5 Se7 6. ed Dd5: 7. d4 Ld7 8. Le3 (oder auch 0—0 mit derselben Fortsetzung) 8. . . . ed 9. cd Se5! 10. Ld7† (oder 10. Sc3 Sf3† 11. gf Df5) Dd7: 11. Dd7† Sd7: mit etwas besserem Spiel für Schwarz, da der isolierte Damenbauer im Endspiel nicht stark ist.

Eine gute, sichere Spielweise bildet hier, wie auch sonst so häufig 3. ... Sg8—f6, das Zweispringerspiel im Nachzuge. Die gebräuchliche Fortsetzung ist (1. e4 e5 2. Sf3 Sc6 3. c3 Sf6)

4. d2—d4 Sf6×e4 (4. ... ed wäre nicht gut wegen 5. e5 Se4 6. De2 Sc5 7. cd)
5. d4—d5 Sc6—b8 (auch Se7 kann geschehen)
6. Lf1—d3 (auch sofort Se5: ist unbedenklich, da De7 mit Dd4 und Lc5 mit Df3 pariert würde)
6. ... Se4—c5
7. Sf3×e5 Sc5×d3†
8. Se5×d3 (mit der Dame zu schlagen wäre wegen De7 nicht günstig)
8. ... d7—d6
9. Dd1—f3! (um Lf5 zu verhindern)
9. ... Lf8—e7
10. 0—0 0—0

Das schwarze Spiel ist durch den Bauern d5 etwas beengt und Weiß ist um einen Zug in der Entwicklung voraus, wofür das Läuferpaar wohl kein vollgültiger Ersatz ist. Der Fehler liegt darin, daß Schwarz den Zug d4—d5 zugelassen hat, den er durch 4. ... d7—d5! verhindern konnte. Die Folge könne sein 5. ed? Dd5: 6. de? Dd1† nebst Sg4. Oder 5. Lb5 ed! 6. Sd4: Ld7 7. ed Sd4: 8. Ld7† Dd7: 9. Dd4: Dd5: und Schwarz hat ein Tempo mehr bzw. 6. e5 Se4 7. cd Lb4† ebenfalls mit Entwicklungsvorsprung von Schwarz.

Die Verteidigung (1. e4 e5 2. Sf3 Sc6 3. c3) 3. ... f7—f5 ist weniger zu empfehlen. Schwarz lenkt dadurch mit vertauschten Farben in eine bekannte Variante der Wiener Partie ein (1. e2—e4 e7—e5 2. Sb1—c3 Sg8—f6 3. f2—f4) ein, wobei der Verteidiger noch den zweifelhaften Zug c7—c6 gemacht hätte. Das Spiel würde analog dieser Variante mit 4. d2—d4 f5×e4 5. Sf3×e5 Sg8—f6 fortgesetzt werden, wobei Weiß, entsprechend dem Nachziehenden in dieser Spielweise der Wiener Partie, ein ganz gutes Spiel hätte.

Das Königsläuferspiel

Das Königsläuferspiel (1. e2—e4 e7—e5 2. Lf1—c4) stellt im Gegensatz zu dem Königsspringerspiel, das den Schwarzen sofort durch den Angriff auf den Bauern e5 engagiert, dem Nachziehenden keine Probleme. Wenn Weiß nicht beizeiten in das Springerspiel oder die Wiener Partie überlenkt, kann die Initiative sogar auf Schwarz übergehen. Die stärkste Antwort ist 2. ... Sg8—f6, die „Berliner Partie". Darauf kann Weiß mit 3. d2—d3, 3. Sb1—c3, 3. Sg1—f3 oder 3. d2—d4 antworten.

Auf (1. e4 e5 2. Lc4 Sf6) 3. d2—d3 kann sich Schwarz nach Belieben mit 3. ... Sc6 oder 3. ... Lc5 entwickeln, er kann aber auch mit 3. ... c7—c6 nebst 4. ... d7—d5 gleich aggressiv werden. Die Spielweise des Anziehenden ist eben ganz passiv. Auf 3. Sb1—c3 kann sich Schwarz ebenfalls ruhig weiter entwickeln, wobei das Spiel, da Weiß doch bald Sf3 ziehen wird, italienischen Charakter annimmt. Mit 3. ... Se4: ist hier kein Vorteil zu ernten, da Weiß nicht auf e4 wiederschlägt, sondern den Gegenangriff 4. Dh5 unternimmt, der nach 4. ... Sd6 5. De5† De7 6. De7† Le7: 7. Lb3 zum Ausgleich führt.

Mit (1. e4 e5 2. Lc4 Sf6) 3. Sg1—f3 Sf6×e4 4. d2—d4 e5×d4 oder 3. d2—d4 ed 4. Sf3 Se4: kann Weiß ein aussichtsvolles Gambit spielen. Nach 5. Dd1×d4 Se4—f6 hat er für den Bauern drei Tempi, die im allgemeinen genügenden Ersatz für einen Bauern bilden. Die Fortsetzung ist:

6. Lc1—g5 Lf8—e7
7. Sb1—c3 0—0
8. 0—0—0 c7—c6. Besser als 8. ... Sc6 9. Dh4 mit starkem Angriff.
9. Th1—e1 d7—d5
10. Dd4—h4 und Schwarz hat ein beschwerliches Spiel. Deshalb empfiehlt es sich für Schwarz, anstatt das Gambit anzunehmen, mit (1. e4 e5 2. Lc4 Sf6 3. d4 ed 4. Sf3) 4. ... Sc6 in eine für ihn bequeme Variante der preußischen Partie einzulenken.

Mittelspiel und Mittelgambit

Das Mittelspiel 1. e2—e4 e7—e5 2. d2—d4 öffnet, ähnlich wie die damit verwandte schottische Partie, das Spiel zu frühzeitig. Mit der für Schwarz gefährlichen Fortsetzung (2. ... e5×d4) 3. Dd1×d4 4. Sb8—c6 4. Dd4—e3 wurde es zum erstenmal von Wilfried Paulsen auf dem Berliner Schachkongreß 1881 in die Turnierpraxis eingeführt. Es ist historisch interessant, daß von allen dort anwesenden Meistern, unter denen sich auch Steinitz und Zukertort befanden, nicht ein einziger eine befriedigende Verteidigung anzugeben wußte. Nur ein 19jähriger Student, eben der Verfasser, fand die richtige Erwiderung und Widerlegung und wandte sie im Trostturnier erfolgreich an: 4. ... Sg8—f6. Der Zug liegt freilich auf der Hand, erscheint aber bedenklich wegen der Antwort 5. e4—e5. Aber die wird durch zwei Opferkombinationen widerlegt, nämlich: 5. ... Sg4 6. De4 d5! 7. ed† Le6 8. dc Dc7:! (nicht 8. ... Dd1† 9. Kd1: Sf2†, was Berger später angab) und Schwarz hat für den geopferten Bauern eine glänzende Entwicklung. Oder 6. De2 d6! 7. h3 Se5: 8. f4 Sd4 9. De4 Dh4† 10. Kd1 Df2 und Schwarz rettet durch f7—f5 (bzw. Lf5) die Figur und behält einen Bauern mehr. Oder (6. ... De2 d6) 7. f3 Se5: 8. f4 Sd4 9. De4 c5! 10. fe d5! 11. Df4 (Dd3 Lf5) 11. ... Sc2† 12. Kd1 Sa1: und Schwarz ist im Vorteil. Diese Opferkombinationen, die der Verfasser sich natürlich am grünen Tisch ausgearbeitet hatte, müssen freilich feststehen, ehe man sich zu 4. ... Sf6 entschließen darf. Auf

5. Sb1—c3 folgt 5. ... Lf8—b4
6. Lc1—d2 0—0
7. 0—0—0 Tf8—e8! Dieser Zug trifft den Nagel auf den Kopf. Der Turm vis-à-vis der Dame muß Weiß in Verlegenheit bringen. Auf 8. f3 folgt 8. ... d7—d5 mit besserem Spiel für Schwarz. Weiß kann in seiner Not den Bauern e4 opfern, mit dem vom Verfasser angegebenen Zuge 8. Dg3 oder mit 8. Lc4. Beide Züge fallen schließlich zum Vorteil des Nachziehenden aus. Die ganze Eröffnung ist seitdem fast völlig aus den Turnieren verschwunden.

Das Mittelgambit oder Nordische Gambit

entsteht, wenn Weiß nach 1. e2—e4 e7—e5 2. d2—d4 e5×d4 auf das Wiederschlagen des Bauern verzichtet und 3. c2—c3 zieht. Schwarz kann das Gambit ablehnen und mit 3. ... d7—d5 4. e4×d5 Dd8×d5 in das abgelehnte Göring-Gambit einlenken. Oder er kann den c-Bauern schlagen und sich nach 4. Lf1—c4 mit Sg8—f6 analog dem Göring-Gambit verteidigen. Nach

5. Sb1×c3 Sb8—c6 (nicht 5. ... Lb4 6. e5! d5 7. ef! dc 8. Dd8† Kd8: 9. fg zum Vorteil von Weiß)
6. Sg1—e2 Lf8—c5. Oder auch Le7 nebst d6.
7. 0—0 d7—d6 hat Weiß nur ein Tempo mehr (außer dem Anzug) und das ist für einen Bauern zu wenig. Es folgt:
8. Lc1—g5 h7—h6
9. Lg5—h4 Sc6—e5
10. Lc4—b3 Se5—g6

11. Lh4—g3 0—0 und Schwarz kann sich erfolgreich verteidigen.

Hingegen ist es für Schwarz sehr gefährlich, auch noch den zweiten Bauern zu schlagen (1. e4 e5 2. d4 ed 3. c3 dc 4. Lc4) 4. . . . c3×b2 5. Lc1×b2. Einen Bauern nach dem andern zu schlagen, um nach dem 5. Zuge von Weiß ohne jede Entwicklung dazustehen, spricht jeder vernünftigen Strategie Hohn. Dies kann man nur dann tun, wenn man entschlossen ist, mit 5. . . . d7—d5! (von Schlechter angegeben) 6. Lc4×d5 Sg8—f6 7. Ld5×f7† Ke8×f7 8. Dd1×d8 Lf8—b4† 9. Dd8—d2 Lb4×d2† 10. Sb1×d2 beide Bauern zurückzuopfern. Aber dann entsteht ein Endspiel mit ziemlich gleichen Chancen. Daß Schwarz nach 10. . . . c7—c5 11. Ta1—c1 besser steht, wie allgemein behauptet wird, kann ich nicht finden.

Mittelspiel wie Mittelgambit sind für Weiß nicht zu empfehlen.

Die Wiener Partie

Die Wiener Partie wird durch die Züge 1. e2—e4 e7—e5 2. Sb1—c3 charakterisiert. Der Springerzug ist ein abwartender Entwicklungszug ohne besondere Tendenz, ähnlich wie 2. Lf1—c4. So kann es Schwarz nicht schwerfallen, Ausgleich zu erzielen. Bei der besten Antwort 2. . . . Sg8—f6! erlangt Schwarz mitunter sogar die Initiative. Mit 3. Lf1—c4 kommt man zum Läuferspiel, wo diese Spielart behandelt wird. Schlecht ist 3. g2—g3, worauf Schwarz mit 3. . . . d7—d5! 4. e4×d5 Sf6×d5 sofort das bessere Spiel erlangt, denn er ist bereits um zwei Züge in der Entwicklung voraus, und das als Nachziehender! Die gebräuchlichste und dabei für beide Teile gefährlichste Fortsetzung ist: (1. e4 e5 2. Sc3 Sf6!)

3. f2—f4.

Aber dieser Zug ist, wie immer in der Eröffnung, auch hier nicht zu empfehlen. Es folgt

3. ... d7—d5!
4. f4×e5
   4. ed e4! führt zum Falkbeergambit, das für Weiß ungünstig ist.
4. ... Sf6×e4
   Schwarz hat vier Entwicklungszüge hintereinander gemacht, wie es sich gehört, Weiß aber nur zwei. Der Vorteil bleibt auch weiterhin auf seiten des Nachziehenden.
5. Sg1—f3 Lf8—e7
   Die einfachste und jetzt gebräuchlichste Fortsetzung, neben der noch 5. ... Lb4 und 5. ... Lg4 in Betracht kommen.
6. d2—d4!
   Oder 6. d3 Sc3: 7. bc 0—0 8. d4 f6 mit gutem Spiel für Schwarz.
6. ... 0—0
7. Lf1—d3 f7—f5
8. e5×f6
   Weiß muß schlagen (und dabei Tempi verlieren), denn der Springer e4 steht zu stark.
8. ... Le7×f6!
   Wegen der drohenden Fesselung durch Te8 darf Weiß jetzt nicht zweimal auf e4 schlagen.
9. 0—0 Sb8—c6
   Dieser Gegenangriff, der von Réti gegen Spielmann angewendet wurde, gestattet Weiß baldigen Ausgleich. Deshalb verdient die Deckung durch 9. ... Lf5! den Vorzug. Schwarz behauptet damit die Initiative.
10. Sc3×e4 d5×e4
11. Ld3×e4 Sc6×d4
12. Sf3—g5! Lc8—f5! Natürlich darf Schwarz darauf nicht zweimal auf f5 schlagen, auch nicht nach dem Damentausch. Auch 13. Lf5: Sf5: 14. Dd8: Tad8: 15. Se6 wäre schlecht wegen 15. ... Ld4†. Aber mit dem folgenden Zuge erzwingt Weiß den Ausgleich.
13. c2—c3! Lf6×g5. Oder 13. ... Le4: 14. Se4:.

14. Lc1×g5 Dd8×g5
15. Dd1×d4 Lf5×e4 mit völligem Ausgleich.
    Noch weniger ist (nach 1. e4 e5 2. Sc3 Sf6 3. f4 d5 4. fe Se4:) der L. Paulsensche Zug
5. Dd1—f3 zu empfehlen. Es folgt nach Steinitz
5. ... Sb8—c6!
6. Lf1—b5!
    Schlecht wäre 6. Se4: wegen 6. ... Sd4 7. Dd3 de 8. De4: Lf5.
6. ... Se4×c3
7. b2×c3 Dd8—h4†
8. g2—g3 Dh4—e4†
9. Df3×e4 d5×e4.
    Weiß muß nun den Springer schlagen, denn auf 9. d4 folgt 9. ... ed 10. cd Ld7 und der Bauer e5 wird geschlagen, auch auf 11. Lf4.
10. Lb5×c6† b7×c6
11. Sg1—e2
    Oder 11. d4 ed 12. cd Lf5 und der Bauer ist nur mit dem König zu decken, da 13. d4 wegen Figurverlustes durch 13. ... Le4 unzulässig ist.
11. ... Lf8—e7!
12. Th1—f1 0—0
13. Tf1—f4 f7—f6! und Schwarz hat mit den beiden Läufern das bessere Spiel, z. B. 14. Te4: Lf5 15. Tc4 fe 16. Tc6: Ld6 oder 14. ef Lf6: 15. Te4: Lf5 16. Tc4 Lc2: 17. Tc6: Tae8, beidemal mit weit überlegener Entwicklung und Stellung des Nachziehenden.

So ist auch die Wiener Partie für den Anziehenden nicht zu empfehlen oder nur mit Übergang ins Drei- und Vierspringerspiel: (1. e4 e5 2. Sc3 Sf6) 3. Sg1—f3! Sb8—c6.

Das Königsgambit

Diese Eröffnung entsteht durch die Züge 1. e2—e4 e7—e5 2. f2—f4. Weiß opfert einen Bauern, um sich die f-Linie für den Turm zu öffnen und das Zentrum mit beiden Bauern zu besetzen. Aber der frühe Aufzug des f-Bauern ist unvorteilhaft, ja ich halte ihn sogar für einen entscheidenden Fehler. Die Widerlegung liegt in

2. ... d7—d5 mit der Fortsetzung

3. e4×d5 e5—e4!, womit Schwarz selbst Gambit spielt, das sog. Falkbeergambit (das übrigens zuerst, wenn auch in etwas anderer Form, von dem großen französischen Meister Labourdonnais gespielt worden ist). Dieses Gambit ist deshalb unwiderstehlich, weil es auf eine bereits (durch f2—f4) kompromittierte Stellung trifft. Es widerlegt die Absichten des Anziehenden vollständig: die f-Linie wird nicht geöffnet, im Gegenteil, der sozusagen isoliert stehende Bauer f4 bietet keinen erfreulichen Anblick, und mit der Besetzung des Zentrums ist es erst recht nichts. Da also die Absicht des Anziehenden auf diese Weise schlagend widerlegt werden kann, so ist es nahezu sinnlos, das Königsgambit zu spielen, zumal Schwarz außer dem Falkbeergambit noch andere günstige Verteidigungen zur Verfügung stehen, nämlich die Ablehnung des Gambits durch 2. ... Lf8—c5, sowie nach der Annahme des Gambits mit 2. ... e5×f4, die freilich Tempoverlust und Aufgabe des Zentrums bedeutet, auf 3. Sg1—f3, das Springergambit, der Gegenangriff 3. ... Sg8—f6 sowie 3. ... d7—d5.

Früher verteidigte man das Königsgambit nach der Annahme regelmäßig mit g7—g5, einem Zuge, der den Königsflügel unheilbar schwächt und den ich den Harakiri-Zug zu nennen pflege. Man nahm also viele Positionsnachteile in den Kauf, nur um ein materielles Übergewicht zu haben, eine nach meiner Ansicht grundfalsche Strategie! Nach guter Stellung muß man streben, aber nicht nach materiellem Gewinn! Übrigens hat es sich in der Praxis fast immer gezeigt, daß meine Strategie die richtige war, denn der Angriff ist fast immer durchgedrungen. Als das Nonplusultra einer

Verteidigung, die jedes gesunden Menschenverstandes bar ist, muß ich dem Lernenden das „Muzio-Gambit" namhaft machen, welches durch folgende Züge charakterisiert wird: 1. e2—e4 e7—e5 (dies ist der einzige richtige Zug, den der Nachziehende in dieser Eröffnung macht!) 2. f2—f4 e5×f4 ? 3. Sg1—f3 g7—g5 ? 4. Lf1—c4 g5—g4 ? ? 5. 0—0 g4×f3.

Dieses Gambit ist viele Jahrzehnte lang so gespielt worden!

Das Falkbeergambit, von dem ich schon seit Jahrzehnten behauptet habe, daß es das Königsgambit widerlegt, geht folgendermaßen weiter (1. e4 e5 2. f4 d5! 3. ed e4!)

4. d2—d3!

Noch der beste Versuch, die unästhetische Stellung von Weiß zu reparieren. Der Bauer e4 muß beseitigt werden.

4. ... Sg8—f6

5. d3×e4. (Auf 5. Sc3 folgt 5. ... Lb4.) 5. ... Sf6×e4

6. Sg1—f3 Lf8—c5

7. Dd1—e2

Hierauf wäre 7. ... Lf2† schlecht wegen 8. Kd1 Dd5† 9. Sfd2! f5 10. Sc3. Auch 7. ... Dd5: wäre wegen derselben Fortsetzung nicht empfehlenswert. 7. ... f5 würde den schwarzen Damenläufer beengen, Weiß würde danach durch 8. Le3 Dd5: 9. Lc5: Dc5: 10. Sc3 De7 11. Sd5 Dd6 12. 0—0—0 c6 13. Sc3 Df4† 14. Sd2 0—0 15. Se4: fe 16. De4: bei gleichen Kräften die schnellere Entwicklung bekommen, z. B. 16. ... Sd7 17. Lc4† Kh8 18. Thf1 De4: 19. Se4:.

7. ... Lc8—f5! Dieser vom Verfasser herrührende Zug, der scheinbar durch g2—g4 zu widerlegen ist, stellt den Vorteil des Nachziehenden bald klar.

8. g2—g4

Besser ist 8. Sc3 De7, ebenfalls zum Vorteil von Schwarz.

8. ... 0—0!

9. g4×f5 Tf8—e8
Jetzt ist für Weiß guter Rat teuer. Auf 10. Se5 gewinnt 10. ... Dh4† nebst Sf2†.
10. Lf1—g2 Se4—f2
11. Sf3—e5 Sf2×h1
12. Lg2×h1 Sb8—d7!
Nicht 12. ... f6 wegen 13. d6!, womit Weiß sowohl durch Dc4† wie durch Lb7: etwas zu gewinnen droht.
13. Sb1—c3. Weiß kann die Figur nicht retten.
13. ... f7—f6
14. Sc3—e4 f6×e5
15. Se4×c5 Sd7×c5
16. f4×e5. Schwarz hat die Qualität mehr, aber die gewaltige Bauernmacht von Weiß muß erst gebrochen werden. Auch sind Turm und die beiden Läufer häufig den Türmen und einem Springer überlegen. Aber jetzt entscheidet die ungünstige Königsstellung des Weißen.
16. ... Dd8—h4†
17. Ke1—f1 Te8—f8! Hierauf verliert Weiß einen seiner Mittelbauern. Auf 18. f6 folgt nicht 18. ... gf, sondern 18. ... Tae8!.
18. Kf1—g1 Dh4—d4†
19. Lc1—e3 Dd4×e5
20. Ta1—e1 Sc5—d7!
21. De2—c4 Kg8—h8
22. Lh1—e4 Ta8—e8
23. Le3—d4 De5—f4
24. Te1—e2 Sd7—f6
25. Ld4×f6 g7×f6! und Schwarz gewinnt. (Partie Spielmann-Tarrasch vom Turnier zu Mährisch-Ostrau 1923.)

Nun ist Weiß ja nicht gezwungen, das Gambit mit 3. e4×d5 (nach 1. e4 e5 2. f4 d5!) anzunehmen. Er kann es mit 3. Sg1—f3 ablehnen. Aber dann hat er nach

3. ... d5×e4

4. Sf3×e5 bei gleichen Kräften das schlechtere Spiel, denn der Bauer e4 drückt auf sein Spiel und der häßliche Bauer f4 bedeutet eine Auflockerung des Königsflügels, beides wie im angenommenen Falkbeergambit, während der Angriff ebenfalls dem Nachziehenden gehört. Das Spiel kann etwa folgendermaßen weitergehen:
4. ... Lf8—d6. Auch Sd7 ist gut.
5. d2—d4 e4×d3
6. Lf1×d3 Sg8—f6
7. 0—0 0—0
8. Sb1—c3 Sb8—d7
   Schwarz muß die starke Vorstellung des Gegners beseitigen. Nicht gut ist es, mit 8. ... Le5: 9. fe Dd4† 10. Kh1 De5: auf Beute auszugehen, anstatt sich zu entwickeln, die Folge wäre eine rasche Katastrophe: 11. Lf4 Dc5 12. Lc7:! Dc7:? 13. Tf6: gf 14. Dh5 f5 15. Dg5† Kh8 16. Df6† Kg8 17. Sd5 und gewinnt. (Partie Tarrasch-Eckart.)
9. Se5×d7 Lc8×d7 und Schwarz hat die bessere Stellung und Entwicklung.

Bei der anderen Art, das Königsgambit abzulehnen, nämlich (1. e4 e5 2. f4) 2. ... Lf8—c5 hat Weiß eher Chancen, das Spiel auszugleichen. Jedenfalls ist dies keine zwingende Widerlegung des Gambits. Die gebräuchlichste Fortsetzung ist:
3. Sg1—f3 d7—d6
4. Lf1—c4 Sb8—c6
5. d2—d3 Sg8—f6
6. Sb1—c3 Lc8—e6!
   Dieser vom Verfasser herrührende Zug ist der einfachste und beste. Nach 7. Le6:? fe 8. fe? de hat Schwarz das weit freiere Spiel.
7. Lc4—b5 a7—a6
8. Lb5×c6† b7×c6 und Schwarz hat mit seinen beiden Läufern ein gutes Spiel.

Statt 6. ... Lc8—e6! wird sehr häufig 6. ... Lc8—g4 gespielt, was zu einer in solchen Stellungen oft wiederkehrenden, korrekten Opferwendung Gelegenheit gibt: (6. ... Lg4)

7. h2—h3. Dr. Aljechin empfiehlt statt dessen 7. Sa4, was Schwarz mit 7. ... 0—0 oder 7. ... De7 nebst 0—0—0 beantworten kann.
7. ... Lg4×f3. Auch hier ist 7. ... Le6 sehr gut.
8. Dd1×f3 Sc6—d4. Statt dessen kommt auch 8. ... ef 9. Lf4: Sd4 in Betracht.
9. Df3—g3 Sd4×c2†. Sicherer ist 9. ... De7 oder 9. ... Sh5 10. Dg4 g6.
10. Ke1—d1 Sc2×a1
11. Dg3×g7 Ke8—d7! Oder 11. ... Tf8 12. fe de 13. Lg5 Le7 14. Tf1.
12. f4×e5 d6×e5
13. Th1—f1 Lc5—e7
14. Lc1—g5 oder auch Dg7×f7 mit sehr heftigem Angriff.

Das Königsgambit wird jetzt mit Recht nur noch sehr selten gespielt.

Die französische Partie

Die französische Partie wird durch die Züge 1. e2—e4 e7—e6 charakterisiert. Der Zug e7—e6 ist dem Zuge e2—e4 nicht völlig gleichwertig. Erstens beherrscht Weiß und nicht Schwarz das Zentrum und dann wird — wie immer, wenn e7—e6 vor Entwicklung des Damenläufers geschieht — diese Figur eingesperrt. Diese minutiösen Vorteile sind natürlich äußerst schwer zur Geltung zu bringen, aber für ganz vollwertig kann ich den Gegenzug 1. ... e7—e6 auf 1. e2—e4 nicht halten. 1. ... e7—e5 ist die einzige theoretisch wie praktisch völlig befriedigende Entgegnung auf 1. e2—e4. Nach 1. e2—e4 e7—e6

2. d2—d4 sucht Schwarz mit
2. ... d7—d5 den Fehler seines ersten Zuges nach Möglichkeit wieder gutzumachen, indem er im Zentrum festen Fuß faßt und sogar aggressiv wird.

Die einfachste Entgegnung, die Morphy stets gewählt hat, ist der Bauerntausch, der zu einem völlig gleichen und häufig symmetrischen Spiel ohne größere Spannungen führt:

3. e4×d5 e6×d5
4. Sg1—f3 Sg8—f6
5. Lf1—d3 Lf8—d6
6. 0—0 0—0
7. Lc1—g5 Lc8—g4
8. Sb1—d2 Sb8—d7
9. c2—c3 c7—c6
10. Dd1—c2 Dd8—c7.

Diese Abtauschvariante der französischen Partie führt sehr häufig zu einer hoffnungslosen Remisstellung.

Aber mit dem Bauerntausch werden die in der Stellung liegenden Probleme nicht gelöst, sondern umgangen. Der Zug 3. e4×d5 befreit den schwarzen Damenläufer und *kann* somit nicht der beste sein. Vorteil kann Weiß nur erlangen, wenn er früher oder später e4—e5 spielt, damit seinen Terrainvorteil, den er schon nach dem 1. Zuge hatte, vergrößert und die Einsperrung des schwarzen Damenläufers bestehen läßt. Aber *wann* soll der Königsbauer vorgehen? Nur mit Tempogewinn, am besten, wenn die Entwicklung schon einigermaßen vorgeschritten ist. Allerdings bekommt Schwarz nach e4—e5 Gegenchancen, indem er die Bauernkette d4—e5 angreift, und so mag sich das Spiel schließlich doch ausgleichen. Aber etwas Terrainvorteil bleibt dem Weißen doch sehr häufig. Jedenfalls ist es verdienstvoll und anerkennenswert, wenn man mit e4—e5 die Verwicklungen sucht, anstatt sie mit e4×d5 auszuschalten.

Im 3. Zuge (nach 1. e4 e6 2. d4 d5) ist e4—e5 nicht gut, weil es ohne Tempogewinn geschieht. Schwarz erlangt sofort den Angriff auf die Bauernkette. Es folgt:

(3. e4—e5)
3. ... c7—c5

4. c2—c3 Sb8—c6
5. Sg1—f3. Die Deckung durch f2—f4 muß man in den ersten Zügen vermeiden.
5. . . . Dd8—b6
6. Lf1—d3 c5×d4!
Weniger gut ist 6. . . . Ld7 wegen 7. dc Lc5: 8. 0—0 wie L. Paulsen spielte. Es folgt 8. . . . a5! (um b4 zu verhindern) 9. a4 mit ziemlich gleichem Spiel.
7. c3×d4 Lc8—d7! Damit ist der Bauer d4 angegriffen; auf 8. Lc2 wird nach 8. . . . Sb4 der Läufer getauscht, denn 9. Lb3 verbietet sich wegen 9. . . . Lb5 oder Da6 mit der Drohung Sd3†. Weiß muß also ein Tempo verlieren.
8. Ld3—e2 Sg8—e7. Schwarz setzt den Angriff auf den Bauern d4 fort, der nicht bequem zu decken ist.
9. b2—b3 Se7—f5
10. Lc1—b2 Lf8—b4†. Man sieht, daß Schwarz das bessere Spiel hat.
11. Ke1—f1 0—0! Schwarz droht nun mit f7—f6 weitere Angriffe und steht überlegen.

Deshalb ist es besser (nach 1. e4 e6 2. d4 d5), den angegriffenen Bauern mit 3. Sb1—c3 zu decken. Darauf setzt Schwarz am besten Angriff und Entwicklung mit 3. . . . Sg8—f6 fort. Schlecht ist 3. . . . d5×e4, weil Schwarz damit unter Tempoverlust das Zentrum aufgibt. Weiß erlangt danach durch einfache Entwicklungszüge das bessere Spiel mit guten Angriffschancen: 4. Se4: Sd7 5. Sf3 Sgf6 6. Ld3 Se4: 7. Le4: Sf6 8. Ld3 b6 9. Lg5 Lb7 10. 0—0 Le7 11. De2 0—0 12. Tad1. Oder 8. Lg5 Le7 9. Ld3 c5 10. 0—0 cd 11. Sd4: 0—0 und Weiß ist um zwei Tempi in der Entwicklung voraus. — Auch 3. . . . Lb4 (nach 1. e4 e6 2. d4 d5 3. Sc3) ist nicht ganz befriedigend, weil der Läufer nach d6 oder e7 gehört. Diesen minderwertigen Zug kann Weiß sehr gut mit 4. e5 beantworten, mit der Folge 4. . . . c5 5. Ld2!. Dieser sehr feine Zug ist von E. Varain in München angegeben und dann später von Bogoljubow mehrfach mit Erfolg angewandt worden. Weiß bekommt nun sowohl bei 5. ... cd 6. Sb5 Lc5 7. b4 a6 8. bc ab 9. Dg4 Kf8 10. Sf3 Sc6 11. Lb5: Sge7 12. 0—0 wie bei 5. ... Se7 6. Sb5 Ld2† 7. Dd2: 0—0 8. c3 das etwas bessere Spiel.

Auf 3. ... Sg8—f6! (nach 1. e4 e6 2. d4 d5 3. Sc3) kann Weiß nun den Vorstoß des e-Bauern mit Tempogewinn oder wenigstens ohne Tempoverlust ausführen. Nur muß er nach 4. e4—e5 Sf6—d7 nicht mit 5. f2—f4? fortfahren, sondern mit dem vom Verfasser herrührenden Zuge 5. Sg1—f3 mit der Folge 5. ... c5 6. dc Sc6 7. Lf4 Lc5: 8. Ld3 mit chancenreichem Spiel für Weiß. (Weniger gut ist [nach 1. e4 e6 2. d4 d5 3. Sc3 Sf6] 4. Ld3 wegen 4. ... c5! 5. Sf3 cd 6. Sd4: e5 7. Sf3 d4, wobei das weiße Spiel etwas eingeengt ist.)

Weiß kann jedoch auch — und dies ist gebräuchlicher und wohl auch besser — (nach 1. e4 e6 2. d4 d5 3. Sc3 Sf6) den Vorstoß des e-Bauern noch aufschieben und zunächst den Angriff des Gegners durch den Fesselungszug 4. Lc1—g5 abwehren. Darauf hat Schwarz drei Gegenzüge, nämlich 4. ... Le7, 4. ... Lb4 und 4. ... de. Bei allen ist Weiß etwas im Vorteil.

Auf 4. ... Lf8—e7 folgt am besten

5. e4—e5 Sf6—d7
6. Lg5×e7 Dd8×e7

In dieser Stellung stehen dem Weißen mehrere Spielweisen zur Verfügung. Die älteste ist Dd2 nebst Sd1, c2—c3, f2—f4 usw. Aber diese Anlage der Partie wurde vom Verfasser auf dem Frankfurter Turnier 1887 in zwei Partien durch ein Qualitätsopfer auf f3 widerlegt, nämlich: 7. Dd2 0—0 (c5? Sb5) 8. Sd1 c5 9. c3 f6 10. f4 Sc6 11. Sf3 cd 12. cd fe 13. fe Tf3: 14. gf Dh4† nebst Sd4:, womit sich das Qualitätsopfer glänzend bezahlt machte. Ein anderes System, das vom Verfasser im Nürnberger Turnier 1883 angewendet wurde, ist Ld3 nebst Se2. Auch Sb5, worauf Schwarz am besten Sb6 antwortet, ist gut. Das beste System ist: Aufgabe des Zentrums, indem man auf c5 und evtl.

f6 schlägt und die starken Punkte d4 und evtl. e5 mit Figuren besetzt. Nämlich:

7. Dd1—d2 0—0
8. f2—f4 c7—c5
9. Sg1—f3. Noch besser, schlagen zu lassen als selbst zu schlagen, da damit Zeitverlust vermieden wird.
9. ... Sb8—c6. Oder 9. ... f6 10. ef! Df6: 11. g3!.
10. g2—g3. Dieser Zug rührt von Rubinstein her. Der Königsläufer steht allerdings auf g2 sehr schlecht, aber später findet eine Umgruppierung statt.
10. ... a7—a6. Oder 10. ... cd 11. Sd4: Db4 12. 0—0—0.
11. Lf1—g2 b7—b5
12. 0—0. Die lange Rochade wäre jetzt ganz verfehlt, da Schwarz mit c5—c4 und b5—b4 einen überwältigenden Angriff erlangen würde.
12. ... c5×d4
13. Sf3×d4 Sc6×d4
14. Dd2×d4 De7—c5
15. Dd4×c5 Sd7×c5

Weiß ist im Vorteil, weil er mehr Terrain beherrscht, eine freiere Stellung hat und das schwarze Spiel durch die Bauern e5 und e6 eingeengt ist. Weiß gewann. (Partie Tarrasch-Teichmann, Turnier zu San Sebastian 1912.) Es folgte: 16. Se2 Ld7 17. Sd4 Tac8 18. Kf2! Tc7 19. Ke3 Tfe8 20. Tf2! Sb7 21. Lf1 Sa5 22. b3 h6 23. Ld3 Sc6 24. Sc6: Lc6: 25. Kd4 und die Überlegenheit des weißen Spiels ist offenbar.

Etwas besser als 4. ... Lf8—e7 ist wohl MacCutcheons Zug 4. ... Lf8—b4. Nach

5. e4—e5 h7—h6
6. Lg5—d2 Lb4×c3
7. b2×c3 Sf6—e4
8. Dd1—g4 Ke8—f8! Besser als g7—g6, was den Königsflügel lockert.
9. h2—h4. Um Sd2: Kd2: Dg5† zu vermeiden.
9. ... c7—c5
10. Th1—h3 Sb8—c6

11. Lf1—d3 Se4×d2
12. Ke1×d2 c5—c4!
13. Ld3—e2 Sc6—e7! Um auf 14. Tg3? mit 14. ... Sf5 zu decken. Die Verteidigung ist damit vollständig und der Gegenangriff beginnt.
14. Sg1—f3 Lc8—d7
15. Dg4—f4 b7—b5
16. h4—h5 a7—a5
17. Sf3—h4 Se7—f5! Schwarz gewann. (Partie Sir Thomas-Tarrasch vom Karlsbader Turnier 1923.)

Noch weniger kann Weiß mit 5. e4×d5 erreichen: (1. e4 e6 2. d4 d5 3. Sc3 Sf6 4. Lg5 Lb4)

5. e4×d5 Dd8×d5!
6. Lg5×f6 g7×f6
7. Dd1—d2 Dd5—a5!
8. Sg1—e2 Sb8—d7
9. Se2—c1 Sd7—b6
10. Sc1—b3 Da5—g5
11. Dd2×g5 f6×g5
Die Spiele stehen ungefähr gleich, eher ist Schwarz wegen des Läuferpaares etwas im Vorteil.

Aber der Wert des MacCutcheonschen Systems wird durch den von H. Wolf im Düsseldorfer Turnier 1908 eingeführten Zug 5. Sg1—e2! in Frage gestellt. Z. B. (1. e4 e6 2. d4 d5 3. Sc3 Sf6 4. Lg5 Lb4)

5. Sg1—e2! d5×e4
6. a2—a3 Lb4—e7
7. Lg5×f6 Le7×f6. Auch mit dem Bauern zu schlagen ist für Schwarz nicht günstig.
8. Sc3×e4. Weiß beherrscht das Zentrum und steht besser. Es könnte folgen:
8. ... e6—e5. Oder 8. ... b6 9. g3! nebst Lg2.
9. Dd1—d3 e5×d4
10. Se4×f6† Dd8×f6
11. Dd3×d4 Df6×d4
12. Se2×d4 mit etwas besserem Spiel für Weiß.

Die dritte Spielweise, die dem Schwarzen nach (1. e4 e6 2. d4 d5 3. Sc3 Sf6) 4. Lc1—g5 zu Gebote steht, nämlich 4. . . . d5×e4, sieht von vornherein nicht Vertrauen erweckend aus, denn Schwarz gibt damit das Zentrum auf und schenkt dem Gegner ein Tempo, indem er den Springer zum Angriff befördert. Nur durch Fehlzüge von Weiß kann Schwarz danach zum Ausgleich gelangen. Dem Weißen stehen mehrere für ihn günstige Fortsetzungen zu Gebote:

5. Lg5×f6 Dd8×f6
6. Sc3×e4 Df6—d8. Gilt für das Beste. Aber nun hat Weiß 2 Tempi vor und beherrscht das Zentrum.
7. Sg1—f3 Sb8—d7
8. Dd1—d2. Oder 8. c3, was Maroczy empfiehlt, mit der Fortsetzung 8. . . . c5 9. Da4 cd 10. 0—0—0.
8. . . . c7—c5
9. 0—0—0 c5×d4
10. Sf3×d4 Sd7—c5
11. Dd2—e3 und Weiß hat einen bedeutenden Vorsprung in der Entwicklung. Oder (1. e4 e6 2. d4 d5 3. Sc3 Sf6 4. Lg5 de)
5. Sc3×e4 Lf8—e7
6. Lg5×f6 Le7×f6
7. Sg1—f3 Sb8—d7
8. Dd1—d2
   Besser als 8. Ld3, worauf nach 8. . . . c5! der d-Bauer der Deckung bedarf.
8. . . . c7—c5
9. 0—0—0 mit glänzendem Spiel für Weiß. Ich empfehle in dieser Spielweise besonders die lange Rochade.

*

Es bleibt noch die häufig wiederkehrende Stellung zu erörtern, die dadurch entsteht, daß Schwarz auf f6 mit dem Bauern anstatt mit dem Läufer wiedernimmt. Diese Anlage der Partie wurde von Bogoljubow in einer Matchpartie gegen Dr. Aljechin schlagend widerlegt. Das Wesentliche für Weiß ist: Flankenentwicklung des Läufers, um auf der g-Linie sicher zu stehen, und lange Rochade. Dann weiß der Nachziehende bald

nicht ein noch aus:
(1. e4 e6 2. d4 d5 3. Sc3 Sf6 4. Lg5 de 5. Se4: Le7 6. Lf6:)
6. . . . g7×f6
7. Sg1—f3 f6—f5
8. Se4—c3 c7—c6
9. g2—g3! Sb8—d7
10. Lf1—g2 Dd8—c7
11. Dd1—e2 b7—b5. Auch nach b7—b6 hat Weiß ein viel schöneres, harmonischeres Spiel.
12. Sf3—e5 Lc8—b7
13. 0—0—0 Sd7—b6
14. De2—h5 und Weiß steht überlegen.

Es zeigt sich also, daß dic französische Partie bei bestem Gegenspiel nicht zu völligem Ausgleich führt.

Die sizilianische Partie

Die sizilianische Partie, die durch die Züge 1. e2—e4 c7—c5 hergestellt wird, gibt dem Nachziehenden ein besseres Spiel als die französische Partie sowie die andern minderwertigen Gegenzüge auf 1. e2—e4. Streng korrekt ist der Zug gewiß nicht, denn er leistet nichts für die Entwicklung, sondern sucht nur dem Anziehenden die Zentrumsbildung zu erschweren. Aber dies mit Erfolg. Denn meist sucht Weiß mit d2—d4 das Spiel rasch zu öffnen und der dann folgende Tausch des c- gegen den d-Bauern ist für den Weißen eigentlich nachteilig, denn ein Mittelbauer ist mehr wert als ein Läuferbauer. Zum Ersatz dafür hat Weiß allerdings das erheblich freiere Spiel und Tempovorteile. Aber auf die Dauer hat doch Schwarz einen Bauern im Zentrum mehr und gerade hierin liegen seine Chancen, wie sie weder die französische Partie noch irgendeine andere minderwertige Verteidigung bietet. Weiß hat das bessere Figurenspiel, Schwarz das bessere Bauernspiel, und wer nun stärker spielt, wird die Vorteile seines Spiels betonen und die Nachteile weniger hervortreten lassen. Deshalb ist die sizilianische Verteidigung vorzüglich für einen starken Spieler geeignet, der einem schwächeren gegenüber „auf Gewinn“ spielen will. Gegen tadelloses Gegenspiel aber muß auch sie versagen.

Die gebräuchliche Spielweise ist: (1. e4 c5)

2. Sg1—f3. 2. c3? wird vorteilhaft mit 2. ... d5! beantwortet. 2. ... Sb8—c6. Oder 2. ... e6, was meist nur Zugumstellung bedeutet.

3. d2—d4

   Wenn Weiß das Spiel rasch öffnen will, ist dieser Zug besser als 3. Sb1—c3, denn damit verstellt man den c-Bauern, den man in manchen Varianten vorteilhaft nach c4 ziehen kann.

3. ... c5×d4

4. Sf3×d4 Sg8—f6

   Wie fast immer, ist auch hier das Zweispringerspiel im Nachzuge die beste Spielweise. Hier zwingt sie Weiß zur Verteidigung des e-Bauern und damit zur Verstellung des c-Bauern.

5. Sb1—c3

   Ja nicht etwa 5. Sc6: bc 6. e5, da der Bauer durch Da5† verlorengeht, eine in dieser Eröffnung häufig vorkommende Wendung. — Jetzt aber droht Weiß, durch Tausch auf c6 nebst e4—e5 den Springer zurückzuwerfen und dagegen muß etwas geschehen.

5. ... d7—d6! Hier wird häufig der schwächere Zug 5. ... e6 gespielt, den wir später betrachten.

6. Lf1—e2 e7—e6

   Diese beiden Bauernzüge sind charakteristisch für die Wilfried Paulsensche Spielweise, die dem Nachziehenden ein sehr festes, schwer zu erschütterndes Spiel gibt. Des weiteren gehören zu diesem System noch die Züge a7—a6, Dd8—c7 und Lc8—d7 oder b7—b5 nebst Lc8—b7. Schwarz bleibt auf drei Reihen beschränkt, während Weiß vier besetzt hat. Der Angriff ist schwer zu führen, aber ich gebe dem weißen Spiel den Vorzug.

7. 0—0 Lf8—e7
8. Kg1—h1. Um ohne Gefahr den f-Bauern vorstoßen zu können.
8. ... a7—a6
9. f2—f4 Dd8—c7
10. Lc1—e3. Sehr gut ist auch 10. a4, um b5 zu verhindern.
10. ... 0—0
11. Dd1—e1! Dieser feine Zug rührt von Yates her. Die Dame soll nach g3 zum Angriff.
11. ... Lc8—d7
12. Ta1—d1 b7—b5
13. a2—a3 Sc6—a5
14. De1—g3 Sa5—c4
15. Le3—c1. Weiß greift auf dem Königsflügel, Schwarz auf dem Damenflügel an. Die Chancen von Weiß dürften die besseren sein.

Statt des Paulsenschen Systems kann Schwarz auch das Königsfianchetto-System wählen: (1. e4 c5 2. Sf3 Sc6 3. d4 cd 4. Sd4: Sf6 5. Sc3 d6! 6. Le2)

6. ... g7—g6
   Schwarz muß sich wohl in acht nehmen, diesen Zug nicht zu früh zu spielen. Er soll erst *nach* Sb1—c3 geschehen, denn sonst kann Weiß durch c2—c4 sein Spiel bedeutend verstärken (nach Maroczy). Z. B. (1. e4 c5 2. Sf3 Sc6 3. d4 cd 4. Sd4:) 4. ... g6? 5. c4! Lg7 6. Le3 d6 7. Le2 Sf6 8. Sc3 und Weiß steht sehr gut.
7. Lc1—e3 Lf8—g7
8. 0—0. Statt dessen kommt auch Dd2 nebst der langen Rochade in Betracht. Dagegen gefällt mir der allgemein als bester angegebene Zug 8. Sb3 durchaus nicht. Weiß kommt damit in der Entwicklung zurück anstatt vorwärts. Die Begründung des Zuges, daß nämlich das Vorgehen des d-Bauern verhindert werden müsse, ist nicht stichhaltig. Auf 8. 0—0 wäre 8. ... d5 wegen der Antwort 9. Lb5 Ld7 10. ed mit Bauerngewinn fehlerhaft.

8. . . . 0—0
9. Dd1—d2 Sf6—g4. Oder 9. . . . d5 10. Sc6: bc 11. Tad1 mit überlegener Entwicklung und Stellung. — Mit dem Damenzuge opfert Weiß die „kleine Qualität“.
10. Le2×g4 Lc8×g4
11. f2—f4 Lg4—d7. Der Läufer war durch f4—f5 mit Absperrung bedroht. — Weiß hat jetzt ein schönes Angriffsspiel.

Berücksichtigt Schwarz im 5. Zuge (nach 1. e4 c5 2. Sf3 Sc6 3. d4 cd 4. Sd4: Sf6 5. Sc3) den drohenden Vorstoß des Königsbauern (nach Abtausch auf c6) nicht, sondern zieht 5. . . . e7—e6, so kommt er durch die Ausführung dieser Drohung in Nachteil. (Diese Position kann natürlich auch durch Umstellung von Zügen herbeigeführt werden.):

6. Sd4×c6! b7×c6
7. e4—e5 Sf6—d5
8. Sc3—e4 Dd8—c7
   Oder 8. . . . f5 9. ef Sf6: 10. Sd6† Ld6: 11. Dd6: Db6! (droht Df2†) 12. Ld3 c5 13. Lf4 Lb7 14. 0—0 Tc8 15. b3 mit besserem Spiel für Weiß. Schwarz hat eine deutliche Schwäche auf den schwarzen Feldern.
9. f2—f4 f7—f5
10. e5×f6: Weniger zu empfehlen ist 10. Sd6† Ld6: 11. ed Db6! (bei 11. . . . Db6:? verliert Schwarz durch 12. c4 Db4† 13. Ld2 eine Figur) 12. c4 wegen 12. . . . Sf6! Der vorgeschobene Bauer drückt zwar stark auf das schwarze Spiel, steht aber zu gefährdet.
10. . . . Sd5×f6
11. Se4×f6† g7×f6
12. Dd1—h5† Ke8—d8
13. Lc1—e3 nebst 0—0—0. Weiß hat den Vorteil der sicheren Königsstellung.
14. Th1×f1 und Weiß steht besser, der Bauer d6 drückt sehr stark auf das schwarze Spiel.

Man hat früher die auf 5. . . . e7—e6 (nach 1. e4 c5 2. Sf3 Sc6 3. d4 cd 4. Sd4: Sf6 5. Sc3) entstandene

Stellung fehlerhaft behandelt, nämlich erstens mit 6. Lf1—e2 und zweitens mit 6. Sd4—b5. Auf 6. Le2 Lb4 bringt das Bauernopfer 7. 0—0 Lc3: 8. bc Se4: 9. Lf3 Weiß keinen Vorteil; es folgt 9. ... d5 und nun ist mit 10. La3 Da5! nichts zu erreichen. Weiß spielt am besten mit 10. Sc6: bc 11. Le4: de 12. Dg4 auf Rückgewinn des Bauern, aber nach 12. ... 0—0 13. De4: Dd5 hat Schwarz mindestens gleiches Spiel.

Ebenfalls wirkungslos ist der Rösselsprung 6. Sd4—b5 (nach 1. e4 c5 2. Sf3 Sc6 3. d4 cd 4. Sd4: Sf6 5. Sc3 e6) mit der Folge

6. ... Lf8—b4!
7. a2—a3!. Bei 7. Sd6† Ke7 8. Lf4 e5 9. Sf5† Kf8 10. Lg5 oder Ld2 d5! steht Schwarz sehr gut.
7. ... Lb4×c3†
8. Sb5×c3. Dieser Springer hat vier Züge gemacht, um nach c3 zu gelangen, wo sein Zeitwert nur ein Tempo beträgt! Natürlich sind drei Tempi verloren. Ein Glück, daß Weiß schon seit den ersten Zügen mit zwei Tempi im Vorteil ist. Immerhin geht die Initiative auf Schwarz über.
8. ... d7—d5
9. e4×d5 e6×d5
10. Lf1—d3!

    Schlecht ist 10. Lg5 wegen der vom Verfasser („300 Schachpartien“, 1. Auflage, S. 44) herrührenden Opferkombination 10. ... 0—0! 11. Lf6: Df6: 12. Dd5: Te8† 13. Le2 Lg4 mit unwiderstehlichem Angriff.
10. ... 0—0
11. 0—0 Lc8—g4! Um eine Lockerung der weißen Stellung herbeizuführen.
12. f2—f3 Lg4—e6. Der Läufer kann auch über h5 nach g6 gehen.
13. Lc1—g5 Dd8—b6†
14. Kg1—h1 Sf6—d7
15. f3—f4 f7—f5
16. Dd1—f3 Db6—c5
17. Ta1—e1 Ta8—e8

Das Spiel steht ziemlich gleich, ich ziehe das schwarze Spiel wegen des Mittelbauern etwas vor.

Wenn Weiß d2—d4 wegen der von mir schon vorgebrachten Bedenken vermeiden will, so kann er sich mit d2—d3 begnügen und auf die Öffnung des Spiels vorläufig verzichten. Dann muß er seinen Königsläufer nach der Flanke entwickeln. Aber sofort 2. g2—g3 wäre schlecht wegen 2. ... d7—d5. Also muß erst 2. Sb1—c3 geschehen. Dann entwickelt sich etwa folgendes Spiel: (1. e4 c5)

2. Sb1—c3 Sb8—c6
3. g2—g3 g7—g6
4. Lf1—g2 Lf8—g7
5. Sg1—e2 d7—d6
6. d2—d3 Sg8—f6
7. 0—0 0—0
8. h2—h3 Lc8—d7
9. Lc1—e3 Ta8—b8
10. Dd1—d2 nebst f2—f4 und g3—g4 mit gutem Angriff für Weiß.

Die skandinavische Partie

Die skandinavische Partie oder Damenbauer gegen Königsbauer (1. e2—e4 d7—d5) gibt dem Nachziehenden ein freies, offenes Spiel, aber die Dame kommt zu früh heraus und steht mitunter gefährdet. Wenn Weiß nicht sehr scharf spielt und nicht jedes Tempo voll ausnützt, kann Schwarz ausgleichen, und wenn dem Nachziehenden gar die lange Rochade glückt, die hier doppelt wirksam ist, weil der Turm gleich die weiße Dame bedroht, kann es mitunter sogar zu gefährlichen Angriffen kommen. Aber bei ganz korrektem Spiel muß Weiß etwas in Vorteil kommen. Nach 1. e2—e4 d7—d5 muß Weiß mit 2. e4×d5 Dd8×d5 ein Tempo verlieren, das er aber mit 3. Sb1—c3 sofort zurückgewinnt. Die Dame geht nun nicht nach d8, wie man früher spielte, denn dann hätte ja Weiß bei der ganzen Transaktion wirklich ein Tempo gewonnen, sondern nach a5. Es folgt:

4. d2—d4. Weiß muß sofort das Zentrum besetzen. Bei 4. Lc4 nebst 5. d2—d3, was freilich viel sicherer ist, kann er keinen Vorteil erwarten. Dagegen kommt auch der von Mieses herrührende Gambitzug 4. b4 Db4: 5. Tb1 Dd6 in Betracht, mit dem Weiß ebenfalls ein aussichtsvolles Spiel erlangt.
4. ... e7—e5
   Ein ganz logischer Versuch, im Zentrum die Balance zu halten. Mit 5. de? würde Weiß schon ein Tempo verlieren und so dem Gegner Ausgleich gestatten: 5. ... Lb4! 6. Sf3 Lg4 7. Le2 Sc6! 8. 0—0 Sge7 und Schwarz gewinnt den Bauern immer mit gutem Spiel zurück.
5. Sg1—f3! Lf8—b4. Auf 5. ... Lg4 6. Le2 Sc6 folgt ebenfalls 7. Ld2 ed (Schwarz muß jetzt ein Tempo verlieren; auf 7. ... 0—0—0 verliert er durch 8. Se5: Le2: 9. Se2: einen Bauern ohne Ersatz) 8. Sd4: Sd4: 9. Lg4: Sf6 10. 0—0 Sg4: 11. Dg4: Le7 12. Te1 mit Tempo- und Stellungsvorteil für Weiß.
6. Lc1—d2 Lc8—g4
7. Lf1—e2. Soweit haben beide Teile jedes Tempo voll ausgenützt, aber jetzt muß Schwarz nachgeben: er verliert entweder ein Tempo oder einen Bauern; nämlich 7. ... Sc6 8. a3! Lc3: (Ld6? b4 Db6 Sd5 oder a4 und gewinnt die Dame) 9. Lc3: Dd5 10. de.
7. ... e5×d4
8. Sf3×d4. Weiß erzwingt nun durch Angriffe auf die entwickelten Figuren des Gegners weiteren Tempogewinn.
8. ... Da5—e5. Oder 8. ... Le2: 9. De2†.
9. Sc3—b5! Lg4×e2
10. Dd1×e2 Lb4×d2†
11. Ke1×d2 De5×e2†
12. Kd2×e2. In diesem Moment ist Weiß um nicht

weniger als 5 Tempi voraus. Bald setzt sich diese gewonnene Zeit in Kraft um.

12. . . . Sb8—a6
13. Th1—e1 0—0—0
14. Sb5×a7† Kc8—b8
15. Sa7—c6†! b7×c6
16. Sd4×c6† Kb8—c8
17. Sc6×d8 Kc8×d8 und Weiß gewann durch sein Übergewicht. (Partie Tarrasch—Mieses vom Turnier zu Göteborg 1920.)

Statt mit 4. . . . e7—e5 kann Schwarz auch mit 4. . . . Sg8—f6 fortfahren. Dann folgt: (1. e4 d5 2. ed Dd5: 3. Sc3 Da5 4. d4 Sf6)

5. Sg1—f3 Lc8—g4
6. h2—h3 Lg4—h5. Auch bei 6. . . . Lf3: 7. Df3: ist Weiß im Vorteil.
7. g2—g4 Lh5—g6
8. Sf3—e5 (droht die Dame mit Sc4 zu bedrängen) 8. . . . c7—c6
9. h3—h4 Sb8—d7
10. Se5—c4 Da5—c7
11. h4—h5 Lg6—e4
12. Sc3×e4 Sf6×e4
13. Dd1—f3 nebst Lf4 mit vorzüglichem Spiel für Weiß. Diese Variante rührt von Lasker her.

Auf (1. e4 d5 2. ed) 2. . . . Sg8—f6 darf Weiß nicht mit 3. c2—c4 den Bauern zu behaupten suchen, denn nach 3. . . . c6 4. dc? Sc6: 5. d3 ist er wegen des rückständigen Bauern auf der offenen d-Linie im Nachteil; er muß ihn zum mindesten mit (3. . . . c6) 4. d4! cd wieder hergeben, wobei aber die Spiele sich ausgleichen. Viel stärker aber ist (1. e4 d5 2. ed Sf6)

3. d2—d4 Sf6×d5
2. c2—c4 Sd5—f6
3. Sg1—f3 Lc8—g4
4. Lf1—e2 e7—e6

Weiß ist durch sein starkes Zentrum etwas im Vorteil.

Die Eröffnung Caro—Kann

Diese Eröffnung wird durch die Züge 1. e2—e4 c7—c6 charakterisiert. Natürlich ist der Zug 1. ... c7—c6 im theoretischen Sinne ganz gewiß nicht als korrekt zu bezeichnen, da er nichts für die Entwicklung leistet. Praktisch aber läßt er sich, wie die Erfahrung der letzten Jahre gezeigt hat, ganz gut anwenden, denn er stellt dem Anziehenden das enorm schwierige Problem, den geringen Eröffnungsvorteil festzuhalten und zu verstärken, und bei dem Versuch, dieses Problem zu lösen, kann man leicht fehlgreifen. Bei ganz scharfem und korrektem Spiel sollte aber für den Anziehenden ein greifbarer Vorteil herauszuschlagen sein. Nach (1. e4 c6) 2. d2—d4 d7—d5 kommen für Weiß hauptsächlich drei Züge in Betracht: 3. e4×d5, 3. e4—e5 und 3. Sb1—c3!. Der Tausch des Bauern e4 gegen den Bauern c6 kann unmöglich das Richtige sein, er führt nur zu gleichem Spiel. 3. e4—e5 ist hier noch weniger als im 3. Zuge der französischen Partie zu empfehlen; es kostet ein Tempo, gestattet dem Nachziehenden die bequeme Entwicklung des Damenläufers nach f5 und beseitigt nach der Entgegnung (3. e5 Lf5) 4. Ld3 bei 4. ... Ld3: mit dem weißen Königsläufer den größten Teil der Angriffschancen des Weißen. Der beste Zug ist 3. Sb1—c3 mit der Folge 3. ... d5×e4.

Schwarz hat kaum einen anderen Zug, als das Zentrum aufzugeben und dem Weißen ein Positionstempo zu schenken, denn auf 3. ... Sf6 könnte 4. e4—e5 mit noch stärkerer Wirkung als in der französischen Partie erfolgen; auf 4. ... Sd7 könnte sogar 5. e5—e6 geschehen.

4. Sc3×e4 Lc8—f5

Gewöhnlich setzt Weiß nun mit 5. Sg3 fort und nach 5. ... Lg6 6. Sf3 Sd7 7. Ld3 e6 ist Weiß zwar noch etwas im Vorteil, aber die schwarze Stellung ist sehr fest, die schwarzen Figuren entwickeln sich bequem und es fehlt an Angriffspunkten. Nach (1. e4 c6

2. d4 d5 3. Sc3 de 4. Se4: Lf5 5. Sg3 Lg6) 6. h4 h6 7. Sf3 Sd7 8. Ld3 Ld3: 9. Dd3: Sgf6 10. Ld2 e6 11. 0—0—0 Ld6 12. The1 Lg3: 13. fg hat Weiß auf dem Königsflügel einige Schwächen. Der Rückzug des Springers e4 nach g3, mit dem Weiß sich rückwärts entwickelt, ist offenbar nicht recht befriedigend. Ich empfehle deshalb das Gambitspiel (1. e4 c6 2. d4 d5 3. Sc3 de 4. Se4: Lf5) 5. Lf1—d3! Dd8×d4 6. Sg1—f3. Weiß hat dann ein Übergewicht von mindestens drei Tempi und die geben meist einen vollwertigen Ersatz für einen geopferten Bauern. Sehr wahrscheinlich liegt in diesem Gambitspiel die Widerlegung der Caro-Kann-Verteidigung. Dieses Gambit kann auch auf (1. e4 c6 2. d4 d5 3. Sc3 de 4. Se4:) 4. ... Sg8—f6 erfolgen, während man bisher diesen Springerzug mit 5. Se4×f6† ef! oder mit 5. Se4—g3, in beiden Fällen unter Tempoverlust, beantwortet hat. Der geringe Vorteil des weißen Spiels pflegte sich dann meist bald zu verflüchtigen.

Gut ist auch (nach 1. e4 c6 2. d4 d5) der selten gespielte Sperrzug 3. f2—f3, den sich Weiß erlauben darf, weil Schwarz denselben Zug auf der Damenseite gemacht hat. Verfehlt wäre darauf 3. ... d5×e4 4. f3×e4 e7—e5 (mit der Drohung Dh4†), denn darauf käme Weiß mit 5. Sg1—f3 e5×d4 6. Lf1—c4 nebst 0—0 unter Bauernopfer zu rascher Entwicklung und gutem Angriff. Auf 3. ... e7—e6 aber könnte Weiß ebenfalls mit 4. Lc1—e3 d5×e4 5. f3×e4 Dd8—h4† 6. g2—g3 Dh4×e4 7. Dd1—e2! (Dh1:? Lg2 Dh2: Lc6† mit Damengewinn) oder auch 5. Sb1—d2 ein aussichtsvolles Gambit spielen.

Vielleicht noch stärker als das gewohnte 2. d2—d4 ist 2. c2—c4. Damit bekommt Weiß immer ein schönes Spiel, nach 2. ... d7—d5 3. c4×d5 c6×d5 4. e4×d5 Dd8×d5 5. Sb1—c3 Dd5—a5 6. d2—d4 wie in der skandinavischen, nach 2. ... e7—e6 3. d2—d4 d7—d5 4. Sb1—c3 Lf8—b4 5. e4—e5 wie in der französischen Partie.

Aljechins Eröffnung

Dieser Eröffnung, die durch die Züge 1. e2—e4 Sg8—f6 charakterisiert ist, liegt die feine Idee zugrunde, die weißen Bauern vorzulocken, um sie dann erfolgreich anzugreifen. Diese Idee tritt besonders in dem ganz logischen Hauptspiel zutage, in dem Weiß sich verleiten läßt, alle vier Mittelbauern zu ziehen:

1. e2—e4 Sg8—f6
2. e4—e5 Sf6—d5
3. c2—c4 Sd5—b6
4. d2—d4 d7—d6
5. f2—f4? Das ist des Guten zuviel! Fünf Bauernzüge hintereinander in der Eröffnung!

5. . . . d6×e5
6. f4×e5 Sb8—c6
7. Lc1—e3. Nicht 7. Sf3 wegen 7. . . . Lg4.
7. . . . Lc8—f5. Man sieht, daß Schwarz in der Entwicklung voraus ist.
8. Sb1—c3 e7—e6
9. Lf1—e2 Dd8—d7
10. Sg1—f3 0—0—0
11. 0—0 f7—f6
12. e5×f6 g7×f6 und Schwarz steht besser, z. B. 13. d5 Se5 14. Lb6: Sf3† 15. Tf3: ab 16. de Le6: 17. Dd7† Ld7: 18. Tf6: Lg7 und das Endspiel steht zugunsten von Schwarz, obwohl er momentan einen Bauern weniger hat.

Weiß kann aber vorsichtiger spielen und mehr auf Entwicklung bedacht sein, dann wird er einigen Vorteil erlangen. Die für ihn aussichtsvollste Spielweise ist folgende: (1. e4 Sf6) 2. e4—e5 Sf6—d5

3. d2—d4 d7—d6
4. Sg1—f3 Lc8—g4!
5. Lf1—e2 Sb8—c6
6. 0—0! e7—e6
7. c2—c4 Sd5—b6
8. e5×d6. Dieser Tausch ist allerdings nicht konsequent; der Tausch des Bauern e5 gegen den Bauern c7 (nicht d6) kostet 2 Tempi. Aber der Punkt e5 läßt sich eben auf die Dauer schwer behaupten.
8. . . . c7×d6!

9. d4—d5!. Dieser Vorstoß bringt Weiß in Vorteil; z. B. 9. . . . Lf3: 10. Lf3: Se5? 11. de fe 12. Lb7: Tb8 13. La6 und Weiß behauptet den gewonnenen Bauern.

Das Damengambit

Das Damengambit ist durch die Züge 1. d2—d4 d7—d5 2. c2—c4 charakterisiert. Es ist kein eigentliches Gambit, denn Weiß opfert nichts, da der Gambitbauer nicht zu behaupten ist, z. B. 2. . . . dc 3. e3 b5 4. a4 c6 5. ab cb 6. Df3 und Weiß gewinnt eine Figur. Die gebräuchlichsten Verteidigungen sind die sogen. orthodoxe (1. d4 d5 2. c4 e6 3. Sc3 Sf6) und die tschechische (1. d4 d5 2. c4 c6).

Da der Gambitbauer nicht zu verteidigen ist, so hat es keinen Zweck, das „Gambit“ mit 2. . . . d5×c4 anzunehmen, denn damit gibt Schwarz nur das Zentrum auf und verliert ein Tempo. Nach 2. . . . dc 3. e3 e5! 4. Lc4: (4. de? Dd1† wäre für Weiß ungünstig) 4. . . . ed 5. ed Ld6 ist Weiß wegen seines Mittelbauern etwas im Vorteil. Um e7—e5 zu verhindern, wird meist 3. Sg1—f3 gespielt. Darauf folgt etwa (1. d4 d5 2. c4 dc 3. Sf3)

3. . . . c7—c5

4. e2—e3! Nicht gut ist 4. d4—d5, denn nach 4. . . . e6 5. e4 ed 6. ed Sf6 7. Lc4: Ld6 ziehe ich das schwarze Spiel vor, gemäß dem von mir aufgestellten Satz: „Besser eine mobile Bauernmajorität auf einem Flügel als ein gestoppter Freibauer im Zentrum.“

4. . . .	e7—e6
5. Lf1×c4	Sg8—f6
6. 0—0	Sb8—c6
7. Sb1—c3	c5×d4
8. e3×d4	Lf8—e7
9. Lc1—e3	0—0
10. Ta1—c1	Dd8—a5
11. Dd1—e2	Tf8—d8

12. Tf1—d1 Lc8—d7
13. d4—d5 mit etwas besserem Spiel für Weiß.

Am beliebtesten ist die „orthodoxe Verteidigung“ (1. d4 d5 2. c4 e6 3. Sc3 Sf6). Ihr Nachteil ist die Einsperrung des schwarzen Damenläufers, während der weiße nach 4. Lc1—g5! gut ins Spiel kommt. Die weitere Folge ist:

4. . . . Lf8—e7
5. e2—e3 Sb8—d7
6. Sg1—f3 0—0
7. Ta1—c1 c7—c6
   In dieser Stellung hat Weiß entschieden das bessere Spiel, denn seine Figuren stehen viel freier als die schwarzen und Schwarz ist noch nicht zu dem befreienden Zug im Damengambit, c7—c5, gekommen. (7. . . . c5? 8. cd ed 9. dc Sc5: 10. Lf6: Lf6: 11. Sd5: zum Vorteil von Weiß.)
8. Lf1—d3 d5×c4
9. Ld3×c4 Sf6—d5
10. Lg5×e7 Dd8×e7
11. 0—0 Sd5×c3
12. Tc1×c3. Auf 12. bc wäre 12. . . . e6—e5 noch stärker.
12. . . . e6—e5
13. Sf3×e5? Sd7×e5
14. d4×e5 De7×e5 und die Spiele haben sich so ziemlich ausgeglichen. Ein Versuch, mit 15. Dd2 die einzige offene Linie mit den schweren Figuren zu besetzen, scheitert an 15. . . . Lf5! 16. Td1 Df6 nebst Td8. Vielleicht kann Weiß dem Gegner mit 15. Db3 noch einige Schwierigkeiten machen.

Aber diese für Schwarz ziemlich befriedigende Stellung ist nur dadurch entstanden, daß Weiß schlecht gespielt hat. Durch den Tausch auf e5 hat er ja den Gegner entwickelt! Viel stärker ist 13. d4—d5! (Zuerst vom Verfasser in einer Turmpartie gespielt.) c6×d5 14. Dd1×d5 e5—e4 15. Sf3—d4 Sd7—b6 16. Dd5—a5! Sb6×c4 17. Tc3×c4 b7—b6 18. Da5—c3 (um La6 mit Tc7 zu beantworten) De7—g5 (droht sowohl durch La6 wie durch Lh3 Qualitätsgewinn) 19. f2—f4! e4×f3 20. Tf1×f3 und Weiß hat einen bedeutenden Vorsprung in der Entwicklung, Springer in überlegener Stellung gegen einen Läufer und beherrscht die einzige offene Linie. Es könnte folgen 20. ... Ld7 21. Sc6! Lc6:? 22. Tg3 Dh6 23. Th4! und Weiß gewinnt die Dame.

Auch konnte er schon im 11. Zuge, um weiteren Abtausch zu vermeiden (nach 1. d4 d5 2. c4 e6 3. Sc3 Sf6 4. Lg5 Le7 5. e3 Sbd7 6. Sf3 0—0 7. Tc1 c6 8. Ld3 dc 9. Lc4: Sd5 10. Le7: De7:) 11. Sc3—e4 (nach Aljechin) ziehen und damit das etwas bessere Spiel behaupten. Es folgt:

11. ... Sd5—f6!
12. Se4—g3 De7—b4†
13. Dd1—d2 Db4×d2†
14. Ke1×d2 Tf8—d8
15. e3—e4 b7—b6
16. Th1—d1 Lc8—b7
17. e4—e5 Sf6—e8. Auf 17. ... Sd5 folgt Sg3—e4—d6.
18. Kd2—e3 und das weiße Spiel verdient den Vorzug.

Eine Variante der orthodoxen Verteidigung bedarf noch einer Erörterung, die beste, die von Pillsbury herrührende „Cambridge-Springs-Variante", mit der Schwarz das Fehlen des weißen Damenläufers auf dem Damenflügel in sehr genialer Weise ausnützt. Nach 1. d4 d5 2. c4 e6 3. Sc3 Sf6 4. Lg5 Sbd7, worauf Weiß nicht zweimal auf d5 schlagen darf, weil er nach Sf6×d5 und Ld8: durch Lb4† seine Dame zurückverliert,

5. e2—e3 c7—c6
6. Sg1—f3 folgt der Ausfall
6. ... Dd8—a5!.
Hierauf geschieht gewöhnlich der geschmacklose Zug
7. Sf3—d2 mit der Folge
7. ... d5×c4

8. Lg5×f6 Sd7×f6
9. Sd2×c4 Da5—c7
10. Ta1—c1 Lf8—e7
11. g2—g3! 0—0
12. Lf1—g2 Tf8—d8
13. 0—0 Lc8—d7
Weiß steht wohl etwas freier, aber Schwarz hat Zukunftschancen wegen seines Läuferpaares.

Statt des geschmacklosen Zuges 7. Sd2 kann Weiß auf d5 tauschen, womit er aber den Springer f6 zum Angriff befördert: (1. d4 d5 2. c4 e6 3. Sc3 Sf6 4. Lg5 Sbd7 5. e3 c6 6. Sf3 Da5)

7. c4×d5 Sf6×d5! Auf 7. . . . ed? kommt Weiß durch Ld3 und 0—0 in Vorteil.
8. Dd1—b3. Auch mit 8. Dd2 erreicht Weiß nicht mehr als gleiches Spiel.
8. . . . Lf8—b4
9. Ta1—c1 e6—e5! Dieses feine Bauernopfer führt zum Ausgleich.
10. Sf3×e5. Nicht 10. de wegen 10. . . . Sc5 nebst 11. Sa4.
10. . . . Sd7×e5
11. d4×e5 Sd5×c3! Bei 11. . . . Le6 12. a3! Lc3† 13. bc 0—0 14. Db2! Sb6 15. f4 behauptet Weiß einigen Vorteil.
12. b2×c3 Lb4—a3
13. Tc1—d1 Lc8—e6
14. Lf1—c4 Le6×c4
15. Db3×c4 Da5×e5
16. Lg5—f4 De5—b5
17. Dc4×b5 c6×b5 und das Endspiel steht ziemlich gleich.

Am besten beantwortet Weiß den Damenausfall 6. . . . Dd8—a5 (nach 1. d4 d5 2. c4 e6 3. Sc3 Sf6 4. Lg5 Sbd7 5. e3 c6 6. Sg1—f3) mit meinem neuen Zuge

7. Dd1—b3!, mit dem er dem Angriff auf den Punkt c3 zuvorkommt. Es folgt:
7. . . . Sf6—e4
8. c4×d5

Hier kann auch noch besser 8. Lf4 geschehen. Mit dem Bauerntausch strebt Weiß Tempogewinn an.

8. . . . Se4×g5
9. Sf3×g5 e6×d5
10. Lf1—d3 und Weiß steht gut.

Aber Weiß braucht sich auf die zweifelhaften Verwicklungen der Cambridge-Springs-Variante gar nicht einzulassen, sondern kann, was ich schon vor längerer Zeit als das Einfachste und Beste empfohlen habe, sowie die schwarze Dame den Ausfall nach a5 droht, mit c4×d5 das etwas bessere Spiel behaupten, also: (1. d4 d5 2. c4 e6 3. Sc3 Sf6 4. Lg5 Sbd7 5. e3 c6)

6. c4×d5! e6×d5. Danach steht Weiß besser, denn seine Entwicklung ist klar und ungezwungen, während der schwarze Damenspringer nicht im richtigen Fahrwasser ist und niemals auf ein günstiges Feld gelangt. Weiß kann das Spiel auch mit Ld3, Sge2 nebst evtl. Sg3, Dc2 und langer Rochade fortsetzen (nach Aljechin), immer mit etwas besserem Spiel.

Die tschechische Verteidigung (1. d4 d5 2. c4) 2. . . . c7—c6, die ebenfalls sehr beliebt ist, kann theoretisch nicht völlig befriedigen, da der schwarze c-Bauer im Damengambit nach c5 gehört. Praktisch läßt sie sich aber ganz gut spielen und führt meist beinahe zum Ausgleich. Die gebräuchlichsten Spielweisen sind:

3. Sg1—f3 Sg8—f6
4. Sb1—c3 d5×c4
5. a2—a4 Lc8—f5
6. Sf3—e5. Auf 6. e3 bekommt Schwarz durch das Maréchalsche Manöver Sb8—a6—b4 ein gutes Spiel.
   6. . . . Sb8—d7
7. Se5×c4 Dd8—c7. Nicht 7. . . . e6 wegen 8. Lg5.
8. g2—g3 e7—e5
9. d4×e5 Sd7×e5
10. Lc1—f4 Sf6—d7
11. Sc4×e5 Sd7×e5
12. Dd1—d4 f7—f6

13. Lf1—g2 Lf8—e7
14. Ta1—c1 mit etwas besserem Spiel für Weiß.

Oder (1. d4 d5 2. c4 c6)

3. Sg1—f3 Sg8—f6
4. e2—e3 e7—e6. Hier kann auch 4. ... Lf5 oder 4. ... Se4 nebst 5. ... f7—f5 (die sog. Stonewall-Verteidigung) gespielt werden.
5. Sb1—c3 Sb8—d7
6. Lf1—d3 Lf8—d6
7. 0—0. Oder noch besser sofort 7. e3—e4. 7. ... 0—0
8. e3—e4 d5×e4. Besser noch 8. ... dc 9. Lc4: e5!. Nach 8. ... de erobert Weiß das Zentrum und kommt etwas in Vorteil. Schwarz kann nur durch späteres c6—c5 Ausgleich erzielen.
9. Sc3×e4 Sf6×e4
10. Ld3×e4 Sd7—f6
11. Le4—c2 und Schwarz ist von starkem Königsangriff bedroht.

Gegen die tschechische Verteidigung kann ich übrigens vom praktischen Standpunkte aus den wenig beliebten Angriff (1. d4 d5 2. c4 c6) 3. Sb1—c3 empfehlen, einfach aus dem Grunde, weil den meisten Spielern die beste Verteidigung dagegen nicht bekannt ist. Sie ziehen 3. ... Sg8—f6, worauf 4. Lc1—g5 sehr stark ist, oder machen andere minderwertige Züge. Die beste Verteidigung ist (1. d4 d5 2. c4 c6 3. Sc3)

3. ... e7—e5!, Winawers Zug, eine Art Gambit. Auf 4. de d4 gewinnt Schwarz durch Da5† den Bauern e5 zurück, ebenso auf 4. cd cd 5. de d4. Die weitere Folge ist etwa: (3. ... e5)
4. c4×d5 c6×d5
5. d4×e5

5. Sf3 e4 6. Se5 Sc6! führt auch nur zu Ausgleich.

5. ... d5—d4
6. Sc3—e4 Dd8—a5†
7. Se4—d2

Um auf 7. ... De5: mit 8. Sgf3 Dd6 9. Se4 die Dame und dazu den Bauern d4 zu bedrohen. Schwarz vermeidet dies durch

7. ... Sb8—c6! (Sind die Bauern c4 und c6 nicht getauscht, so geschieht Sd7 Sf3 Se5: Sd4: Sc4: mit gleichem Spiel.)
8. Sg1—f3 Sg8—e7
9. g2—g3 Se7—g6
10. Lf1—g2 Sg6×e5 mit Ausgleich. Der isolierte Damenbauer ist stark.

Zum Schluß will ich noch diejenige Verteidigung kurz erörtern, die ich für die beste halte, 3. ... c7—c5, die sog. Tarrasch-Verteidigung, wobei ich aber hinzufügen muß, daß ich mit dieser Ansicht fast vollständig allein stehe. Nachdem sie Jahrzehnte hindurch fast ausschließlich angewendet worden war, ist sie nämlich seit einiger Zeit aus der Mode gekommen. Sie basiert auf der unleugbar richtigen Idee, daß in der Verteidigung des Damengambits c7—c5 der befreiende Zug ist und daß man daher diesen Zug sobald wie möglich machen müsse. (Möglicherweise ist c7—c5 schon im 2. Zuge spielbar, jedenfalls ist das Gegenteil noch nicht zwingend bewiesen.) Schwarz bekommt mit dieser Verteidigung immer ein freies, schönes Figurenspiel, aber einen isolierten Damenbauern. Die gegenwärtig beliebteste Angriffsweise gegen diese Verteidigung ist die sog. Rubinstein-Variante, die Schlechter eingeführt hat:

(1. d4 d5 2. c4)

2. ... e7—e6
3. Sb1—c3 c7—c5!
4. c4×d5. Dies gilt für die beste Fortsetzung. Mit dem einfacheren Zuge 4. e3, der wahrscheinlich korrekter ist, gelangt man nach 4. ... Sf6 5. Sf3 Sc6 zu der symmetrischen „Normalstellung des Damengambits".
4. ... e6×d5

Hier ist auch der ganz neue v. Hennigsche Zug 4. ... c5×d4 möglich, mit dem Schwarz einen

Bauern opfert, mit der Folge 5. Dd4: Sc6 6. Dd1 ed 7. Dd5: Le6 oder 5. Da4†! Ld7 6. Dd4: ed 7. Dd5: Sf6 8. Dd1 mit Entwicklungsvorsprung für den Bauern.

5. Sg1—f3!
 5. dc d4! 6. Sa4 b5!! 7. cb ab 8. b3 führt zu Verwicklungen, die anerkanntermaßen zugunsten von Schwarz ausschlagen.

5. ... Sb8—c6!

6. g2—g3
 Dies ist der Schlechtersche Zug, dessen Sinn darin liegt, den Angriff auf den zu isolierenden Bauern d5 zu verstärken.

6. ... Sg8—f6

7. Lf1—g2 Lf8—e7. Hier gibt wohl auch 7. ... cd 8. Sd4: Lc5 9. Sb3 Lb4 oder Lb6 dem Schwarzen ein befriedigendes Spiel.

8. 0—0 0—0

9. d4×c5. Mit der Absicht, auf 9. ... Lc5: mit 10. Sa4 Le7 11. Le3 fortzufahren. Dies ist die neueste, allgemein für die beste geltende „Widerlegung" meiner Verteidigung. Diese Variante wird folgendermaßen ausgeführt: 9. ... Lc5: 10. Sa4 Le7 11. Le3 Se4 12. Sd4 Sd4: 13. Ld4: Le6 14. Tc1 Da5 15. a3 (oder 15. f3 Sd6!) 15. ... Tac8. Bei dieser „Widerlegung" hat Schwarz ein recht schönes Spiel. Ich spiele aber Gambit und ziehe noch stärker

9. ... d5—d4! mit der Folge

10. Sc3—a4 Lc8—f5 und Schwarz hat ein sehr schönes Druck- und Angriffsspiel. Er entwickelt sich weiter mit Se4 und Lf6. Der weiße Springer am Rande steht sehr schlecht. Ich bin der Ansicht, daß Schwarz besser steht (vgl. Partie Nr. 5).

Wer sich bei der Beurteilung dieser Verteidigung geirrt hat, ich oder die Schachwelt, wird die Zukunft lehren.

Das Damenbauernspiel

So bezeichnet man alle mit 1. d2—d4 d7—d5 eröffneten Partien, die nicht mit 2. c2—c4 fortgesetzt werden. Das Damenbauernspiel stellt nicht so schwierige Probleme wie das Damengambit. Häufig werden die Stellungen symmetrisch. Mitunter gehen sie in das Damengambit über, und zwar in das von Dr. Krause so genannte aufgelöste Damengambit.

1. d2—d4 d7—d5
2. Sg1—f3 Sg8—f6. Statt dessen ist auch 2. ... c7—c5 sehr gut, womit Schwarz mit einem Zuge weniger Damengambit spielt, z. B. 3. c4 e6 mit Übergang in die Tarrasch-Verteidigung des Damengambits. Überhaupt kann Schwarz fast jeden zweiten Zug im Damenbauernspiel mit 2. ... c7—c5 beantworten.
3. c2—c4 c7—c5! Oder 3. ... c6 mit Übergang in die tschechische Verteidigung des Damengambits.
4. c4×d5 c5×d4
5. Dd1×d4! Dd8×d5
6. Sb1—c3 Dd5—a5! Besser als mit 6. ... Dd4: 7. Sd4: dem Weißen ein Tempo schenken. Nach Da5 muß Schwarz mit Sc6 das eben verlorene Tempo zurückgewinnen.
7. e2—e4 Sb8—c6. Oder auch erst 7. ... Ld7.
8. Lf1—b5 Lc8—d7
9. Dd4—a4! Da5×a4
10. Lb5×a4 mit gleichem Spiel, das Schwarz mit e7—e5, e7—e6 oder g7—g6 fortsetzen kann.

Schwächer ist es, im 5. Zuge mit dem Springer zu schlagen: (1. d4 d5 2. Sf3 Sf6 3. c4 c5 4. cd cd)

5. Sf3×d4 Sf6×d5
6. e2—e4 Sd5—f6! Viel besser als 6. ... Sb4. Jetzt droht dem Weißen durch e7—e5 Verlust der Rochade, z. B. 7. Sc3 e5 8. Sdb5? (besser Sf3) 8. ... a6! und der Springer hat keinen günstigen Rückzug, da auf Sa3 b7—b5 folgt.

7. Lf1—b5†. Ein Versuch, e7—e5 zu verhindern und selbst mit dem Bauern vorzugehen.
7. ... Lc8—d7
8. e4—e5?. Besser 8. Sc3 e5 9. Sf3. 8. ... Ld7×b5
9. Sd4×b5 Dd8×d1†
10. Ke1×d1 Sf6—d5
11. Sb1—c3 Sb8—c6!
12. Sc3×d5 0—0—0! und Schwarz kommt in Vorteil. Diese Widerlegung des Angriffs rührt vom Verfasser her.

Einen ganz andern Plan verfolgt Weiß in dem folgenden Spiel: (1. d4 d5)

2. Sg1—f3 Sg8—f6
3. e2—e3
   Eine anscheinend sehr zahme, aber nicht ungefährliche Fortsetzung.
3. ... e7—e6
   Sehr gut ist es hier, wie auch sonst, die Einsperrung des Damenläufers zu vermeiden und diese Figur nach g4 oder f5 zu entwickeln.
4. Lf1—d3 c7—c5. Damit weicht Schwarz von der symmetrischen Entwicklung ab und erstrebt Vorteil, wozu das zahme Spiel des Anziehenden einlädt.
5. b2—b3. Um c5—c4 zu verhindern.
5. ... Sb8—c6
6. 0—0 Lf8—d6
7. Lc1—b2 0—0
8. Sf3—e5
   Die naheliegende Entwicklung mit 8. ... Sbd2? wird durch den feinen Gegenzug 8. ... De7! geradezu widerlegt, denn damit droht Schwarz erstens Vorgehen im Zentrum mit e6—e5 und zweitens c5×d4 e3×d4 La3 nebst Abtausch des für den Angriff wie für die Verteidigung des Damenflügels wichtigen weißen Damenläufers.
8. ... Dd8—c7!
9. f2—f4 c5×d4!

10. e3×d4 Sc6—b4 und Schwarz beraubt den Gegner durch Abtausch des Königsläufers jeder Hoffnung auf Angriff.
(1. d4 d5)
2. Sg1—f3 Sg8—f6
3. Lc1—f4 c7—c5. Weniger gut ist es, mit 3. . . . e7—e6 den Damenläufer einzusperren: 3. . . . e6 4. e3 Le7 5. Sbd2 0—0 6. Ld3 Sbd7 7. De2 c5 und Weiß steht etwas freier.
4. e2—e3 Dd8—b6!
5. Dd1—c1. Besser ist 5. dc Db2: 6. Le5.
5. . . . Sb8—c6
6. c2—c3 Lc8—f5! und Schwarz steht besser.

Die holländische Partie

Die holländische Partie, die durch den Zug 1. . . . f7—f5 auf 1. d2—d4 charakterisiert wird, ist, wie alle Spielweisen, in denen frühzeitig der f-Bauer gezogen wird, nicht korrekt. Die stärkste Antwort ist Stauntons Gambit 2. e2—e4. Nach 2. . . . f5×e4
3. Sb1—c3 Sg8—f6
4. Lc1—g5 c7—c6 (4. . . . d5? 5. Lf6: ef 6. Dh5† nebst 7. Dd5:) darf Weiß ja nicht auf Rückgewinn des Gambitbauern spielen, denn schon nach 5. Lf6:? ef 6. Se4: d5 ständе Schwarz wegen des Läuferpaares besser. Noch stärker aber ist (nach 5. Lf6:? ef 6. Se4:) Steinitz' Zug 6. . . . Db6!, worauf Weiß den Bauern b2 schlecht decken kann, denn auch auf 7. De2 kann ihn Schwarz schlagen. Weiß muß vielmehr mit
5. f2—f3! (Laskers Zug) auf Angriff spielen, der nach 5. . . . ef? 6. Sf3: e6 7. Ld3 sehr stark würde.

Auch mit Steinitz' Zug (1. d4 f5) 2. g2—g3 erlangt Weiß das bessere Spiel, z. B.:

2. . . . Sg8—f6
3. Lf1—g2 e7—e6
4. Sg1—f3 d7—d5
5. 0—0 Lf8—d6

6. c2—c4 c7—c6	9. Kg1—h1 Dd8—f6
7. Sb1—c3 Sb8—d7	10. Lc1—f4 Ld6×f4
8. Dd1—c2 Sf6—e4	11. g3×f4 Df6—h6

12. e2—e3. Weiß hat das etwas bessere Spiel.

Holländisch im Anzuge

Im Anzuge kann man den Vorstoß des f-Bauern eher wagen, doch erlangt Schwarz immer das etwas bessere Spiel. Man führt es am besten nach den Linien der holländischen Partie, also mit (1. f2—f4) 1. ... d7—d5 nebst 2. ... g7—g6 und Lg7. Auch den entsprechenden Gambitzug (1. f4) 1. ... e7—e5 (Froms Gambit) kann man machen mit der Fortsetzung 2. f4×e5 d7—d6 3. e5×d6 Lf8×d6 4. Sg1—f3, muß dann aber entweder mit 4. ... Sg8—f6 fortfahren (nicht mit dem älteren Zuge 4. ... Sg8—h6, der durch 5. d2—d4 Sh6—g4 6. Dd1—d3! widerlegt wird), oder mit dem zu Ausgleich führenden Laskerschen Zuge 4. ... g7—g5 mit der Folge 5. d4 g4 6. Se5 Le5: 7. de Dd1† 8. Kd1: Sc6 usw.

Die indische Partie

Die indische Partie 1. d2—d4 Sg8—f6 ist jetzt sehr beliebt. Sie hat die Tendenz, das gefürchtete Damengambit zu vermeiden. Dadurch aber, daß Schwarz auf die Besetzung des Zentrums verzichtet, bekommt Weiß leicht größere Terrainfreiheit. Außerdem muß Schwarz fast immer seinen Königsläufer gegen den feindlichen Damenspringer tauschen. So ist eigentlich Weiß von vornherein im Vorteil. Die gegenwärtig gebräuchlichste Spielweise ist (1. d4 Sf6):

2. c2—c4

Weniger gut ist 2. Sf3, denn dann kann Schwarz mit 2. ... d7—d5! sofort völligen Ausgleich erzielen.

2. ... e7—e6

Statt dessen führt jetzt 2. ... d7—d5 nicht so klar zum Ausgleich. Allerdings bei 3. cd? Dd5:! 4. Sc3

Da5 5. Sf3 Sc6 6. e3 e5 7. Lb5 Ld7 hat Schwarz ein gleichwertiges Spiel, ähnlich wie in der Skandinavischen Partie; allenfalls auch bei 3. cd? Sd5: 4. e4 Sf6 5. Ld3! e5! 6. de Sg4 7. Sf3 Sc6, da Weiß nicht mit 8. Lf4 decken darf wegen 8. ... Sb4!. Aber bei dem besseren Zuge 3. Sc3! kommt Schwarz in Verlegenheit; mit 3. ... e6 gerät er in die orthodoxe, mit 3. ... c6 in die tschechische Verteidigung des Damengambits, die beide nicht vollständig befriedigend sind. Aus diesem Grunde ist 2. c4 dem Springerzug nach f3 überlegen.

3. Sb1—c3 Lf8—b4

Jetzt ist schon der Sämischsche Abtauschzug 4. a3 Lc3† 5. bc gut genug, einen Vorteil für Weiß klarzustellen. Auch bei der unbefangenen Weiterentwicklung mit Sf3, Lg5, e3 usw. steht Weiß recht gut. Selbst bei dem sanftesten Spiel 4. e3 (Rubinstein) mit der Folge 4. ... c5 5. Se2 cd 6. ed d5 7. a3 Lc3† (7. ... Le7 8. c5!) 8. Sc3: hat er ein schönes Zweiläuferspiel. Die indische Eröffnung, die übrigens von Louis Paulsen eingeführt wurde, ist eben nicht korrekt.

Nur gerade die gebräuchlichsten Angriffszüge des Weißen, die Damenzüge 4. Dc2 und 4. Db3 sind nicht zu empfehlen. Auf 4. Dc2 gleicht Schwarz mit 4. ... d5! aus, da Weiß zur Deckung des c-Bauern e2—e3 spielen muß, wenn er den Bauern nicht für die Dauer aufgeben will. Auf 4. Db3 bekommt Schwarz mit 4. ... c5 5. dc Sc6 6. Sf3 Se4 7. Ld2 Sc5: 8. Dc2 f5 oder d5 etwas Gegenspiel, weil Weiß mit der Dame Zeit verloren hat.

Schwarz kann auch nach dem Vorbilde Louis Paulsens mit dem Königsfianchetto fortfahren (1. d4 Sf6 2. c4) 2. ... g7—g6 3. Sb1—c3 Lf8—g7. Hierbei warne ich davor, mit 4. e2—e4 den dritten (oder gar mit 5. f2—f4 den vierten) Bauern ins Zentrum zu stellen; das ist in der Eröffnung des Guten zu viel. Nach 4. e4 0—0

5. Sf3 d6 6. Le2 Sbd7 7. 0—0 e5 erreicht Weiß nichts Besonderes, ja sein Königsläufer steht ungünstig. Viel besser steht dieser Läufer auf g2, wo er eine ganz freie Diagonale beherrscht. Also: 4. g2—g3! 0—0 5. Lf1—g2 d7—d6 6. Sg1—f3 Sb8—d7 7. 0—0 e7—e5 8. h2—h3 (um Le3 ohne Belästigung durch Sg4 zu spielen) 8. . . . Tf8—e8 9. Lc1—e3 h7—h6 (um gegen Dd2 nebst Lh6 gerüstet zu sein) 10. Dd1—c2 und Weiß hat die bessere Entwicklung und Stellung. Schwarz wird mit e5×d4 das Zentrum aufgeben müssen, wo Weiß später, im Mittelspiel, den e- und f-Bauern zum Angriff vorbringen wird.

Sehr gut ist es auch, das Spiel mit 2. Sb1—c3 fortzusetzen. Schwarz muß dann das drohende e2—e4 durch 2. . . . d7—d5 verhindern und dann kann Weiß mit 3. Lg5 dem Gegner Gelegenheit geben, mit 3. . . . e6 4. e4 in die französische Partie einzulenken. Besser ist natürlich 3. . . . Lf5, worauf es sich für Weiß nicht empfiehlt, mit 4. f3 c6! 5. e4 de 6. Lf6: nebst fe auf Besetzung des Zentrums zu spielen, denn der Läufer ist zu wichtig. Aber mit der einfachen Weiterentwicklung 4. e3 nebst Ld3 hat Weiß ein ganz befriedigendes Spiel.

Nach 1. d4 Sf6 2. c4 ist auch der interessante Gambitzug 2. . . . e7—e5 möglich, der die „Budapester Variante" einleitet. Die beste Fortsetzung ist:

3. d4×e5 Sf6—g4
4. Lc1—f4! Sb8—c6
5. Sg1—f3 Lf8—b4†!
6. Sb1—c3! Auf 6. Sbd2 gewinnt Schwarz durch 6. . . . De7 seinen Bauern zurück.
6. . . . Dd8—e7
7. Dd1—d5 Lb4×c3†
8. b2×c3 De7—a3
9. Ta1—c1 f7—f6! Nicht Da2: wegen h3.
10. e5×f6 Sg4×f6
11. Dd5—d2 d7—d6
12. Sf3—d4

Bei der einfachen Entwicklung 12. e3 kann Schwarz mit 12. . . . Le6 nebst Sa5 und evtl. Dc5 auf Gewinn des Bauern c4 spielen.

12. . . . 0—0
13. f2—f3! Lc8—d7
14. e2—e4 Ta8—e8
15. Lf1—e2. Weiß beendet nun seine Entwicklung durch die Rochade und Schwarz hat keinen Angriff. Seine einzige Chance sind die zersplitterten Bauern des Weißen. Das weiße Spiel verdient den Vorzug.

Dagegen ist bei der gegenwärtig gebräuchlichen Fortsetzung (1. d4 Sf6 2. c4 e5 3. de Sg4)

4. e2—e4 Sg4×e5
5. f2—f4 Se5—c6! eher Schwarz im Vorteil, denn das weiße Spiel ist durch die vier Bauernzüge zu sehr aufgelockert.

Das Zukertort-Réti-System und die englische Partie

Eine sehr schwierige Materie. Der Zug 1. Sg1—f3, schon von Zukertort angewandt, aber immer nach 1. . . . d7—d5 2. d2—d4 mit sofortigem Übergang in das Damenbauernspiel, hat dem vor wenigen Jahren im blühenden Mannesalter verstorbenen Großmeister Réti als Einleitung zu einem tiefsinnigen, wenn auch nach meiner Meinung ganz verfehlten System gedient. Dies besteht darin, daß er nach 1. . . . d7—d5 2. c2—c4 c7—c6, der gebräuchlichen Antwort, seine Mittelbauern zurückbehält, beide Läufer nach der Flanke entwickelt, den Gegner das Zentrum mit den Bauern besetzen läßt und diese danach angreift, ungefähr so, wie es in einer berühmten Partie Réti—Lasker (Turnier zu New York 1924) geschah: (1. Sf3 d5) 2. c2—c4 c7—c6 3. b2—b3 Lc8—f5 (wenn Schwarz hier mit 3. . . . e7—e6 seinen Damenläufer einsperrt, so kommt Weiß regelmäßig in Vorteil, wie Réti in mehreren schönen Partien des New Yorker Turniers bewies) 4. g2—g3 Sg8—f6 5. Lf1—g2 e7—e6! 6. Lc1—b2 Sb8—d7 7. 0—0 Lf8—d6 8. d2—d3 0—0 9. Sb1—d2 e6—e5 10. c4×d5 c6×d5

11.Ta1—c1 Dd8—e7 12. Tc1—c2 a7—a5! 13. a2—a4 h7—h6 (gegen Sh4 gerichtet) 14. Dd1—a1 (Eine sehr originelle Postierung der Dame!) Tf8—e8 15. Tf1—c1 (Weiß beherrscht die einzige offene Linie, was aber hier nicht sehr wirksam ist, da der Läufer d6 das Einbruchsfeld c7 deckt. Schwarz hätte, wenn er gewollt hätte, einen Turm längst opponieren können, aber er hat andere Pläne, nämlich mit den Bauern im Zentrum vorzugehen. Sind diese Bauern nun schwach, wie Réti meinte, oder stark, wie die klassische Schule immer behauptet hat?) 15. ... Lf5—h7 (damit der Läufer bei e5—e4 nicht durch Sd4 oder h4 angegriffen wird. Jetzt droht sehr stark e4 Sd4 e3 mit starkem Angriff.) 16. Sd2—f1 Sd7—c5!. Jetzt entschloß sich Réti zu dem Qualitätsopfer 17. Tc2×c5 Ld6×c5 18. Sf3×e5, was noch den längsten Widerstand gestattete. Aber damit gab er zu, daß er in einem Irrtum befangen gewesen war; die Mittelbauern waren nicht schwach, sondern stark. Schwarz hatte vor dem Qualitätsopfer — und nachher natürlich erst recht — das überlegene Spiel.

Bei dieser Partie verlangen jedoch einige Züge des Schwarzen eine kritische Erörterung. Nach 1. Sf3 d5 2. c4 c6 konnte Weiß mit 3. d2—d4! in die tschechische Verteidigung des Damengambits einlenken. Wieso kommt der Anziehende dazu, dem Gegner vorzuschreiben, welche Verteidigung des Damengambits er anzuwenden habe? Und noch dazu eine, die theoretisch doch eigentlich nicht als ganz vollwertig anzusehen ist? Da muß ein Fehler auf seiten des Nachziehenden vorliegen. Der ist eben 2. ... c7—c6. Statt dessen ist 2. ... d5—d4 gewiß mehr verpflichtend, aber sehr wahrscheinlich korrekter.

Man prüfe: (1. Sf3 d5 2. c4)

2. ... d5—d4

3. b2—b4 c7—c5 (oder auch sofort f7—f6; Schwarz muß durchaus den Bauern d4 zu behaupten suchen.)

4. Lc1—b2 f7—f6!. Dieser Zug rührt vom Verfasser her.
5. e2—e3 e7—e5 und Schwarz behauptet den auf das weiße Spiel drückenden Bauern, z. B. 6. bc Lc5: 7. ed ed 8. d3 Se7 mit recht gutem Spiel für Schwarz; der isolierte Damenbauer ist stark. Der neue Zug f7—f6 als Vorbereitung zu e7—e5 dürfte geeignet sein, den Zug d5—d4 zu rehabilitieren.

Aber schon der erste Zug von Schwarz gibt zur Kritik Veranlassung. Wie kommt Schwarz eigentlich dazu, nach dem Normalzug 1. Sg1—f3 mit 1. ... d7—d5 die Führung der Partie übernehmen zu wollen? Das ist Sache des Anziehenden und nicht des Nachziehenden! Dieser muß zunächst nach der Pfeife des Gegners tanzen, er hat das zu spielen, was dieser ihm vorspielt, und eine Extratour ist zum mindesten ziemlich herausfordernd. Die ganze Spannung in der Partie Réti—Lasker und in allen nach dem Réti-System gespielten Partien entsteht lediglich durch das unberechtigte Entgegenkommen des Nachziehenden! Wenn dieser sich damit bescheidet, dasselbe System zu wählen wie der Anziehende und einfach von vornherein seine Züge zu kopieren, dann kommt eine „Partie“ zustande wie die auf Seite 335 als abschreckendes Beispiel hingestellte, dann kommt es zu einer parallelen Entwicklung der Streitkräfte ohne Berührung der Heerlager, zu einer kampflosen Remispartie. „Aber das wäre eben Feigheit von seiten des Nachziehenden! Er muß den hingeworfenen Handschuh aufheben!“ könnte man sagen. O nein! Das ist eine völlige Verdrehung der tatsächlichen Verhältnisse! Es ist Sache des Anziehenden und nicht des Nachziehenden, Spannungen in die Eröffnung hineinzulegen, der Partie ein Gesicht zu geben, und wenn der Anziehende darin versagt, wenn er seine Mittelbauern vom Kampfe zurückhält und diesen dadurch unmöglich macht, wenn er von vornherein seine Direktiven vom Gegner erwartet, dann geschieht ihm nur recht, wenn dieser ihm mit gleicher Münze heimzahlt und Stumpfsinn mit Stumpfsinn beantwortet.

Ganz ähnlich sind die Verhältnisse bei der durch 1. c2—c4 charakterisierten „englischen Partie“. Wenn der Nachziehende sich erdreistet, sofort mit 1. ... e7—e5 die Initiative zu ergreifen, dann ergeben sich sofort mit 2. g2—g3 (Carls) oder 2. Sg1—f3 e5—e4? oder 2. Sg1—f3 Sb8—c6! 3. Sb1—c3 Sg8—f6 (das englische Vierspringerspiel) 4. d2—d4 e5×d4 5. Sf3×d4 Lf8—b4! Spannungen, die mit 6. Lc1—g5 Lb4×c3† 7. b2×c3 Sc6—e5 zu interessanten Spielen führen. Die Antwort 1. ... e7—e5 auf 1. c2—c4 ist eben nicht streng korrekt oder mindestens zu herausfordernd. Am besten spielt Weiß dagegen die Fianchetto-Variante der sizilianischen Partie mit einem Zuge mehr, wobei es sich plötzlich zeigt, daß dieser eine Zug von wesentlicher Bedeutung ist: Weiß kann nämlich hier viel leichter als Schwarz in der sizilianischen Partie den Doppelschritt des Damenbauern durchsetzen. Und damit kommt Weiß etwas in Vorteil: (1. c2—c4 e7—e5) 2. Sb1—c3 Sg8—f6 3. g2—g3 d7—d5 (Schwarz führt den Angriff wie Weiß in der sizilianischen Partie, was aber hier nicht gut ist; er müßte sich mit d7—d6 und g7—g6 bescheiden.) 4. c4×d5 Sf6×d5 5. Lf1—g2 Lc8—e6 6. Sg1—f3 Sb8—c6 7. 0—0 (noch nicht d4 wegen Lb4) Lf8—e7 8. d2—d4! e5×d4 9. Sc3—b5! und Weiß hat das etwas bessere Spiel; der e-Bauer ist stärker als der c-Bauer.

Wenn Schwarz jedoch, wie es ihm eigentlich zukommt, nicht den Ehrgeiz hat, den Zug 1. ... c2—c4 „widerlegen“ zu wollen, wenn er sich damit begnügt, die vom Gegner angeschlagene Tonart weiterzuspielen und seine Züge zu kopieren, dann kommen solche korrekten Partien mit symmetrischer Flankenentwicklung aller vier Läufer zustande, wie sie jetzt so modern sind und wie sie den Schrecken aller wahren Freunde des edlen Spiels bilden.

PARTIEN

Partie Nr. 1

Gespielt in dem Turnier zu London 1922

Weiß: Dr. Aljechin. Schwarz: Yates.

1. d2—d4 Sg8—f6
2. c2—c4 e7—e6
3. Sg1—f3 d7—d5

   Indische Partie mit Übergang in die orthodoxe Verteidigung des Damengambits. Bezüglich der Eröffnung vergleiche man S. 425.

4. Sb1—c3 Lf8—e7
5. Lc1—g5 0—0

   Ich behaupte, daß schon jetzt Schwarz schlechter steht, denn sein Damenläufer ist eingesperrt, während der weiße gut im Spiel ist. Weiß braucht nur die auf der Hand liegenden Entwicklungszüge zu machen, um seinen Vorteil zu behaupten und zu verstärken.

6. e2—e3 Sb8—d7

   Ein häßlicher Zug jagt den andern. Die wirklich guten Züge sind auch fast immer, ich möchte sagen, ästhetisch schön. Weiß hat nur solche gemacht.

7. Ta1—c1 c7—c6
8. Dd1—c2 Tf8—e8

   Diese Zusammendrängung der Figuren auf einen Haufen ist immer ein schlimmes Zeichen.

9. Lf1—d3 d5×c4

   Schwarz hat nur die Wahl zwischen ungünstigen Zügen. Auf a7—a6, mit der Absicht, durch dc, b5 und c5 Gegenspiel auf dem Damenflügel zu erlangen, macht Weiß diesen Plan mit cd zunichte. Dann ist zwar der schwarze Damenläufer befreit, aber der Damenspringer steht schlecht und Weiß hat überhaupt ein viel freieres Figurenspiel. Man muß eben schon den ersten Schritt vom Wege der Theorie, den ersten kleinen Fehler, hier die Einsperrung des Damenläufers, vermeiden, sonst gerät man leicht auf die schiefe Ebene, an deren Ende das Matt steht. Freilich muß der Gegner sehr gut spielen.

10. Ld3×c4 Sf6—d5
11. Sc3—e4

Sehr gut ist auch der einfache Tausch auf e7, der allerdings die schwarze Dame entwickelt. Aber trotzdem steht Weiß dann ausgezeichnet, er hat ein Übergewicht an Raum und Zeit.

11. ... f7—f5?

Dieser Bauernzug macht die Partie ganz unhaltbar. Er macht den Bauern e6 rückständig und schwächt vor allem den Punkt e5, wo sich bald ein feindlicher Springer niederläßt. Gerade in beengten Stellungen muß man sich vor solch schwächenden Zügen, die fast immer Bauernzüge sind, in acht nehmen. Lg5: Sf3 oder e4×g5 Sf8 war das Richtige, wenn auch Schwarz dann schlecht genug stand.

12. Lg5×e7 Dd8×e7
13. Se4—d2 b7—b5?

Derselbe Fehler auf der anderen Seite! Der Punkt c5 wird unheilbar geschwächt und Weiß erhält die Herrschaft über die einzige offene Linie. Besser war der Versuch, sich mit S7f6, Ld7, Tac8 und c6—c5 zu entwickeln, obwohl auf S7f6 sofort der weiße Springer nach e5 eingedrungen wäre. Befriedigende Züge gab es eben nicht mehr, es handelte sich nur noch darum, das kleinste Übel zu wählen.

14. Lc4×d5
Sehr wohlberechnet! Der Läufer ist die stärkere Figur, aber erstens ist er nicht stärker als ein Springer im Zentrum, und zweitens müssen die schwarzen Springer beseitigt werden, damit der weiße Springer, wenn er nach e5 oder c5 eingedrungen ist, nicht abgetauscht werden kann.
14. ... c6×d5
15. 0—0 a7—a5
16. Sd2—b3!
Weiß muß diesen Zug sofort machen, denn sonst verhindert ihn Schwarz durch a5—a4.
16. ... a5—a4
17. Sb3—c5 Sd7×c5
18. Dc2×c5!
Ja nicht mit dem Bauern nehmen, denn schwache Punkte, Lücken in der feindlichen Stellung muß man mit Figuren besetzen, nicht mit Bauern. Außerdem könnte Schwarz nach dc? durch e6—e5! den schwachen Punkt e5 wieder ausbessern.
18. ... De7×c5
19. Tc1×c5 b5—b4
Weiß ist nun bedeutend im Vorteil an Kraft, Zeit und Raum: an Kraft, denn er hat einen Springer, der sofort in die klassische Stellung gelangt, ins Zentrum, gedeckt von einem Bauern und unvertreibbar. Ein solcher Springer ist erheblich stärker als ein Läufer. An Zeit, denn er hat zwei Figuren entwickelt, Schwarz noch gar keine — abgesehen von der Rochade, die ich hier nicht zähle, weil sie sich für beide Teile ausgleicht. Und an Raum, weil Weiß die einzige offene Linie beherrscht.
20. Tf1—c1 Lc8—a6
21. Sf3—e5
Schwarz würde einen Teil des Vorteils von Weiß neutralisieren, wenn er jetzt einen Turm auf c8 opponieren könnte. Aber nach 21. ... Tc8 22. Tc8: Tc8: 23. Tc8† Lc8: würde Weiß durch 24. Sc6 mit

der Doppeldrohung Se7† und Sb4: einen Bauern gewinnen. Damit würde sich sein Übergewicht an Raum in Kraft verwandeln.

21. ... Te8—b8

22. f2—f3. Jetzt handelt es sich noch darum, den König ins Spiel zu bringen.

22. ... b4—b3

23. a2—a3

Nicht ab, denn das würde ja dem Turm b8 die Linie öffnen.

23. ... h7—h6

Wenn Schwarz jetzt die Türme opponiert und tauscht, so bringt Weiß seinen König nach b4 und den Springer nach c5 und erobert so zunächst den a-Bauern.

24. Kg1—f2 Kg8—h7

25. h2—h4

Um das Eindringen des Königs nach f4 gegen g7—g5 zu sichern.

25. ... Tb8—f8

26. Kf2—g3 Tf8—b8

Schwarz ist vollständig gelähmt und kann nichts unternehmen.

27. Tc5—c7

Endlich dringt der Turm auf die siebente Reihe ein, was wir schon von den typischen Angriffen des Mittelspiels her als entscheidend kennen.

27. ... La6—b5

28. Tc1—c5!

Um durch den Angriff auf den Läufer die Turmverdopplung auf der siebenten Reihe durchzusetzen. Es droht z. B. Te7 Te8 Tf7 nebst T5c7.

28. ... Lb5—a6

29. Tc5—c6

Mit derselben Idee. Auf Tc8? würde nun Ta6:! eine Figur gewinnen.

29. ... Tb8—e8

30. Kg3—f4

Es konnte ebensogut Tf7 geschehen, denn die Turmverdopplung ist nicht zu verhindern.

30. . . . Kh7—g8
31. h4—h5 La6—f1
32. g2—g3 Lf1—a6

Der Läufer kann gar nichts ausrichten, denn die feindlichen Bauern stehen fast alle auf schwarzen Feldern. Auf Le2 würde Weiß den Bauern f3 durch Se5—g6—h4 decken und mit dem König nach e5 eindringen, was mindestens zur Eroberung des Bauern e6 führen würde.

33. Tc7—f7 Kg8—h7
34. Tc6—c7

Endlich ist die Turmverdopplung auf der siebenten Reihe erreicht und die wirkt fast immer katastrophal.

34. . . . Te8—g8
35. Se5—d7

Droht durch Sf6† die Qualität zu erobern.

35. . . . Kh7—h8. Nun folgt ein reizender, problemartiger Schluß.
36. Sd7—f6 Tg8—f8

gf verbietet sich natürlich wegen Th7‡.

37. Tf7×g7! Tf8×f6
38. Kf4—e5!

Der König ist eine starke Figur! Hier erobert er den Turm, denn zieht er nach f8 oder wird er durch Taf8 gedeckt, so folgt Matt in zwei Zügen durch Th7† nebst Tcg7‡. Schwarz gab auf.

Partie Nr. 2

Gespielt in dem Turnier zu London 1883

Weiß: Tschigorin. Schwarz: Zukertort.

1. e2—e4 e7—e5
2. Sg1—f3 Sb8—c6
3. Lf1—b5 Sg8—f6
4. 0—0 Sf6×e4

5. d2—d4 Lf8—e7
6. d4—d5

Bezüglich der Eröffnung vergleiche man S. 375ff. Der Bauernzug ist ungewöhnlich, aber nicht schlecht. Der gebräuchliche Zug ist De2, auch d4×e5 ist ganz gut.

6. . . . Se4—d6

Dies ist die beste Antwort. Auf einen Läuferzug soll e5—e4 folgen.

7. Lb5×c6

Dies verdirbt das weiße Spiel von vornherein gründlich, denn damit tauscht Weiß die beste Angriffsfigur gegen einen Springer ab und entwickelt dabei noch den Gegner, der ja das Tempo zur Freimachung seines Damenläufers ausnützt. Mit 7. Sb1—c3! würde Weiß zwar auch einen an sich ungünstigen Tausch gestatten, aber dabei seine Entwicklung befördern und einige Angriffschancen erlangen.

7. . . . d7×c6
8. d5×c6

Weiß kann das Spiel schon nicht mehr ausgleichen. Nach 8. Se5: cd 9. Dd5: Le6 nebst 0—0 hat Schwarz die erheblich bessere Entwicklung und das Läuferpaar.

8. . . . f7—f6!

Ein ausgezeichneter Zug, mit dem Schwarz seine Zukunftshoffnung, eben den e-Bauern, einfach sichert. Viel schwächer wäre zu demselben Zweck e5—e4, denn auf e5 steht der Bauer zunächst stärker als auf e4, wo er bald durch f2—f3 abgetauscht werden könnte. Schwarz hat jetzt eine kompakte Majorität der Bauern auf der Königsseite und zeigt im folgenden in vorbildlicher Weise, wie man eine solche verwertet.

9. c6×b7

Wieder schlecht, denn damit entwickelt Weiß ja schon wieder den Gegner und zwingt den feindlichen Läufer auf eine höchst gefährliche Angriffslinie. Viel besser war noch Dd5 mit der Folge bc Dc6† Ld7. Das bessere Spiel hatte Schwarz allerdings auch dann.

9. ... Lc8×b7

Schwarz hat nun ein Übergewicht an Kraft, Raum und Zeit erlangt. An Kraft, denn er hat das Läuferpaar; an Raum, denn er beherrscht vier Reihen, während Weiß auf drei beschränkt und die vierte frei ist; oder, anders ausgedrückt: er hat den Bauern e5 gegen den Bauern b2. Endlich an Zeit, da er drei Figuren entwickelt hat, während von Weiß nur zwei Entwicklungszüge ersichtlich sind. Der wichtigste von allen diesen Vorteilen ist die Beherrschung des Zentrums.

10. Lc1—e3

Auf 10. Sc3 würde Schwarz den durch Sd5 drohenden Abtausch eines Läufers mit Sf5 verhindern.

10. ... 0—0

11. Sb1—d2

Der Springer strebt nach dem schwachen Punkt c5. Der schwarze Damenflügel ist aufgerissen, die Bauern isoliert, und so haben sich dort auf c5, c6, a5 und a6 schwache Punkte gebildet, während das weiße Spiel nirgends einen schwachen Punkt aufweist. Natürlich ist das ein Nachteil für Schwarz, der aber durch die erwähnten Vorteile seiner Stellung weit überkompensiert wird.

11. ... Sd6—f7!

Der Plan des Schwarzen ist durch die Bauernkonfiguration gegeben: Vorgehen des e- und f-Bauern zum Angriff auf den Königsflügel. Der erste Zug zur Ausführung dieses Plans war f7—f6, der zweite ist der Springerzug, der den e-Bauern deckt und so das Vorgehen des f-Bauern vorbereitet.

12. Dd1—e2 f6—f5

Droht schon durch f5—f4 den Läufer zu erobern.

13. Sd2—b3 f5—f4!
14. Le3—c5 e5—e4
Die beiden Bauern bringen nun das weiße Spiel in Unordnung und schaffen bald die schwachen Punkte, die bisher noch nicht vorhanden sind.
15. Sf3—d4
Besser war noch Abtausch durch Le7:, worauf Schwarz am einfachsten den Läufer wiedergeschlagen hätte.
15. . . . f4—f3!
Der Bauer kann ohne unmittelbaren Verlust nicht geschlagen werden: 16. gf? Lc5: 17. Se6! (oder Sc5: Dg5† und gewinnt den Springer) Df6 18. Sb3 oder e6×c5 Dg6† 19. Kh1 ef und gewinnt, da nicht nur Matt auf g2, sondern auch Damenverlust mit Abzugsschach droht.
16. De2—b5
Greift den Läufer an, aber „Du glaubst zu schieben und Du wirst geschoben“.
16. . . . Dd8—c8!
Ein Zug mit vielseitigen Tendenzen. Er deckt den Läufer, droht dabei Qualitätsgewinn durch La6 und vor allem Matt in wenigen Zügen durch Dg4 g3 Dh3. Es kommen jetzt alle die typischen Kombinationen vor, die wir im Mittelspielabschnitt bei Besprechung der Angriffe mit dem Bauern f3 kennengelernt haben.
17. Tf1—d1
Räumungszug für die Dame, die bei Dg4 g3 Dh3 auf f1 das Matt decken würde.
17. . . . Lb7—a6
18. Db5—a4
Damit hat Schwarz die weiße Dame von dem Punkte f1 abgelenkt und kann nun seinen Angriff mit Dg4 beenden. So könnte man meinen. Aber das wäre ein schweres Versehen. Weiß würde darauf mit Sf3:! den wichtigsten Bauern beseitigen, da der Springer wegen der einstehenden Dame nicht

wiedergeschlagen werden dürfte. Eine derartige verkappte Selbstfesselung kann man leicht übersehen.

18. ... Sf7—g5!

Ein starker Zug, der das Spiel entscheidet! Jetzt droht Dg4 nebst Matt, außerdem auch Matt durch Sh3† Kh1 fg† Kg2: Dg4† Kh1 Sf2‡. Der weiße König steht ganz sich selbst überlassen da, ohne jeden Figurenschutz, weil die beste Deckungsfigur der Rochade, der Königsspringer, vertrieben worden ist.

19. Sd4×f3

Auf andere Weise ist das Matt nicht zu decken. Das Vorgehen der Bauern hat eine Figur erobert.

19. ... e4×f3

Hierauf ist der Läufer e7, der schon seit mehreren Zügen einsteht, immer noch nicht zu schlagen; es würde folgen Sh3† Kh1 fg† Kg2: Db7† Kh3: Df3† Kh4 Tf4† mit Damengewinn.

20. Td1—d7 f3×g2!

Mit dem Figurengewinn ist die Partie eigentlich schon erledigt. Schwarz spielt aber stark und elegant weiter.

21. Td7×e7 Sg5—h3†

22. Kg1×g2 Sh3—f4†

Schwarz kann nicht auf die beim 19. Zuge angegebene Art die Dame erobern, weil Dame oder Turm auf e4 dazwischensetzt.

23. Kg2—f3 Dc8—h3†

24. Kf3—e4 La6—b7†

Noch besser war 24. ... Ld3†! 25. Kd4 Tad8† 26. Kc3 Lb5† 27. Te3! Sd5† 28. Kd2 Se3† und gewinnt.

25. Ke4—d4 Sf4—e6†

26. Kd4—c4

Oder Te6: Tf4†.

26. ... Tf8—f4†

27. Sb3—d4 Se6×c5

28. Kc4×c5 Dh3—h5†
29. Kc5—c4 Tf4×d4† und Weiß gab auf, denn er verliert durch Dh4 oder g4† die Dame.

Partie Nr. 3

Gespielt in dem Turnier zu Leipzig 1894

Weiß: Dr. Tarrasch. Schwarz: von Scheve.

1. d2—d4 d7—d5
2. c2—c4 e7—e6
3. Sb1—c3 Sg8—f6

   Über diese Verteidigung vergleiche man S. 425ff.
4. Sg1—f3

   Gut genug, ebenso wie Lf4. Am stärksten ist Lg5.

4. . . . Lf8—e7
5. Lc1—f4 c7—c6

   Danach hat Schwarz zwei Sperrsteine auf der sechsten Reihe, die sein Spiel beengen. Der c-Bauer gehört im Damengambit nach c5. Schwarz sollte also zunächst rochieren und danach diesen Zug anstreben.
6. e2—e3 Sb8—d7
7. h2—h3

   Um dem ausgezeichnet postierten Damenläufer den Rückzug nach h2 zu öffnen, dem Abtausch durch Sh5 entziehen zu können. Es lohnt sich hier ausnahmsweise, ein Tempo für diesen Zweck auszugeben, also Zeit zu opfern, um Raum zu gewinnen.

7. . . . Sf6—e4

   Der entscheidende Fehler. Nach dem Abtausch wird der Bauer e4 schwach und bedarf, soll er dauernd gehalten werden, der Deckung durch f7—f5; alsdann wird er durch f2—f3 nochmals angegriffen, Schwarz muß auf f3 schlagen, dem Weißen die g-Linie öffnen und nun ergibt sich mit den schweren Figuren und dem Damenläufer ein kombinierter, unwiderstehlicher Angriff auf den Punkt g7. Es kommt sehr selten vor, daß es möglich ist, schon im achten (!) Zuge einen so detaillierten, fast bis zum Matt führenden Plan zu entwerfen und ihn ganz konsequent ohne jede Abirrung bis zu der 20 Züge später erfolgenden Katastrophe durchzuführen. Um so lehrreicher ist diese Partie.

8. Sc3×e4 d5×e4
9. Sf3—d2 Le7—b4

Wenn Schwarz den ganzen Plan des Weißen durchschaut hätte, so hätte er sich diesen Läufer zur besseren Deckung des Punktes g7 erhalten und sofort f7—f5 gezogen.

10. a2—a3 Lb4×d2†
11. Dd1×d2 0—0

Strebt Schwarz die lange Rochade an, so wird die Linie des Läufers f4 sehr bedrohlich.

12. Dd2—c2 f7—f5

Vermeidet Schwarz diesen Zug, so verliert er den Bauern e4.

13. Lf4—d6

Rochiert Weiß sofort, so kann sich Schwarz durch De7 nebst e6—e5 etwas befreien.

13. ... Tf8—e8

Der Turm ginge besser gleich nach f7, um den Punkt g7 zu decken.

14. 0—0—0 Sd7—f6
15. Ld6—e5 Lc8—d7

Dieser Läufer spielt eine traurige Rolle, eine Folge der Sperrzüge e6 und c6.

16. f2—f3

Die Partie ist, nachdem einmal der Plan klargelegt ist, sehr leicht verständlich und spielt sich auch sehr leicht, was meist der Fall ist, wenn man einen genauen Plan hat; der führt einen wie ein roter Faden sicher durch das Labyrinth der Kombinationen.

16. . . . e4×f3
17. g2×f3 b7—b5
Schwarz sucht etwas Gegenangriff zu erlangen, aber vergebens.
18. Th1—g1 Te8—f8
Um sich gegen Dg2 mit Tf7 decken zu können.
19. Td1—d2! Einleitung der Turmverdopplung. Den Königsläufer zu ziehen, hätte für den Angriff gar keinen Zweck, er ist für die Durchführung des Planes nicht zu verwenden und bleibt — ein seltener Fall — bis zum Schluß der Partie auf seinem ursprünglichen Felde.
19. . . . Tf8—f7
20. Td2—g2 a7—a5
21. Dc2—f2
Nun muß die Dame den Angriff verstärken und zur Mattsetzung herankommen. Sie strebt nach h4 und h6.
21. . . . Sf6—e8
Um dies zu verhindern.
22. Tg2—g5
Hinter dem breiten Rücken des Turmes gelangt die Dame doch nach h4. Will Schwarz dies durch h7—h6 verhindern, so gibt er sich eine neue Blöße — alle Bauernzüge lockern ja die Stellung —, die nach 23. Tg6 Kh7 24. Dg3 De7 durch das typische Turmopfer auf h6 ausgenützt wird.
22. . . . Dd8—e7
23. Df2—h4
Nun soll Dh6 nebst Th5 entscheiden.
23. . . . Se8—f6
24. Dh4—h6
Damit ist die geplante Konzentration auf den Punkt g7 vollendet. Es droht Lf6: Df6: Df6: Tf6: Tg7† mit Gewinn des Läufers, den Schwarz deshalb deckt. Auf g7—g6 gewinnt natürlich Tg6† hg Tg6† Tg7 Lf6:.
24. . . . Ta8—a7

25. Le5—d6!
Lenkt die Dame von dem Punkt g7 ab, der hiermit endlich programmgemäß erobert wird. Weit schwächer wäre 25. Lf6: Df6: 26. Df6:! (Tg7†? Dg7:!) nebst Tg7†, wodurch Weiß nur zwei Bauern gewinnen würde. Man muß immer, wo es irgend angeht, nach dem Höchsten streben, unter Umständen allerdings auch sich mit kleinem Vorteil bescheiden.
25. . . . De7×d6
26. Tg5×g7† Kg8—f8
Auf Kh8 folgt Dh7†! nebst Tg8‡. — Nun muß noch das richtige Schach gegeben werden Auf Tg8†? kommt der König nach e7 einigermaßen in Sicherheit. Nach Tf7†? Kf7: Tg7† Ke8 Df6: Df8 hat Weiß nichts Besseres als Damentausch und Gewinn des zweiten Bauern. Aber es ist mehr zu holen.
27. Tg7×h7†! Kf8—e7
28. Th7×f7† Ke7×f7
29. Tg1—g7† Kf7—e8
30. Dh6×f6 und Schwarz gab auf, denn auf Df8 gewinnt Dg6† (deshalb schlug Weiß den Bauern h7) nebst Tg8 die Dame.

Partie Nr. 4

Gespielt in dem Turnier zu Leipzig 1894

Weiß: Dr. Tarrasch. Schwarz: Schlechter.

1. e2—e4 e7—e5
2. Sg1—f3 Sb8—c6
3. Lf1—b5 d7—d6
Über den Wert bzw. Unwert der Steinitzschen Verteidigung wolle man auf Seite 387 nachlesen.
4. d2—d4 Lc8—d7
Dies ist besser als e5×d4, womit Schwarz das Zentrum aufgibt, was nach dem Textzuge von Weiß

erst erzwungen werden muß. Interessant ist es übrigens, daß noch Steinitz behauptet hat, nach e5×d4 Sf3×d4 ständen die Spiele gleich. Die ganze Lehre vom Zentrum hat erst der Verfasser aufgestellt.

5. Sb1—c3 Sg8—f6
6. 0—0 Lf8—e7
7. Tf1—e1

Erzwingt die Aufgabe des Zentrums (vgl. S. 387). Dasselbe erreicht man auch durch Lc6: nebst Dd3, was vielleicht noch besser ist.

7. . . . Sc6×d4

Dies entwickelt die weiße Dame. Besser e5×d4 Sd4: 0—0.

8. Sf3×d4 e5×d4
9. Lb5×d7† Dd8×d7
10. Dd1×d4 0—0

Der Vorteil des weißen Spiels ist anscheinend nicht von Belang: es ist Vorteil an Raum, ein etwas freieres Spiel. Weiß hat vier Reihen im Besitz, Schwarz nur drei, während die fünfte frei ist. Außerdem steht der schwarze Läufer beengt durch den Bauern d6. Mit einem Wort: Bauer e4 gegen d6, das ist alles, was aus der Eröffnung zu erzielen war. Aber gerade diese Partie gibt ein äußerst lehrreiches Beispiel, wie ein solch unscheinbarer Vorteil konsequent festzuhalten und zum Siege auszunützen ist. Während der ganzen Partie behält Weiß die größere Terrainfreiheit und niemals gelangt Schwarz dazu, dauernd über die sechste Reihe hinauszukommen.

11. b2—b3. Diese Flankenentwicklung des Damenläufers habe ich in die spanische Partie eingeführt. Sie ist hier sehr wirksam, auf ihr beruht der ganze Angriffsplan, dessen Ziel der Punkt g7 ist.

11. . . . Tf8—e8

Auf Sg4 oder e8 mit der Absicht Lf6 zu spielen, antwortet Weiß Sd5 und tauscht den Läufer.

12. Lc1—b2 Le7—f8
Es drohte bereits Sd5.

13. Ta1—d1 Dd7—c6
Um e4—e5 zu verhindern, einen Zug, der bei der Konstellation Bauer e4 gegen d6 beständig in der Luft liegt.

14. Td1—d3 Te8—e6. Um dem gelegentlich vielleicht drohenden Damenopfer auf f6 zuvorzukommen.

15. Td3—e3 Ta8—e8
Schwarz hat sein Spiel vollkommen entwickelt, die Stellungen sind fast symmetrisch und der Angriff scheint an einem toten Punkt angelangt zu sein. Man sieht nicht ein, wie der Weiße seinen geringen Vorteil vergrößern will, ja, manche guten Spieler sehen überhaupt nicht ein, daß ein geringer Vorteil auf seiten des Weißen besteht. Der Vorteil liegt erstens in dem Bauern e4, für den der Bauer d6 kein positionelles Äquivalent bildet. Sodann in dem Läufer b2, der eine ganz offene Diagonale beherrscht, während sein Antagonist auf f8 sich mit einem recht bescheidenen Wirkungskreise begnügen muß, eine Folge seiner durch d7—d6 verursachten Einsperrung.

16. h2—h3
Um Sg4 zu verhindern.

16. . . . Dc6—b6
Schwarz konnte hier und im folgenden versuchen, mit g7—g6 und Lg7 seinen Läufer zu opponieren. Aber nach dem Läufertausch wäre dann die Lücke auf f6 bedenklich gewesen, z. B. 16. . . . g6 17. Sd5 Lg7 18. c4 Sh5 19. Dd2 Lb2: 20. Db2: mit der Drohung g2—g4 nebst Sf6†.

17. Dd4—d3 c7—c6
Zwei Züge sind es, mit denen Schwarz zum Ausgleich gelangen könnte, wenn er einen von ihnen machen könnte, nämlich d6—d5 und f7—f5. Beide werden aber im folgenden von Weiß konsequent

verhindert. Schon jetzt droht Schwarz durch d6—d5 und, wenn Weiß schlägt, durch Abtausch auf e3 die Spiele aufzulösen.

18. Sc3—a4 Db6—c7
19. c2—c4

Damit ist die Gefahr zunächst beseitigt.

19. . . . Sf6—d7

Schwarz will mit f7—f6 die Angriffslinie des weißen Läufers unterbrechen.

20. Kg1—h1

Dieser Zug wie die folgenden sechs sind dunkel und würden es dem Nachspielenden ohne nähere Erklärung auch bleiben. Weiß hat einen ganz bestimmten Angriffsplan, den ich beim nächsten Zuge auseinandersetzen werde. Dabei muß er aber stets gewärtigen, daß Schwarz die immer enger werdende Blockade durch d6—d5 gewaltsam durchbricht, wobei die Dame die Richtung auf g3 und der Läufer die Richtung auf c5 erhält und nach e4×d5 die Türme auf e3 getauscht werden. Für diese Möglichkeit, zugleich aber auch für den späteren Angriff auf der g-Linie steht der König auf h1 besser. — Dem Abtausch durch Sc5 sieht Weiß mit Vergnügen entgegen, da er dann ein klares Bauernübergewicht auf dem Königsflügel erlangt, das den Angriff wesentlich unterstützen muß.

20. . . . f7—f6
21. Dd3—c2

Der Angriffsplan geht zunächst dahin, den Springer über c3, e2 und d4 nach f5 zu spielen. Aber der Ausführung dieses Planes stellen sich große Schwierigkeiten in den Weg. Es könnte sofort Sc3 geschehen; der Damenzug ist aber besser, denn erstens würde Schwarz auf den Springerzug durch Sc5 die Dame doch nach c2 zwingen, und zweitens läßt der Damenzug den Gegner noch völlig im unklaren darüber, was Weiß für einen Plan hat, ja, ob er überhaupt einen Plan hat und nicht bloß hin- und herzieht.

21. ... Sd7—e5

Schwarz kann nicht viel machen; seine wirkungsvollsten Züge sind ihm genommen und übrigens steht Weiß bereit, jede neue Blöße, die sich Schwarz irgendwo geben würde, sofort auszunützen.

22. Sa4—c3 Se5—f7

Schwarz hat die Gefahr erkannt und verhindert den Springer am Weitermarsch nach e2, denn dann würde sich Schwarz durch f6—f5! (ef Te3:) befreien.

23. g2—g4

Verhindert einfach f6—f5 und droht nun wiederum Se2. — Würde der König noch auf g1 stehen, so könnte jetzt der beim 20. Zuge skizzierte Befreiungsversuch d6—d5 ed Te3: nebst Dg3† erfolgreich sein.

23. ... Dc7—a5

Schwarz verhindert wiederum den Springerzug durch die Bedrohung des Turmes e1, den Weiß jetzt dem Angriff entzieht.

24. Te1—d1 Da5—b6

Nun sollte man meinen, daß der Springer endlich seine Reise fortsetzen könnte, aber es geht immer noch nicht, denn auf Se2 greift Schwarz mit Sg5 den e-Bauern an und zwingt dadurch den Springer zur Umkehr.

25. h3—h4! Sf7—e5

26. Te3—g3 Se5—f7

27. f2—f3

Der e-Bauer muß erst gedeckt werden, ehe der Springer sein entscheidendes Manöver ausführen kann. Aber nun kann Schwarz dies auf keine vernünftige Weise mehr verhindern.

27. ... Sf7—h8

28. Sc3—e2

Endlich! Aber nun geht es auch mit Riesenschritten vorwärts.

28. ... Db6—c7

Auf Df2 geht die Dame durch Ld4 verloren. Jetzt sieht die Dame den Turm g3 an.

29. Td1—g1

Nicht sofort Sd4 wegen d6—d5 mit Angriff auf den Turm! Aber nun hat Weiß mit lauter Vorbereitungs-, man kann fast sagen: Verteidigungszügen eine überraschende Rechtsschwenkung vollzogen und Bauern wie Figuren stehen klar zum Angriff auf *einen* Punkt: g7!

29. ... Dc7—f7

30. Se2—d4 Te6—e7

Die schwarzen Figuren haben sich zusammengedrängt wie eine Herde Schafe, in die der Wolf einbrechen will.

31. g4—g5 f6×g5

Es gibt keinen Widerstand mehr.

32. Tg3×g5

Nun droht mittels Sf5 ein vierfacher Angriff auf den Punkt g7.

32. ... g7—g6

33. Sd4—f5 Te7—e5

Schwarz bietet freiwillig die Qualität, die Weiß auf 33. ... Td7 durch 34. Dc3 Lg7 35. Sg7: gewinnen könnte, wenn sich ihm nicht Besseres bietet. Auf 33. ... Te6 gewinnt Weiß durch 34. Dc3 Te5 35. f3—f4.

34. f3—f4

Stärker als den Turm zu schlagen. Auf 34. ...Te4: gewinnt wieder 35. Dc3.

34. ... Te5×f5

35. e4×f5 Lf8—g7

36. f5×g6 und Schwarz gab die Partie auf.

Auf 36. ... hg gewinnt 37. Lg7: Dg7: 38. f5 mit der Drohung, durch Tg6: die Dame zu erobern. Es könnte auch sofort nach dem Läufertausch Tg6: erfolgen, denn mit Sg6: Tg6: Te1† Kh2 Te2† würde sich Schwarz zwar noch ins Endspiel flüchten, aber nach De2: Dg6: würde Weiß mit Dg2 den Damentausch herbeiführen, wonach das Bauernendspiel mit einem Mehrbauern für ihn leicht gewonnen wäre.

Partie Nr. 5

Durch Briefwechsel gespielt in dem Turnier um die Meisterschaft des internationalen Fernschachbundes für 1930

Weiß: F. Batik (Tschechoslowakei).
Schwarz: Dr. Dyckhoff (München).

1. d2—d4 d7—d5
2. c2—c4 e7—e6

   Dieser Zug sperrt den Damenläufer ein und ist zunächst zu tadeln. Gerechtfertigt aber wird er durch den folgenden Zug.
3. Sb1—c3 c7—c5!

   Dies erzwingt entweder auch die Einsperrung des weißen Damenläufers oder die Befreiung des schwarzen, so daß in jedem Falle der Nachteil des Zuges 2. e7—e6 aufgehoben wird.
4. c4×d5 e6×d5
5. Sg1—f3 Sb8—c6
6. g2—g3 Sg8—f6
7. Lf1—g2 Lf8—e7
8. 0—0 0—0

   Bezüglich der Eröffnung vergleiche man S. 430.
9. d4×c5.

   Dieser Zug, der für den besten gilt, erweist sich als ein entscheidender Fehler. Weiß gibt das Zentrum auf und sein Springer wird in sehr schädlicher Weise deplaciert.

9\. . . . d5—d4!

Dieser von mir angegebene Gambitzug ist die logische Ausnützung des Fehlers. Die Korrektheit dieses Gambits bildet das Beweisthema dieser Partie. Für den Stellungsnachteil des weißen Spiels bildet der Mehrbesitz eines Bauern keinen Ersatz. Man darf, wie ich schon in der „Allgemeinen Eröffnungslehre“ bemerkt habe, in der Eröffnung einen Bauern weniger haben, wenn man dafür anderweitige Vorteile besitzt, aber es ist sehr bedenklich, in der Eröffnung auf Kosten der Stellung und Entwicklung einen Bauern mehr zu haben. Besser gute Stellung als materielles Übergewicht!

10. Sc3—a4 Lc8—f5!

Der beste Zug, der Se4 vorbereiten soll, was in diesem Moment schlecht wäre wegen Sd4:, denn nach Dd4: Dd4: Sd4: Le4: Se2† wäre Weiß in jeder Hinsicht im Vorteil. — Der Aufmarschplan des Schwarzen ist: Se4, Lf6, Te8, De7, Tad8. Schwarz hat dann gar keinen Angriff, aber eine starke Druckstellung.

11. Sf3—h4.

Hier gibt es auch andere Züge, wie a2—a3 nebst b2—b4, oder sofort b2—b4, oder e2—e3 oder Db3, aber mit keinem bekommt Weiß ein gutes Spiel. Auf b2—b4, was sehr stark aussieht, kommt Schwarz durch d4—d3! mit der Drohung, durch de nebst Ld3 die Qualität zu gewinnen, in Vorteil. Ungünstig für Weiß ist auch e2—e3, denn nach de Dd8: gewinnt Schwarz mit ef† seinen Bauern mit Vorteil zurück, nach Le3: aber (statt Dd8): durch Damentausch nebst Lc2 sogar die Qualität. Hier zeigt sich, wie schlecht der Springer auf a4 steht. Ebenso in der folgenden Variante: 11. Db3 Dd7 Td1? Le6 Dc2 Sb4 und der Springer ist verloren.

11. . . . Lf5—e4

12. f2—f3

Dies macht den e-Bauern rückständig, aber es ist schon guter Rat teuer. Am besten war noch Le4: Se4: Sf5 Sc5: Sc5: Lc5:, aber auch dann verdient das schwarze Spiel den Vorzug, denn Schwarz beherrscht infolge seines starken Mittelbauern mehr Terrain.

12. . . . Le4—d5
13. Sh4—f5 Ld5—e6!

Durchaus notwendig! Schwarz muß den Springer sofort zum Abtausch nötigen, denn Weiß drohte, nach Lf4 eine Figur auf d6 festzusetzen. Schwarz hat jetzt vier Läuferzüge hintereinander gemacht, gewiß eine Ausnahme, aber der erste war ein guter Entwicklungszug und die andern waren direkt oder indirekt erzwungen. Selbstverständlich muß man sich unter Zwang über alle Prinzipien hinwegsetzen.

14. Sf5×e7† Dd8×e7
15. Lc1—g5

Lf4 wird mit Lc4 Ld6 De3† pariert. Aber Weiß sollte jetzt lieber mit e2—e4 seinen rückständigen e-Bauern vorbringen. Freilich hätte Schwarz auch dann mit Sd7 ein schönes Spiel.

15. . . . Le6—c4!
16. Tf1—e1 h7—h6
17. Lg5×f6 De7×f6
18. b2—b3

Auf e2—e3 ist Tad8, auf e2—e4 d4—d3 sehr stark.

18. . . . Lc4—a6
19. Dd1—d2 Tf8—e8
20. Sa4—b2.

Zehn Züge lang hat dieser Springer abseits gestanden. Unterdessen hat Schwarz sein Spiel immer weiter verstärkt und nun nimmt er eine starke Druckstellung auf der e-Linie ein, zu der zwei Bauern das meiste beitragen: der isolierte schwarze Damenbauer und der rückständige weiße Königsbauer.

20. . . . Te8—e3!

Auf Sd1 greift Schwarz durch Te5 den Gambitbauern c5 an und verstärkt danach ebenfalls den

Druck auf der e-Linie durch Verdopplung der Türme.

21. Ta1—c1 Ta8—e8
22. Lg2—f1. Ein trauriger Zug! Hier sieht man, was für ein arges Übel ein rückständiger Bauer auf einer offenen Linie bedeutet, er macht die eigenen Figuren rückständig! Auf Sc4 Lc4: Tc4: De7! (besser als sofort d4—d3 wegen Te4) Kf2 f7—f5 kann sich Weiß ebenfalls nicht von dem Druck befreien.
22. ... Sc6—e5
    Damit beginnt endlich der direkte Angriff; es drohen Opferwendungen auf f3.
23. f3—f4. Dies treibt den Springer zum Angriff. Am besten war noch Lg2.
23. ... Se5—g4
24. Sb2—c4 La6×c4
25. Tc1×c4 Df6—g6!!
    Schwarz deckt den schwachen (!) Damenbauern nicht, sondern spielt auf Matt. Es droht Dh5 mit Vernichtung. Der weiße König ist nicht zu verteidigen, der Sperrstein e2 isoliert ihn von seinen Offizieren.
26. Lf1—g2 Sg4×h2! Ein Opfer von durchschlagender Kraft, das auch auf Lh3 erfolgt wäre.
27. Kg1×h2 Dg6×g3†
28. Kh2—g1 d4—d3
    Der isolierte Damenbauer bringt die Entscheidung. Es droht Te2: mit Damenverlust oder Matt auf g2.
29. Tc4—c3. Um nach Te2: Te2: Te2: De2: de Tg3: e1D† noch mit Turm und Läufer gegen die Dame zu kämpfen. Hier erkennt man das Schicksal, das dem isolierten Damenbauern gar nicht so selten droht: er wird zur Dame.
29. ... Te8—e6! Droht mit Tg6 das Matt zu erzwingen. Auf f4—f5 geht der Turm über e4 nach g4. Weiß gab auf. Es könnte noch folgen: Td3: Tg6 Td8† Kh7 Dd5 De1† Kh2 Th3†! L oder Kh3:

Dg1 bzw. Dg3‡. — Eine der besten Fernpartien, die je gespielt worden sind. Dr. Dyckhoff hat in jedem Moment den stärksten Zug getroffen und die vollständig falsche Strategie des Gegners trefflich ad absurdum geführt. Dieser hat bis zum Schluß ein materielles Übergewicht behauptet, aber in dieser schönen Partie hat, wie so oft, der Geist über die Materie triumphiert.

Partie Nr. 6

Gespielt in dem Turnier zu Göteborg 1920

Weiß: Breyer. Schwarz: Dr. Tarrasch.

1. d2—d4 d7—d5
2. e2—e3 Sg8—f6
3. Sg1—f3 e7—e6

Entwickelt Schwarz zunächst den Damenläufer, nach f5 oder g4, so kann Weiß mit c2—c4 nebst Db3 die Entfernung dieser Figur vom Damenflügel auszunützen versuchen.

4. Sb1—d2 Lf8—d6
5. c2—c4

Damit droht Weiß, durch das weitere Vorgehen des c-Bauern den Läufer zurückzudrängen und das schwarze Spiel einzuengen. Dies muß verhindert werden, durch b7—b6 oder c7—c5.

5. . . . b7—b6
6. Dd1—c2 Lc8—b7

Den Vorstoß des c-Bauern hätte Schwarz mit De7 oder c7—c5 vermeiden können, aber damit hätte er den Gegner verhindert, einen Fehler zu begehen.

7. c4—c5

Der strategische Fehler dieses Zuges liegt darin, daß Weiß das Zentrum aufgibt, wo Schwarz später die Herrschaft erlangen wird.

7. . . . b6×c5
8. d4×c5 Ld6—e7

Schwarz hat jetzt den d-Bauern gegen den b-Bauern.

9. b2—b4 0—0

Schwarz plant nun den Vorstoß des Königsbauern; sowie es dazu kommt, so müßte er, sollte man meinen, in Vorteil kommen, der den unbestreitbaren Vorteil des Weißen auf dem Damenflügel überwiegt.

10. Lc1—b2 a7—a5

11. b4—b5

Dieser zweite Vorstoß ist ein entscheidender Fehler, denn nun verliert der Bauer c5 seine Deckung und wird schwach. Weiß mußte den b-Bauern durch a2—a3 decken; allerdings wären die Bauern dann in einer Defensivstellung geblieben, während sie jetzt sehr gefährlich werden.

11. ... c7—c6

Verhindert c5—c6 und fixiert das Angriffsobjekt c5.

12. a2—a4

Natürlich darf nun Schwarz niemals auf b5 schlagen, da Weiß mit dem Bauern wiederschlagen und zwei verbundene, unwiderstehliche Freibauern bekommen würde.

12. ... Sb8—d7

Damit beginnt der Angriff auf den Bauern c5.

13. Lb2—d4

La3 würde das Spiel für Schwarz erleichtern, denn er könnte sofort mit e6—e5 vorgehen. Jetzt aber hat Schwarz ein sehr schweres Spiel. Den Angriff auf den Bauern c5 mit Tc8 weiterzuführen wäre sehr schlecht, denn darauf schließt Weiß mit b5—b6 die c-Linie und erobert mit Dc3 und Sb3 den Bauern a5. Außer diesem Plane kommt es für Schwarz in Betracht, den Vorstoß des Königsbauern durchzusetzen. Also Dc7 oder Db8. Aber auf Dc7 folgt b5—b6 Db8 und nun verhindert Weiß den geplanten Vorstoß durch Dc3. Und auf

Db8 (statt Dc7) würde sich die Dame nach Tb1 sehr unbehaglich fühlen.

13. . . . Tf8—e8!
Räumungszug für den Läufer.

14. Ta1—c1 Le7—f8
Nun droht wieder e6—e5.

15. Dc2—b2 Sf6—g4!
Schwarz verfolgt konsequent seinen Plan, den Vorstoß des Königsbauern durchzusetzen. In diesem Moment ahnte er bereits, allerdings ohne es zu hoffen, daß der Springer schließlich auf e6 landen würde.

16. h2—h3 Sg4—h6

17. Sd2—b3
Mit diesem und dem nächsten Zuge begegnet Weiß sofort der Drohung.

17. . . . f7—f6

18. Db2—a3 e6—e5
Schwarz hat seinen Plan durchgesetzt, aber dank der umsichtigen Verteidigung des Weißen ist damit noch lange keine Entscheidung erreicht. Es fragt sich immer noch, ob die weißen Damenbauern, die eine beständige Gefahr für Schwarz bilden, stark oder schwach sind. Schwarz richtet nun weitere Angriffe auf den Bauern c5.

19. Ld4—c3 Dd8—c7
Jetzt ist der Zug gut, denn b5—b6 verbietet sich wegen Db6: nebst La3:. Weniger gut wäre statt des Damenzuges c6×b5, worauf freilich der Bauer nicht schlagen dürfte wegen a5—a4. Aber mit Lb5: würde Weiß seine Entwicklung vollenden, wozu er bisher vor lauter Verteidigungszügen noch keine Zeit hatte, und ganz gut stehen. In dieser äußerst schwierigen Partie genügt es für Schwarz nicht, gute Züge zu machen; um den strategischen Vorteil klarzustellen, muß er bis zur Entscheidung immer den allerstärksten Zug treffen.

20. Lc3—b2

Mit der verschmitzten Drohung, die Dame aus der gefährlichen Diagonale a3—f8 zu ziehen. Für Schwarz war nun die letzte Gelegenheit da, sich mit cb? Lb5: Lc6 sicherzustellen. Aber Weiß hätte dann ein ganz befriedigendes Spiel gehabt.

20. ... Te8—c8!
Der vierfache Angriff auf den Bauern c5 müßte nun, sollte man meinen, zu seiner Eroberung führen, da b5—b6 wegen Sb6: nebst La3: nicht genügt. Aber Weiß deckt ihn indirekt, indem er eine Deckung von ihm entfernt.

21. Da3—a2! Sehr fein gespielt! Den geplanten Zug c6×b5 darf Schwarz nun nicht machen, da er durch c5—c6! nebst a4×b5 eine Figur verlieren würde. Er darf also den geplanten Frontalangriff auf den Bauern c5 gar nicht eröffnen und muß vielmehr den furchtbaren Zug b5—b6 zulassen, so daß es aussieht, als ob nun der Weiße recht behalten sollte, da die Bauern c5 und b5 in diesem Moment sich nicht als schwach, sondern als sehr stark erweisen.

21. ... Dc7—d8! Ein neuer Anschlag auf den Bauern c5. Die Dame soll nach f8. Seltsame Umgruppierungen! Nun droht wieder cb mit Eroberung des c-Bauern.

22. b5—b6 Lf8—e7
Damit droht Schwarz, mit Df8 das Kampfobjekt zum drittenmal anzugreifen; deckt Weiß dann mit L oder Da3, so geschieht Sb6:. Aber Weiß begegnet sofort auch dem neuen Angriff.

23. Da2—b1 Dd8—f8

24. Db1—c2 Sh6—f7
Der Traum geht in Erfüllung. Der Springer landet wirklich auf e6, obwohl das Manöver so zeitraubend ist, greift dort das Kampfobjekt zum viertenmal an und führt so endlich die Entscheidung herbei, denn zum viertenmal ist der Bauer c5 nicht

zu decken, oder vielmehr: er ist zwar zu decken, durch La3, aber dann fällt der b-Bauer.

25. h3—h4. Ein feines Räumungsmanöver für den Läufer f1, mit dem Weiß den Bauern c5 indirekt decken will.
25. ... Sf7—d8
26. g2—g3 Sd8—e6
27. Lf1—h3

Solange konnte Weiß den Läufer nicht entwickeln! Schlägt Schwarz nun den c-Bauern, so gewinnt Weiß die Qualität.

27. ... Se6×c5!

Schwarz läßt sich durch den drohenden Qualitätsverlust in der Ausführung seines Planes nicht beirren. Der Bauer c5 ist der Schlüssel der Stellung und mit seiner Eroberung ist die Partie strategisch entschieden, gleichviel, ob dabei die Qualität verlorengeht oder nicht. Schwarz hat damit recht behalten und die Schwäche der vorgerückten weißen Damenbauern nachgewiesen. — Bis hierher waren noch sämtliche Steine bis auf ein Bauernpaar auf dem Brett.

28. Sb3×c5 Sd7×c5
29. Lb2—a3. Weiß übersieht den Gegenzug. Besser war es, den Turm sofort zu schlagen und zu rochieren. Verloren war die weiße Partie auch dann, denn mindestens wäre auch noch der b-Bauer verlorengegangen, so daß Schwarz bei vortrefflichem Spiel zwei verbundene Bauern für die Qualität gehabt hätte.
29. ... Sc5—d3†
30. Dc2×d3 Le7×a3
31. Lh3×c8 Ta8×c8

Nun droht der Gabelangriff e5—e4.

32. Tc1—a1 La3—b4†
33. Sf3—d2

Schwarz hat nun das weit überlegene Spiel. Was die Kräfte betrifft, so sind im Endspiel Turm und zwei Läufer häufig stärker als zwei Türme und ein Springer; ferner muß der b-Bauer noch fallen, das schwarze Zentrum ist sehr stark und das Vorgehen des c- und d-Bauern muß zwei verbundene Freibauern ergeben. Weiß aber hat noch nicht rochiert, die Rochade läßt sich gelegentlich durch Ta8 nebst La6 sperren, die weißen Türme haben nirgends eine offene Linie und der Springer ist gefesselt, so daß Weiß eigentlich nur die Dame im Spiel hat. Es handelt sich für Schwarz nun um die taktische Ausnützung der Stellung. Das Einfachste, wenn auch nicht das Beste, war Dc5 nebst Db6: und Vorgehen des c-Bauern. Schwarz spielt aber im folgenden darauf, die Rochade zu verhindern, dem Gegner alle guten Züge zu nehmen, seine Figuren, besonders den Springer, in ungünstige Stellungen zu drängen und ihn so schließlich zur Verzweiflung zu treiben.

33. ... e5—e4
34. Dd3—b3. Auf De2 konnte Ta8 nebst La6 folgen.
34. ... c6—c5
35. Ke1—d1

Se4: wäre fehlerhaft wegen c5—c4.

35. ... c5—c4
36. Db3—a2 Df8—d6
37. Kd1—e2. Der König will nach dem Königsflügel entfliehen, was Schwarz jedoch verhindert.
37. ... Lb7—a6
38. b6—b7 Tc8—b8! Alles andere wäre viel schwächer.
39. Ke2—d1 Tb8×b7
40. f2—f3

Da ist die Verzweiflung! Die Züge von Weiß sind bereits jenseits von gut und böse.

40. ... Kg8—h8. Um c4—c3 zu spielen, ohne den Königsbauern zu verlieren.
41. f3×e4 d5×e4. Nun erlangt Schwarz noch einen überwältigenden Königsangriff.
42. Kd1—c1 Dd6×g3

43. Sd2—f1. Auf Sc4: geht durch Lc4: nebst Tc7 mindestens eine Figur verloren.
43. . . . Dg3—e1†
44. Kc1—c2 De1—c3†
45. Kc2—d1 Dc3—d3†
46. Kd1—c1 Tb7—d7 und Weiß gab auf, da die Drohung Dd1† Kb2 c3‡ schlecht zu parieren ist. Auf Dc2 folgt La3† Ta3: Da3† Db2 Td1† Kc2? Dd3‡. — Dies ist eine der besten, aber auch der schwersten Partien, die ich in meinem Leben gespielt habe.

Partie Nr. 7

Gespielt im Kaiser-Jubiläumsturnier zu Wien 1898

Weiß: Dr. Tarrasch. Schwarz: Pillsbury.

1. e2—e4 e7—e5
2. Sg1—f3 Sb8—c6
3. Lf1—b5 Sg8—f6
4. 0—0 Sf6×e4
5. Tf1—e1

Dies ist der nächstliegende Zug, der aber dem Schwarzen gar keine Schwierigkeiten bereitet. Stärker ist der Angriff d2—d4. Man vergleiche bezüglich der Eröffnung Seite 375.

5. . . . Se4—d6

Es ist meist nicht günstig, den Damenbauern in dieser Weise zu verstellen und so die eigene Entwicklung zu hemmen. Hier aber liegt eine wohlbegründete Ausnahme vor. Der Springer greift den Läufer b5 an; schlägt dieser den Springer c6, so nimmt der Damenbauer wieder und der Nachteil des Zuges Sd6, die Hemmung der Entwicklung, ist vorteilhaft beseitigt. Geht der Läufer aber zurück oder wird er gedeckt, so hat Schwarz Zeit gewonnen, den im 4. Zuge geschlagenen Bauern durch f7—f6 zu behaupten. Wären die Zwischenzüge a7—a6 und

La4 eingeschaltet worden, so würde der Springer den Läufer auf c5 angegriffen haben. Wenn man einen Rückzug mit einem Angriff verbinden kann, so ist das natürlich viel wirkungsvoller als ein rein passiver Rückzug.

6. Sf3×e5

Daß jetzt der Abzugsangriff Verderben droht, ist eine sehr häufig wiederkehrende Elementarkombination.

6. ... Lf8—e7

7. Lb5—d3

Dieser Zug (ein Gegenzug zu Sd6) ist von Steinitz gegen Zukertort im Wettkampf um die Weltmeisterschaft 1886 an dieser Stelle gemacht worden. Er ist jedoch nicht gut, weil er ohne Not oder Vorteil den Damenbauern verstellt, der durchaus gezogen werden muß. Besser ist der Rückzug nach f1, den Steinitz damals ebenfalls angewendet hat. Es dauert nicht lange und Weiß hat es zu bereuen, daß er den Damenbauern nicht ziehen kann. Man muß immer suchen, Normalzüge zu machen.

7. ... Sc6×e5

8. Te1×e5 0—0

9. Sb1—c3 c7—c6

Die richtige Idee und damit die Widerlegung des Zuges Ld3: Schwarz strebt eine normale Entwicklung mittels Se8 und d7—d5 an. Die weitere Folge wäre dann Ld6, Sf6 und die schwarzen Figuren nehmen die richtigen Plätze ein. Zukertort zog Lf6 nebst Te8, wonach sich die Spiele so ziemlich ausglichen. Ein anderer Entwicklungsplan wäre b7—b6 nebst Lb7; aber das wäre keine Widerlegung, vielmehr würde der Springer d6 gerade so ungünstig stehen wie der Läufer d3. Der einzig richtige Plan ist eben der hier von Pillsbury eingeleitete.

10. Dd1—h5

Weiß sucht irgendeine Lockerung in der feindlichen Königsstellung hervorzurufen. Statt dessen kam es auch in Betracht, den begangenen Fehler mit Lf1 nebst d2—d4 einzugestehen und zu korrigieren.

10. ... g7—g6

Dies ist der Fehlzug, der den Schwarzen verhindert, in Vorteil zu kommen. Statt dessen mußte h7—h6 geschehen. Der Fehler ist so minutiös, daß ich ihn erst jetzt beim genaueren Studium dieser Partie entdeckt habe. Er liegt in folgenden Umständen: Schwarz hat mit c7—c6 die Fortsetzung Se8 nebst d7—d5 beabsichtigt. Zu dieser aber paßt Ld6 und Sf6. Hat er aber g7—g6 gezogen, so *muß* er unweigerlich den Läufer (über f6) nach g7 bringen. Das gilt für alle Rochadestellungen mit dem Aufzug des Springerbauern. Sowie die Stellung durch g7—g6 gelockert ist, muß sie durch Lg7 befestigt werden, denn sonst entsteht eine gefährliche Lücke auf f6 (und h6). Aber in dieser Stellung kommt Schwarz nicht recht dazu, seinen Läufer nach g7 zu bringen, da dann die Fesselung Lc1 bzw. b2—a3 lästig würde. Infolgedessen behält Schwarz jetzt eine dauernde Schwäche auf f6, die sich im weiteren Verlauf wiederholt geltend macht und schließlich sogar entscheidend wird, wie sich nach und nach herausstellen wird.

11. Dh5—f3 Sd6—e8

12. b2—b3 d7—d5

Für diesen starken Mittelbauern hat Weiß kein Äquivalent; der Bauer d2 bildet jedenfalls ein solches nicht. Er gehörte eben nach d4.

13. Lc1—b2 Lc8—e6

Setzt statt dessen Schwarz seinen Aufmarsch mit Le7—f6—g7 fort, so wird, wie oben auseinandergesetzt, La3 störend (Lf6 Te2 Lg7? La3 Sd6 Dg3 und Weiß gewinnt die Qualität).

14. Ta1—e1

Der Besitz der einzigen offenen Linie hat hier wenig zu bedeuten, denn sie ist durch Le6 verstopft. Weiß hat einen Vorteil an Zeit, Schwarz aber an Raum.

14. ... Se8—g7

Hier müßte eben der Läufer stehen. Der Springer kommt nicht mehr gehörig ins Spiel.

15. Te5—e2

Weiß nimmt den Turm aus seiner exponierten Stellung zurück, um jetzt den Springer über d1, e3 und g4 zum Angriff auf den schwachen Punkt zu führen.

15. ... Le7—f6
16. Lb2—a3 Tf8—e8
17. Sc3—d1 Lf6—d4

Schwarz will die Dame entwickeln, die den Läufer f6 decken mußte. Man bemerkt bereits den Druck auf den Punkt f6.

18. c2—c3. Um den Läufer nach dem Damenflügel zu deplacieren und so den Punkt f6 noch mehr zu schwächen.
18. ... Ld4—b6
19. Sd1—e3 Dd8—d7. Verhindert Sg4.
20. h2—h3

Um wieder Sg4 spielen zu können.

20. ... c6—c5

Danach steht der weiße Damenläufer schrecklich.

21. La3—c1

In der Absicht, den Damenbauern vorzubringen und dem Läufer die Aussicht nach h6 zu eröffnen.

21. ... Lb6—c7. Mit der Drohung Dd6.
22. Se3—g4 Le6×g4

Schwarz tauscht leichten Herzens den Läufer gegen den drohenden Springer, weil von den feindlichen Läufern der eine noch gar nicht mitwirkt. Aber wer die Läufer hat, hat die Zukunft.

23. h3×g4. Endlich kommt Weiß einmal über die dritte Reihe hinaus. Der Bauer steht auf g4 sehr stark.
23. ... Te8—e6

Durch Turmtausch nebst Te8 könnte Schwarz das Spiel vereinfachen, aber er fürchtete wohl, daß im Endspiel die vereinigten Läufer gefährlich werden könnten.

24. c3—c4!

Dies in Verbindung mit dem folgenden Zuge führt zur Befreiung des Damenläufers.

24. . . . d5—d4

25. Ld3—e4! Natürlich nicht Db7:? wegen Lh2† mit Damengewinn.

25. . . . Ta8—b8

26. d2—d3

Nun steht Weiß überlegen. Seine Läufer haben offene Linien und der schwarze Springer steht schlecht. Alles die Folge von g7—g6! Denn durch die auf f6 entstandene Schwäche sah sich Schwarz zu dem für ihn ungünstigen Tausch des Läufers e6 gegen den Springer veranlaßt.

26. . . . b7—b6

27. g2—g3. Um dem Angriff Dd6 zuvorzukommen.

27. . . . h7—h5

Schwarz will den Springer günstiger postieren und womöglich nach f6 bringen. Zieht er den h-Bauern nicht, dann könnte Weiß mit g4—g5 den f- und h-Bauern rückständig machen und danach könnten die Bauern in folgender Angriffsformation vorgehen: f2—f4 (nach Dg2), g3—g4 und endlich f4—f5. Man sieht, daß die Verdopplung des g-Bauern für Weiß vorteilhaft ist; der Bauer g4 wirkt viel besser als es der Bauer h3 könnte, weil er näher am Zentrum und weiter vorgedrungen ist.

28. g4×h5 Sg7×h5. Nun verhindert Weiß, daß der Springer nach f6 kommt, wo er sehr gut stände. Die Schwäche dieses Punktes macht sich andauernd bemerkbar.

29. Le4—d5 Te6×e2

30. Te1×e2. Nun beherrscht Weiß auch noch die offene

Linie, denn Te8 wäre ein doppelter Fehler; einmal wegen Lc6 und sodann wegen Df7† Df7: Te8†.

30. ... Kg8—g7. Um wieder Sf6 zu spielen.

31. Lc1—g5! Verhindert Sf6 und droht einen entscheidenden Angriff durch Te7, der auch durch Ld8 nicht zu verhindern ist. Darauf folgt nämlich Te7! Le7: Df7† Kh8 Dg6: Lg5: Dh5† Dh7 Dg5:. Damit hat Weiß schon das Übergewicht von zwei verbundenen Freibauern gegen die Qualität erlangt; außerdem aber ist die Stellung des schwarzen Königs so entblößt, daß ein Mattangriff möglich ist: Te8 (es drohte De5†) Le4 De7! (auf Te4: tauscht Weiß erst durch Schach auf der achten und siebenten Reihe die Damen und gewinnt nach de durch die drei verbundenen Freibauern) Dh6† Kg8 Ld5† und Weiß gewinnt.

31. ... f7—f6

32. Te2—e6!!

Bis zur Entscheidung wird der schwache Punkt angegriffen! Schlägt Weiß den Läufer, so folgt De4 mit der Doppeldrohung Tc7† und Dg6† und auf Sf6 Te7† Kf8 Td7: Se4: Tc7: hat Weiß ein gewonnenes Endspiel.

32. ... Lc7—e5

33. Lg5—d2. Jetzt droht der am Rande ungünstig stehende Springer plötzlich verlorenzugehen und dagegen ist gar nichts zu machen. Auf Kh8 g4 Sg7 gewinnt Dh3†, auf Dc7 (um den Springer nach f4 zu retten) wird diese Deckung durch Tc6 beseitigt und Kf8 oder f6—f5 verbietet sich wegen Te5:. Alles indirekt durch die Schwäche des Punktes f6 verursacht! Damit ist das Spiel entschieden, aber der Schluß ist noch recht interessant.

33. ... Tb8—h8

34. g3—g4 Dd7—c7

35. g4×h5 Th8×h5

36. Te6—e8

Frischt den Angriff wieder auf.

36. . . . Dc7—d7
37. Te8—g8† Kg7—h7
38. Df3—g2 Dd7—f5
39. Ld5—e4 Th5—h2
40. Tg8×g6! In Verbindung mit dem nächsten Zuge ein sehr origineller Schluß.
40. . . . Th2×g2†
41. Tg6×g2 und Schwarz gab auf, da er die Dame zurückverliert und mit einem Turm im Nachteil bleibt.

INHALTS-VERZEICHNIS

Partien